法治化营商环境建设与民商法实践

FAZHI HUA YINGSHANG HUANJING JIANSHE YU MINSHANGFA SHIJIAN

周林彬　刘云生　王睿　主编

·广州·

图书在版编目（CIP）数据

法治化营商环境建设与民商法实践/周林彬，刘云生，王睿主编．—广州：中山大学出版社，2021.11

ISBN 978-7-306-07336-5

Ⅰ.①法…　Ⅱ.①周…②刘…③王…　Ⅲ.①区域经济发展—商业环境—建设—研究—广东、香港、澳门②民商法—中国—研究　Ⅳ.①F127.6②D923

中国版本图书馆 CIP 数据核字（2021）第 192644 号

出 版 人：王天琪
策划编辑：嵇春霞
责任编辑：陈　霞
封面设计：曾　斌
责任校对：吴政希
责任技编：靳晓虹
出版发行：中山大学出版社
电　　话：编辑部 020-84110283，84113349，84111997，84110779，84110776
　　　　　发行部 020-84111998，84111981，84111160
地　　址：广州市新港西路 135 号
邮　　编：510275　　传　　真：020-84036565
网　　址：http://www.zsup.com.cn　E-mail：zdcbs@mail.sysu.edu.cn
印 刷 者：广东虎彩云印刷有限公司
规　　格：787mm×1092mm　1/16　20.5 印张　425 千字
版次印次：2021 年 11 月第 1 版　2024 年 1 月第 2 次印刷
定　　价：76.00 元

序　言

党的十八大以来，我国一直致力于对标国际先进经验，持续优化市场化、法治化、国际化营商环境，为中国特色社会主义市场经济的再次腾飞提供保障，释放新的制度红利。“法治是最好的营商环境”，其中，民商法律体系的完善，是法治化营商环境建设的重要内容。2020 年 5 月 28 日，作为我国市场经济基本法的《中华人民共和国民法典》（以下简称《民法典》）在十三届全国人大三次会议获高票表决通过，标志着我国市场经济法律体系走向成熟阶段。《民法典》构建了完整的私权保护体系、维护了市场经济的契约精神、降低了市场交易成本、划定了政府和市场的基本边界，为我国营造市场化、法治化、国际化的营商环境奠定了坚实的法律基础。

《民法典》设定了市场经济的基本规则，而产生于市场经济并且直接服务于市场经济和反映市场运行规律的是商法，商事法律的完善程度决定了营商环境的上限。其中以《中华人民共和国公司法》（以下简称《公司法》）为核心的商法规范通过反映市场经济内在要求的技术性规范维护市场主体营利自由，是法治化营商环境的主要内容之一。《民法典》确立了我国“民商合一”的民商事立法体例，并不意味着商法就丧失了其独立性，我们应当也必须认真对民事法律和商事法律加以区别适用，既不能以商法思维对待民事问题而使商业侵蚀市民生活伦理，也不能以民法思维对待商事问题而有悖经济规律、影响营商环境。这是《民法典》实施后我们在持续推进法治化营商环境建设的过程中所遇到的关于民商法实践的重要问题。

粤港澳大湾区是中国市场经济最发达、最活跃的地区之一，是市场化改革开放的前沿阵地。这里既有被称为“千年商都”的广州，也有 40 年内从边陲渔村发展为“中国特色社会主义先行示范区”的深圳，还有作为中国重要对外窗口的港澳地区。粤港澳大湾区所取得的经济发展成就及其高速发展的势头，既得利于得天独厚的地理环境，更源于其长期在“先行先试”的政策导向下，通过法律尤其是作为私法的民商法制度创新所营造的具有市场化、国际化特点的营商环境。粤港澳大湾区的《广东经济特区条例》《深圳经济特区有限责任公司条例》《广东省公司条例》《深圳经济特区涉外公司破产条例》《深圳经济特区商事条例》《深圳经济特区个人破产条例》等民商事立法，填补了国内立法空白，为后续中央商事立法提供了宝贵经验。因此，在步入《民法典》新时代的当代中国，深入研究并总结粤港澳大湾区在法治化营商环境建设中的民商法实践经验，十分必要。

在上述研究背景下，广东省法学会民商法学研究会立足本土，近年来致力于法治化营商环境中民商法问题的研究，服务于法治化营商环境的建设大计。2019

年，广东省法学会民商法学研究会在广州大学召开了2019年学术年会，会议聚焦法治化营商环境的建设和民商法实践问题的讨论，取得了丰硕的研究成果。2020年，广东省法学会民商法学研究会在深圳国际仲裁院召开了2020年学术年会，围绕《民法典》的实施、粤港澳大湾区的民商法实践的创新与发展等议题进行了深入研讨。2020年的学术年会还同时承办了中国法学会商法学研究会主办的“2020年度《公司法》修改巡回论坛”（第十二场），其中，“公司解散、清算制度的发展完善与《公司法》修改”的议题引起了与会者的激烈讨论。上述由广东省法学会民商法学研究会主办或承办的学术会议，吸引了百余名国内民商法理论和实务界专家学者的积极参与，前沿的、精深的学术观点和思想的碰撞所产生的火花，照亮了民商法理论研究深邃的天空，让我们看见了更远方。

按照惯例，广东省法学会民商法学研究会每年会将学术年会所评选的青年优秀论文和会议研讨成果进行结集出版，以对青年学者进行鼓励并总结研究会最新研究动态。但因受新冠肺炎疫情的影响，2019年的结集出版事宜受阻，故将2019年和2020年两次年会的青年优秀论文（作者以在校硕士、博士研究生为主）和研讨成果集中结集出版，这看起来似乎是一种“妥协之举”，但实质上却令本书更为充实，更具有系统性！“法律的生命不在于逻辑，而在于经验”，而民商法的真谛则在于实践！因此，探讨广东省法治化营商环境建设中的民商法学实践问题，是本书的主要内容。其中，专题一主要关注《民法典》实施中的法律实践问题，专题二主要关注与研究商事法律制度完善中的法律实践问题，专题三主要关注粤港澳大湾区法治化营商环境建设中的民商法实践问题。我们在《民法典》实施的开局之年，将此书付梓，期望能对我国法治化营商环境的优化与民商法实践的发展有所裨益！

最后，值此年会论文结集出版之际，对为两次会议的顺利召开，以及为会议优秀论文结集出版而提供大力支持的广州大学、深圳国际仲裁院、北京德恒（深圳）律师事务所表示衷心感谢！

是为此记。

周林彬

2021年7月于广州

目　录

专题一　《民法典》实施中的法律实践问题

专题二　商事法律制度完善中的法律实践问题

专题一

《民法典》实施中的法律实践问题

论第三人利益合同中第三人的权利构建

余依晴*

【摘要】随着经济生活交流的日益频繁，第三人利益合同在实践中得到了广泛应用。目前，我国并没有关于第三人利益合同的一般性规定，在无法通过解释得出适当结论之时，理应通过立法对第三人利益加以保障。《民法典》在合同编中引入此类合同制度以填补立法空白，受益第三人应享有请求权并对自身权利行使救济权。在受益第三人权利内容上仍有细化、完善的余地，可参照债权人的债权权能结构，构建受益第三人的权利体系。

【关键词】第三人利益合同　《民法典》《中华人民共和国合同法》

一、原合同法规定之争议

第三人利益合同已为大多数国家的民法所承认，其贯彻了合同意思自治原则。在商品经济日益发展、法律关系日益复杂的背景下，承认第三人利益合同不仅维护了第三人的合法权益，更是法律体系化、正义化的需要。其合理性在于简化了交易环节，能够满足当事人的特定需要。原本由债权人履行的义务，通过签订第三人利益合同的方式，使得债务人直接向第三人履行义务，缩短了履行时间、简化了履行手续。

我国原《中华人民共和国合同法》（以下简称《合同法》）在第三人利益合同方面的规定与各国的规定有很大差异，且存在较大争议。实践中广泛应用的第三人利益的合同主要有保险合同、运输合同和邮局汇款合同等，其中的第三人均对债务人享有利益的直接请求权。于其他类型的第三人利益合同而言，第三人是否直接享有债务履行请求权则未得到明确规定。在原有法律体系中，最为接近第三人利益合同制度的规定为《合同法》第六十四条即“向第三人履行的合同”。然而，长久以来，理论界对于该条规定的理解各异。有学者认为该条规定“以法律的形式肯定了为第三人的利益订立的合同”。[①] 另有观点提及，“从法律条文的完整性和体系来考虑，认为该条规定应当将《合同法》第六十四条视为第三人利益合同的规定”[②]。亦有学者持否定观点，认为其根本没有涉及合同第三人的利益。[③]

---

* 余依晴，中山大学法学院硕士研究生。

① 董灵：《合同的履行、变更、转让与终止》，中国法制出版社 1999 年版，第 44 页。

② 刘卉：《论第三人利益合同》，清华大学 2005 年硕士学位论文。

③ 参见张默《合同第三人的利益和保护》，见《人大法律评论》编委会编《人大法律评论（2014 年卷第 2 辑）》，法律出版社 2014 年版，第 332 页。

此外，关于是否承认受益第三人的独立请求权、请求权的产生时间、受益第三人是否享有除此之外的债权人权利等问题的答案亦存有争议。本文尝试对法典的有关规定进行梳理与分析，思考第三人利益合同制度构建过程中的可完善之处。

二、《民法典》规定之剖析

《民法典》第五百二十二条第二款规定："法律规定或者当事人约定第三人可以直接请求债务人向其履行债务，第三人未在合理期限内明确拒绝，债务人未向第三人履行债务或者履行债务不符合约定的，第三人可以请求债务人承担违约责任；债务人对债权人的抗辩，可以向第三人主张。"

法典主要关注了受益第三人的履行请求权，以及在债务人未能履行债务之时受益人所享有的违约责任请求权、债务人享有的抗辩权。第三人利益合同制度为便利交易过程、平衡当事人的利益而生，可使受到直接利益影响的第三人能够及时行使请求权以维护其合法权益。因此，该制度的构建起点与核心均为履行请求权，并由此延伸至违约责任请求权等内容，将焦点引至受益第三人具体权利内容等设置上。这一规定体现了我国立法技术与理念的进步，大胆借鉴域外经验，顺应了时代发展潮流，其进步性体现如下。

第一，突破合同相对性原则。我国先前仅在部分特殊合同中规定了第三人的直接请求权。但随着经济发展带来的实际需求、国际合作的增多，承认受益第三人的独立请求权已是大势所趋。《民法典》在各界多年探讨积累之上，明确了受益第三人的履行请求权，体现了与时俱进的立法理念。

第二，采取了直接取得模式。第三人利益合同中第三人的请求权基础理论学说主要有四种，分别是承诺说、代理说、权利转让说和直接取得说。[①] 前三种学说仍然被束缚在合同相对性原则中。相对而言，直接取得说中第三人无须任何表示即可获得合同权利。若第三人表示拒绝，则视为自始未取得该权利。因此，该说能够较好地解决合同的不稳定状态，维护第三人的合法权益，与利他合同的本质相符。[②]

第三，承认损害赔偿请求权。在原有立法体系中，第三人无法直接向债务人追责，如果只能由债权人向债务人行使损害赔偿请求权，可能带来的结果是债权人怠于履行该权利而给第三人造成损失。因此，《民法典》在第三人权利救济上继

---

① 承诺说以第三人的意思作为取得权利的前提，只有在第三人承诺之后才可以取得请求权。实际上该说已经将第三人作为合同当事人，第三人利益合同制度则无单独存在的必要。代理说认为，第三人利益合同中的债权人为第三人的无因代理人，因此，只有第三人对该合同进行追认后才可取得权利；但法律关系本应发生在本人与相对人之间，而非发生在债权人与债务人之间。权利转让说中，第三人利益合同中第三人权利从债权人之处继受而来，故涉及权利的转让，但该转移违背当事人的意思。直接取得说的观点是第三人权利基于合同直接产生。

② 参见朱岩《利于第三人合同研究》，载《法律科学（西北政法大学学报）》2005 年第 5 期，第 9 页；尹田《法国现代合同法》，法律出版社 1995 年版，第 276－278 页。

续突破合同相对性原则，赋予第三人违约责任请求权。

第四，修正单方行为的模式。因合同相对性，即使合同当事人在订立合同之时仅为纯粹地赋予第三人权益，也构成了对第三人法律领域的干预，而法律上的利益并非第三人所意愿取得的利益。[①] 为了贯彻意思自治原则，立法似乎只能走向契约模式，即合同不对第三人发生效力、排除第三人的请求权。而《民法典》修正了单方行为模式，使第三人利益合同既能符合意思自治原则的要求，又能兼顾第三人的权益。《民法典》规定第三人在合理期间未明确拒绝该权利的，债务人未履行或未完全履行债务的，第三人享有违约责任请求权。因此，无须第三人的意思表示作为条件，法律默认第三人享有履行请求权，以避免在其作出表示之前利益受到损失，而第三人的意思自治也得到了尊重。

但同时，现有规定也存在着过于笼统、覆盖面小等问题，值得进一步商榷。

首先，在立法体例的选择上，第三人利益合同制度被规定在《民法典》合同编的“合同的履行”章节中，与第五百二十二条第一款所规定的“向第三人履行”并列，该安排尚有探讨的空间，这与我国《民法典》立法体例有关。从对域外有关第三人利益合同制度的立法体例分析可见，部分国家或地区将该制度规定于债法总则部分，例如，《瑞士民法典》将其作为“债对第三人的效力”规定于“债的效力”中；我国台湾地区将其规定于债编第一章“总则”的第三节“债的效力”中。[②] 故而在部分国家或地区的立法中，第三人利益合同作为一般性规定对所有的债具有普遍适用的效力，而我国《民法典》并不设置债法总则，以合同编总则代之，无法直接适用域外经验。

是否可以忽视第三人利益合同制度的本质，将其置于“合同的履行”章节中？首先，须知“向第三人履行”仅为一种特殊的履行方式，并不能全面地体现第三人利益合同制度中有关债的主体、债权内容等方面的特殊性。第三人利益合同的实质在于对合同之外的第三人发生涉他效力、赋予第三人相应特殊的法律地位，而不是强调履行方式的特殊，如《日本民法典》就将之规定于效力章节中，这也是其与一般合同的关键区别。[③] 英国、新西兰等国均对第三人利益合同制度或以特别法、或以特别章节标题的形式进行单独立法，正说明了第三人利益合同与普通合同之区分。

其次，在违约责任的设置上，《民法典》赋予第三人在履行请求权落空之时的违约责任请求权，第三人可以直接要求债务人承担违约责任。但有两点值得注意：

---

① 以合同是否需要第三人的同意才能发生涉他效力为区分标准，肯定的观点为“契约模式”，此时作出意思表示的第三人实际上是合同的当事人，可以参与到合同内容的制定过程中；否定的观点为“单方行为模式”，不需要受益第三人的任何意思表示，合同即能对第三人的法律领域产生效力。参见薛军《意思自治与法律行为涉他效力的模式选择》，载《上海财经大学学报》2008 年第 5 期，第 25 – 32 页。

② 参见黄立《民法债编总论》，中国政法大学出版社 2002 年版，第 564 页。

③ 参见《日本民法典》，王书江译，中国法制出版社 2000 年版，第 98 – 99 页。

第一，第三人利益合同制度虽然被设置在合同编中，但这不意味着其第三人所获得的请求权基础为合同之债。从构建第三人利益合同制度一般性规定的角度来看，不能任凭第三人仅仅依据合同上的约定或法律规定的直接请求权而成为合同的当事人并享有违约责任请求权。第二，《民法典》承认了受益第三人的违约责任请求权，但未明确违约责任具体的责任形式和赔偿范围，如受益第三人能否适用合同中违约金条款、能否主张履行利益的赔偿等，因此，在立法规定方面较为笼统。

最后，关于其他权利的行使，《民法典》在一定程度上赋予了受益第三人以债权人的法律地位，享有债权人的部分权能，但对于第三人是否享有其他权利则没有明确规定。合同之债中，债权人享有履行请求权、给付受领权以及救济和处分的权利。《民法典》仅规定了受益第三人可以享有前两个权利。第三人利益合同的特殊性体现在主体、权能、效力等各方面，在受益第三人与债权人各自权利的享有与行使上，亦有必要对其进行详细、系统的对比。

三、第三人利益合同制度之构建

第三人利益合同之所以能够突破合同相对性原则的约束，根本原因在于其对意思自治、利益平衡、交易效率原则的贯彻，从而具有了充足的正当性来源。在构建受益第三人享有和行使权利的过程中同样需要遵循以上三个原则。

《民法典》在一定程度上承认了受益第三人享有类似债权人的权能，并未直接赋予受益第三人合同债权，根本原因是第三人终非合同当事人。但第三人因基于合同约定或法律规定所享有的直接请求权，亦属于债权之列，其权能内容可以参照债权人的债权权能进行建构。通说认为，在合同的各个阶段中，债权人取得的债权具有请求权能、受领权能、保有权能、处分权能、救济权能等。另外，基于意思自治原则，债权人还享有意思自治权，可以基于与债务人的合意对合同内容进行变更、撤销或单方解除合同。本次《民法典》立法并未涉及处分权能和保全权能，现已规定的请求权能、受领权能已经取得了理论界一定的共识，因此不作为下文讨论的重点。立法争议的焦点集中在与第三人合法权益维护密切联系的意思自治和救济权能，两者均在《民法典》中有所体现，但由于未能明确细化而引起了广泛的讨论：《民法典》对前者意思自治能够介入合同的程度未定，这关系到受益第三人请求权的稳定与救济；后者由于突破了合同相对性原则，学界至今未能就救济权能的形式取得共识。

（一）受益第三人债权的意思自治

受益第三人虽不在合同当事人之列，没有参与合同内容的确定，但合同的效力对其权利产生了影响，故在一定程度上其有权对合同的进程产生作用，其权利类似对合同内容的介入权。

1. 受益第三人可对第三人利益合同条款作出意思表示

根据上文分析可知，第三人利益合同中所赋予第三人可直接取得的请求权为法律上的利益，并不一定为第三人所希望取得的利益。基于意思自治原则，第三人可以不行使的方式拒绝该请求权，该意思表示亦属于第三人对自己利益的自由处分。

2. 受益第三人能否就第三人利益合同条款的变更、撤销、解除而作出意思表示

当合同当事人对第三人利益条款或整个合同作出变更、撤销、解除的意思表示时，受益第三人能否就此作出意思表示，视情况而定。

合同的变更、撤销和解除必然会影响到第三人的利益，然而，第三人并非合同当事人，不能真正参与到合同的变更、撤销和解除之中。此时必须兼顾对当事人意思自治的尊重与第三人利益的保护。对于该问题的解决，在域外立法中，如《日本民法典》将第三人的意思表示作为取得请求权的条件，因此，在第三人作出受益表示前后两个阶段上，能够较好地区分第三人意思自治对合同当事人的约束力产生时间。[①] 但我国《民法典》选择了“直接取得”立法模式，第三人的直接请求权自合同成立时取得，故难以借鉴《日本民法典》经验。同样采取“直接取得”立法模式的《德国民法典》则规定了“第三人的权利是否立即或仅在一定条件下产生，以及订约的双方当事人是否保留权限，得不经第三人的同意而撤销或变更权利，应根据情况推定之，特别是应契约的目的推定之”，国内学者对此的认识较为一致，通说认为，第三人在未作受益意思表示前，应当允许当事人变更或撤销合同，但该标准并不绝对。[②] 德国经验对我国《民法典》在该方面的进一步细化与完善有借鉴意义，应视具体情况而进行不同的处理。

情形一：合同当事人因法定原因变更、撤销、解除合同的。当事人行使法定变更权、撤销权、解除权的情况下，应当认为无论第三人是否作出了受益表示，均不能对抗当事人行使法定权利的意思表示，因此无须第三人同意。第三人的权利取得系直接基于当事人的合同，若合同因欺诈、胁迫等原因而订立，在根本上存在效力瑕疵，势必会对第三人的利益造成影响，但不能只为了维护第三人利益而否定合同当事人行使法定权利，应当认为当事人并未赋予第三人排除当事人合同解除权的独立的权利。

情形二：合同当事人因约定原因变更、撤销、解除合同的。这类情况同样无须第三人同意即可行使。理由在于第三人利益条款属于合同中的一部分，应当受到合同的约束。但第三人若因此形成了合理信赖，其应当享有获得通知的权利，避免其为履行债务做不必要的准备。但如果第三人有合理理由证明其并不知晓该保留条款的，又因为作出了受益意思表示而对权利的稳定状态产生了合理信赖，

---

① 参见沈阳师范大学法律文化协同创新中心《日本民法典》，王爱群译，法律出版社2014年版，第92页。

② 参见尹田《论涉他契约——兼评合同法第64条、第65条之规定》，载《法学研究》2001年第1期，33－49页；胡文涛《论为第三人利益合同的效力》，载《华南师范大学学报（社会科学版）》2000年第4期，第20－25页。

应当保护其信赖利益。[①]

情形三：合同当事人未保留无须第三人同意即可变更、解除合同权利的。在受益第三人作出受益表示前，其权利尚未被确定，合同当事人有权对合同进行变更、解除；受益第三人作出受益表示后，其形式是单方形成权，对权利进行了确认，防止当事人肆意更改第三人权利、维护交易秩序，因此，该权利不可被撤销。

（二）受益第三人债权的救济权能

目前有关受益第三人在债务人未能履行或未能完全履行债务之时救济途径的争论，主要集中在第三人是否能够请求债务人承担违约责任以及违约责任的具体形式上。

1. 关于第三人的违约责任请求权是否成立的问题

目前大多数学者对此持肯定观点，认为第三人可以直接请求债务人承担违约责任。[②] 而反对的观点认为：第三人请求债务人承担违约责任缺乏正当性，突破了合同相对性原则，因为第三人并未成为合同当事人，也不利于合同的稳定性；其缺乏合理性，第三人可能并不知晓合同的违约条款内容，无法依据合同约定请求债务人承担违约责任。[③]

因此，第三人的救济只能通过债权人来实现，即债权人基于对价关系向第三人承担违约责任后，再基于合同请求债务人承担违约责任。[④] 但反对的观点明显与第三人利益合同制度的立法初衷在根本上相违背。如果第三人无法直接向债务人主张救济请求权，也就无法实现减少交易环节、提高交易效率、及时维护第三人合法权益等目的，因此，否定说在逻辑上难以自洽。

肯定说与否定说争议的原因，仍是第三人利益合同对合同相对性原则的突破使得其有别于普通合同，系合同、侵权之外的债的关系，因此，难以直接适用合同专属的违约责任规则。在我国《民法典》选择了以合同编替代债权编的背景下，合同编总则如果要发挥债法总则的功能，势必要处理特殊之债带来的冲突问题。面对合同相对性原则的阻碍，肯定说的一个可选解释路径为在《民法典》的合同编中总则部分引入“准合同”的概念。

“准合同”最早指由非合同、非侵权所引起的与合同相类似的债权。其产生与债的类型的日益丰富直接相关，具有较强的开放性，在没有设置债法总则的大陆法系民法典如《法国民法典》中占有一席之地。[⑤] 而已经设置债法总则的《德国民法典》则无此需求，因此排斥了准合同的概念。第三人利益合同无疑符合准合同

---

① 参见叶金强《第三人利益合同研究》，载《比较法研究》2001 年第 4 期，第 69－79 页。

② 参见王利明《论第三人利益合同》，载《法制现代化研究》2002 年第 1 期，第 369－398 页。

③ 参见汪渊智《民法典分编（草案）合同总则部分的修改建议》，见中国法学会（https://www.chinalaw.org.cn/portal/article/index/id/24825/cid/），访问日期：2019 年 5 月 15 日。

④ 参见丁忠、吴为满《第三人利益合同及其效力》，载《人民司法》2000 年第 10 期，第 50－51 页。

⑤ 参见李世刚《法国新债法准合同规范研究》，载《比较法研究》2016 年第 6 期，第 88－110 页。

的法律构造。在准合同之债的关系中，行为人的行为完全出于自愿，但不存在双方当事人的合意，因此又与合同不同。第三人利益合同中，受益第三人的请求权基于合同取得，类似合同，自然与侵权之债相距甚远。但在债务人与第三人的债的关系中，第三人可取得纯粹的法律上的利益，而不必为此有所负担；相反，债务人因受限于其他合同而向第三人履行债务，属于自愿行为。从这个角度上看，第三人的请求权因债务人的自愿与债权人订立第三人利益合同的行为而产生。

正是因为第三人利益合同实质上为“准合同”，第三人的救济请求权无须直接套用合同专属的违约责任规则，在立法上避免了“违约责任”的表述与相关争议。同时，第三人利益合同中债务人与第三人债的关系并没有脱离债的相对性原则，因此，合同的一些规则可以适用于债的关系，如参照适用合同之债中的违约责任规则，在责任形式的选择上也能更加灵活。

2. 违约责任形式

违约责任形式主要由违约金责任、赔偿损失、强制履行、定金责任和采取补救措施组成。而在第三人利益合同中因债务人未履行或未能履行导致的具体责任形式方面，学者们提出的组合方式不尽相同。

其中，有关强制履行所产生的争议较少。如债务人未能履行或未能完全履行债务，债权人与第三人同时有请求债务人继续履行的权利。对于债权人来说，其请求权基于合同约定产生，但在作用上并非使其直接受益，而是作为第三人请求权的补充与加强，近似于债务人履行债务的保证。因此，第三人不受债权人限制而优先行使请求权。

除此之外，第三人不能基于合同而主张获得可得利益损失的赔偿、违约金责任和定金责任等。理由在于：第三人不是合同当事人，其不能直接适用于违约责任，应在此基础上参照、限缩其权责。而可得利益损失的赔偿、违约金责任、定金责任均为债权人与债务人约定的、仅向债权人承担的责任形态。但第三人基于其为了债务履行所做的准备落空而导致的合理信赖利益损失的，可要求债务人承担赔偿责任。

四、结语

第三人利益合同顺应时代发展而产生，在《民法典》之后的细化与解释中，应注意如下方面的考量：①立法体例上的选择。为尊重民法逻辑自洽和制度体系，第三人利益合同制度可以设置于“合同的效力”章节，同时，在总则中增设“准合同”规定。②平衡合同当事人权益与第三人利益有利于实现真正的公平正义价值。

为贯彻意思自治原则、平衡当事人利益、追求经济效率的立法精神，第三人利益合同制度可以参照债权人的债权权能结构进行构建，在合同的各个阶段确定受益第三人的权利。本文就此提出如下建议。

（1）法律规定或合同约定第三人有直接请求权的，自合同成立之时起第三人直接取得履行请求权，但此时该权利尚处于不稳定状态，虽无须第三人作出意思表示以取得请求权，但第三人的受益或拒绝意思表示影响着权利和合同稳定状态。

（2）第三人的意思自治权能仅限于第三人利益条款范围内，不包括对合同其他内容的变更、撤销或对合同的解除。

（3）合同当事人的意思表示若涉及第三人利益条款，无须第三人的同意，但对第三人有通知义务，避免第三人的信赖利益受损。

（4）当合同被撤销、解除或终止等导致第三人请求权基础不复存在之时，第三人不得基于合同主张违约责任，只能依据对价关系向债权人请求赔偿。

（5）在合同履行过程中，当债务人未履行债务或未能完全履行债务之时，第三人得以参照违约责任，向债务人主张救济，而非直接主张违约责任请求权。

委托合同任意解除权限制规则之完善

黄钲翔*

【摘要】《民法典》第九百三十三条规定，委托人或受托人可以随时解除委托合同。但是，针对2019年裁判的392份民事判决书所做的统计分析发现，主审法官在少数委托关系中排除了对任意解除权的适用。这些做法不无道理。目前已有的法律规定或立法建议难以全面概括排除委托关系任意解除权的所有情形。合适的做法是，确立若干裁判规则，由法官通过类比适用的方法解决具体案件。本文基于46份判决书，讨论了排除委托关系任意解除权的四个主要理由，并总结出六种常见的不能行使委托合同任意解除权的具体情形，以期为审判实践提供参考。

【关键词】合同法　商事委托　任意解除权　排除任意解除权的约定　混合合同　诚实信用原则

一、引言

鉴于委托合同特别强调当事人之间的信赖关系，《合同法》遵循了国际上通行的关于委托合同的立法模式，规定任意一方当事人都可以随时解除委托关系，但应赔偿不可归责于该当事人而致的损失。司法实务界和学界对此争议的焦点在于解除权人应承担的赔偿责任范围。2020年公布的《民法典》以是否有偿为区分标准，规定了应赔偿预期利益损失的具体条件，以此将相互对立的两种意见进行了综合，但同时保留了原先《合同法》关于委托合同可以随时解除的法律规定。

《民法典》延续了原《合同法》关于委托合同的宽泛定义。在未来，形形色色的为他人处理事务的合同，不论是以人身信赖关系为基础的民事委托，还是以提供专业服务为主要内容的商事委托，都将受《民法典》的规范。因此，正确地理解和适用《民法典》委托合同解除权的法律规定对于解决有关纠纷具有重要的现实意义。

二、问题的产生及其原因

（一）问题的出现

笔者以“《合同法》第四百一十条”为关键词，设裁判年份为“2019年”，通过“威科先行·法律信息库”检索到上千份判决书，剔除无关和内容重复的判决书，得到有效样本一共392份。笔者通过对样本进行进一步分析发现，并不是所有

---

* 黄钲翔，中山大学法学院硕士研究生。

的委托合同都可以随时被解除。就法官是否限制任意解除权行使的角度进行统计分析，其中，法官判决合同不得随时解除的案件一共 46 件，约占总案件数的 12%；法官判决支持一方当事人随时解除委托的案件一共 346 件，约占总案件数的 88%。从中可以看出，不能随时被解除是委托合同的例外情形。

上述 46 份判决中，如果一份判决运用不同理由限制任意解除权，该判决将被视为数份样本，并按相应理由分别统计处理后，一共获得 53 份样本。就不能任意解除委托的具体理由进行统计分析，其中，认为排除任意解除权的约定有效的案件有 25 件，约占 53 份样本的 47%；认为案涉合同属于混合合同的案件有 17 件，约占 32%；认为解除不利于商业形态的有序性和整体性的案件有 4 件，约占 7%；认为擅自提前终止合同构成违约的案件有 3 件，约占 6%；其余各种理由各 1 件，一共占 8%。(见表 1)

表 1　排除任意解除权的理由统计

基本理由	案件数（件）	占比（%）
排除任意解除权的约定有效	25	47
案涉合同属于混合合同	17	32
解除不利于商业形态的有序性和整体性	4	7
擅自提前终止合同构成违约	3	6
解除委托损害债权人利益	1	2
委托系对已生效的一系列合同的变更	1	2
合同中约定了解除权的行使条件	1	2
经公证的委托合同任意解除时需要履行公证程序	1	2
合计	53	100

从以上数据可以看出，司法实务界认为委托合同例外地不能任意解除的理由最主要有如下四点：①当事人约定排除任意解除权；②案涉合同属于混合合同；③解除权的行使不利于商业形态的有序性和整体性；④擅自提前终止委托合同构成违约。

司法实践的做法并非无道理。《民法典》第九百三十三条的法律规定可能存在适用范围过宽的问题。

（二）问题产生的主要原因

1. 认定解除行为所指向的对象不准确

如果仅从当事人提出的请求来看，解除行为所指向的对象似乎只有委托关系。但在某些情况下，不同于委托关系的其他法律关系也有可能随着委托关系的解除而终止。若法律没有规定其他法律关系可以被任意解除，或者所涉及的若干法律关系作为整体不应当被任意解除，以《民法典》第九百三十三条为依据解除合同就会导致法律适用不准确。

2. 任意解除权制度难以全面兼顾所有类型的委托关系

任意解除权制度有时难以兼顾某些委托关系的特殊要求。这主要体现在如下三个方面：首先，商业活动涉及标的额往往较大，解除合同可能给对方当事人造成严重损失；其次，随时解除委托有可能给合同双方以外的第三人造成不利后果；最后，有些委托事项具有专业性、公益性的特点，如果允许受托人随时解除委托，将不利于正常社会秩序的运行。

3. 任意解除权制度设计的内在缺陷

委托合同任意解除权的行使具有主观随意性，原则上解除合同的一方可以任性地行使解除权，无须说明解除行为的合理性。这给当事人以此为借口谋求不正当利益提供了一定的空间。

三、委托合同解除权限制规则之完善对策

（一）委托合同解除权限制之立法规则的局限性

目前，存在两种常见的通过立法的方法区分委托合同能否随时解除的具体做法。第一种是德国的做法，《德国民法典》明确规定只有无偿委托才可以随时解除；第二种是明确限制商事委托的任意解除权。

1. 以有偿或无偿为标准限制任意解除权

日本学者广中俊雄教授认为，《日本民法典》有关委托合同任意解除权之规定只能适用于无偿委托。他提出了四点理由：第一，无偿委托虽然是诺成合同，但是其法律拘束力很弱；第二，委托合同是以当事人双方之间的信赖关系为基础的；第三，无偿委托本来就是一种很难赋予完全的法律拘束力的社会关系；第四，《日本民法典》第651条第2项所规定的损害赔偿责任的要件非常严格，这也是考虑到该条适用于无偿的委托合同。①

根据我国相关立法精神，不能直接套用日本学者的观点解释我国民法的规定。《日本民法典》规定，如无特约，委托人无须向受托人支付报酬。因此，该法以无偿委托作为主要的规制对象，而我国《民法典》恰恰相反。根据《民法典》第九百二十八条第二款的规定，因不可归责于受托人的事由，委托合同解除或者委托事务不能完成的，委托人应当向受托人支付相应的报酬。只有当事人另有约定时，委托人才不负担支付相应报酬的义务。我国《民法典》是以有偿委托作为主要规制对象进行制度设计的。既然如此，如果要排除有偿委托的任意解除权，那就必须论证《民法典》所规定的任意解除权是特殊权利，只适用于例外情况。从条文的表述来看，显然不是如此：《民法典》第九百三十三条专门规定了有偿委托的相

---

① 参见崔建远《合同法总论》（中卷），中国人民大学出版社2016年版，第656页。

关当事人应承担的赔偿责任，并与无偿委托并列，说明有偿委托是可以被任意解除的。

2. 明确限制商事委托的任意解除权

王利明教授认为，应当限制适用《合同法》第四百一十条（现《民法典》第九百三十三条）的规定。理由有三：第一，有偿委托中，信任关系的重要性已经大大降低，在当事人双方中起主要作用的是交易关系；第二，允许受托人任意解除不利于消费者权益保护；第三，允许委托人任意解除，将影响合同关系的稳定，有悖于商事合同的本旨。对于一些具有商事交易性质的事务委托合同，不宜允许当事人行使任意解除权。[①] 崔建远教授亦认为，从立法论上讲，中国的《民法典》应当明确限定商事委托合同的任意解除权。[②]

上述观点的局限性有二。一是很难定义商事委托。我国法律并没有“商事”一词的准确界定，导致限制商事委托任意解除权的立法规则在语言的运用上非常困难。二是规则的适用范围比较狭窄。并不是所有的商事委托都不能随时解除，例如，公司解聘董事、监事，期货经纪合同的解约自由权，合伙人撤销对合伙事务执行人的委托，用人单位通过另行指派其他工作任务的方式解除对劳动者某方面的委托，等等。因此，该规则仅被学者们所倡导，离被纳入正式的法律规定尚远。

（二）委托合同任意解除权限制之裁判规则的展开

不能随时解除委托的情形多种多样，其背后的原因比较复杂，很难用一个条文全面概括。如果用数个条文规定限制任意解除权的例外情形，又会导致《民法典》显得过分臃肿。理想的做法应该是：通过对大量判决书的梳理总结出不能随时解除的若干情形后，法官通过类比的方法解决案件。具体而言，包括以下四个方面。

1. 当事人在商事委托中约定排除任意解除权

约定排除任意解除权的情况比较常见。在本研究检索利用的 392 份判决书当中，法官论及排除任意解除权约定效力的案件共有 46 件，约占总案件数的 12%。其中，法官认为该约定有效的有 25 件，约占 46 件案件的 54%；无效的有 21 件，约占 46%。从中可以看出，司法实践就排除任意解除权的约定是否有效这一问题分歧较大，两种观点势均力敌。

一些当事人为了能获得对未来相对确定的预期，在委托合同中约定排除任意解除权的适用条件，在诉讼代理、资产托管、居间和代理销售等情形中尤其如此。司法实践的争议焦点在于这类约定是否有效。我国台湾地区学者对此问题颇感兴趣。如郑玉波教授对此持赞同肯定说，他认为此类约定原则上应认定为有效，若

① 参见王利明《合同法研究（第一卷）》（第三版），中国人民大学出版社 2015 年版，第 728 – 729 页。

② 参见王利明《合同法研究（第一卷）》（第三版），中国人民大学出版社 2015 年版，第 655 页。

日后出现当初未曾预料的事由时，可以适用情势变更原则终止委托。[①] 相反，史尚宽先生赞同否定说。他认为，依委托合同的性质，预先排除任意解除权的特别约定无效，但受托人如就委托事务之处理有正当利益关系，委托事务有处理完毕的必要的除外。[②] 比如，债务人委托债权人收取债务人享有的对第三人的债权，支付的报酬用于清偿债务的情形。陈自强教授则持第三种观点，他认为无偿委托基于高度的信赖要素，不能预先排除任意解除权，但有偿委托则不然。有偿委托是建立在受任人的专业事务处理能力之上。基于契约自由原则，哪怕是格式合同，抛弃任意解除权的约定也是有效的。[③]

我国法院法官在审判实践工作当中，睿智地认识到预先排除任意解除权约定的效力，必须区分不同的情形。有的法官从全新的视角进行分析，得出了与众不同的观点，让人耳目一新。例如，在"大连世达集团有限公司与大商股份有限公司其他合同纠纷案"[④] 中，法官注意到了商事委托的特殊性。在商事委托中，受托人的商誉和经营能力，是委托人选择受托人的主要考量因素之一，人身信赖关系相较而言无足轻重。更重要的是，商事委托比较复杂，受托人需要耗费大量人力、物力和精力才能完成。为避免任意解除权带来的不确定性风险，预先排除该权利的约定应当是有效的。

有这样一种情况常常被忽略。有效期的约定应该被理解为合同双方默示地排除任意解除权的适用，除法律另有规定或当事人另行约定的其他情形外，在有效期内合同双方均不能解除委托。受托人会在合同当中约定委托期限，这样做有两个原因。第一，受托人所创造的商业价值，有可能转化为委托人的商誉。有的时候，商誉这种资产的所有权无法在委托人和受托人之间进行合理的分配，通常只能全部归委托方享有。为了分享商誉的价值，受托人会要求约定委托期限。在该期限内，受托人可以合理利用凝结了商誉的资产，从而获得预期收益。如果不允许当事人约定排除任意解除权的适用，委托人就可以随时独占受托人参与创造的商誉所带来的价值。第二，对于刚进入市场的新产品，从初始投入到产生收益，往往需要一定的时间。如果合同的期限太短，受托人就难以在与委托人的商业合作当中赢利。遗憾的是，多数法官依据委托人可以随时解除委托的法律规定，判决约定了委托期限的委托关系依委托人单方面的意思解除。这相当于认为委托人可以随意地变更已有的利益分配条款，对受托人是不公平的。

2. 从履行的角度认定混合合同

持有这种观点的人认为，合同法原则上是缺省规则的。双方当事人可以自由组合《民法典》已经明文规定的合同类型，签订一个混合合同。倘若该合同不属

---

① 参见郑玉波《民法债编各论》(下)，台湾三民书局1981年版，第450页。
② 参见史尚宽《债法各论》，中国政法大学出版社2000年版，第385页。
③ 参见陈自强《民法讲义Ⅱ：契约之内容与消灭》，法律出版社2004年版，第210页。
④ 参见最高人民法院（2013）民申字第2491号申请再审民事裁定书。

于或不类似于委托合同的，不能被任意解除。

一个典型例子是演艺经纪合同。经纪公司通过商业运作，投入资源打造明星，但明星的商业价值与其自身身份不可分割。倘若允许明星随时解除合同，明星就可以独占经纪公司参与创造的商业价值。同时，该类合同的内容非常丰富，包括代理签约的经纪服务，为艺人设计、规划职业生涯的经理人服务，姓名、肖像、知识产权等权利的许可使用和开发，服从公司工作安排、接受公司管理等公司纪律内容，等等。[①] 因此，演艺经纪合同常被法院视作混合合同，不能被任意解除。比如“北京新画面影业有限公司与窦骁表演合同纠纷案”[②] “林更新诉唐人影视合同纠纷案”[③] 等。

即便单纯从当事人提出的请求来看，解除权并不指向不同于委托关系的其他法律关系，但是当事人随意解除委托，有可能导致其他法律关系无法或不需要履行，其他法律关系也就只好终止。现实中的委托，可能和其他法律关系共同服务于一个目的，或者其他法律关系服务于委托关系的履行。就好像车和轮子，轮子是车的组成部分，没有了轮子，车就没法行驶，而没有了车，轮子也无法发挥它应有的功能。这种水乳交融的关系，被学者形象地比喻为“命运共同体”。[④] 要解除这样的委托，就不能不考虑解除行为对合同其余部分的影响。

譬如，在债务重组关系中，委托人将自己的资产委托他人经营管理，受托人可以分享资产带来的收益，但前提是受托人为委托人偿还债务。他们双方往往会这样约定：只有受托人替委托人偿还完债务，委托合同才能生效。[⑤] 如果委托合同被任意解除，受托人就不能如愿取得投资报酬，其替委托人偿还债务的目的就落空了。此时的资产托管不再是《民法典》规定的委托合同，而是一种当事人创造的混合合同。委托人的义务有二：将资产委托给受托人打理并支付报酬；作为回报，委托人所负债务将由受托人偿还。这种交易的实质是受托人以清偿债务的方式购买在一定时期内经营某资产并获得收益的权利。所以，这类合同与其说类似于委托合同，毋宁说类似于买卖合同，不能被任意解除。

可是，在一个约定的数个法律关系之间，既有可能混合而成一个合同关系，也有可能相互独立，互不影响。从履行的角度可以将这种情况与混合合同相区分。某公司的劳动者，可能被董事会聘任为总经理，或者被股东会或职工代表大会选

---

① 参见刘承韪《论演艺经纪合同的解除》，载《清华法学》2019 年第 4 期，第 132 - 133 页。

② 参见北京市高级人民法院（2013）高民终字第 1164 号民事判决书。

③ 参见上海市第一中级人民法院（2013）沪一中民一（民）终字第 2086 号民事判决书。

④ 参见崔建远《合同法总论》（中卷），中国人民大学出版社 2016 年版，第 869 页。

⑤ 2013 年 5 月 31 日，中油公司、嘉伟公司与泽霖公司签订《债务清偿协议》，中油公司同意以实物作价抵偿嘉伟公司所欠债务，部分多余价款留在中油公司作为或有负债的保证金。泽霖公司承诺在一定期限内收购或有债务人的债务。同日，中油公司与泽霖公司签订《委托代理合同》，约定泽霖公司代理中油公司销售加气充值卡，但前提是《债务清偿协议》生效并得到实际履行。具体案情参见山东省济南市中级人民法院（2019）鲁 01 民终 5433 号民事判决书。

举为董事或监事。作为委托关系的一种，聘任合同与劳动合同不同，特别是在解除条件方面。这说明聘任合同的解除不影响劳动合同的履行。因此，聘任合同与劳动合同之间不构成混合合同。当用人单位不能依法解除劳动合同时，董事会仍可以解聘总经理，股东会也可以更换非职工董事、监事。

3. 注意委托合同解除权行使的外在限制

（1）解除权的行使不利于商业形态的有序性和整体性。委托经营管理商铺的合同往往不能随时解除。情况通常是这样的[①]：委托人将自己拥有的商铺委托给他人经营管理，期限往往长达数年。合同双方有时会约定该委托是不可撤销的。在委托期限内，受托人已把作为合同标的物的商铺连同其他一些附近的商铺一起整体出租给某一商户用于经营。如果允许委托人随意解除合同，将导致如下三个不利后果：第一，商铺承租人不得不缩小营业场所的面积，其原本正常的经营活动将受到不利影响；第二，委托人有权将商铺再次出租，用于与附近商铺完全不同的行业，这将不利于受托人苦心经营的商业形态的完整性，商场的吸引力下降，影响受托人的盈利；第三，商场的集聚效应受到减损，附近其他经营者的业绩可能因此下滑。因此，为了保护商业形态的整体性和有序性，促进物的最大化利用，委托人的任意解除权应当被限制。

（2）法律明文规定受托人不得随时解除委托。服务合同，一般指全部或部分以劳务为债务内容的合同。[②] 服务人，也就是提供劳务的一方，根据法律的明文规定，往往不享有任意解除权。这主要是因为有些服务不仅有益于服务受领人，还具有一定的公益性质，可以促进社会的和谐稳定。比如《律师法》第三十二条规定，律师接受委托后，无正当理由的，不得拒绝辩护或者代理；《民法典》第八百一十条规定，从事公共运输的承运人不得拒绝旅客、托运人通常、合理的运输要求；等等。

4. 正确区分解约行为和违约行为

解约行为是当事人依法行使委托合同解除权的法律行为，它将导致委托合同依解除权人的意思表示而终止。相反，如果当事人无正当理由拒绝履行委托合同，理应构成违约。解约行为和违约行为的根本区别在于：前者是依法正当行使解除权的合法行为，后者是违反合同约定和诚实信用原则的不法行为。

正确区分解约行为和违约行为的意义有二：第一，这有利于正确评价当事人不履行合同的法律性质，从而更好地引导社会正确行使委托合同的解除权，弘扬诚信守约的价值观念；第二，这有利于正确认定不履行合同的一方当事人所应承担的赔偿责任范围。根据《民法典》第九百三十三条的规定，解除权人因行使任

---

① 情景的描述来源于对如下四个判决的总结：上海市第二中级人民法院（2019）沪02民终11006号民事判决书、陕西省西安市长安区人民法院（2019）陕0116民初1317号民事判决书、安徽省亳州市中级人民法院（2019）皖16民终2745号民事判决书、江苏省盐城市中级人民法院（2019）苏09民终463号民事判决书。

② 参见周江洪《服务合同研究》，法律出版社2010年版，第14页。

意解除权所应承担的赔偿责任范围因委托是否有偿而有所不同。无偿委托的解除权人只需赔偿对方所受直接损失，但有偿委托的解除权人在此基础上还应赔偿合同履行后对方当事人可以获得的利益。相反，违约方所应承担的违约责任不因合同性质而有区别。不论委托是否有偿，违约方均应当赔偿在其订立合同时可预见范围内对方当事人所受的可得利益损失。

解约行为和违约行为可以从两个角度进行区分。从解除权人的合同相对方的角度来看，若其在履行合同期间具有一定过错，虽不至于根本违约的程度，但足以说明解除权人对对方已经失去信任的，本方当事人往往有权解除委托。相反，从不履行合同的一方当事人的角度来看，倘若其解除合同的目的不正当，致使己方不当受益而对方受损，不履行合同的行为往往构成违约。违约行为在实践中有如下两种常见情形。

（1）为逃避报酬支付义务而解除委托。代理商报酬的取得具有结果主导性。[①] 委托事务未完成，委托人有权拒绝支付部分的报酬。于是有的委托人便利用受托人提供的服务背地里与第三方签订合同，而后却以行使任意解除权为由拒绝支付相关报酬。这种行为被称为“跳中介”。[②] 我国台湾地区有判例认为，委托人终止居间，不应以使居间人丧失报酬请求权为目的，否则仍应支付报酬。[③]

（2）以任意解除权为借口出尔反尔。有的委托人利用任意解除权恶意解除合同，以期独占原本应与受托人分享的利益。2016 年 11 月 30 日，广唯公司与凯旋公司签订《销售代理协议》，约定由广唯公司销售凯旋公司开发建设的商住项目。2018 年 10 月 30 日，凯旋公司告知广唯公司，凯旋公司不再进行该项目的商业开发，合同标的物已不存在，因此要求解除委托。时间仅仅过了不到 3 个月，在 2019 年 1 月 23 日，该建设项目就获得了行政主管部门的规划许可，随后该项目一期工程便开始施工建设，相关不动产开始预售。凯旋公司严重违反承诺，已然构成违约，应依据《销售代理协议》的约定向广唯公司承担违约责任。[④]

四、结语

《民法典》细化了因行使委托合同任意解除权而产生的赔偿责任范围。与《合同法》的规定相比，这是一大进步，但美中不足的是，任意解除权制度涵摄面太广的问题仍然没有得到解决。通过统计 2019 年裁判的 392 个案例可以发现，少数委托关系并不能直接依据《民法典》第九百三十三条的规定解除。目前已有的法

---

① 参见雷兴虎、刘浩然《代理商佣金利益保护制度的证立与展开》，载《中南大学学报（社会科学版）》2020 年第 2 期，第 49 页。

② 参见周峰、李兴《房屋买卖居间合同纠纷中“跳中介”现象的法律问题研究——以居间合同的信息匹配属性与复合型构造为视角展开》，载《法律适用》2011 年第 10 期，第 94 页。

③ 转引自王泽鉴《民法概要》，北京大学出版社 2009 年版，第 319 页。

④ 参见四川省德阳市中级人民法院（2019）川 06 民终 1054 号二审民事判决书。

律规定或者立法建议很难全面概括这些不能随时解除委托的具体类型，所以有必要对“随时”一词做出限制解释。本文通过对46份案件的梳理，从四个方面总结出六种常见的当事人不能随意解除委托的具体情况，以期为审判实践提供参考。

论第三人侵权时安保义务人的补充责任

郭　瑶*

【摘要】补充责任作为我国立法中的独有的制度，其与传统的责任承担形态——连带责任、不真正连带责任、按份责任有一定的区别，最明显的特征在于补充责任的顺序性和附条件性，我们应当确定补充责任的独立地位。但不可否认的是，目前《侵权责任法》中对于补充责任的许多细节性上的规定并不是非常全面，导致在理论上争议不断，实践上也面临矛盾。其中的三个问题值得探讨：首先需要就主观方面的探讨对补充责任进行限缩，其次探讨补充责任人的追偿权，以及其最终的对内对外的责任分配。解决这三方面的问题，可为完善补充责任制度添砖加瓦。

【关键词】补充责任　侵权责任法　安全保障义务人

一、问题的提出

我国2009年出台的《中华人民共和国侵权责任法》（以下简称《侵权责任法》）首次明确了被侵权人遭到第三人侵权，安全保障义务人（以下简称“安保义务人”）对此承担的是补充责任。而相比于传统的英美法系和大陆法系的责任形态，补充责任可以说是我国立法独创。对于补充责任，目前尚有较多的疑问以及待讨论之处，导致实践中的裁判标准不够统一。笔者意从安保义务人的补充责任出发，期望通过本文探讨并分析如下几个问题。

第一，如何看待补充责任的性质？其与传统的连带责任、不真正连带责任，以及按份责任的区别在哪？在众多责任形态中，补充责任是否最适合用于解决第三人侵权下安保义务人的责任问题？

第二，补充责任中的追偿问题分为两个：一是侵权第三人能否向安保义务人追偿？二是安保义务人是否可以向侵权的第三人进行追偿？对于第二个问题，2003年我国最高人民法院出台的《最高人民法院关于审理人身损害赔偿案件适用法律若干问题的解释》（法释〔2003〕20号）第六条第二款最后一句规定：“安全保障义务人承担责任后，可以向第三人追偿。”但在2009年颁布的《侵权责任法》第三十七条①中却对安全保障义务人在承担责任后是否享有追偿权避而不谈。而《民

---

* 郭瑶，华南理工大学硕士研究生。

① 《侵权责任法》第三十七条：违反安全保障义务的侵权责任：宾馆、商场、银行、车站、娱乐场所等公共场所的管理人或者群众性活动的组织者，未尽到安全保障义务，造成他人损害的，应当承担侵权责任。因第三人的行为造成他人损害的，由第三人承担侵权责任；管理人或者组织者未尽到安全保障义务的，承担相应的补充责任。

法总则》二审稿侵权编第九百七十三条又写入“可以向第三人追偿”，可见立法者对于这一问题的态度并非坚定。那么，其中导致分歧的原因是什么？《民法总则》中明确“可以向第三人追偿”又是否有充足的理由？

第三，无论是《民法总则》二审草案还是《侵权责任法》中均用到了“安保义务人承担相应的补充责任”这一表述，但是并没有对此进行进一步的解释，由此会产生一定的分歧。那么，补充责任的份额应当如何分配才是对三方利益的平衡？

基于此，本文也将围绕这几个问题进行展开，对不同的学说进行总结并提供一定的判断思路，力求厘清其中的问题，并给出合适的答案。

二、第三人侵权下安全保障义务人责任承担形态辨析

（一）安全保障义务人补充责任的实质

补充责任是我国立法独创的责任承担形态。那么，为什么要创立一个新的责任承担形态？而传统的责任承担形态与其有何不同？就这一点而言，学界的看法也有不一致的地方。其中，杨立新教授认为：补充责任也是不真正连带责任的一种变形，是特殊的不真正连带责任。[①] 然而，笔者认为，如果将补充责任归为不真正连带责任，一是忽视了补充责任的基本特征，即安保义务人补充责任承担的顺位性和附条件性，这里的顺位性是指第一顺位的责任人应当是侵权的第三人，而附条件性是指安保义务人只有在第三人出现下落不明、无法确定，或者第三人财产不足以给付全部损害赔偿额的情况下才作为第二顺序人承担相应的补充责任。而这两个特征都是不真正连带责任所没有的。二是补充责任中，侵权结果的发生是来自第三人和安保义务人的共同作用，如果缺少任何一方的作用力，则损害结果都不会发生，相比之下，不真正连带责任则是多个侵权人基于不同的发生原因而对于同一被侵权人负有以同一给付为标的的数个债务，因此，在缺少一方作用力的情况下，仍然能构成侵权。张新宝教授认为，补充责任具有独立性，应当将其与传统的责任形态作出区分，补充责任应当被视为一种新的责任形态。[②] 笔者是比较赞同此种观点的。

（二）安保义务人的责任形态与主观方面

在实务中，根据安保义务人和第三人之间无意思联络，我们可以得出四种主观形态的组合。而这四种主观形态的组合是否均能适用《侵权责任法》第三十七条的补充责任？笔者分析如下。

1. 第三人故意 + 安保义务人故意

甲到A酒店入住，在大堂内被第三人乙殴打致伤，A酒店在有能力制止的情

---

① 参见杨立新《多数人侵权行为及责任理论的新发展》，载《法学》2012年第7期，第41－49页。

② 参见张新宝、唐青林《经营者对服务场所的安全保障义务》，载《法学研究》2003年第3期，第79－91页。

况下却故意不制止，在甲被殴打后亦不实施援助，甲遂死亡。笔者认为，在安保义务人主观方面也是故意的情况下，允许其承担补充责任有所不妥，只有在安保义务人的不作为对于损害结果的发生是次要原因的情况下，才能适用补充责任，因为立法对于补充责任规定了顺位性和附条件性，表明了立法者并不想把补充责任人和第三人放在对等的承担责任水平上，因此，要排除第三人和义务人处于同一层次承担责任的情况。很明显，在安保义务人故意的情况下，其行为已不能说是次要原因了，而是A酒店的故意不作为以及乙的殴打行为共同成为导致甲死亡结果发生的唯一原因，两人的行为相互补充和配合，成为统一的有机整体[①]，并且A酒店贡献了与乙的行为同一顺位的积极的原因力，所以，缺乏让第三人率先承担责任的理由，也即无法适用补充责任。因此，笔者认为，如果安保义务人与第三人之间有意思联络，无疑应当承担连带责任；而本案中安保义务人与第三人虽然均为故意，但缺乏意思联络，并且安保义务人无法单独地造成损害结果的发生，似乎不能适用《侵权责任法》第十一条[②]中有关连带责任的规定。笔者认为，这种“以部分因果关系表现的无意思联络数人侵权”，可以运用《侵权责任法》第十二条[③]关于按份责任的规定来作为请求权基础，以此达成承担责任的公平合理性。

2. 第三人故意＋安保义务人过失

第三人故意侵权，安保义务人因为过失不作为，导致了损害结果的发生，这种情况可以说是最典型的应依照《侵权责任法》第三十七条第二款承担补充责任的情形，因为安保义务人和第三人的行为性质不同，第三人贡献的是唯一的积极的主要原因力，而安保义务人贡献的则是次顺位的原因力。这符合了顺位责任承担对于行为性质的要求。

3. 第三人过失＋安保义务人故意

甲与同伴乙一同到A游乐场玩耍，A明知乙疏忽大意，对于器械操作有所不当，但未加以制止，导致了甲受伤。此时，安全保障人故意不履行承担安保义务可以说是造成全部损害的积极原因，让第三人率先承担责任，再由安保义务人承担补充责任显然有所不妥，因而，在这种情况下不应适用补充责任。同样作为“以部分因果关系表现的无意思联络数人侵权”，适用《侵权责任法》的第十二条规定更为恰当。

4. 第三人过失＋安保义务人过失

甲与同伴乙一同到A游乐场玩耍，乙疏忽大意对于器械操作有所不当，A因

---

① 参见谢鸿飞《违反安保义务侵权补充责任的理论冲突与立法选择》，载《法学》2019年第2期，第42－58页。

② 《侵权责任法》第十一条【承担连带责任的无意思联络数人侵权】二人以上分别实施侵权行为造成同一损害，每个人的侵权行为都足以造成全部损害的，行为人承担连带责任。

③ 《侵权责任法》第十二条【承担按份责任的无意思联络数人侵权】二人以上分别实施侵权行为造成同一损害，能够确定责任大小的，各自承担相应的责任；难以确定责任大小的，平均承担赔偿责任。

为疏忽大意未加以制止，导致甲受伤。如果适用《侵权责任法》第三十七条第二款的补充责任，则是由第三人承担全部责任，第三人不能承担时，再由安保义务人承担相应责任。而在安保义务人和第三人均为过失的情况下，安保义务人的过失程度可能超过第三人，而由第三人先承担全部责任则有所不妥，因此，不能够适用补充责任，而应当适用《侵权责任法》第十二条规定的按份责任。

综上，《侵权责任法》第三十七条第二款的补充责任的适用范围应当做一定的限缩，第三人和安保义务人的各种主观形态方面的组合并非均可适用补充责任，只有在第三人故意侵权，而安保义务人过失未承担安保义务时，补充责任的适用才是最公平合理的责任分配模式。

三、安保义务人补充责任的追偿权问题

（一）补充责任中侵权第三人是否享有追偿权

笔者认为，第三人承担全部责任后不应有向安保义务人追偿的权利，因为本文上一部分已经就适用补充责任的这种侵权模式下的主观形态组合进行了限缩，也即第三人是故意侵权，而安保义务人为过失。既然如此，第三人故意侵权的主观上可责难性定是高于安保义务人的过失的，客观上而言，第三人故意侵权也是导致损害结果发生的主要原因力，由其引起并且积极推动整个侵权事件的发生。所以，由其承担终局性的责任并无不妥。

（二）补充责任中安保义务人是否享有追偿权

对于安保义务人的追偿权问题，法律条文一直有变动，学界的观点也并非一致。肯定追偿权的观点认为赋予追偿权体现了民法上的公平原则，过失的安保义务人可以向故意侵权的第三人追偿，这是与双方的过错相一致的。[①] 主张安保义务人不具有追偿权的学者认为，《侵权责任法》的第三十七条第一款将安保义务人的责任定义为自己责任，同样的，在第三十七条的第二款也应当沿用自己责任，才能符合体系性的自洽。也就是说，安保义务人也应当为自己的过失承担责任。若没有安保义务人的过失，损害结果亦无法发生，因此，安保义务人应当为自己的不作为承担一部分终局性的责任。[②]

两种不同的观点实际上呈现出了补充责任理论上的一大矛盾：如果承认追偿权，则违反了自己责任的原则；而如果否认追偿权，则违反了过错原则。但笔者认为，虽然这在理论上有着无法解释的矛盾，但在补充责任制度的实务操作中应当承认追偿权。假设不赋予安保义务人追偿权，那么，可能导致第三人因为本身的不能赔偿，受害人在请求第二顺位安保义务人承担补充责任时，因为安保义务

---

① 参见张新宝《我国侵权责任法中的补充责任》，载《法学杂志》2010 年第 6 期，第 1－5 页。

② 参见郭明瑞《补充责任、相应的补充责任与责任人的追偿权》，载《烟台大学学报（哲学社会科学版）》2011 年第 1 期，第 12－16 页。

人无追偿权而致第三人因此可以免除责任。这种假设显然是不符合逻辑的。如果安保义务人承担部分的终局性责任，这也就意味着如果第三人在承担全部责任时，可以向安保义务人追偿，那么，这实际上就变成了按份责任的模式。因此，肯定追偿权有实际的必要性。

四、何为“相应的补充责任”

我国《侵权责任法》第三十七条第二款规定了“管理人或者组织者未尽到安全保障义务的，承担相应的补充责任”，但安保义务人承担责任的大小应依照怎样的标准？何为“相应的补充责任”？对此，《侵权责任法》并没有进一步的解释。笔者认为应当从内外两个维度来考虑，综合地判断补充责任的责任大小。

（一）安保义务人对外应承担的范围应当是全部的责任

因为侵权责任法的重大价值在于损害填平，因此，对外最终的结果应当在于恢复到损害发生前的状态。假设全部的责任是100%，第三人对外应当承担100%的补充责任。根据过错判断安保义务人应当承担30%的责任，在第三人无法承担的情况下，根据补充责任的顺序性，此时受害人应找安保义务人追偿。如果追偿只要求安保义务人承担30%的责任，那么，受害人就要承担70%受偿不能的风险，这对于受害人而言是十分不公平的；而如果要求安保义务人承担100%的责任，那么，受害人即能得到完全的受偿。

（二）安保义务人对内可以就其承担的全部责任向第三人追偿

如果第三人不能偿还全部债务，而安保义务人能够向第三人完全地追偿，则能够达到和第三人负担全部债务时同样的法效果，也即达成了第三人负担全部债务的效果。如果在第三人不能够偿还全部债务，安保义务人也无法追偿时，此时不能受偿的风险则由安保义务人承担。笔者认为，相对于传统对安保义务的解释而言，这样设计能够使得受害人大幅度地降低不能受偿的风险，按照传统意义上对安保义务责任范围的解释，安保义务人只需要依据过错和原因力的结合来判断其应承担的“相应的补充责任”，那么，剩余的责任受偿不能的风险则由受害人承担。① 而实践中安保义务人通常是公共场所的管理人或者群众性活动的组织者，受害人通常是个人，相比之下，安保义务人的财力以及向第三人追偿的能力均远大于受害人。因此，笔者认为，应当明确补充责任是一种风险转移，即受害人不能受偿的风险应当转移给安保义务人，当受害人要求第二顺位的安保义务人承担补充责任时，其应当对外承担第三人已赔偿范围外的全部的责任，并就其所承担的责任向第三人追偿，这样才是平衡三方利益最佳的责任分配模式。并且，这样进行规定并不会影响补充责任最明显的特性：顺位性和附条件性。根据以上两种特性，补充责任仍然是与传统的责任有所区分的一种新的责任形态。

---

① 参见王胜明《中华人民共和国侵权责任法释义》（第2版），法律出版社2013年版，第226页。

混合共同担保之内部追偿权研究

林诺馨*

【摘要】在实践中，混合共同担保已逐渐成为债权人维护自身利益，提高债权实现可能性的重要手段。然而，由于相关法律规定的模糊性，当人的但保与第三人提供的物保并存时，承担完担保责任的担保人是否有权向其他担保人追偿仍是一个充满争议的问题。事实上，承认上述混合共同担保中的内部追偿权具有法理基础，且承认该追偿权不但没有违背意思自治原则，还体现了公平原则。同时，应以比例分担原则来确定每位担保人应分担的担保责任。

【关键词】混合共同担保　内部追偿权　保证人　物上保证人

一、问题的提出

在实践中，为了提高债权实现的可能性，多重担保的现象已屡见不鲜。因此，同一债权上既存在人的担保（保证）又存在物的担保的情形也随之产生了。此种保证与物的担保并存的情形，在学理上也被称之为“混合共同担保”①。由于混合共同担保同时触及物权法以及债权法的领域，且涉及的当事人也往往较多，故围绕混合共同担保的争论一直没有得到平息。其中，关于混合共同担保中的内部追偿问题，即提供担保的第三人之间是否可以相互追偿，一直处于争论的中心。事实上，对于这一问题，《最高人民法院关于适用〈中华人民共和国担保法〉若干问题的解释》（以下简称《担保法解释》）于第三十八条作了明确的肯定答复，即某一担保人承担了担保责任后，追偿对象包括其他担保人，而不再仅仅局限于债务人。但是，之后颁布的《中华人民共和国物权法》（以下简称《物权法》）并没有对混合共同担保中的内部追偿权问题进行明确的规定。此后，学界针对提供担保的第三人之间究竟可否相互追偿这一问题更是发表了不同观点。

《民法典物权编（草案）》（二次审议稿）第一百八十三条基本照搬了《物权法》第一百七十六条，并无作出实质性的改动。然而，有学者认为《民法典合同编（草案）》（二次审议稿）对共同保证的新的立法表述，意味着《民法典》已经

---

* 林诺馨，华南理工大学法学院硕士研究生。

① 参见高圣平《混合共同担保之研究——以我国〈物权法〉第一百七十六条为分析对象》，载《法律科学（西北政法学院学报）》2008 年第 2 期，第 143 - 147 页。

否定了共同保证人之间可以相互追偿[1]，故从体系的协调性出发，混合共同担保中的内部追偿权也应被否定。但是，对于前述规定，也有学者认为该法条中的“债务人”可做扩大解释，即将保证人包含在内，且由于共同保证与混合共同担保等共同担保形式的追偿权规则具有内部共通性，进而认为《民法典合同编（草案）》（二次审议稿）中有关共同保证追偿权的规定可类推适用于混合共同担保。[2] 显然，上述草案的出台并没有平息学界关于混合共同担保人之间是否可以相互追偿的争议。

同样，在司法实践中，不同的法院对于混合共同担保中的内部追偿权问题也是持不同观点的。有的法院认为，《物权法》没有对担保人之间是否可以相互追偿作出明确的规定，即否定担保人之间的追偿权[3]；也有部分法院仍然是以《中华人民共和国担保法》（以下简称《担保法》）以及《担保法解释》作为裁判依据，肯定了担保人之间的追偿权[4]。

显然，在对混合共同担保进行研究时，担保人的内部追偿权是一个无法回避的问题。对于担保人的内部追偿权这一问题，笔者认为应从两个方面进行解构：一是担保人之间是否可以相互追偿；二是如果担保人之间可以相互追偿，那么，如何认定担保人追偿的具体数额。下文将围绕这两个方面展开具体分析。

二、混合共同担保内部追偿权之证立

在混合共同担保中，当某一提供担保的第三人在承担了担保责任之后，除了当然的以债务人作为追偿对象之外，其是否能向其他担保人追偿呢？对于这个问题，由于法律规定的模糊性，学界对此争议很大，有肯定说与否定说之争。笔者认同肯定说的观点，具体理由如下。

（一）拥有法理基础

在对混合共同担保内部追偿权进行研究时，有学者认为承认该内部追偿权是缺乏法理基础的，因为当人保以及第三人提供的物保并存时，只要当事人并未作出约定，那么，他们之间是不存在法律关系的，故在此情形下允许承担完担保责任的一方向其他方追偿实无依据。[5] 对此，笔者并不赞同。

---

① 《民法典合同编（草案）》（二次审议稿）第四百九十条：“保证人承担保证责任后，除当事人另有约定外，有权在其承担保证责任的范围内向债务人追偿，享有债权人对债务人的权利，但是不得损害债权人的利益。”

② 参见江海、石冠彬《论共同担保人内部追偿规则的构建——兼评〈物权法〉第一百七十六条》，载《法学评论》2013 年第 6 期，第 111 – 119 页。

③ 江苏省南京市中级人民法院（2016）苏 01 民终 3182 号民事判决书；江苏省苏州市中级人民法院（2017）苏 05 民终 2063 号民事判决书。

④ 杭州市西湖区人民法院（2009）杭西商初字第 2685 号民事判决书；宁波市海曙区人民法院（2010）甬海商初字第 1002 号民事判决书。

⑤ 参见凌捷《混合共同担保若干争议问题研究》，载《政治与法律》2016 年第 6 期，第 153 – 160 页。

事实上，多数学者在论证混合共同担保人相互追偿的正当性时，往往会借助连带债务来支撑自己的观点。换言之，在人保以及物保并存的情况下，如果各位保证人之间并没有对担保份额进行约定，那么，他们之间的法律关系便符合连带债务的构成要件。① 进而如果某一位担保人在承担完担保责任之后，其便有权向其他担保人追偿，而非只能向债务人追偿。但笔者以为，以连带债务来解读混合共同担保人之间的关系是存在障碍的，因为债权人对于物上保证人而言所享有的是担保物权，即其可自由地行使该权利，就担保物的价值优先受偿，而无须向物上保证人主张。显然，与保证人不同，物上保证人对债权人是不负有债务的，如此一来，二者自然也并非连带债务人了。虽然以连带债务作为工具来论证混合共同担保中的内部追偿权存在障碍，但这并不意味着混合共同担保人之间相互追偿便不存在法理基础了。事实上，“为同一债务担保”的共同目标实际上已经使各担保人与债权人之间建立了联系，即担保之连带或竞合。② 显然，恰恰是前述基于共同目标而产生的类似“连带关系”，为混合共同担保中提供担保的第三人之间相互追偿的权利提供了法理基础。

另外，在学界，除了存在以连带债务作为混合共同担保中内部追偿权的论证路径之外，还有学者借助代位权进行论证。所谓担保人的代位权，是指担保人在承担完担保责任之后，可代位行使债权人对债务人的权利，包括该债务上所附着的担保权利。③ 笔者以为，且不论我国现行相关法律是否承认了担保人的代位权，即使凭代位权也无法推导出混合共同担保人之间有权相互追偿。如果担保人在承担完担保责任之后便能取代债权人的地位，那便意味着该担保人可以如同原本的债权人一样要求其他担保人承担全部的担保责任，而并非自己承担一部分责任，同时要求其他担保人分担责任。④ 并且，将代位权作为追偿权的依据似乎犯了逻辑颠倒之错误，应是先有追偿权，再有代位权。⑤

（二）《物权法》第一百七十六条并未否定混合共同担保中的内部追偿权

持否定说观点的学者们认为，《物权法》第一百七十六条事实上已经对混合共

---

① 参见程啸《混合共同担保中担保人的追偿权与代位权——对〈物权法〉第一百七十六条的理解》，载《政治与法律》2014年第6期，第187－97页。

② 参见高圣平《担保物权司法解释起草中的重大争议问题》，载《中国法学》2016年第1期，第228－246页。

③ 参见程啸、王静《论保证人追偿权与代位权之区分及其意义》，载《法学家》2007年第2期，第92－99页。

④ 参见贺剑《走出共同担保人内部追偿的“公平”误区——〈物权法〉第一百七十六条的解释论》，载《法学》2017年第3期，第77－92页。

⑤ 参见程啸《混合共同担保中担保人的追偿权与代位权——对〈物权法〉第一百七十六条的理解》，载《政治与法律》2014年第6期，第87－97页。

同担保中提供担保的第三人之间相互追偿的权利予以了否定。原因在于，虽然《担保法解释》第三十八条明确规定了提供担保的第三人在承担完担保责任后可以向其他担保人追偿，但《物权法》中的“担保法与本法的规定不一致的，适用本法”的规定使得《担保法》第二十八条因与《物权法》第一百七十六条相冲突而失去效力，因此，作为对《担保法》第二十八条之解释的《担保法解释》第三十八条当然也应失去效力。① 的确，从方法论的角度上来看，上述论证的基本方向是没有问题的。但是，上述论证暗含了一个逻辑前提，即《物权法》第一百七十六条已经对于混合共同担保中的内部追偿权予以了否定，故而与之有着不同规定的《担保法》以及相关司法解释便失效了。那么，《物权法》第一百七十六条真的否定了混合共同担保中的内部追偿权吗?

对于此问题，我们需通过法律解释来予以判定：首先，从文义解释上来看，《物权法》第一百七十六条并没有对提供担保的第三人之间是否可以相互追偿作出明确的规定，故文义解释无法为上述的否定论观点提供支撑。其次，从体系解释的角度出发，便会发现事实上《物权法》中并没有其他条款涉及担保人之间的追偿权，故无法把《物权法》第一百七十六条与其他相关法条结合起来分析，进而得出该法条的真正含义。故体系解释也不能为《物权法》否定了混合共同担保中的内部追偿权提供依据。最后，从历史解释上看，在《物权法》颁布之前，《担保法》虽然规定了连带共同保证人之间可以相互追偿，但对于混合共同担保中担保人之间的追偿权却没有作出规定。故无论是作为旧法的《担保法》，还是作为新法的《物权法》，二者都没有对混合共同担保人之间的追偿权作出明确的规定，由此不能表明立法者对于混合共同担保中的内部追偿权已经由肯定转向了否定立场。这里还要注意的一点便是，虽然《担保法解释》对混合共同担保中的内部追偿权明确予以肯定，但其毕竟与前述两部法律不同，其不是由全国人大及其常委会制定的，故无法为历史解释提供依据。② 显然，通过对法律解释的运用，并不能得出《物权法》第一百七十六条否定了混合共同担保中的内部追偿权的结论。

（三）不违背意思自治原则

部分学者认为承认混合共同担保中的内部追偿权违背了意思自治原则，因为在混合共同担保中，保证人以及物上保证人在缺乏约定的情况下，并没有共同担保之意思，其本意都在于自己独立地承担担保责任，并无向其他担保人追偿之意。故如果不考虑实际情况，一味地令担保人连带负责，肯定担保人之间的内部追偿

---

① 参见黄喆《保证与物的担保并存时法律规则之探讨——以〈物权法〉第一百七十六条的规定为中心》，载《南京大学学报（哲学·人文科学·社会科学版）》2010年第3期，第139－145页。

② 参见杨代雄《共同担保人的相互追偿权——兼论我国民法典分则相关规范的设计》，载《四川大学学报（哲学社会科学版）》2019年第3期，第53－56页。

权，无疑是有违意思自治原则的。[①] 笔者对此并不赞同，原因在于，在通常情况下，由于担保的设定往往会给担保人带来风险，故担保人在提供担保之前，往往会对债务人的偿还能力以及该债务上存在的担保状况进行考察。显然，当该担保人得知还存在其他担保人时，其内心真意往往是希望与其他担保人共同承担担保责任，而非自己独立地承担担保责任。[②] 并且，如果承认担保人之间可以相互追偿，那也就意味着各个担保人最终所要承担的担保责任都会小于其在提供担保时打算承担的责任，即没有超过担保设定时担保人的预期。因此，承认担保人之间的追偿权并没有违背意思自治原则。

（四）体现公平原则

持否定论学者们认为，从风险分担的角度来看，担保人向债务人追偿不能的风险只能由其自己承担。因为这种向债务人追偿不能的风险恰恰是担保行为所固有的，即担保人在提供担保时就明知自己将来可能需要承担担保责任，并且在其承担完相应责任之后，可能会存在向债务人追偿不能的风险。故这种担保人明知可能会出现的风险，只能由其自己承担而不能让其他担保人一起分担，毕竟该担保人完全可在设定担保时通过约定来减小或者避免此风险。[③] 但笔者以为并非如此，虽然向债务人追偿不能的风险是担保行为所固有的风险，担保人在提供担保时可以或者应当预见，但当该担保人承担完全部的担保责任之后，事实上其他担保人的担保责任也随之免除，即前者的责任承担行为让后者获得了实际的法律利益[④]。在此情形之下，如果不允许承担了担保责任的担保人向其他担保人追偿，便有违公平原则，毕竟按照“同等事物，同等对待”原则，各位担保人在法律上地位平等，应受到同等对待，故向债务人追偿不能之风险也应由所有担保人共同分担[⑤]。总而言之，承认混合共同担保中的内部追偿权体现了公平原则。

（五）程序烦琐不应成为否定追偿权的正当性理由

有学者认为，如果允许提供担保的第三人之间相互追偿，会导致程序烦琐，耗费时间和精力。毕竟债务人是最终责任的承担者，故即使担保人已向其他担保人追偿，这些担保人最终总是要再向债务人追偿的，与其如此，还不如一开始便只允许担保人向债务人追偿，这样反而更加省时省力。[⑥] 但笔者以为不能以程序烦

---

① 参见崔建远《物权法》（第2版），中国人民大学出版社2011年版，第426页。

② 参见温世扬、梅维佳《混合共同担保之内部追偿权研究》，载《学习与实践》2019年第6期，第55－56页。

③ 参见尹田《物权法》，北京大学出版社2013年版，第509页。

④ 参见高圣平《混合共同担保的法律规则：裁判分歧与制度完善》，载《清华法学》2017年第5期，第139－163页。

⑤ 参见黄忠《混合共同担保之内部追偿权的证立及其展开〈物权法〉第一百七十六条的解释论》，载《中外法学》2015年第4期，第1011－1028页。

⑥ 参见胡康生主编《中华人民共和国物权法释义》，法律出版社2007年版，第381页。

琐为由否定混合共同担保人之间相互追偿的权利，毕竟追求程序经济的前提是要保障实体公平，因此，忽略混合共同担保中内部追偿权之确立所带来的平衡当事人利益之效果，而简单地以程序上的复杂为由否定该追偿权，无疑是不具有合理性的。

三、混合共同担保内部追偿权的行使

（一）混合共同担保人之间追偿数额的确定

然而，要想在实践中达到定分止争的效果，光靠承认混合共同担保人之间有相互追偿的权利是不够的，还需要有一套合理的追偿数额计算方法与之配套实施。

当人保与第三人提供的物保并存时，其中一担保人承担完担保责任之后，其有权向其他担保人追偿的数额具体为多少呢？对于这一问题，关键在于厘清各位担保人之间究竟如何分担担保责任。在学界，对此主要有两种计算方法：一种是平均分担法，即按照担保人人数平均确定每位担保人具体应分担的份额；另外一种是比例分担法，即依保证人应负的担保责任与担保财产的价值或限定的担保金额的比例而确定，担保财产的担保债权额少于担保财产价值的，则应以该债权额为准。

对于平均分担法，笔者是持否定态度的。原因在于保证人与物上保证人承担的责任在性质上存在明显差异，前者为债权性质，而后者为物权性质，故忽视二者之间的显著差异，一味地强求按照人数来平均分担责任无疑是不具有合理性的。并且，此种计算方法还可能导致物上保证人的责任被加重之后果。例如，甲对乙负担 200 万元的债务，丙提供全额保证，丁则以自己的房产设定抵押（该房产价值 80 万元），后甲到期清偿不能，乙选择丙承担保证责任。按照平均分担法，丙承担了 200 万元的保证责任之后，有权向丁追偿 100 万元。但是，对于此案件而言，从外部关系上看，乙如果选择丁承担担保责任，便只能就该价值 80 万元的房产优先受偿，换言之，丁只需要承担 80 万元的担保责任。但现在仅仅是因为乙选择了丙承担担保责任，在内部关系上，丁就面临被追偿 100 万元的局面，这无疑加重了物上保证人丁的责任，也与丁当初设定担保时的真实意愿不符。

因此，笔者赞同以比例分担法来确定每位担保人具体应分担的数额，进而计算出已承担担保责任的担保人可向其他担保人追偿之数额。[①] 毕竟在混合共同担保中，各担保人承担担保责任自有其约定或推定的范围，即每位担保人承担的担保责任通常有大小之分，而并非总是相等的。因此，在此情形之下，运用以每位担

---

① 比例分担法的具体计算方法：当担保财产的价值小于或等于担保债权额时：保证人应分担额＝代偿金额×［保证债权额÷（保证债权额＋担保财产的价值）］，物上保证人应分担额＝代偿金额×［担保财产的价值÷（保证债权额＋担保财产的价值）］。当担保财产的价值大于担保债权额时：保证人应分担额＝代偿金额×［保证债权额÷（保证债权额＋物的担保债权额）］，物上保证人应分担额＝代偿金额×［物的担保债权额÷（保证债权额＋物的担保债权额）］。

保人承担的具体担保责任为基础的比例分担法来确定混合共同担保中的内部追偿数额是具有合理性的。

（二）混合共同担保中担保物价值确定的时间点

正如前文所述，在混合共同担保中应以比例分担法来确定各担保人所应分担的具体数额，如此一来，对于物上保证人所提供的担保物价值的确定便显得十分关键了。然而，市场毕竟是不断变化的，担保物于不同的时间可能会呈现出不同的价格。因此，要对担保物价值确定的时间点进行明确。

有学者主张担保物价值确定的时间点应为债权人向保证人或者物上保证人主张担保责任之时。对此，笔者表示赞同，因为各担保人的责任以债权人请求承担担保责任时产生，因此，将该时间点作为担保物价值确定的时间点，大体上还是符合各混合共同担保人预期的。相反，如果以法院拍卖该担保物的时间作为确定其价值的时间点则是不合适的，毕竟拍卖程序通常需要耗费较长的时间，如此一来，便不利于每位混合共同担保人责任份额的尽快确定；且如果责任份额处于无法确定的状态，那么，承担完担保责任的担保人便也无法向其他担保人追偿，其自身便处于不利局面。

（三）部分追偿不能时的再分担

由于社会现实复杂多样，在实践中，还可能出现这样一种情况，即某一混合共同担保人在承担完担保责任后，选择其他担保人作为追偿对象，但有部分担保人却由于各种情况而无力分担责任。那么，在此情形之下，此部分担保人无力分担的责任究竟是由该追偿权利人自己一人承担，还是由该追偿权利人与其他有资力的担保人按比例共同分担呢？

笔者以为，此时应由追偿权利人与其他有资力的担保人按比例共同分担。因为如果其他担保人无力分担的部分仅仅只由追偿权利人自己一个人承担的话，是不符合公平原则的，并且这也无异于向所有担保人透露出一个信息，即谁被债权人选中承担担保责任，谁就可能面临更加不利的局面，独自承受因其他担保人可能无力分担担保责任的风险。在此情形之下，担保人为了维护自身利益，可能会选择与债权人串通，进而使得债权人选择其他担保人承担担保责任，如此一来，不仅有违诚实信用原则，还增加了交易成本。因此，基于对公平原则、诚实信用原则以及降低交易成本的考虑，部分担保人无力分担的责任应由追偿权利人以及其他有资力的担保人按比例共同分担。事实上，对于上述情形，比较法上也多以按比例共同分担作为解决方法。

四、结语

随着实践的发展，混合共同担保制度凭借自身优势，在市场经济活动中的地位日益凸显。然而，与此前通行的《担保法解释》不同，后来颁布的《物权法》

对混合共同担保中的内部追偿权采取了沉默态度。如此一来，无论是理论界还是实务界对此问题都有着不同的看法。本文综合考虑多个方面，认为应承认混合共同担保中的内部追偿权，并且，在承认内部追偿权的基础之上，还需要一套合理的追偿数额计算方法与之配套实施，如此才能真正起到定分止争的目的。

土地征收补偿中的私权保护现状及制度构建

潘美娟*

【摘要】土地是人类社会生产建设过程中极其重要的财产，国家基于公共利益的需要，可以依法实行土地征收行为，并基于法律的规定进行补偿。为了保障被征收人的权利，域外法国家或地区普遍对土地征收的条件、征收程序以及补偿规则等进行了规定，并建立了争议解决机制以保障私权。本文通过对我国土地征收补偿中的私权保护立法现状的梳理，考察与借鉴域外土地征收补偿中的私权保护规则，从而探讨我国在土地征收过程中如何更好地构建私权保护制度，平衡公私权之间的利益关系，保护被征收人的合法权益。

【关键词】土地征收　公共利益　私权保护

一、引言

国家为了公共利益需要，可以依照法律规定的程序和权限实行征收行为，并依法给予被征收人合理补偿和妥善安置。《中共中央关于推进农村改革发展若干重大问题的决定》指出："改革征地制度，严格界定公益性和经营性建设用地，逐步缩小征地范围，完善征地补偿机制。""依法征收农村集体土地，按照同地同价原则及时足额给农村集体组织和农民合理补偿，解决好被征地农民就业、住房、社会保障。"① 该决定对土地征收补偿中的私权保护具有重要的意义。但我国土地征收补偿中的私权保护规则仍存有不足，有待补充完善。

二、我国土地征收补偿中的私权保护制度的现状

（一）土地征收的立法现状

我国从根本法的层面确立了土地征收制度，《中华人民共和国宪法》（以下简称《宪法》）第十条第三款明确规定，国家为了公共利益的需要可以依法实行征收行为，并给予补偿。② 该条款是我国法律中首次从宪法的高度确立公共利益的规定。另外，《中华人民共和国土地管理法》（以下简称《土地管理法》）、《中华人民共和国土地管理法实施条例》（以下简称《土地管理法实施条例》）、《中华人民

---

* 潘美娟，广东外语外贸大学民商法学硕士研究生。

① 参见《中共中央关于推进农村改革发展若干重大问题的决定》（中发〔2008〕16号）。

② 参见《宪法》第十条第三款规定："国家为了公共利益的需要，可以依照法律规定对土地实行征收或者征用并予以补偿。"

共和国国有土地上房屋征收和补偿条例》（以下简称《国有土地上房屋征收和补偿条例》）及《物权法》等规范性文件从细节性和具体操作的视角补充规定了土地征收补偿规则。至此，我国多部规范性文件构建起了较为系统的土地征收制度。征收是指国家基于公共利益的需要，通过行使征收权，在依法支付一定补偿的前提下，将私人财产转移给国家所有的行为。[①] 由此可知，国家行使征收权不是在遵循平等自愿原则的基础上进行的，显然不同于一般的民事交易行为。公共利益是国家行使征收权的前提，而征收权的行使又必须是在支付补偿的前提之下，征收行为实施之后，将会导致财产权的移转，因而征收行为与公民的合法的私有财产权存在着利益冲突，给予被征收人补偿可以弥补其相应的损失。

（二）公共利益的界定不明晰

《宪法》第十条第三款从国家根本法的层面规定了土地征收制度，我国《物权法》第四十二条以及《国有土地上房屋征收和补偿条例》第二条也遵循宪法的精神，将公共利益作为国家实行征收行为的依据。

公共利益是一个抽象的概念，对公共利益的界定是私权保护的重要内容。按照社会契约论的观点，人们联合起来建立国家，是为了借助更强大的力量保护自身的利益，此时，个体须让渡一部分自由和利益作为交换。而国家存在的意义就在于保护社会集合体中大多数成员的利益，即"公共利益"。[②] 我国《宪法》第五十一条明确规定了公民基本权利的界限，其中，国家的、社会的、集体的利益被认为是公共利益的表达。[③] 但是，从该条文中尚未能窥探公共利益可能涵摄的范围，公共利益的具体内涵和外延不明晰，在一定程度上可能会侵犯私权。对公共利益的概念及其与私有财产权保护等加以思考，有助于完善私权保护制度的构建。

（三）公民私有财产权的保护力度不够

我国《宪法》第十三条明确规定了公民的合法的私有财产不受侵犯，但是当公民的私人权益与公共利益冲突时，为了公共利益的需要，国家可以依照法律规定对公民的私有财产实行征收，并给予补偿。由此可知，在公共利益的面前，不问私有财产的价值，其均应当让位于公共利益，但需要对私有财产所有权人的损失予以补偿。然而，公共利益是一个模糊的概念，如何界定公共利益的内涵及其外延一直都是司法实务和理论界的一个争论不休的难题。对于征收补偿标准额度的确定，我国一些规范性法律文件对此也作出了相应的规定，归纳起来主要有：

---

① 参见王利明《物权法研究（上卷）》，中国人民大学出版社 2016 年版，第 402 页。

② 参见张弃林《公共利益限制下的私权保障：以强制性规范对所有权的过度限制为视角》，山东大学出版社 2016 年版，第 13 页。

③ 参见郑永流《中国法律中的公共利益》，北京大学出版社 2014 年版，第 11 页。

适当补偿①、相应补偿②、公平补偿③、合理补偿④、一定的补偿⑤等。⑥ 但土地征收补偿范围、标准、方式等的不明确均给私权被侵害的发生留下了一定的空间。

此外，《民法典物权编（草案）》一、二审稿，相较于《物权法》对土地征收中私权的保护内容并未有实质性的改动。该草案的一、二审稿将《物权法》相应条文的“单位”改为“组织”，“拆迁”改为“征收”，新增“农村村民住宅和其他”，再将“和青苗的补偿费等费用”改为“以及青苗等的补偿费用”，但是此举也不能体现征收补偿的充分合理性，对被征地农民的生活以及合法权益仍然缺乏相应的保障措施。

长期以来，我国公权力绝对的思想并未得到很大的改变，公权力对私权利仍有一定的干扰，私权在一定程度上缺乏一些保障和尊重。因而，限制公权，保护私权，仍有一段路要走。

三、国外土地征收补偿中的私权保护立法

法国《人权宣言》第十七条被认为是私人财产神圣不可侵犯的法源。⑦ 该条款奠定了私有财产神圣不可侵犯的法律理念，并在不断发展中演变成现代国家私权保护制度的主要内容。从比较法上看，国家在对私有财产进行社会化征收立法时，普遍会对私有财产所有权人课以义务，在公共利益与私人利益之间进行利益衡量，为了更大的利益而限制了私人权利；同时也给予私有财产合理的保护，在实行征收行为时，给予被征收人合理的补偿。

（一）俄罗斯土地征收补偿中的私权保护

在俄罗斯，公民及其联会组织有权拥有作为私有财产的土地并依据法律的规定条件和程序自由地使用土地。⑧ 由于土地是公民的私有财产，土地可以在市场上自由流通，其土地征收补偿中的等价补偿是基于市场的价格来决定的。此外，《俄罗斯联邦宪法》第三十五条规定，私有财产权受法律保护，除非根据法院的决定，否则任何人均不得剥夺，并且因国家需要强行没收财产也只能在预先作出等价补

① 参见《国防法》第四十八条。

② 参见《外资企业法》第五条。

③ 参见《国有土地上房屋征收与补偿条例》第二条。

④ 参见《防沙治沙法》第二十五条。

⑤ 参见《民族区域自治法》第六十五条。

⑥ 参见刘连泰《美国法上的管制性征收》，清华大学出版社 2017 年版，第 430－431 页。

⑦ 法国《人权宣言》第十七条规定：“私人财产神圣不可侵犯，除非当合法认定的公共需要所显然必需时，且在公平而预先赔偿的条件下，任何人的财产不得受到剥夺。”

⑧ 《俄罗斯联邦宪法》第三十六条规定：“公民及其联会组织有权拥有作为私有财产的土地。土地和其他自然资源的占有、使用和处分由其所有者自由地予以实现，如果这不对环境造成损害、不侵犯他人的权利和合法利益的话。使用土地的条件和程序根据联邦法律加以规定。”

偿的前提下进行。[①]《俄联邦民法典》第二百三十九条将该条扩大为："基于国家或自治地方的需要。"[②] 该条关于征收的目的表述不同于很多国家基于"公共利益"的目的，而是表述为基于国家或自治地方的需要。俄罗斯将征收的目的限制在国家或自治地方的需要方面，但是由于公共利益本身的内涵及外延具有模糊性，将国家或者自治地方的需要指代公共利益扩大了其边界的模糊性和不确定性，增加了不当侵犯私人财产的可能性。[③]

（二）德国土地征收补偿中的私权保护

德国征收制度中的公益牺牲首次规定于1792年的普鲁士普通邦法导论中，其第七十四条及第七十五条规定，个人权益与促进公共福祉的权利和义务冲突时，个人权益须服从于公共福祉。[④] 在其后来的法律中，延续了其公益牺牲的法律内容。《德国民法典》第九百零三条明确规定物的所有权人对其物享有支配权，可以对抗任何人。[⑤]《德意志联邦共和国基本法》第十四条和第十五条明确规定私人财产权受法律保护，但也对其课以义务，认为其行使应有益于公共利益。若为了公共利益的需要征收私人财产，需依据法律规定进行赔偿，赔偿应兼顾公共利益和相关关系人的利益，对赔偿事宜有争议的，可以向普通法院起诉。[⑥] 其具体实施征收的行政机关，基于法律的授权实施征收行为，其既无自由判断之空间，也无自由裁量之空间，由法院对每项征收行为进行审查，判断征收是否满足公共福祉而对其加以正当化。[⑦] 在德国，实施土地征收行为，必须符合公共利益、法律规定及赔偿的种类和范围三个条件。[⑧] 这三个条件与我国的土地征收的前提条件基本一致。《德意志联邦共和国基本法》对土地征收补偿中的财产所有权的赔偿方式和救济措施都做出了较为具体的指向性规定，并明确表示在土地征收中需对个人利益和公共利益进行利益衡量。

---

① 《俄罗斯联邦宪法》第三十五条规定："私有财产权受法律保护。每个人都有权拥有为其所有的财产，有权单独或与他人共同占有、使用和处分其财产。任何人均不得剥夺其财产，除非根据法院决定。为了国家需要强行没收财产只能在预先作出等价补偿的情况下进行。"

② 参见黄道秀《俄罗斯联邦民法典》，北京大学出版社2007年版，第122页。

③ 参见王春梅《俄罗斯土地征收制度与私权保护》，载《俄罗斯中亚东欧研究》，2007年第5期，第23页。

④ 参见郑永流《中国法律中的公共利益》，北京大学出版社2014年版，第57页。

⑤ 参见杜景林、卢谌《德国民法典全条文诠释（下册）》，中国政法大学出版社2015年版，第722页。

⑥ 参见《德意志联邦共和国基本法》第14－15条。第14条规定："（一）财产权及继承权应予保障，其内容与限制由法律规定之；（二）财产权负有义务。财产权之行使应同时有益于公共福利；（三）财产之征收，必须为公共福利始得为之。其执行，必须根据法律始得为之，此项法律应规定赔偿之性质与范围。赔偿之决定应公平衡量公共利益与关系人之利益。赔偿范围如有争执，得向普通法院提起诉讼。"第15条规定："土地与地产、天然资源与生产工具，为达成社会化之目的，得由法律规定转移为公有财产或其它形式之公营经济，此项法律应规定赔偿之性质与范围。"

⑦ 郑永流：《中国法律中的公共利益》，北京大学出版社2014年版，第61页。

⑧ 参见［德］沃尔夫《物权法》，吴越、李大雪译，法律出版社2002年版，第37页。

（三）法国土地征收补偿中的私权保护

《法国民法典》第五百三十七条规定，所有权人对其所有的财产得以自由处分，法律有特别限制的除外。[①] 该条款对私人财产自由处分给予了充分的保护，同时也明确其受法律的限制。

法国学者将所有权的空间范围分为土地之上下空间，但这种立体的权利受到公共秩序的制约。在地上垂直的空间上，其城市规划的准则限制了建筑权利和建筑物的高度；交通运输和电力能源输送产生了支撑地役权、负担地役权等。对于地下空间，法国政府对历史文物的特殊保护同样限制了所有人的挖掘权利。[②] 财产征收活动中为所有权人创设了获得补偿的权利，但其补偿不是事先补偿。所有权人与补偿金结算机关就补偿事宜有争议的，由负责结算的机关确定补偿金的数额和计算标准，或者按照财产估价委员会的意见来确定补偿金数额，并应明确告知被征收人补偿金数额以及接受或拒绝的期限，期限为 15 日至 3 个月。所有权人拒绝接受补偿金数额的，有权向法院提起诉讼，由法院确定争议数额。[③] 我国法律法规就所有权人对地上和地下空间的使用同样也作出了限制，例如，《文物保护法》明确规定国家对境内地下文物享有所有权，即使其土地所有权变动亦不受影响。[④]

（四）美国土地征收补偿中的私权保护

在美国，宪法修正案的征用条款规定：“没有正当的补偿，私人财产不应该为公共使用而被征用。”[⑤]《美国宪法及其修正案》第十四条第一款规定，任何一州未经正常程序不得剥夺任何人的财产。[⑥] 该条款中明确规定私人财产受法律保护，并且只能通过法定的程序才可以对私人财产进行剥夺。此外，在美国的判例中，联邦最高法院通过凯洛案肯定了纯粹以商业开发为目的的征收符合公用的标准。[⑦] 但是，关于商业利益是否应属于公共利益的范畴，也是一个争论不休的问题。笔者认为，商业是以营利为目的的，是基于私人利益而为的行为，而公共利益是为了社会整体的利益的，商业利益与公共利益的目的完全不同，不应该被纳入公共利益的范畴。

（五）我国台湾地区和其他国家土地征收补偿中的私权保护

我国台湾地区“土地法”对土地征收的范围作出了详细而具体的规定，明确征收的范围是基于公共事业的需要，不得超出法律的规定。其“土地法”第二百

---

① 参见罗结珍《法国民法典》，北京大学出版社 2010 年版，第 174 页。

② 参见尹田《法国物权法》，法律出版社 2009 年版，第 149－152 页。

③ 参见［法］泰雷、森勒尔《法国财产法（上）》，罗结珍译，中国法制出版社 2008 年版，第 602－603 页。

④ 参见《文物保护法》第五条。

⑤ ［美］史蒂芬·芒泽：《财产理论》，彭诚信译，北京大学出版社 2006 年版，第 356 页。

⑥ 参见朱曾汶《美国宪法及其修正案》，商务印书馆 2014 年版，第 18 页。

⑦ 参见刘连泰、刘玉姿等《美国法上的管制性征收》，清华大学出版社 2017 年版，第 140 页。

零八条规定，公共事业主要包括国防设备、交通、公用事业、水利、公共卫生、政府和地方自治机关及其他公共建筑、教育学术及慈善事业、国营事业以及其他由政府兴办以公共利益为目的之事业。[①] 其“土地法”第二百零九条进一步限制了公权力的范围，认为征收应当在法律允许的范围实施，不得无限扩大征收的范围。[②]

《日本国宪法》第二十九条明确规定，财产权不得被侵犯，在公正补偿的前提下可收归公用。[③] 其《土地征收法》采取的是“无补偿就无征收”的事前补偿或同时补偿原则，其中第九十五第一款明确规定，开发商必须在权利取得裁决所规定的权利取得前，支付权利取得裁决中的补偿价、核算金和怠慢金，转让、交付或建造替代土地，在权利取得之前没有履行支付补偿金等义务的，权利取得裁决视为失效并被撤销。[④] 这与《日本国宪法》第二十九条的精神相吻合。由此可知，财产权非基于公共利益的需要不得被侵犯，基于公共福祉的需要，并在给予公正补偿的前提下可以征收私有财产。

四、我国土地征收补偿中的私权保护制度的构建

在土地征收过程中，裁判者不得不直面补偿规则、正当法律程序、被征收人的救济权利和公共利益的问题。

（一）补偿应当合理充分

美国法将公平补偿解释为财产被征收时的公平市场价值，包括财产被征收时的使用价值和最佳使用价值，最佳使用价值是财产因开发前所具有的开发价值，是对预期利益的保护。但公平补偿不是完全补偿，因排除了所有权人对财产所附加的主观损失等间接损失而被诟病。[⑤] 补偿可以弥补当公共利益与个人利益之间发生冲突时对个人利益造成的损害。[⑥] 在我国的土地征收补偿中，补偿的范围主要包括安置补助费、土地补偿费及地上附着物和青苗的补偿费，补偿范围相对较小。[⑦] 另外，土地征收的补偿基准是被征收土地的年产值，我国各个地方地理环境差异

---

① 我国台湾地区“土地法”第二百零八条规定：“‘国家’因左列公共事业之需要，得依本法之规定征收私有土地。但征收之范围，应以其事业所必需者为限：（一）‘国防’设备；（二）交通事业；（三）公用事业；（四）水利事业；（五）公共卫生；（六）政府机关、地方自治机关及其他公共建筑；（七）教育学术及慈善事业；（八）‘国营’事业；（九）其他由政府兴办以公共利益为目的之事业。”

② 我国台湾地区“土地法”第二百零九条规定：“政府机关因实施‘国家’经济政策，得征收私有土地，但应以法律规定者为限。”

③ 《日本国宪法》第二十九条规定：“不得侵犯财产权。财产权的内容应适合于公共福利，由法律规定之。私有财产，在公正补偿下得收归公用。”

④ 参见［日］宇贺克也《国家补偿法》，肖军译，中国政法大学出版社 2014 年版，第 434 页。

⑤ 参见刘连泰、刘玉姿等《美国法上的管制性征收》，清华大学出版社 2017 年版，第 429 页。

⑥ 参见王春梅《俄罗斯土地征收制度与私权保护》，载《俄罗斯中亚东欧研究》2007 年第 5 期，第 23 页。

⑦ 参见《土地管理法（2004 年修正）》第四十七条。

大，土地年产值不同，其补偿基准的科学性有待探讨。总体而言，补偿标准较低，对于失地农民而言尚不足以解决将来的生活来源问题。土地是农民赖以生存的基础，土地被征收之后，农民的生活来源随之减少。若因公共利益的需要而造成的损失由特定人承担，并且该特定人未获得合理的补偿，无异于随意侵夺私权。因此，给予被征收人公平合理的补偿，使其对土地的实物所有权转换为其他财产形式，是保障私权及实现公平正义的需要。[①] 此外，农民由于生活技能和谋生手段较为单一，再外出务工谋生艰难，况且我国现有的社会保障体系尚不完备，因此，合理补偿是有正当性的，合理补偿必须保障被征收人的生活水平不会明显下降。[②] 在土地征收的过程中，可参照域外法国家基于土地所处的地理位置、当地的经济发展状况和人民的生活水平以确定补偿基准的方法。

土地是农民赖以生存的主要基础，失地即失去了主要的生活来源，充分的金钱补偿是保障农民生活的重要手段。另外，可根据实际情况给被征收土地的农民选择权。当其不愿意接受金钱补偿时，可根据实际情况可以置换土地来补偿被征收人，既实现了社会公共利益，又兼顾了个人利益，从而实现利益平衡。

（二）健全土地征收法律程序

程序先于权利，程序是法治和恣意而治的分水岭。明确、公开、严格的法律程序，是公民合法的私有财产权得到保护的重要因素。

第一，设置土地征收听证前置程序。由于土地具有重要的财产价值，事关农民的基本生活，在土地征收之前应当设置土地征收听证程序。听证的内容为土地征收的目的是否基于公共利益的需要。一方面，可以保障被征收人的参与权，对土地征收行为实施监督；另一方面，可以保障公民的知情权，知悉征收土地的用途的合法性与合理性，从而保障私有财产权。

第二，设置协商确定土地征收补偿价格的程序。协商程序可以尽快了解被征收人的意见和需求，为尽快开展征收工作奠定基础。[③] 协商可以使公权力变得具有温情，让私权获得尊严，协商的基础是双方处于平等地位，征收机关与被征收人平等协商。协商不是完全把对公共利益的判断权交给公众，否则公权力的强制性将荡然无存，与征收的行政行为性质也不符。[④] 征收机关与被征收人协商的是基于土地所处的地理位置以及当地的经济发展状况和人民的生活水平而确定的征收价格和补偿基准。征收机关应当与被征收人协商确定安置补偿方案和补偿价格，协商达成一致后，应当在协商约定的期限内补偿到位并完成安置补偿工作。

---

① 参见王富博《土地征收的私权保护——兼论我国土地立法的完善》，载《政法论坛》2005 年第 1 期，第 109 页。

② 参见王景斌、张剑平：《论公共利益在我国的立法表达》，载《社会科学战线》2008 年第 3 期，第 215 页。

③ 参见赵秀梅《农村集体土地征收和补偿立法实证研究》，法律出版社 2019 年版，第 11 页。

④ 参见房绍坤《论征收中“公共利益”界定的程序机制》，载《法学家》2010 年第 6 期，第 50 页。

（三）完善司法救济制度

“无救济则无权利”，如果权利被侵害而没有寻求救济的途径，那么，权利的存在无意义。因此，需完善土地征收补偿中的私权救济制度。

第一，利害关系人可以通过提起普通的民事或者行政诉讼来保护私权。由于公共利益的界定不明晰，在实行土地征收过程中，土地征收的目的是否属于公共利益难以界定，因此，应赋予利害关系人向人民法院提起普通的民事诉讼的权利，由法院做出判决，确定土地征收的目的是否确为公共利益的需要。另外，当被征收人对征收补偿的数额或补偿标准有异议的，可以依法向人民法院提起行政诉讼，由法院做出判决，确定补偿的标准和数额。

第二，建立非利害关系人向法院提起公益诉讼制度。首先，因为个人利益与公共利益是紧密相连的，公共利益的最终目的是服务私人利益，所以，私权获得保护的前提是公共利益不被任何人侵害，公共利益最终仍然是转化为个人利益。[①]因此，当公共利益得到保障时，私权也将获得相应的保障。其次，扩大公益诉讼的范围。《民事诉讼法》规定，原告应是与案件有利害关系的公民、法人和其他组织。[②]《行政诉讼法》规定，公民、法人或其他组织认为行政机关或其工作人员的行政行为侵犯其合法权益的，可以提起行政诉讼。[③] 由此可知，民事诉讼和行政诉讼均认为原告应当是相关利害关系人，且其合法权益被侵害的，才是适格原告。而依据《民事诉讼法》的规定，可以提起公益诉讼的主体与范围都是有法律规定的。[④] 显然，当行政行为或者他人的行为损害公共利益时，非利害关系人不能提起公益诉讼。当公共利益损害程度不断扩大时，私权也难以得到完整的保护。总之，缺乏公益诉讼制度，公共利益得不到保障，私权保护也将得不到充分有效的保障。因此，扩大公益诉讼的范围，修改公益诉讼的主体，让非利害关系人在公共利益被侵害时可以提起公益诉讼，是完善土地征收补偿的私权救济制度之一。

（四）完善私权保护立法

法国谚语有言：“风能进，雨能进，国王不能进。”因此，公权力不能越界侵犯私权利，公权力机关不得随意以维护公共利益为由，实施征收行为，对私权进行无限度的干预和限制。

第一，明确界定公共利益的范围。公共利益的范围是不断发展变化的，因此，在界定其范围时也应当留出兜底条款。对于公共利益的范围，建议参照我国台湾地区的做法，采用明确列举以及抽象概括的方式。对土地征收公共利益的范围作

---

① 参见王景斌、张剑平《论公共利益在我国的立法表达》，载《社会科学战线》2008 年第 3 期，第 214 页。

② 参见《民事诉讼法》第一百一十九条。

③ 参见《行政诉讼法》第二条。

④ 参见《民事诉讼法》第五十五条第一款。

出详细而具体的规定，明确征收的范围是基于公共事业的需要，不得超出法律的规定。公共利益主要包括军事外交、公共交通、水电、通信及其他能源资源、政府基于公共利益目的建设的公共基础设施、教育学术及慈善事业等事业，并增加兜底条款，为公共利益的演变和发展留出适用的空间。土地征收的公共利益的范围确定之后，征收机关只能基于该范围进行征收，私权保护的依据也随之确定。

第二，贯彻私权保护原则。我国社会主义市场经济仍处于快速发展的阶段，私人财产得到保护，有利于发挥社会资源的最大化，提升社会整体利益。保护公民的合法的私有财产不受侵犯，是我国《宪法》保护私权的重要内容，也是其他规范性文件贯彻私权保护原则的立法基础。因此，一旦政府征收财产，就不能用于替代私人使用。① 我国土地虽然实行公有制，但是土地权益私有，保护私有财产权不受侵犯不只是公权力机关的职责，更是社会中每一个人的义务。当公权力损害私权时，巩固宪法和其他规范性文件对私有财产权的保障，才能促进社会利益的最大化，实现公平正义。②

五、结语

为了在土地征收补偿过程中保护私有财产权，不少国家和地区都对土地征收中的补偿规则作出了规定，在公共利益与私权保护之间进行利益衡量，以实现公平正义。随着人们法律意识的提高和私有财产权观念的提升，在我国未来的土地征收补偿制度建设中，私有财产权保护规则在实践中将得到更大的重视。

---

① 参见刘连泰、刘玉姿等《美国法上的管制性征收》，清华大学出版社 2017 年版，第 428 页。

② 参见李保华《论土地征收中的私权保护》，郑州大学 2011 年硕士学位论文。

《民法典》时代下委托合同任意解除权的行使及限制

——兼对《民法典》第九百三十三条的评述

骆婷孜*

【摘要】《合同法》第四百一十条为委托合同双方配置了任意解除权和损害赔偿请求权，但对权利行使及赔偿界定未做进一步的厘清。《民法典》第九百三十三条仅回应了细化赔偿范围的诉求，对于任意解除权的行使及限制规则仍沿用了《合同法》的思路，困扰司法实践已久的问题仍未得到疏解。在探讨《民法典》第九百三十三条的适用问题时，有必要梳理我国的司法现状、参考与借鉴域外相关经验，进而对无偿委托合同和有偿委托合同进行类型化区分与研究。在无偿委托中，若委托事项涉及受托人之利益，则应限制任意解除权的行使。在其他无偿委托和有偿委托中，当事人除享有法定任意解除权之外，应同时享有任意解除权排除适用的权利。

【关键词】委托合同任意解除权 《民法典》第九百三十三条 无偿委托合同 有偿委托合同

一、问题之缘起

一段委托关系的建立，往往以双方当事人之间的信赖为前提条件。而当事人之间的信赖受制于双方的主观意志，一旦信任关系破裂，则委托关系便难以维系。有鉴于此，《中华人民共和国合同法》（以下简称《合同法》）第四百一十条规定："委托人或者受托人可以随时解除委托合同。因解除合同给对方造成损失的，除不可归责于该当事人的事由以外，应当赔偿损失。"① 2020年出台的《中华人民共和国民法典》（以下简称《民法典》）的第九百三十三条保留了任意解除权行使的一般性规定，但是针对无偿委托与有偿委托，区分了两者的损害赔偿范围。② 虽然《民法典》细化了损害赔偿范围的界定标准，但是前述二分法仍未能彻底平息理论与实务中的纷争。与委托合同任意解除权行使相关的争议依旧体现为：委托合同任意解除权

---

* 骆婷孜，中山大学法学院硕士研究生。

① 此处需注意，委托合同任意解除权中的"任意"不包含《中华人民共和国合同法》第九十四条规定的五种法定解除情形，特指在非违约场合中，可归责于解除方自身的事由。

② 《中华人民共和国民法典》第九百三十三条：委托人或者受托人可以随时解除委托合同。因解除合同给对方造成损失的，除不可归责于该当事人的事由以外，无偿委托合同的解除方应当赔偿因解除时间不当造成的直接损失，有偿委托合同的解除方应当赔偿对方的直接损失和可以获得的利益。

是否应根据合同类别作出区分限制？排除权利适用的特约安排是否有效？

二、我国委托合同任意解除权的行使现状概况

（一）我国现有立法概况及不足

关于委托合同任意解除权的法定行使，除了《合同法》和《民法典》中的上述规定，其他法律法规或司法解释均未提及。在《民法典》的语境下，委托合同的双方当事人仍然可以随时解除合同。单从文义上解释，在委托合同存续期间，只要委托人与受托人信任破裂，双方都得以从合同束缚中自由解脱，无须顾及对方是否同意解除合同、受托事项处理到什么程度、解除是否会造成守约方利益损失等因素。然而，现实中，前述因素往往会成为当事人解除合同时的争议焦点，进而演变为委托合同应否解除的利益掣肘。

关于委托合同任意解除权的排除特约，《合同法》与《民法典》均未明确其效力，当前的规范体系也难觅指引。在现实中，这种排除特约屡见不鲜，在有偿委托中尤甚。囿于法定规则的缺失，因特约效力的争辩而引致的司法争端层出不穷，在一定程度上增加了司法难度与成本。

（二）我国司法实践现状及问题

由于《合同法》第四百一十条对任意解除权的法定行使只作了简明规定，对于约定行使的效力只字未提，因此，我国各级法院在认定当事人的权利界定时形成了不同的审判标准，对于无偿合同与有偿合同的属性差异亦缺乏清晰的认知与把握。下文将分别从无偿委托与有偿委托两个方面，对当今司法现状进行评析。

1. 无偿委托合同的任意解除现状

在无偿委托中，委托的建立主要基于委托双方的高度信赖，强调受托人本身的品德与办事能力。在实践中，受托人多出于好意而接受委托，因此，无偿委托往往发生在一般民事活动中，且多为不要式合同。[①] 当一方失信于另一方时，考虑到保护当事人的合同利益和自由意志，有必要允许当事人行使任意解除权。

（1）法定情形下的解除。

在司法实务中，当无偿委托的一方主体请求解除委托合同时，法院大多会严格遵照法条规定，作出支持合同解除的判决。[②] 然而，如果委托关系牵涉委托双方

---

① 参见崔建远、龙俊《委托合同的任意解除权及其限制——“上海盘起诉盘起工业案”判决的评释》，载《法学研究》2008 年第 6 期，第 83 页。

② 参见“东莞市恒锋实业有限公司与东莞市华源集团有限公司合同纠纷案”，最高人民法院（2008）民二终字第 18 号判决书；“刘雄翔与被申请人广东隆生企业投资有限公司排除妨害纠纷案”，广东省高级人民法院（2013）粤高法民申字第 1763 号判决书；“梁锦波、邹少强与梁文辉、梁文忠租赁合同纠纷案”，深圳市中级人民法院（2015）深中法房终字第 1524 号判决书。案例来源于无讼案例库（https://www.itslaw.com/home）；下文所涉案例，未特别说明的，均来自该案例库。

的利益，承认双方当事人都享有任意解除权，那么，任意解除权很可能会成为解约方单方获益并侵害被解除方利益的工具。如在上海盘起贸易有限公司与盘起工业（大连）有限公司委托合同纠纷一案①中，两级法院经审理后认为，虽然无法确定受托人是否违约，但考虑到原、被告信任关系的破裂，委托人得依据《合同法》第四百一十条行使任意解除权；合同解除后，委托人仅可基于直接损失请求损害赔偿。该案中，法院将利益天平倾向了解约方，一味地强调当事人对于任意解除权的自由行使，却忽视了合同解除对守约方及案外第三人将会造成的不利后果，恰恰后者才是司法机关应该守护的秩序价值和公允所在。

（2）约定限制下的解除。

由于《合同法》第四百一十条对约定限制的效力未置一词，法院在处理该类纠纷时意见不一，目前尚未形成统一的裁判标准。有的法院认可无偿委托的约定效力，认为《合同法》第四百一十条不属于法律的强制性规定，当事人可以通过事先合意排除解除权的适用。② 有的法院则持相反意见，认为由于合同双方无法对履行中的信任关系作出预判，在信任基础动摇的情况下，承认预先抛弃权利的效力显然有悖于委托合同的基本性质，因此，应认定为无效约定。③ 笔者认为，无偿委托的受托人无偿为委托人处理委托事项，委托人因受托人的好意而获利，在法理上受托人理应接受较弱的法定约束。任意解除权的排除约定无疑会加重受托人的履约负担，因此，这种约定的法律效力需要法官结合具体案情来酌定。

2. 有偿委托合同的任意解除现状

在有偿委托中，委托双方互负对待给付义务，信任的内涵异于无偿委托。这种委托的成立大多基于受托人的商誉及专业技能，受托人往往以受托事务为主业。因此，有偿委托常出现在商事活动中，且表现为要式合同。④ 鉴于商事行为注重交易安全与风险可控，任意解除权的存在会影响合同关系的稳定，法官在作出裁判时往往需要额外考虑这一因素。

（1）法定情形下的解除。

虽然《合同法》第四百一十条一视同仁地赋予了委托双方任意解除权，但是我国学者普遍认为任意解除权的享有应当区分无偿合同与有偿合同；在有偿委托

---

① 参见《中华人民共和国最高人民法院公报》2006 年第 4 期。该判例主要案情为：委托人“大连盘起”与受托人“上海盘起”订立了在中国地区销售产品的委托协议，协议双方没有明确约定受托人的劳动报酬，但在实际中受托人可通过与第三人订立销售合同赚取产品销售的差价。协议成立后，受托人积极投入资金开拓市场，不久后委托人以受托人拖欠货款、销售活动不透明为由请求解除委托协议。

② 参见“北京中恒建业房地产经纪有限公司与冯秀菊房屋租赁合同纠纷案”，北京市朝阳区人民法院（2014）朝民初字第 43493 号判决书。

③ 参见“陈某与李某委托合同纠纷案”，北京市第一中级人民法院（2017）京 01 民终第 4548 号民事判决书。

④ 参见崔建远、龙俊《委托合同的任意解除权及其限制——“上海盘起诉盘起工业案”判决的评释》，载《法学研究》2008 年第 6 期，第 84 页。

中，当事人不能无条件行使任意解除权，而应该受到限制。[①] 在司法实践中，法院却几乎一律依据《合同法》第四百一十条，准许有偿委托的当事人任意解除合同。[②] 此外，尽管法院支持被解除方享有损害赔偿请求权，但在《民法典》实施以前，大多数法院倾向于将赔偿范围限定在直接损失以内，只有少数法院支持被解除方对直接损失和可得利益赔偿的诉求。[③] 在法理上，法院准允当事人任意解除有偿委托，本已有违诚信与公平原则，将损害赔偿等同于直接损失更是明显悖逆填平原则。《民法典》对此作出修正符合实践经验与逻辑理路。

（2）约定限制下的解除。

与无偿委托一样，有偿委托中同样存在任意解除权的排除约定。但与无偿委托不同的是，各级法院对于有偿委托的抛弃约定，基本上持认可态度。在有偿委托中，若当事人在缔约时明确约定了合同解除的条件[④]，或约定"任何一方不得违约擅自变更或解除本合同"[⑤]，或约定委托人不得将委托事项交由第三方或委托人自己完成[⑥]，则法院都会承认特约的效力，委托关系的双方均不得依据《合同法》第四百一十条请求解除合同。法官之所以认可当事人之间的约定，是因为他们认为委托合同中有关任意解除权适用的排除约定，系合同双方基于对合同解除成本的充分考量，对放弃合同任意解除权形成的合意。在不违反强制性法律规范和损害第三人利益的情况下，约定效力理应得到承认。另外，若当事人同时商定了任意解除的违约金，在发生任意解除的情形中，法官一般会支持守约方的违约金请求权。[⑦]

---

① 王利明认为，有偿委托的受托人从事委托事务，大多意在从中获利，如果允许当事人随意解除合同，在合同解除后，即便受托人可获得损害赔偿救济，但受制于因果关系等因素，未必能恰如其分地弥补其损失。因此，法院对于任意解除权的适用，应作目的性限缩解释。参见王利明《合同法分则研究（上卷）》，中国人民大学出版社 2012 年版，第 657 页。周江洪认为，在医疗救治、律师代理、消费者合同等特殊委托事务领域中，应该适当限制委托合同受托人的任意解除权。参见周江洪《委托合同任意解除的损害赔偿》，载《法学研究》2017 年第 3 期，第 88 页。

② 参见"民福置业集团有限公司与北京住总房地产开发有限责任公司一般委托合同纠纷案"，最高人民法院（2011）民一终字第 72 号判决书；"爱真贸易（上海）有限公司与上海但以理信息科技有限公司委托合同纠纷案"，上海市高级人民法院（2016）沪民申 1981 号判决书；"曾坚、黎咏璋委托合同纠纷案"，广州市中级人民法院（2018）粤 01 民终 20196 号判决书。

③ 参见"爱真贸易（上海）有限公司与上海但以理信息科技有限公司委托合同纠纷案"，上海市高级人民法院（2016）沪民申 1981 号判决书。

④ 参见"深圳市志诚物业管理有限公司与郑希合同纠纷案"，深圳市中级人民法院（2017）粤 03 民终第 1080 号民事判决书。

⑤ 参见"苏州工业园区安泰国际商务大酒店有限公司与南京英上实业有限公司委托合同纠纷案"，苏州市中级人民法院（2013）苏中商终字第 0317 号判决书。

⑥ 参见"湖南康帅房地产开发有限公司、深圳天鹜投资策划有限公司与湖南康帅房地产开发有限公司、深圳天鹜投资策划有限公司委托合同纠纷案"，最高人民法院（2015）民申字第 990 号判决书。

⑦ 参见"成都和信致远地产顾问有限责任公司与四川省南部县金利房地产开发有限公司委托合同纠纷案"，最高人民法院（2015）民一终字第 226 号判决书。

三、委托合同任意解除权行使的比较法研究

（一）日本立法例及相关学说

在关于委托合同任意解除权的行使问题上，日本有着悠久的探索历程，形成了丰富的判例及学说经验。我国与日本同为大陆法系国家，两者在法律体系的建构上有着许多相近之处，对于委托合同任意解除权的立法设定不乏类似的利益考量。以下将梳理日本国内的相关判例及学说，以探求可资借鉴之处。

1. 法定行使规则

与我国相似，日本《民法典》第651（1）条规定委托合同的各方当事人可以随时解除合同。经过多年的实践探索与经验总结，日本在司法实践中进一步发展出了绝对限制与相对限制两种不同的适用模式。① 在大多数案例中，法官会选择适用相对限制规则，在保证当事人任意解除权的同时，保护了被解除方的利益。但在某些特殊情形下，法官会动用严苛的绝对限制规则以限制合同的解除。

2. 绝对限制规则

绝对限制规则的核心理念为"受托人利益保全"规则和"不得已事由"规则。这两项规则是日本法官及学者基于一系列典型判例，经过严密论证后总结得出的。

"受托人利益保全"规则是指如果事务的处理不仅涉及委托人利益，还涉及受托人利益，则委托人不得引用日本《民法典》第651条解除委托合同。② 该规则最早确立于1920年的一个判例之中③，后面发展成将"受托人利益"这一概念细化为与受托事项直接相关的利益。然而，该规则存在一种例外情形，即在有偿委托中，受托人的报酬请求权不构成"受托人利益"。④

"不得已事由"规则是对"受托人利益保全"规则的补充与完善，旨在规制受托人的不诚信行为。在日本最高裁判所1965年的一个判例中，法院认为，在完成涉及受托人利益的受托事项时，如果受托人做出违反诚实守信原则和善良管理人义务等行为，则委托人例外地享有任意解除权，得依据日本《民法典》第651条

① 所谓绝对限制模式，是指绝对禁止委托合同的当事人行使任意解除权；相对限制模式是指委托合同的当事人享有任意解除权，解除权的行使将致使委托关系向未来发生消灭，但被解除方保有向对方请求损害赔偿的法定权利。该分类标准参照了崔建远等学者的观点。参见崔建远、龙俊《委托合同的任意解除权及其限制——"上海盘起诉盘起工业案"判决的评释》，载《法学研究》2008年第6期，第76页。

② 参见［日］星野英一《日本民法概论Ⅳ——契约》，姚荣涛译，台北五南图书出版有限公司1998年版，第260页。

③ 参见［日］大判大正9年4月24日〔民録二六辑五六二页〕，有关委托收取贷款以抵偿受托人所欠债款一案。转引自崔建远、龙俊《委托合同的任意解除权及其限制——"上海盘起诉盘起工业案"判决的评释》，载《法学研究》2008年第6期，第78页。

④ 参见［日］几代通《注释民法16》，有斐阁1967年（昭和42年）版，第213页。转引同上，第80页。

解除合同。[①] 该规则强调对委托人利益的例外保护，产生了良好的社会效应，但法院援引的法条却遭到了学界的批评。广中俊雄认为，该案中，委托人的任意解除权并非源于日本《民法典》第651条，而是基于委托合同的继续性特征，因此不得依据日本《民法典》第651条赋予委托人随时解约权。[②]

除了以上两种核心规则，日本法院和学界还归纳出"无名合同部分解除限制"规则和"第三人利益保护"规则。前者是指在无名合同中，如委托要素和其他合同要素一同构成了利益共同体，在合同未被整体解除之前，当事人不得单独解除委托部分。[③] 后者是指在涉及受托人和第三人共同利益的委托合同中，未经利益第三人的同意，合同各方当事人不得任意解约。[④]

3. 相对限制规则

在不涉及其他法律要素的委托合同中，日本法院普遍认为解除委托合同应当遵循日本《民法典》第651条，即适用相对限制规则。鉴于日本民法中委托合同的无偿属性[⑤]，有学者认为，只有在无偿委托中才能适用任意解除权，因为无偿委托依附于合同双方的信任关系，法律无法有效约束这种特殊的社会关系。[⑥] 对于有偿合同，日本学界的主流观点认为，司法实务中可以结合案件实况，默认有偿委托的当事人在缔约之初已形成排除任意解除权适用的合意，即有偿委托的当事人根据委托性质不享有任意解除权，从而对无偿委托与有偿委托的任意解除权行使进行区分限制。[⑦]

依据日本《民法典》第651（2）条，委托合同的一方当事人任意解除合同，只有因解除时间不当引起对方利益损失，才需要承担损害赔偿责任；如有不得已事由，可免于赔偿。立法者将任意解除权的行使后果限于解除时机不当造成的损失，而非解除行为本身引起的损失，是考虑到在有偿委托中，受托人完成合同事项才可获得报酬请求权，不论何时解除合同，都意味着合同履行的终止，受托人将永久失去报酬请求权。此处的任意解除不同于债务不履行的法定解除，不存在报酬请求权丧失所致的可得利益损失的问题。[⑧] 我国《民法典》第九百三十三条对

---

① 参见［日］最判昭和40年11月17日〔裁判集民八一号第五六一页〕。本案中，委托人与受托人约定由受托人代委托人处理其资产和负债，委托人应将其不动产转至受托人名下。合同履行过程中，受托人并未实际履行管理义务，委托人请求判决解除委托合同，并返还相关不动产。转引自崔建远、龙俊《委托合同的任意解除权及其限制——"上海盘起诉盘起工业案"判决的评释》，载《法学研究》2008年第6期。

② 参见［日］广中俊雄《广中俊雄著作集（2）》，创文社1992年版，第311页。转引同上，第79页。

③ 参见［日］大判大正6年1月20日〔民録二三辑六八页〕。转引同上，第80页。

④ 参见［日］几代通：《注释民法16》，东京有斐阁，昭和42年版，第213页。转引同上，第80页。

⑤ 参见日本《民法典》第648（1）条：受托人除非有特约，不得对委托人请求报酬。

⑥ 参见［日］广中俊雄《委托与"解除"》，转自［日］松阪佐一、西村信雄、舟桥纯一等《契约法大系·Ⅳ·雇佣·请负·责任》，有斐阁1963年版，第293页。

⑦ 参见韩世远整理"履行障碍法的理论构造与实践问题——中日韩合同法国际学术研讨会侧记"，见韩世远、［日］下森定主编《履行障碍法研究》，法律出版社2006年版，第182页。

⑧ 参见［日］几代通《注释民法16》，有斐阁1967年（昭和42年）版，第216－217页。转引自周江洪《委托合同任意解除的损害赔偿》，载《法学研究》2017年第3期，第77页。

于损害赔偿范围的修订明显是借鉴了这一立法思路。

4. 约定行使规则

在日本，多数学者主张委托合同任意解除权的放弃约定无效。这是因为迫使心存芥蒂的当事人维持委任关系实在过于勉强；与其争辩能否抛弃任意解除权，不如考虑现实因素，解决失和当事人之间的损害赔偿问题。[①] 尽管如此，日本学者一致认为在少数特殊情形中，应承认特约的有效性。我妻荣提出，抛弃特约在三种情形中有效：一是委托关系带有雇佣色彩、委托事务具有公益性质时，从促进社会公益的角度出发，应限制任意解除权的行使[②]；二是委托关系作为其他合同关系的一部分被托付以特定事务时，除非终止整个合同，否则当事人不享有解除权；三是委托事务牵涉合同双方的利益时，委托人放弃解除权不仅合法，而且应当推定权利放弃的一般存在。[③]

（二）大陆法系国家及地区的立法例及相关学说

委托合同任意解除权作为民事合同的一项重要权利，基本上为大陆法系各个国家及地区所规定或承认，但是在具体行使及限制方式上，他们有着不同的立法实践与学说理论。以下将重点介绍法国、德国、意大利等国家及我国台湾地区的相关规范及学说，以期为我国的司法适用提供新思路。

1. 法定行使规则

纵观域外各国及地区的立法规定，对于委托合同任意解除权的法定行使，大陆法系各国及地区在立法上普遍采取了相对限制模式，如法国《民法典》第2004条和第2007条前半款，德国《民法典》第671（1）条，意大利《民法典》1723（1）条，1725条及1727（1）条，我国台湾地区的有关规定第549条等。[④] 深究其

---

① 参见［日］星野英一《日本民法概论Ⅳ——契约》，姚荣涛译，台北五南图书出版有限公司1998年版，第26页。

② 例如，私立学校的经营者将教育上的事务全权委托于校长，双方约定除非存在行为不端、重病或其他事由难以胜任校长一职的情况，经营者不得任意解除合同。该约定应被认定为有效，并且，从受托人身份利益保障和受托事务为教育公益事业两方面来考量，解除合同的事由还应包括学校整体成绩严重下滑、学校风气恶劣等情形，但不包括经营者经营不善导致投资亏本的情形。

③ 参见［日］我妻荣《债权各论中卷二》，周江洪译，中国法制出版社2008年版，第160－163页。

④ 德国《民法典》第671（1）条：委托可以由委托人随时撤回，可以由受委托人随时通知终止。法国《民法典》第2004条：委任人得任意解除其委任。第2007条前半句：受任人得以其抛弃通知委任人，而抛弃其委任。意大利《民法典》第1723（1）条：委托人得将其委托撤回，但对于其非撤回性有特约场合，应负其损害赔偿责任，但有正当理由时不在此限。第1725条：关于一定的期间或者一定的交易付与有偿委托的撤回，其在期间的届满以前或者在交易的终止以前而为场合，使委托人负赔偿其损害义务，但有正当理由场合不在此限。于委托未定期间场合，在未被给予适当的预告时，其撤回使委托人负赔偿责任，但有正当理由场合不在此限。第1727（1）条：没有正当理由而将委托放弃的受托人要向委托人赔偿损害，于委托未定期间场合，没有正当理由而放弃的受托人，事先不给与适当的预告时，负损害赔偿责任。欧洲示范民法典草案：在委托合同中，任何一方当事人均得以通知的方式解除委托关系，无正当理由时承担损害赔偿责任，赔偿标准是使债权人尽可能处于如果债务得以适当履行时其所处的状态，包括对所受损失和所失利益的赔偿；委托未定期限时，赔偿的是合理通知期间的丧失所带来的损失。我国台湾地区有关规定第549条：当事人之任何一方，得随时终止委任契约。

立法缘由，多是基于委托合同的民事无偿性。比如，德国民法明确规定有偿委托在多数情形下准用无偿委托的相关法律规范，唯有解除合同属于不可适用的例外情形。①

2. 约定行使规则

有关委托合同任意解除权的约定效力问题，前述国家和地区中只有德国和意大利在其《民法典》中进行了明确规定。但是两个国家就此问题的立法规定却大相径庭。德国《民法典》确认受托人的单方弃权约定有效，除非存在重大事由发生的情况。意大利《民法典》规定，合同双方即便事前约定委托不可解除，但是法律仍然允许当事人在缔约后任意解除，除非该合同涉及受托人或第三人利益；在例外情形下，委托方必须严守契约，解除方则不受该限制享有任意解除权。②

在未进行明文规定的国家及地区，例如法国，多数学者认为任意解除权的抛弃约定原则上有效。此外，如果合同当事人明确约定在特定期限内不得解约，或约定在特定期限内不得变更受托人的，则视为成立放弃特约。又如我国台湾地区，郑玉波认为，这种具有随时解除权的抛弃原则上有效，除非该特约有损公序良俗原则。③ 然而，我国台湾地区大多数法院倾向于认定抛弃约定无效。理由在于“委托关系能否任意解除涉及委托两造的信赖关系，任意解除权的排除虽然不至于破坏法律秩序，但勉强维系委托关系，实乃对人的自由意志的极大违背”。④

四、《民法典》第九百三十三条之检视及适用探析

（一）《民法典》第九百三十三条之概况

有关任意解除权的法定行使，《民法典》第九百三十三条完全承继了《合同法》第四百一十条的思路，依旧不分类型地赋予委托双方以任意解除权。在任意解除权的约定行使问题上，《民法典》同样没有作出效力确认，相关司法纠纷的解决仍面临于法无据的困境。与《合同法》第四百一十条相比，《民法典》第九百三十三条的最大亮点在于区分了无偿合同和有偿合同两种情形，分别规定了不同的损害赔偿范围。但是任意解除权行使后的损害赔偿范围不在本文的探讨范围之内，下文关注的焦点依旧在于任意解除权的行使及限制。

---

① 参见德国《民法典》第675（1）条：以本目无不同规定为限，以事务处理为标的的雇佣合同或承揽合同，准用第663条、第665条至第670条、第672条至第674条的规定，并且，义务人享有不遵守通知终止期间而通知终止合同的权利的，也准用第671条第（2）条的规定；参见［德］梅迪库斯《德国债法分论》，杜景林、卢谌译，法律出版社2007年版，第350页。

② 意大利《民法典》第1723（2）条：亦为受托人或第三人的利益授予的委托，由委托人方面的撤回不消灭。但有与此相异的约定，或者撤回有正当理由场合，不在此限。因委托人的死亡或者以后发生无能力场合亦不消灭。

③ 参见郑玉波《民法债编各论》，中国政法大学出版社2004年版，第344页。

④ 参见邱聪智《新订债法各论》，中国人民大学出版社2006年版，第183页。

（二）《民法典》第九百三十三条之司法适用剖析

关于委托合同任意解除权的行使是否需要依据合同类型作出区分限制，我国大多数学者认为是有必要的，理由在于，在涉及受托人利益的无偿委托和有偿委托中，信任关系已非双方缔约的首要考虑因素，双方实际上因委托的建立而互利互惠。特别是在有偿委托中，受托人很可能是以完成受托事务为营生，若放任委托人任意解除合同，虽然受托人可诉诸法院寻求损害赔偿救济，但囿于举证困难或因果关系的制约，受托人能够获得的赔偿往往远低于其损失的利益成本和机会成本。① 因此，法律应尽量保持这两类合同的稳定性，降低合同解除给当事人带来的利益灭失风险。笔者认为，在司法裁判的过程中，对是否涉及受托人利益的委托类型进行甄别，可以有效避免上述不利后果的发生，从而无须结合典型委托类别进行区分限制。

1. 涉及受托人利益的无偿委托适用思路

在探讨涉及受托人利益的无偿委托时，我们可从日本的绝对限制规则中得到启发。细致考察绝对限制规则可知，“受托人利益保护”规则、“无名合同部分解除限制”规则和“第三人利益保护”规则的适用前提具有一个共同点——委托合同不但包含委托关系的要素，还涉及其他法律关系的要素。在我国合同编体系中，这种涉及受托人利益的委托合同其实可被视作无名合同，相关的法律争议可适用无名合同的相关法条进行解决，进而无须对《民法典》第九百三十三条作出例外的补充与解释。同样地，“不得已”规则在我国也无须置于任意解除权的语境下进行解释。对于因受托人的不诚信导致委托事项无法完成的，法官可直接适用《民法典》第五百六十三条第（四）项有关“当事人有其他违约行为致使不能实现合同目的”的规定，允许当事人通过行使法定解除权来解除委托关系。因此，当委托合同涉及当事人合同外利益时，合同当事人不再享有《民法典》第九百三十三条规定的任意解除权。若受此规则保护的一方当事人未能适当履行合同义务，致使合同目的无法实现，则利益受损方可通过行使法定解除权来解除合同，并依据《民法典》第五百六十六条第一款请求相对方赔偿损失②，以完成对权利的止损与救济。

将涉及受托人利益的无偿委托归入无名合同的路径，虽然能够规避任意解除权行使所带来的不确定性，但也为立法与司法实践带来了新的难题。由于法律对无偿委托和有偿委托尚未进行明确的类型界定，前述分类方法目前只停留于学术层面之上，尚未在司法实践中获得普遍共识。法官在审理涉及受托人利益的无偿合同时，往往不敢突破现行法律规定，将其定性为无名合同，然后适用对应法条

---

① 参见吕巧珍《委托合同中任意解除权的限制》，载《法学》2006 年第 9 期，第 76 页。

② 《中华人民共和国民法典》第五百六十六条第一款：合同解除后，尚未履行的，终止履行；已经履行的，根据履行情况和合同性质，当事人可以要求恢复原状或者采取其他补救措施，并有权要求赔偿损失。

进行裁判。笔者认为，最高人民法院可就这类委托合同的准用规则作进一步的司法解释，形成清晰一致的裁判指引。鉴于国家的法律体系有着结构严密、内在协调的要求，若司法机关认为这类合同应严格遵照委托合同一章的相关规定，则应当明确该类合同解除后不得适用无偿合同的赔偿规则。同时，应该明确这类合同适用有偿合同的赔偿规则，即受托人作为被解除方可通过举证证明自身合同外的利益受损，从而获得“可得利益”的赔偿。如此，方可在司法层面上实现对被解除方的充分救济与补偿。

2. 其他无偿委托和有偿委托的适用思路

对于其他无偿委托和所有有偿委托，笔者认为不仅应当承认当事人享有任意解除权，还应当承认当事人享有约定放弃权。这是因为这些委托合同如今大量出现在商业活动中，合同当事人理应被推定为理性经济人，他们对权利的取舍有着敏锐的判断力。法律不能因为一项权利的行使有可能损害相对方的权利，就剥夺所有当事人享有此项权利。立法者应该做的是为利益可能受损的相对方设计良好的权利制约机制。当法律未能及时回应这种需求时，司法者应该在具体个案中有所作为。

委托合同任意解除权的权利制约机制应设计为承认当事人具有事先排除的权利，尊重当事人之间的利益衡平与权利安排。正如王利明所认为，如果合同双方在缔约时便约定排除单方或双方的任意解除权，表明当事人希望进一步加强合同稳定性，则依据合同自由原则应予认可。①

在无偿委托中，若委托事项仅涉及委托人利益，受托人应能预料到合同的随时解除。若委托有效成立，应推定受托人无条件接受解约的可能性，所以，在这种情形中通常不会形成排除特约。但是，这并不意味着若当事人形成了排除特约，就应参照未约定的情形处理。实践中，司法不应过多干涉当事人有关权利行使和利益安排的约定，除非这种约定将有损第三方或公共利益。

在有偿委托中，若受托人在委托合同中享有高额的报酬请求权，双方一般会在缔约时排除任意解除权的适用。尤其是在典型的商事委托中，如委托代理销售合同和委托诉讼代理合同，这种特约已经演变为格式条款，甚至成为某些行业的交易习惯或交易惯例。在司法实践中，虽然大多数法院认可这种约定的效力，但是出于统一司法裁量标准的考量，最高人民法院同样有必要在司法解释中作出明确的规则指引，以达成进一步定分止争的司法效果。

五、结语

有关委托合同任意解除权的行使，《民法典》第九百三十三条承继了《合同法》第四百一十条的规范意旨，赋予合同当事人随时解除合同的权利，但未能进

① 参见王利明《合同法分则研究（上卷）》，中国人民大学出版社 2012 年版，第 658 页。

一步明晰权利行使及限制的规则。鉴于司法实践并未形成类型化分析委托合同的审判习惯，通过考察域外经验，本文认为《民法典》第九百三十三条不能一概适用于委托合同之中。任意解除权的法定行使应视委托合同所涉利益关系而定。若委托合同涉及受托人合同外利益，则应被认定为无名合同，同时排除任意解除权的适用。即便将其认定为委托合同，法院在肯认解约自由的同时，应当将损害赔偿范围扩展至涵盖受托人合同外利益。在其他类型的委托合同中，合同当事人仍然享有《民法典》第九百三十三条规定的任意解除权，但如果双方事前特约排除权利的适用，则法官应秉持“约定大于法定”原则，放弃适用第九百三十三条第一款。

《民法典》中债权转让通知制度的适用

张子鹏*

【摘要】《中华人民共和国民法典》(以下简称《民法典》)第五百四十六条沿袭了《合同法》第八十条的规定，对于受让人是否可以进行债权转让通知以及如何通知的方式，语焉不详；对于债权转让通知的效力的规定，则付之阙如。结合理论、司法实践和比较法上的发展，首先，我国应当确认受让人可为债权转让的通知主体；其次，书面通知、口头通知、公证通知和诉讼通知均为有效的通知方式，在某些特殊情形下，亦应允许公告通知的适用；最后，在商事债权转让中，应允许其准用应收账款质押的登记系统，并明确登记对抗主义的适用。

【关键词】债权转让　转让通知　公告　应收账款质押　登记对抗主义

一、引言

债权转让，是不改变债权关系的内容，债权人通过转让合同将其债权移转于第三人享有的现象。① 债权转让从最初的民间债权转让逐渐演化为现今的企业间债权转让，其在商品经济中扮演的角色也越来越重要，产生的风险也越来越大。随着商业贸易的深入发展和金融市场的不断创新，以应收账款、信贷资产等债权转让为依托的融资行为和资产证券化业务，逐渐成为我国金融市场中重要且频繁的交易活动。但是《合同法》第八十条对债权转让通知制度的规定确实较为模糊，而2020年通过的《民法典》第五百四十六条沿袭了该条的规定，在处理实际发生的案件中，法官不断面临着解释该条的压力。关于该条的适用，主要有如下几点疑惑：第一，债权转让的主体是否仅限于债权人，可否为受让人；第二，债权转让通知的方式包括哪些；第三，该条规定的是债权转让通知对债务人的影响，即未经通知，债务人仍应向原债权人清偿，但是对于除债务人以外的第三人的影响，却语焉不详。因此，本文也主要从以上几个角度进行论述。

二、债权转让通知的主体和方式

(一)通知主体

《民法典》第五百四十六条规定，债权转让未经通知，对债务人不发生效力。对此一直存在的争论是：受让人能否为通知主体。否定说认为，将转让通知的主

---

* 张子鹏，中山大学法学院硕士研究生。

① 参见崔建远《合同法学》，法律出版社2015年版，第180页。

体限制为转让人，可以提高转让通知的可信度，防止其他第三人假为通知。① 即便受让人可以提供相应的证明，实际上也是对债务人施加了审查证据的义务，加重了债务人的负担。② 肯定说认为，此种限定过于狭隘，构成法律漏洞，可以通过目的性扩张之填补漏洞的方法，允许受让人也作为转让通知的主体，从而有利于灵活解决实践中的问题。但从保护债务人、履行安全的角度考虑，受让人为转让通知主体时，必须提供取得债权的证据。③

笔者认为，允许受让人进行通知应为立法发展大势所趋，应当在未来的司法解释中予以明确。首先，从比较法的角度来看，在最新的立法例中规定转让人和受让人均可以做出债权转让通知已经成为常态。在传统立法例中，《法国民法典》第1691条、《瑞士债法典》第167条、我国台湾地区有关规定的第297条等均明确让与人和受让人均可以做出债权让与通知。新近立法例中，《俄罗斯联邦民法典》第830条、美国《统一商法典》第9—406条、《联合国国际贸易应收账款转让公约》第13条、《欧洲示范民法典草案》第3—5：119条均对受让人通知予以认可。④ 其次，从我国司法实践来看，越来越多的法院倾向于承认受让人通知的效力。⑤ 最后，关于债务人交易安全的问题，可以通过要求受让人提供必要的证据作为法院予以保护的前提。对此，可以借鉴《欧洲示范民法典草案》第3—5：120条规定的“可靠证据包括但不限于让与人作出的，任何表明权利已被转让的可靠证据”。⑥ 当然，究竟何为可靠证据，需基于债权转让实践中当事人的惯常做法及司法确认进行判定。

（二）通知方式

关于通知的方式，我国《民法典》第五百四十六条亦并未予以规定。通说认为，转让通知性质上为观念通知，应准用民法上关于法律行为的规定，适用“总则编”第一百三十五条规定，可采用书面形式、口头形式或其他形式。此既为法律行为形式自由的要求，亦为法定形式从“效力性形式”演进为“保护性形式”的体现。⑦ 对于能否起诉通知和公告通知，理论和司法实践均存在争议。

---

① 参见徐涤宇《〈合同法〉第八十条（债权转让通知）评注》，载《法学家》2019年第1期，第179页。

② 参见李永锋、李昊《债权转让中的优先规则与债务人保护》，载《法学研究》2007年第1期，第44页。

③ 参见崔建远《合同法》，法律出版社2015年版，第189页。

④ 参见方新军《〈合同法〉第八十条的解释论问题——债权转让通知的主体、方式及法律效力》，载《苏州大学学报》2013年第4期，第96页。

⑤ 如（2020）辽02民终5704号、（2020）鲁02民终7440号、（2020）黔23民终1637号、（2020）冀01民终7798号、（2020）粤01民终14641号等判决均认可受让人通知的效力。

⑥ 欧洲民法典研究组、欧盟现行私法研究组编著，克里斯蒂安·冯·巴尔、埃里克·克莱夫主编：《欧洲私法的原则、定义与示范规则：欧洲示范民法典草案》，高圣平、付俊伟、梅夏英译，法律出版社2014年版，第934页。

⑦ 参见徐涤宇《〈合同法〉第八十条（债权转让通知）评注》，载《法学家》2019年第1期，第181页。

于一般的债权转让而言，因债务人并无查询公告的义务，通常情况下没有公告通知适用的可能。但是对于商事债权转让而言，比如不良资产转让、集合债权转让、将来应收账款的转让，为了追求流转的效率，对于公告通知则有强烈的需求。在不良资产领域，2001 年最高人民法院已认可了国有银行转让不良资产后公告通知的效力问题。[①] 2005 年 5 月 30 日，可以适用公告通知的范围扩大至金融资产管理公司。[②]

需要讨论的问题在于，立法对地方资产管理公司甚至二级市场中的主体能否适用公告通知的方式，目前尚无明文规定，如果严格适用相关司法解释，地方资产管理公司似乎没有此种权限。最高人民法院在“秦皇岛信达资产资讯有限公司、冀中能源井陉矿业集团有限公司企业借贷纠纷案”[③] 即持此种观点。但是，笔者认为，在处理不良资产领域，地方资产管理公司与四大资产管理公司虽有差异，但有很强的相似性，适用公告通知对于化解金融风险，促进不良资产流通也具有很重要的意义，因此应当出台相关司法解释予以明确。除此之外，集合债权和将来债权等领域，因逐个通知较为困难，不利于债权流转，原则上也应允许公告通知的适用。

对于诉讼通知而言，否定观点认为通知是让与人或受让人将让与事实告知债务人以便对债务人行使权利的行为，而诉讼则是解决当事人之间权益争议的措施，此时争议已经发生，再予通知为时已晚且无意义。[④] 在持通知要件说的学者看来，能否以诉讼形式进行通知主要是针对受让人而言，但根据本条规定，债权在通知前并未发生转移，受让人并非权利主体，其对债务人并不享有诉权，因此受让人因债务人不履行义务而提起诉讼不能视为让与通知。[⑤]

笔者赞同诉讼通知可以作为通知方式的一种。对通知要件说的否定意见，实无法得到实践的支持。如果在债权让与通知之前，受让人并非债权人，那么，法院就没有必要受理受让人的诉讼请求，而应该直接驳回，此时当然谈不上起诉是

---

① 《最高人民法院关于审理涉及金融资产管理公司收购、管理、处置国有银行不良贷款形成的资产的案件适用法律若干问题的规定》（法释〔2001〕12 号，2001 年 4 月 11 日发布）第六条：金融资产管理公司受让国有银行债权后，原债权银行在全国或者省级有影响的报纸上发布债权转让公告或通知的，人民法院可以认定债权人履行了《中华人民共和国合同法》第八十条第一款规定的通知义务。在案件审理中，债务人以原债权银行转让债权未履行通知义务为由进行抗辩的，人民法院可以将原债权银行传唤到庭调查债权转让事实，并责令原债权银行告知债务人债权转让的事实。

② 《最高人民法院关于金融资产管理公司收购、处置银行不良资产有关问题的补充通知》（法〔2005〕62 号，2005 年 5 月 30 日发布）：一、国有商业银行（包括国有控股银行）向金融资产管理公司转让不良贷款，或者金融资产管理公司受让不良贷款后，通过债权转让方式处置不良资产的，可以适用本院发布的上述规定。

③ 参见“秦皇岛信达资产资讯有限公司、冀中能源井陉矿业集团有限公司企业借贷纠纷案”，最高人民法院（2019）最高法民申 1655 号判决书。

④ 参见王利明《合同法研究》（第二卷）（修订版），中国人民大学出版社 2011 版，第 219 页。

⑤ 参见申建平《债权让与制度研究——以让与通知为中心》，法律出版社 2008 年版，第 229 页。

否起到债权让与通知作用的问题。事实情况并非如此，即使受让人未对债务人进行债权让与通知，但是受让人能够证明债权让与合同已经合法生效的场合，法院也只能认定受让人已经是真正的债权人。①

此外，否定诉讼通知的效力亦可能助长生活中的不诚信行为。现实生活中，如果债务人缺乏诚信甚至企图恶意拖延债务履行，那么债务人就有可能利用《合同法》第八十条的规定去设置种种障碍以阻却通知的履行，从而达到拖延债务甚至转移财产的目的。② 如果出现这种情况，债权人将很难证明自己已经履行了通知义务。比如邮寄送达，即使有回执证明，但回执仅能证明收件人曾经收到过发件人的邮件，并不能证明送达邮件中的具体内容，更有甚者，有的债务人更是恶意拒签邮件；当面送达，如果债务人拒绝签字认可而又缺少第三人作证（或第三人不愿作证），则仍然难以证明债权人已履行了通知义务；等等。

三、债权转让通知的法律效力

（一）理论与实践争议

转让人与受让人签订转让合同之后，转让合同成立，在双方之间发生效力。因为合同具有相对性，所以，合同转让又不仅仅关涉双方利益，还涉及第三人的利益。此处的第三人既包括债务人，同时也包括除债务人以外的第三人，笔者认为至少应该包括：①重复受让人（即债权人进行了多重转让，权利会发生冲突）。②让与人的执行债权人，无担保债权人对债务人的特定财产不享有权利。但取得执行依据的债权人可申请扣押债务人特定财产（包括债权）以受偿，并可对抗债务人处分该财产等行为（如最高人民法院《关于人民法院民事执行中查封、扣押、冻结财产的规定》第二十六条）。③让与人的破产管理人。让与人破产时，破产管理人有权为全体破产债权人的利益，追回让与人的财产及让与人在法定期间内处分的财产。④被转让债权的担保权人，如质权人。实际上，由于债权转让并不需要像动产物权或者不动产物权转让那样经过公示，在关涉第三人利益时，如何进行平衡，是一个难题。对于债务人而言，我国法律规定未经通知，债权转让对其不生效力；但是对债务人以外的第三人而言（如无特别说明，下文所称第三人均不包括债务人），我国并没有规定解决权利冲突的方式。

因此，该问题存在较大争议。就对第三人的效力而言，我国学者主要有三种观点。

---

① 参见方新军《〈合同法〉第八十条的解释论问题——债权转让通知的主体、方式及法律效力》，载《苏州大学学报》2013 年第 4 期，第 99 页。

② 参见王海勇《试论债权转让合同通知义务的履行》，载《政法论丛》2008 年第 1 期，第 89 页。

第一种观点是让与对抗主义。[①] 持这一部分观点的学者主要认为债权转让合同生效，债权就从原债权人转移至受让人，受让人取得债权，原《合同法》第八十条（现《民法典》第五百四十六条）的规定仅仅是对债务人的保护，与债权转让的效力无涉。在债权转让完成之后，受让人已经取得债权，通知债务人与否，不影响其享有的对抗其他第三人的权利。在债权多重转让中，合同成立在先者取得债权；在涉及执行债权人的问题上，只要合同成立于转让人的债权人取得执行依据之前，不管是否通知债务人，由于受让人已经当然取得债权，该部分财产已经不属于转让人，因而当然可以提起执行异议之诉，取回债权。在比较法上，德国和我国台湾地区采取此种模式。

第二种观点是通知对抗主义。当然，此部分学者又分为两派：第一派认为，债权转让合同成立之后，受让人并未当然地取得债权，合同只在转让人和受让人之间生效，只有在通知债务人之后，债权转让方才生效，受让人此时方取得债权，得以对抗其他第三人。[②] 第二派认为，债权转让合同成立之后，受让人已经取得债权，但是未经通知债务人，受让人不得对抗其他第三人。[③] 二者在债权转让的生效要件上存在差异，但是均认为通知与否是对抗第三人的决定因素，实际上将通知债务人作为一种债权转让的公示手段。在比较法上，日本和法国采取此种模式。

第三种观点是登记主义。数个受让人之间，已登记让与信息者优先于未登记者，先登记者优先于后登记者，均未登记的，先受让者优先于后受让者。受让人与让与人的司法担保和法定担保债权人之间，在启动破产程序、扣押、判决或有权机关为类似行为之前已让与且登记的，受让人权利优先。[④] 在比较法上，美国《统一商法典》采取了该模式。

《民法典》第五百四十六条并未规定债权转让何时生效，转让通知是否构成对抗除债务人以外其他第三人的要件。在司法实践中，关于涉及第三人的问题，采纳上述第二种观点目前在我国是一种主流。

笔者在“威科先行·法律信息库”以“债权多重让与”“债权多重转让”“债权双重让与”“债权双重转让”“合同法第八十条”为关键词对债权双重让与的情形进行搜索，以“债权转让”“债权让与”“执行异议”“合同法第八十条”“通知”等关键词对与债权人的执行人权利冲突的案件尽可能地进行搜索，发现司法

---

① 有关主张，参见徐涤宇《〈合同法〉第八十条（债权转让通知）评注》，载《法学家》2019 年第 1 期，第 185 页；参见方新军《〈合同法〉第八十条的解释论问题——债权转让通知的主体、方式及法律效力》，载《苏州大学学报》2013 年第 4 期，第 94 页。

② 参见申建平《对债权转让通知传统理论的反思》，载《求是学刊》2009 年第 4 期，第 64 页；尹飞《论债权转让中债权转移的依据》，载《法学家》2015 年第 4 期，第 81 页。

③ 参见李永锋、李昊《债权转让中的优先规则与债务人保护》，载《法学研究》2007 年第 1 期，第 49 页。

④ 参见李宇《债权让与的优先顺序与公示制》，载《法学研究》2012 年第 6 期，第 101 页。

实践中采通知对抗主义[①]与让与对抗主义[②]的法院均存在，但法院在判决有关案件的时候，更愿意以是否通知债务人作为对抗要件，即只有在债权转让后，对债务人进行了通知，受让人方才可以对抗第三人，在多重让与中优先取得权利，并因此方可对抗债权人的执行人。实际上，这是对《合同法》第八十条的扩张解释，即将原本保护债务人的条款，扩张解释为债权让与的对抗要件。典型观点如最高人民法院在“重庆力源实业集团有限公司执行异议案”中认为，如债权转让未通知债务人，则无法排除转让人的债权人就该债权向法院申请的强制执行，遂驳回了债权受让人提起的执行异议之诉。[③]

（二）通知对抗主义的合理性

由于现行制度框架下，在二重让与中，让与主义模式会因债权让与不具有任何公示手段而缺乏对善意受让人的保护。一方面，因为债权让与不需要任何附加行为，多重让与的事实并不容易被除受让人以外的第三方发现，所以债权人很可能出于不法目的故意或过失地将债权让与多方，这种情况非常不利于债权的流通，更不利于受让人取得债权；另一方面，债权人或受让人很容易篡改债权让与协议所约定的债权让与的时间，先受让债权的受让人很可能因被篡改的协议而失去对受让债权所理应享有的权利。通知主义某种程度上对此进行了改正，意在矫正债权无法公示的弊端，认为对债务人的通知在某种意义上属于“公示”，实际上赋予了债务人信息中心的地位。

在民事债权转让领域，通知对抗主义有其合理性，相比让与主义，也更能保障交易安全。当出让人履行通知债务人的义务时，债务人便也清楚地认识到其所负担债务对象的变更。受让人依据让与通知对债务人行使请求权，并依据让与通知的时间先后来确定各受让人之间的顺位排序。债权人需直接向债务人提出权利请求，方可实现其债权的价值。

---

① 如与债权人的执行人权利冲突的案件中有：（2018）最高法民申4314号、（2017）冀09民终2474号、（2018）川民再348号、（2017）吉03民终247号、（2016）渝05民终2211号、（2016）湘01民终3861号、（2014）鲁商终字第231号、（2017）苏01民终1208号、（2017）鄂0302民初1098号、（2018）黑0230民初326号、（2018）琼72执异30号等。债权双重让与的案件中有：（2019）苏12民终1821号、（2017）鄂11民终2530号、（2014）江中法民二终字第164号、（2013）徐民终字第29号、（2014）白中民二初字第28号、（2018）桂02民终1596号、（2018）鲁民申2350号、（2017）豫04民终2548号、（2017）鄂0607民初171号、（2014）北民初字第948号、（2018）桂02民终1596号、（2016）辽0682民初字375号、（2016）浙0424民初2809号、（2013）绍越商初字第2538号等。

② 与债权人的执行人权利冲突的案件中有：（2018）皖01执异43号、（2014）赤民一终字第51号、（2018）鲁09民终714号、（2018）皖18民终13号、（2018）豫民再968号、（2016）川民终881号等。债权双重让与的案件中有：（2017）川09民终347号、（2016）北京市第三中级人民法院京03民终2737号等。

③ 重庆力源实业集团有限公司、重庆三圣实业股份有限公司执行异议之诉纠纷，最高人民法院（2018）最高法民申4314号裁定书。

（三）商事债权转让中的挑战

诚如上述，通知对抗主义仍有其缺陷，因为公示效果取决于债务人，亦有可能诱发道德风险，仍存在合谋侵害先位受让人利益的可能。同时，让与通知制度强调受让人与债务人之间权利联系的直接性，其造成债权让与制度的僵化，难以适用于商事债权融资的新型实践。

第一，在集合债权转让领域。出让人通过将其对不同债务人享有的多个债权打包为一个整体，一次性转让给受让人并进行融资的行为。若对债务人分别进行通知将使得出让人不堪其扰，此种债权转让也将耗费甚巨。①

第二，在将来债权转让领域。我国《民法典》第四百四十条和第七百六十一条认可了将来应收账款的可转让、质押性，且未对将有应收账款做出定义，可以视为对“纯粹将来债权”的转让提供了解释的空间。若此，基础关系尚未发生，通知便自然无法发生。

第三，在资产证券化领域。在资产证券化中，债权让与的当事人多为金融企业，出于融资和改善资产结构的需要而让与债权。作为被让与债权的债务人为不特定的多数人，如果这种转让需要逐一通知债务人，则会由于程序不方便和昂贵的融资成本而行不通。

四、登记的准用

（一）债权质押与转让的同质性

第一，从性质来说，债权让与及担保虽各有一套法律规则，但其内容基本相同，主要差异在于担保权人于实行担保权时始得行使出质债权，且担保权实行时须清算，债权让与无此问题。② 从债权质自身来看，债权质的实现取决于作为担保的基础债权的实现，尤其是债务人的履行行为，如若债务人不履行债务，实在难言此种质权具有何种物权效力。作为一项“权利之上的权利”，应与其所得以产生的基础权利具有类似的性质和特点。③ 甚至有学者认为，应收账款无法进行实际交付和占有，无法设立质权，应收账款质押仅为披着特权的外衣的债权。④ 应收账款质押应当采取债权让与的制度构造。⑤ 应收账款受让人和质权人收取应收账款的能力具有相同性质，因而为担保目的的应收账款转让和应收账款质押存在遵循相同

---

① 参见虞政平、陈辛迪《商事债权融资对债权让与通知制度的冲击》，载《政法论丛》2019 年第 3 期，第 86 – 87 页。

② 参见李宇《民法典中债权让与和债权质押规范的统合》，载《法学研究》2019 年第 1 期，第 57 页。

③ 参见［德］卡尔·拉伦茨《德国民法通论（上册）》，王晓晔等译，法律出版社 2003 年版，第 298 页。

④ 参见唐勇《债权质权：物债二分体系下的“骑墙者”》，载《中外法学》2013 年第 6 期，第 1167 页。

⑤ 参见王乐兵《法典化背景下的应收账款质押：现实困境与未来改革》，载《法学杂志》2016 年第 4 期，第 52 页。

规则的趋势，需确定同样的对抗第三人效力和顺位规则。[①] 不少学者指出，我国现行对于应收账款质押与应收账款转让的规定均存在着漏洞，应收账款质押没有规定质权人的控制权及对第三债务人的效力，债权转让没有规定对第三人的效力，应在司法解释中规定二者可以互相准用。

第二，债权让与和担保界限模糊，二者往往发挥相同的融资功能。实践中，应收账款转让的登记数量甚至远超应收账款质押的数量。例如，根据中国人民银行征信中心2020年9月数据，应收账款转让登记笔数为86495笔，应收账款质押登记笔数为21848笔。[②]

第三，从比较法上看，美国《统一商法典》“第九编”的起草者虽然意识到应收账款质押不同于其让与，但他们也清醒地认识到两者在商业融资交易中的界限已经非常模糊，故放弃了在立法上对两者进行区分的努力，该法典第9—109条（a）（3）直接规定其统一适用于在应收账款之上设定担保权与应收账款的直接出售，至于具体交易的实质，则交由法院根据各项因素对其进行重新定性。[③]

（二）登记对于商事融资的意义

立法者显然意识到了债权转让对于商事融资的制度供给显然不足，因此增加了“保理合同”一章，试图缓和这种尴尬局面。但是《民法典》没有把登记作为债权转让的一般规则，而将登记局限于以应收账款为标的的保理合同，导致保理合同之外的一般债权转让登记仍然无法可依。如让与登记非属保理商专需，资产证券化、不良信贷资产处置等交易亦有此需要；在客体方面，该条将“债权”改为“应收账款”，重回物权法的老路。[④] 相较于将债权让与合同或通知债务人作为债权让与的对抗要件，登记制彻底摆脱了对于私主体信用的依赖，凸显对抗要件所应具备的公示性，也便于在债权多重让与的情况下对权利归属准确判断。[⑤]

如上所述，在商事债权融资领域建立登记制度，保护交易安全、促进债权转让交易有序流转应成为一种趋势。依靠登记制度来确定被让与债权对抗第三人的效力，应被债权转让所借鉴，尤其是在商事融资领域。首先，其为债权让与提供了一种明确有效的公示方法，交易中的第三人可以通过登记体系了解到债权让与的状况，从而维护交易的安全；其次，由于登记机关为独立于交易各方的中立机构，将登记作为债权让与公示的方法，可以有效地避免债权让与中几方当事人共

---

① 参见联合国国际贸易法委员会《联合国国际贸易法委员会担保交易立法指南》，联合国出版物、出售品编号：C. 09. V. 12，第92页。

② 参见中国人民银行征信中心动产融资统一登记公示系统（https://www.zhongdengwang.org.cn/cms/goDetailPage.do?oneTitleKey=ssdj&twoTitleKey=ydtj），访问日期：2020年11月8日。

③ 参见王乐兵《“物权编”与“合同编”体系化视角下的应收账款质押制度重构》，载《法学家》2019年第3期，第101页。

④ 参见李宇《民法典中债权让与和债权质押规范的统合》，载《法学研究》2019年第1期，第69页。

⑤ 参见虞政平、陈辛迪《商事债权融资对债权让与通知制度的冲击》，载《政法论丛》2019年第3期，第93页。

谋串通损害他人的利益。但是，登记一般适用于金融机构办理的应收款转让业务和让与担保业务。[①] 在日常民事活动中，对于普通民事主体进行的一般债权转让，如果也要求以登记制作为债权让与公示的方法，不仅成本较高，而且也不现实。况且，一套新制度的建立需要耗费大量人力、物力和财力成本，同时需要进行周密的制度设计，包括相关制度间的协调。《民法典》的立法进程似乎也体现了此种思路，《民法典合同编草案（一审稿）》第三百三十六条曾尝试规定登记对抗主义，(第三百三十六条)："债权人将同一债权转让给数人，债权转让可以登记的，最先登记的受让人优先于其他受让人；债权转让未登记或者无法登记的，债务人最先收到的债权转让通知中载明的受让人优先于其他受让人。"但后来的终审稿删除了该条，或许表明建立统一的债权登记平台并不现实。因此，在现行法下，债权转让仍应以通知为对抗要件，于部分商事融资债权转让而言，应出台司法解释允许其准用应收账款质押的登记系统，明晰登记对于对抗第三人的效力。

五、结语

债权转让制度发展至今天，已经不再是传统民法上的单一债权转让模式，其增加了更多商事元素，保理与资产证券化等业务的兴起，对该制度带来了不小的挑战。我国《民法典》虽然将保理合同纳入有名合同的范畴，有利于更好地处理保理纠纷，引导保理行业的健康发展，但对于商事债权转让而言，制度供给仍显不足，在未来应通过司法解释予以明确。在通知主体方面，应当顺应现实需求，扩大至受让人亦可通知；在通知方式上，应承认受让人提起诉讼的通知方式；而在不良资产、集合债权、将来债权的转让中，应当允许特定主体可以进行公告通知。同时，由于债权让与欠缺公示，易生欺诈等情形，因此，债权转让虽然在合同成立后即生效，但一般债权的转让应以通知债务人为对抗要件，集合债权、将来债权等商事债权的转让等应以登记为对抗要件。在未来，随着互联网技术等的深入发展，在时机成熟时，应建立统一的债权转让和质押登记系统，由此更好地保障债权转让的安全与效率。

---

① 参见李永锋、李昊《债权转让中的优先规则与债务人保护》，载《法学研究》2007 年第 1 期，第 47 页。

《民法典》流质契约规定的若干思考与展望

何子君*

【摘要】《民法典》第四百零一条、第四百二十八条对流质契约效力作出了新规定。虽然新规并未突破《担保法》《物权法》禁止债权人在债务人不履行到期债务时依流质契约取得担保物所有权的立场，但其在立法用语上作出的变动使当事人约定流质契约的法律后果更清晰，结合司法裁判的规律分析，其确有实质性的进步意义。通过探究新规将在法律适用中对非典型担保、当事人自力实现担保物权产生的影响，可进一步论证其进步性。从民商区分法律适用的角度展望新规，《民法典》对待民事流质契约的立场值得理解，但却未顾及商事担保的特性，具有“商化不足”之嫌，有待借助从宽法律适用及另立商事流质规则予以弥补。

【关键词】《民法典》 流质契约 非典型担保 自力实现担保物权 商事流质

广义的流质契约，包含了狭义的流质契约与流押契约，是指当事人双方在设定抵押权或质权之时或履行期届满前达成的，若债务人不如期履行债务，债权人取得担保物所有权的约定。[①] 关于流质契约的效力问题，《中华人民共和国民法典》（以下简称《民法典》）“物权编”在《中华人民共和国担保法》（以下简称《担保法》）、《中华人民共和国物权法》（以下简称《物权法》）的基础上，作出了进步性修改，从语义上及适用上均可窥之。

一、《民法典》流质契约规定的立法沿革

（一）流质契约规定的变迁

颁布于1995年的《担保法》第四十条和第六十六条[②]奠定了我国禁止流质契约的立法沿革。通说认为，在这一立法模式下，当事人订立的流质契约将被认为因违反效力性强制规定而归于无效。[③] 事实上，这也是自罗马法时代以来大陆法系

---

* 何子君，中山大学法学院硕士研究生。

① 参见周林彬、官欣荣《我国商法总则理论与实践的再思考——法律适用的视角》，法律出版社2015年版，第353页；吴光明《流抵契约禁止原则之转变》，载《人大法律评论》2012年第1期，第94页。

② 《担保法》第四十条：订立抵押合同时，抵押权人和抵押人在合同中不得约定在债务履行期届满抵押权人未受清偿时，抵押物的所有权转移为债权人所有；第六十六条：出质人和质权人在合同中不得约定在债务履行期届满质权人未受清偿时，质物的所有权转移为质权人所有。

③ 参见王利明《物权法研究》，中国人民大学出版社2007年版，第439页；崔建远《物权法》，中国人民大学出版社2017年版，第451页；梁慧星《中国物权法草案建议稿——条文、说明、理由与参考立法例》，社会科学文献出版社2000年版，第638、704页。

国家通行的做法[①]，而在英美法系国家则不然。《物权法》第一百八十六条和第二百一十一条[②]承继了《担保法》禁止流质契约的立场及相关立法语言。相比《担保法》而言，《物权法》不仅继续禁止流质契约，更将流质契约可成立的时间延长到"债务履行期届满前"，扩大了对流质契约的认定范围，与部分学者主张的流质契约定义达成一致。[③]

《民法典》关于流质契约的有关规定为"物权编"第四百零一条和第四百二十八条。[④] 借此，流质契约的有关规定从行为规范进化为裁判规则。[⑤]《民法典》不再明令禁止当事人之间的流质契约，转而规定当事人约定流质契约的后果，表现出极大的软化。[⑥] 更有学者主张，除立法形式的改变外，此两条法规还具有实质性的进步，其使担保权人负有清算义务，改变了此前绝对禁止流质契约的规定。[⑦] 也有学者对此不以为然，认为新条文在立法精神和法律效果上并无实际改动，其立法范式的转变仅是为了表明流质契约的无效并不影响担保物权的效力，即有将《担保法司法解释》第五十七条的意旨纳入法典的意味，而无撼动禁止流质契约立场的用意。[⑧]

（二）《民法典》流质契约规定的语义进步性

虽然《民法典》关于流质契约的规定没有突破旧法的立场，债权人仍然不能按照流质契约的约定受偿，但新规在《担保法》《物权法》的基础上作出的立法用语变动确有实质性的进步意义，即当事人约定流质契约的法律后果更清晰，具体表现如下。

第一，《民法典》关于流质契约的新规定为法官提供了更明确的裁判指引，更有利于纠纷的彻底解决。在过去的立法语境中，面对诉讼中的流质契约，法官多以当事人之间的约定违反法律强制性规定而无效为由，裁定驳回债权人取得担保

---

① 如《德国民法典》第1149条、第1229条，《瑞士民法典》第816条、第894条，《日本民法典》第349条，《意大利民法典》第1963条、第2744条等。

② 《物权法》第一百八十六条：抵押权人在债务履行期届满前，不得与抵押人约定债务人不履行到期债务时抵押财产归债权人所有；第二百一十一条：质权人在债务履行期届满前，不得与出质人约定债务人不履行到期债务时质押财产归债权人所有。

③ 参见徐武生《担保法理论与实践》，工商出版社1999年版，第207－208页；参见周林彬、官欣荣《我国商法总则理论与实践的再思考——法律适用的视角》，法律出版社2015年版，第353页。

④ 《民法典》第四百零一条：抵押人在债务履行期限届满前，与抵押人约定债务人不履行到期债务时抵押财产归债权人所有的，只能依法就抵押财产优先受偿；第四百二十八条：质权人在债务履行期限届满前，与出质人约定债务人不履行到期债务时质押财产归债权人所有的，只能依法就质押财产优先受偿。

⑤ 参见陈永强《〈民法典〉禁止流质之规定的新发展及其解释》，载《财经法学》2020年第5期，第36页。

⑥ 参见张善斌、钱宁《〈民法典〉中流质条款解释论研究》，载《河北法学》2020年第9期，第13页。

⑦ 参见朱虎《民法典动产和权利担保的变革》，载《人民法院报》2020年7月30日，第5版。

⑧ 参见刘保玉《民法典担保物权制度新规释评》，载《法商研究》2020年第5期，第12页。

物所有权的诉讼请求或支持债务人或第三人取回担保物所有权的诉讼请求。[①] 新规则提供了更明确的裁判指引，不再将否定流质契约效力作为最终处理结果，而是指明与债务人约定了流质契约的债权人也可以依法就担保财产优先受偿。

对法官而言，即便债权人起诉时诉请取得担保物所有权，法官也可以在审判中行使释明权，引导当事人变更诉讼请求为依法行使担保物权，从而在一个案件中便可彻底解决当事人之间的债务纠纷，节约司法资源。对债权人而言，其在起诉时即可将“依照担保协议行使担保物权”作为诉讼请求，在其他要件皆完备的情况下，如当事人的协议中未有流质条款，法官将会优先根据当事人的意思自治裁决；若协议被认定为流质契约，根据新规，法官便可转至其他关于实现担保物权方式的条文，判令债权人就抵押物或质押物依法优先受偿。

第二，《民法典》关于流质契约的新规定为缔约中的当事人提供了更确切的期待。虽然禁止流质契约是我国民事立法一贯的立场，但在实务中还是不乏流质契约的出现，这从侧面反映出民间对流质契约的需求。对基于商业考量或其他考虑，仍然希望在担保协议中约定流质条款的当事人而言，旧法只告知了他们流质契约是被严格禁止的，但新规却更进一步地预告他们：即使债权人无法享有流质契约中约定的权利，也仍有权依法就抵押物或质押物优先受偿。直截了当的后果预告为当事人提供了更确切的预期，提高了交易主体决策时的效率。

二、《民法典》流质契约规定对非典型担保的影响

（一）非典型担保与流质契约规定的关系

学界对于我国民法关于禁止流质契约的规定是否适用于让与担保等非典型担保存在争论。肯定说认为非典型担保物权的实现方式、实现程序及清算规则等，在法律未有特别规定的前提下，应该参照适用担保物权的有关规定，以符合相关立法精神。因此，非典型担保应参照适用《民法典》关于流质契约效力的规定。[②] 否定说则认为禁止流质契约的条款并未规定在担保物权的“一般规定”中，而是分别针对抵押权和质押权进行规定，且让与担保既非抵押权也非质权，并无遵循上述法定义务的法理依据。在让与担保关系中，当事人的权利义务应依意思自治确定。[③] 如有显失公平的情形，当事人可以请求法院予以变更或撤销。[④]

在司法实践中，最高人民法院曾在判决中指出“既然（让与担保）属于担保，

---

① 参见（2018）吉2401民初2152号，（2018）闽0425民初395号，（2017）湘01民终5649号，（2017）宁01民终672号，（2015）浙嘉民再终字第2、3、4、5、6号，（2014）通中商终字第0295号，（2014）中中法民四终字第23号。

② 参见刘保玉《民法典担保物权制度新规释评》，载《法商研究》2020年第5期，第3－18页。

③ 参见陈本寒《新类型担保的法律定位》，载《清华法学》2014年第2期，第100页；龙俊《民法典物权编中让与担保制度的进路》，载《法学》2019年第1期，第75页。

④ 参见程啸《担保物权研究》，中国人民大学出版社2017年版，第272页。

就应遵循物权法有关禁止流质的原则，也就是说在债权人实现担保债权时，对设定的担保财产，应当以拍卖或者变卖的方式受偿”①。2019 年的《全国法院民商事审判工作会议纪要》旗帜鲜明地表明立场，在第七十一条关于让与担保的审判规则中写道：“合同如果约定债务人到期没有清偿债务，财产归债权人所有的，人民法院应当认定该部分约定无效。”2021 年发布的《最高人民法院关于适用〈中华人民共和国民法典〉担保部分的解释（征求意见稿）》［以下简称《民法典担保部分司法解释（征求意见稿）》］第六十二条、第六十三条、第六十六条也分别明确了在融资租赁、所有权保留及让与担保中均应贯彻禁止流质的精神，债权人应参照担保物权的实现程序获得清偿。

（二）《民法典》关于流质契约规定对非典型担保的促进作用

虽然《民法典》仍然未对非典型担保作出回应，但与非典型担保关系密切的流质契约规定则从多方面体现出对非典型担保的促进作用。

第一，新规提高了非典型担保合同被认定有效的可能性。让与担保、买卖型担保等非典型担保此前一直未受我国法律明文规定，其效力问题曾在理论界及实务界引起不少争论。最高人民法院对待此类担保合同的态度反复不定。② 究其原因，乃《物权法》第一百八十六条和第二百一十一条常被理解为《合同法》第五十二条所指的“法律、行政法规的强制性规定”，进而使得“触犯禁止流质契约的强制性规定”被作为法官否定让与担保等合法性的主要理由之一。③

而《民法典》第四百零一条和第四百二十八条并非直接认定流质契约无效的强制性规定。即便未来司法实践仍保持非典型担保关系应参照适用抵押权和质权相关规定的立场，让与担保等协议也不再面临因违反禁止流质的强制性规定而被判定无效的障碍，其获得了更广阔的生存空间，在没有其他无效事由时，至少也可以发挥债权效力，甚至是在完成担保物物权变动公示的前提下发挥优先受偿的物权效力。

第二，新规为未来立法或司法容许非典型担保约定流质契约留下了充足的发展空间。首先，《民法典》一如既往地未将对流质契约的约束置于“担保物权”分编的“一般规定”中，流质契约规定并无适用于抵押权、质权之外的担保类型的必然性。如未来立法或司法有意允许非典型担保合同当事人约定流质条款，完全

---

① 参见（2013）民提字第 135 号。

② 最高人民法院曾在 2011 年“朱俊芳与山西嘉和泰房地产开发有限公司商品房买卖合同纠纷案”中认定买卖型担保有效，且认可当事人事先约定担保财产归属债权人，却不予支持 2013 年“广西嘉美房地产开发有限责任公司与杨伟鹏商品房买卖合同纠纷申请案”中买卖型担保协议的流质条款；让与担保合同的效力在（2017）最高法民再 154 号判决中被否认，却又在 2018 年“修水县巨通投资控股有限公司诉福建省稀有稀土（集团）有限公司等合同纠纷案”中获得认可。

③ 参见姚辉、李付雷《“理性他者”的依归——让与担保实践争议探源与启示》，载《中国人民大学学报》2018 年第 6 期，第 102 页。

可以通过补充立法、出台相关司法解释、发布裁判指引或指导案例等方式修订当前裁判观点，并不会与现有立法发生冲突。其次，《民法典》编纂工作者在立法理念上有较大进步，有望继续指导非典型担保制度朝着更符合私法自治精神的方向发展。新规一改过往对流质契约施加刚性禁令的立法用语，改采更显弹性的后果主义立法范式，体现了民法对当事人意思自治的尊重程度的提升。相信在这一民事立法精神的引导下，未来立法工作或司法实践将有望对因当事人意思自治而生、以实务需求为导向、暂未落入成文法规制的非典型担保给予更大程度的包容。

三、《民法典》流质契约规定下当事人自力实现担保物权的边界

《民法典》第四百零一条和第四百二十八条关于流质契约的规定，虽然从禁止性的行为规范进步为技术性的法律后果模式①，但其在适用上还存在不甚明朗之处，仍有待通过司法解释、审判指引等方式进一步明确，关键在于如何理解“依法就抵押财产/质押财产优先受偿”。这对于厘清合法的实现担保物权的方式至关重要。

就新规后半段指示的“依法”的含义而言，曾参与《民法典》编纂工作的专家多认为是指依《民法典》第四百一十条、第四百一十三条或第四百三十六条、第四百三十八条规定的实现抵押权或质权的方式就担保财产优先受偿。② 但笔者认为，《民法典》第四百零一条和第四百二十八条毕竟没有采用如《民法典》第四百六十六条“依据本法第×条”或第三百八十八条“依照本法和其他法律的规定”的立法模式，而仅是粗略地提及“依法”，若将其解读为仅依据某一特定条文，似有过度限缩解释之嫌。如果对新规所指的“依法优先受偿”进行开放性的解读，那么自《民法典》正式实施后，当事人自力实现担保物权的边界将有待探讨。

（一）事先约定的债权人自力清算条款

对于当事人在设定担保物权之时或履行期限届满前达成的，如债务人到期不清偿债务，债权人有权径自就抵押或质押财产折价或拍卖、变卖并在多退少补后以其价款优先受偿的约定，为事先约定的债权人自力清算条款。其与《民法典》第四百一十条、第四百三十六条规定的担保物权实现程序存在一定冲突。

关于事先约定的债权人自力清算条款的效力，有学者主张担保人能够有效地将担保物的所有权让与给第三人的前提是享有处分权，而该种契约肯认了担保权人无须与担保人协商一致即可取得担保物的处分权，该约定相当于间接突破了禁止流质契约的限制。③ 在实践中也曾有判决认为“所有权最为关键的核心就是处分权”，因此“双方上述关于郑某不能按约还款时，余某随时有权转让抵押房产的约

---

① 参见陈永强《〈民法典〉禁止流质之规定的新发展及其解释》，载《财经法学》2020 年第 5 期。

② 参见黄薇《中华人民共和国民法典物权编解读》，中国法制出版社 2020 年版，第 666、第 755 页；崔建远《物权编对四种他物权制度的完善和发展》，载《中国法学》2020 年第 4 期，第 40 页。

③ 参见龙俊《民法典物权编中让与担保制度的进路》，载《法学》2019 年第 1 期，第 74 页。

定属于流质契约，为法律所禁止，依法应为无效”①。

然而，纵观《物权法》及《民法典》关于禁止流质契约的立法背景，立法者主要的考量皆为担保物权的目的在于支配担保财产的交换价值而使债权获得清偿，而并非取得担保物的所有权，且清算是保障真正公平的意思自治的必备手段。② 因此，笔者认为，理论界及实务界不应该僵硬地从形式上解读禁止流质契约的规定，以致扩张认定流质条款。对于事先约定的债权人自力清算条款这类已为债权人施加清算义务的约定，实践中应将其排除在流质条款之列，如无《民法典》第一百四十四条、第一百四十六条、第一百五十三条和第一百五十四条③规定的事项，则应被认定为有效。这样的安排既有利于贯彻私法自治理念，充分尊重当事人对权利的处分，也有利于降低担保物权实现的成本，提高债权人受偿的效率，减轻法院处理实现担保物权纠纷的诉累。既然当事人已自主约定了清算程序以防范暴利风险，民法禁止流质契约的目的——公平地保障债务人和债权人的合法权益已获得实现，司法机关便无充分的理由再去干预当事人的意思自治。即便是前述主张该约定间接违反了禁止流质契约规定的学者，也提倡在实践中限缩解释民法关于禁止流质契约的条款，即只禁止实质意义上的流质契约，不禁止形式意义上的流质契约（如事先约定的债权人自力清算条款）。④

从文义解释上看，事先约定的债权人自力清算条款并不符合《民法典》第四百零一条、第四百二十八条所设“抵押权人/质权人在债务履行期限届满前，与抵押人/出质人约定债务人不履行到期债务时抵押财产归债权人所有”的前提，除非协议内容为债权人有权自主就担保财产折价受偿，因此可被理解为不受上述条文规制。从目的解释上看，即使认为事先约定的债权人自力清算条款仍然间接落入关于流质契约规定的管辖，也可以将该条规定的“依法就抵押/质押财产优先受偿”理解为依照《民法典》第四百一十条、第四百一十三条或第四百三十六条、第四百三十八条的立法要旨实现担保物权，即重点在于履行事后清算，而不在于达成清算协议的时间。故即使当事人达成实现担保物权协议的时间与法定不符，也应得到宽容。

综上，事先约定的债权人自力清算条款在新规适用中可以且应该被认定为有效。最新发布的《民法典担保部分司法解释（征求意见稿）》第四十四条恰也认可

---

① 参见（2009）闵民三（民）初字第222号。

② 参见黄薇《中华人民共和国民法典物权编解读》，中国法制出版社2020年版，第663页、第754－755页；全国人大常委会法工委《中华人民共和国物权法释义》，法律出版社2007年版，第409－410页。

③ 《民法典》第一百四十四条规定：“无民事行为能力人实施的民事法律行为无效。”第一百四十六条规定：“行为人与相对人以虚假的意思表示实施的民事法律行为无效。以虚假的意思表示隐藏的民事法律行为的效力，依照有关法律规定处理。”第一百五十三条规定：“违反法律、行政法规的强制性规定的民事法律行为无效。但是，该强制性规定不导致该民事法律行为无效的除外。违背公序良俗的民事法律行为无效。”第一百五十四条规定：“行为人与相对人恶意串通，损害他人合法权益的民事法律行为无效。”

④ 参见龙俊《民法典物权编中让与担保制度的进路》，载《法学》2019年第1期，第78页。

了这一结论。

（二）事先特约的担保物折价条款

事先特约的担保物折价条款是指当事人在债务履行期限届满前约定，债务人不履行到期债务时，债权人有权以特定价格就担保财产折价受偿。

同事先约定的债权人自力清算条款一样，该约定与典型流质契约最大的区别在于其具有清算程序。但相较于前者而言，该约定对流质契约禁令的“冒犯”更为显著，表现为：首先，根据该约定，债权人最终将取得抵押物所有权，与流质契约最终结果相同；其次，不仅清算的合意，甚至清算的价格都是在债务履行期限届满前约定的。从文义上看，该条款的内容直接与《民法典》第四百一十条和第四百三十六条关于“抵押/质押财产折价或者变卖的，应当参照市场价格”的规定发生冲突。根据上文分析，事先特约的担保物折价条款所缺乏的事后清算环节，正是担保物权实现程序的核心。

笔者认为，这样的约定虽在形式上以清算义务约束了债权人，但在实质上却有可能被当事人用来实现流质的目的，因此不能被全面认定有效。实践中，债务人在约定担保物折价条款时，可能正处于急需资金的窘迫境地，并未实质对担保物进行公平合理的定价，以致出现立法者所严厉防范的当事人利益不平衡的情形。在过往的司法实务中，法官也多认为这种提前约定转让价格的条款构成流质条款，应属无效。[①]

相较而言，如果当事人仅仅在事先约定若债务人到期不履行债务，债权人有权就担保物折价受偿（经实时评估作价及多退少补），而没有事先特约转让价格的话，将落入前述事先约定的债权人自力清算条款范畴，应属有效。最高人民法院亦曾在（2018）最高法民终119号判决中将让与担保的实现方式区分为归属清算型[②]和处分清算型，并确立了认定前者有效的裁判标准。在抵押、质押等典型担保中，该裁判规则也应该得到适用。

综上，事先特约的担保物折价条款具有违反《民法典》关于流质契约的规定之嫌，在现行立法框架下，难以被认定为有效。

（三）小结

《民法典》关于流质契约的规定在法律适用效果上将更具理性。《民法典》不再明文否定流质契约的效力，其进步性在于在法律适用中可以识别真正应受限制的流质契约（如事先特约的担保物折价条款），对于并未侵害当事人权益的流质条款（如事先约定的债权人自力清算条款）则予以放行，在保障基本公平秩序的前提下最大程度地尊重当事人的意思自治，以提升私法自治的效率。

---

① 参见（2015）沪一中民一（民）终字第1017号、（2016）沪01民终2930号、（2016）赣民终30号。

② 判决指出，归属清算型是指让与担保权人将标的物予以公正估价，标的物估价如果超过担保债权数额的，超过部分的价额应交还给让与担保设定人，标的物所有权由让与担保权人取得。

四、《民法典》流质契约规定的展望——从民商区分的法律适用角度

（一）限制民事流质契约的立场值得肯定

《民法典》有关流质契约的规定在语义上和适用上均体现出其相较于《担保法》《物权法》规定的进步性。但我国民事法律禁止流质契约的做法一直颇受争议，反对的声音从未停歇，其中主要的理由有：债务人借债时未必皆处于急迫窘困①，况且，民法关于显失公平的法律行为可撤销制度已足以防范当事人之间利益失衡②；实践中债务人因无法按时还款而主张流质契约无效的行为投机性明显，前后言行不一致，不应获得法律政策上的支持③；否定流质契约的观点忽略了担保物价值和担保债权价值相当的情形以及债务人以较小价值之担保物担保数额较高之债权或者担保物价值在担保期间下降后的情形，片面强调流质结果对债务人不利④；流质契约可以以极少的成本实现抵押权⑤；流质契约甚至可以激励债务人主动履行债务以保全担保物所有权⑥。

即便如此，《民法典》编纂工作者终究是持旧法的立法观点，认为流质契约给债权人、债务人及其他债权人带来的风险都颇高，真正公平的意思自治必须通过制度予以保障。⑦ 虽然笔者并不反对上述关于反对禁止流质契约的观点，但在大陆法系国家民法多否定流质契约效力，且我国民间借贷市场仍不乏乱象的背景下，我国《民法典》基于防范市民社会出现大量利益失衡情形的考量，亦遵循国际潮流介入流质契约当事人的意思自治中，有其合理性。考虑到立法肩负维稳的重担，在其他条件（如建立流质契约公示制度等）仍未成熟的情况下，《民法典》贸然转变《担保法》《物权法》禁止流质契约的态度，可能会给民事社会带来难以预估的较大冲击。结合上述分析，《民法典》在关于流质契约效力的规定中作出的立法用语变动确有实质性的进步意义，通过这种循序渐进的方式逐渐弱化对流质契约的限制，最终实现对流质契约的完全解禁，也未尝不是一条可取的进路。

（二）流质契约规定的“商化不足”及完善进路

然而，新规也存在不容忽视的缺陷，即在我国民商合一的立法语境下，立法者却仅从传统市民社会的视角考虑在民事活动中保护平等民事主体，没有顾及商

---

① 参见孙鹏、王勤劳《流质条款效力论》，载《法学》2008 年第 1 期，第 87 页。

② 参见张爱珍《对禁止流质契约必要性的现实考量》，载《人民司法》2015 年第 11 期，第 89 页。

③ 参见姚辉、李付雷《“理性他者”的依归——让与担保实践争议探源与启示》，载《中国人民大学学报》2018 年第 6 期，第 105 页。

④ 参见王明锁《禁止流质约款之合理性反思》，载《法律科学（西北政法大学学报）》2006 年第 1 期，第 127 页。

⑤ 参见程啸《物权法·担保物权》，中国法制出版社 2005 年版，第 351 页。

⑥ 参见孙鹏、王勤劳《流质条款效力论》，载《法学》2008 年第 1 期，第 87 页。

⑦ 参见黄薇《中华人民共和国民法典物权编解读》，中国法制出版社 2020 年版，第 663 页。

事活动对流质契约的强烈需求。作为我国市场经济基本法的《民法典》在关于流质契约的规定中存在“商化不足”的缺陷。

实际上，民事担保与商事担保差异显著——相比于民事担保仅致力于保证债权足额实现，以安全为唯一价值追求，商事担保的功能兼具便利支付结算、降低参与成本和风险管理等[①]，其强调物尽其用，借有限的担保物极力扩大融资规模，以效率为最大价值追求[②]。且商事主体具有更高的专业性和更强的风险承受能力，商业活动也因应经济市场的日新月异而具有更强的灵活性。法律对于商事行为而言，应该是维护公平交易秩序底线的工具，而不应过多干预市场的健康发展。因此，广泛地禁止流质契约对商事担保损害严重，与商业社会对便捷性和交易安全的需求背道而驰，商事债权人会因此失去一种积极有效的保护手段。[③]

商事流质有显然的积极意义：其可因应资金高速流转的需求，简化实现担保物权的程序，降低融资成本[④]，活跃授信市场，缓解中小型企业融资难题。实践中，我国也曾通过行业规定对特定范围的商业流质予以放行，间接肯认了商事流质的价值，如2004年中国人民银行、中国银行业监督管理委员会（以下简称“银监会”）、中国证券监督管理委员会（以下简称“证监会”）发布的《证券公司股票质押贷款管理办法》规定：“在质押股票市值与贷款本金之比降至平仓线时，贷款人应及时出售质押股票，所得款项用于还本付息，余款清退给借款人，不足部分由借款人清偿。”其赋予了作为质权人的商业银行在债务人不履行到期债务时径自实现质权的权利，突破传统民事质权制度的限制。在比较法上，一些国家在商法典中特别规定传统民法关于禁止流质契约的规定不适用于商事担保，如《韩国商法典》第59条、《日本商法典》第515条。

从优化营商环境的角度分析，《民法典》也确有必要对商事流质作出区别对待，予以放行。《民法典》作为市场经济的基本法，承载着促进商品和要素自由流动、公平交易、平等使用的重任。[⑤] 其编纂之际正值我国推崇持续优化营商环境之时。习近平总书记亦曾强调：“法治是最好的营商环境。”[⑥] 因此，“《民法典》物权编对担保物权部分的修改，总的立法精神是要进一步优化营商环境，进一步增

---

① 参见周林彬、王爽《商事担保概念初探》，载《法学》2013年第3期，第8页。

② 参见赵姿昂《民法典视野下商事担保制度的整合与建构》，载《河南社会科学》2018年第12期，第35页。

③ 参见周林彬、王睿《民法分则物权编中商事担保规范的立法选择——基于三类规范的视角》，载《社会科学战线》2020年3期，第205页；叶林《商法理念与商事审判》，载《法律适用》2007年第9期，第17页；郑彧《商法思维的逻辑基础》，载《学术月刊》2016年第6期，第88页。

④ 参见周林彬《商事流质的制度困境与入典选择》，载《法学》2019年第4期，第9页。

⑤ 参见《中共中央关于全面推进依法治国若干重大问题的决定》。

⑥ 参见习近平总书记于中央全面依法治国委员会第二次会议上发表的重要讲话。

强我国在吸引投资方面的优势”[①]。我国近年于世界银行发布的《全球营商环境报告》（以下简称“世行报告”）中的表现有突飞猛进之势。[②] 但是，在我国绝大多数指标排名显著提升的情况下，“获得信贷”[③] 排名却持续下滑，在发布于2019年10月的“世行报告”中仅排第80名。原因之一是我国立法与国际商事立法指南[④]对待流质契约的态度相左，在“世行报告”关于流质契约效力的问题[⑤]中无法得分。这不仅在现实层面反映了中小民营企业信贷难的现状，也在法律层面突显了我国担保法律制度的滞后，未能对市场主体的契约精神和意思自治提供充足保障。[⑥] 因此，为进一步优化营商环境，我国仍待摆脱对商事流质契约的桎梏，应以世界银行评估标准所提倡的“全面肯认流质契约效力”为改进目标。

在《民法典》编纂工作已完成的既定事实之下，为弥补上述缺陷，以兼顾商事担保的特性，对可采进路的设想如下：首先，在司法实践中从宽对待未受法律明文约束的非典型担保流质，尽可能尊重当事人意思自治。把握商事担保是以营利为目的而提供的或为商事行为提供的担保之特征[⑦]，重视在审判实践中识别商事担保并采取商事审判策略，减少司法裁判对商事交易当事人专业判断的干预，最大程度维护商人的信赖利益。其次，按照冲突型商法规范的立法模式，在商事特别法、司法解释、审判指引中另行订立商事流质规则[⑧]，构成特别规定，作为对《民法典》一般规定的补充和修正。应明确认可商事流质契约的效力，从根源上扫清商事流质契约成立并生效的障碍。

---

① 参见黄薇《〈民法典物权编草案〉（二审稿）对若干重点问题的回应》，载《中州学刊》2019年第7期，第62页。

② 在2020年的全球排位中，中国相较前年上升了47名，位列第31名；中国更是东亚及太平洋地区唯一一个被评为2019年营商环境改善最显著的十佳经济体。

③ 自2003年起，世界银行每年发布《全球营商环境报告》，通过测算开办企业、办理建筑许可、获得电力、登记财产、获得信贷、保护中小投资者、纳税、跨境贸易、执行合同、办理破产10项指标（每个指标权重为10%）及45个二级指标与最高分值的差距，对全球190个经济体的营商环境评分排名。

④ 如《贸易法委员会担保交易示范法》等。

⑤ 比如，“在您的经济体中是否存在‘流质约定’（即，担保债权人是否可在债务人违约后自动获得设定担保的资产）?”“债权人能否根据约定获得担保资产以偿还全部或者部分债务?”

⑥ 参见唐明《〈民法典〉推动法治化营商环境建设》，载《中华工商时报》2020年7月9日，第3版。

⑦ 参见周林彬、王爽《商事担保概念初探》，载《法学》2013年第3期，第3页。

⑧ 参见周林彬《商法入典标准与民法典的立法选择——以三类商法规范如何配置为视角》，载《法学》2019年第6期，第55－76页；参见周林彬、王睿《民法分则物权编中商事担保规范的立法选择——基于三类规范的视角》，载《社会科学战线》2020年3期，第212页。

论土地经营权物权化债权属性及实现路径

周崇聪*

【摘要】土地经营权的确立是农用地财产性权利实现之路径，性质界定关系到其权能实现的路径。《民法典》第三百四十一条虽对土地经营权的登记效力进行了规定，但其法律属性仍处于含糊状态。对土地经营权性质的界定需深入了解"三权分置"的政策目标，即"三条底线"是目的、是基准，促进农用地流转是手段、是路径。并且，土地经营权是土地承包经营权绝对发生和相对发生共同作用的结果，其以土地承包经营权为权利来源。据此，本文结合对用益物权说、债权说、二元结构说的分析，认为土地经营权应界定为物权化的债权，具有类似于物权的登记方式。建议通过放开融资担保、统一适用登记对抗规则加以实现土地经营权作为债权的物权化功能。

【关键词】"三权分置"　土地经营权　物权化债权　功能实现

一、问题的提出

2018年修订的《中华人民共和国农村土地承包法》（以下简称《土地承包法》）第四十一条对土地经营权的登记效力进行了规定，认为流转期限为5年以下的不需要登记，而5年以上的未经登记不得对抗善意第三人。与此同时，2020年5月28日通过的《中华人民共和国民法典》（以下简称《民法典》）将土地经营权置于"物权"一编，同时对土地经营权的种类、流转方式以及权利登记进行规定，在登记效力上采用了与《土地承包法》同样的做法。《民法典》的第三百四十一条被认为是对土地经营权性质界定的唯一规定，土地经营权虽被置于"物权"编，但对其属性采取含糊态度。

对此，学界存在不同理解：其一，认为土地经营权流转期限5年以下的为债权，5年以上的则为物权；① 其二，认为无论流转期限是5年以下还是5年以上，因其位于"物权"编则其均为物权；② 其三，认为土地经营权在法律的框架内应被界定为债权。③ 我们若是采取第一种观点，则会存在多种疑惑：首先，物债二元存在

---

* 周崇聪，广东外语外贸大学广东国际战略研究院博士研究生。

① 参见宋志红《再论土地经营权的性质——基于对〈农村土地承包法〉的目的解释》，载《东方法学》2020年第2期，第155页。

② 参见李国强《〈民法典〉中两种"土地经营权"的体系构造》，载《浙江工商大学学报》2020年第5期，第27页。

③ 参见高圣平《农村土地承包法修改后的承包地法权配置》，载《法学研究》2019年第5期，第55页。

其划分标准，但土地经营权的债权、物权之分以5年期限作为界定标准的合理性何在？其次，为何以5年为期而不是其他年限？最后，同一权利能否具备两种属性？而第二种观点亦存在可疑可处，既然土地经营权是物权，那是何种物权？为何在《民法典》中不以单独章存在，而是置于土地承包经营权之中？两者又是何种关系？而第三种观点同样存在多处疑惑，即土地经营权的来源是土地所有权还是土地承包经营权？作为债权的土地经营权如何保护相对人及第三人的合法权益？对诸如此类问题的思考，关系到土地经营权权能的进一步落实以及“三权分置”政策目标的实现。因此，本文在结合“三权分置”的政策目标、土地经营权的权利来源的基础上，探讨分析土地经营权的权利属性，并就实现土地经营权财产的功能提出设想。

二、土地经营权的规范解析

“三权分置”政策可表达为“落实所有权、稳定承包权、放活经营权”。对放活土地经营权的目标的追求关系到土地经营权的权利性质界定，这需在政策规范中加以明确。与此同时，土地经营权是“三权分置”中的一权，其权利起点是权利属性探讨不可或缺的环节，主要体现为土地经营权与土地承包经营权间的关系。

（一）政策起点：“三权分置”的目标追求

2013年《中共中央关于全面深化改革若干重大问题的决定》（以下简称《决定》）针对农村问题提出“坚持集体所有权、稳定承包，赋予农民对承包地占有、使用、收益、流转及承包经营权抵押、担保权能”，从而构建新型农业经营体系。为此，《关于全面深化农村改革加快推进农业现代化的若干意见》（以下简称《意见》）提出要“在落实农村土地集体所有权的基础上，稳定农户承包权、放活土地经营权，允许承包土地的经营权向金融机构抵押融资”。2015年《深化农村改革综合性实施方案》（以下简称《方案》）将“农户土地承包经营权和农民财产权的保护制度更加完善、新型农业经营体系”作为农村改革的目标之一，提出深化农村土地制度改革必须坚守的“三条底线”，防止犯颠覆性错误。在“三权分置”与“三条底线”的关系上，“三条底线”是对“三权分置”的基础性要求，“三权分置”是“三条底线”的重要保障。既要实现“三权分置”推动赋予农用地更多财产权能、农业现代化、经营体系的新型化，也要维持社会制度的稳定、保护耕地面积和保障农民的基本权利。

在对“三权分置”的目标理解上，学界存在一定的差异。以流转为目的的观点认为，集体所有权的功能在于发挥农村土地上所包含的政治功能，土地承包经营权则是社会功能的体现，而土地经营权发挥的是农村土地的市场经济职能，“三权分置”所能流转的正是土地经营权。[①]“三条底线”保障的观点认为“农业规模

---

① 谢鸿飞：《〈民法典〉中土地经营权的赋权逻辑与法律性质》，载《广东社会科学》2021年第1期，第231页。

化、农地融资等农业生产经营方面的新情况的出现，原来的两权分离不能再有效地保障‘三条底线’，才有了三权分置的改革”①。“三权分置”是对农用地流转制度的改造，集中体现于土地承包经营流转制度，赋予农户更多流转权利的同时，仍坚持初始取得的身份要求，实现农用地流转不流失目标，盘活农用地的使用，耕地红线不触碰。“三权分置”的最终目标不在于流转，流转仅是过程，无论怎样的农村土地改革，都要坚持集体土地所有权、保护耕地、保障农民利益，坚守“三条底线”才是“三权分置”的最终目标。

无论是以促进流转还是坚守“三条底线”为目标追求，两者的共通点在于农用地的流转，差别在于坚守“三条底线”是目的、是基准，促进农用地流转是手段、是路径，围绕“三条底线”，切实开展放活土地经营权，通过放活农用地融资职能加以实现对农民利益保护和制度改造。

（二）权利起点：土地承包经营权

“三权分置”的出现是为了解决农用地在流转过程中出现的问题，以培育新型主体、推动农用地的融资和推进农业规模化经营，从而保障农户的基本权利。而农用地流转是否产生“三权分置”，以及土地经营权与土地承包经营权流转之间的关系，学界对此存在不同的看法。

1. 派生逻辑：绝对发生与相对发生

绝对发生的观点认为，“三权分置”存在于农用地流转，土地经营权伴随着土地承包经营权流转而产生，只要发生农用地的流转，就能产生土地经营权。相对发生的观点认为，是否产生土地经营权需要对农用地流转方式进行区分，流转方式的不同决定了土地经营权是否存在。也有观点认为，需对债权性流转方式进行细分，据此而析出的出租、转包等方式的流转不产生“三权分置”。土地流转是承包权和经营权的分离，是承包人把属于自己的经营权以有偿的方式让渡给他人的过程。② 无论是绝对发生还是相对发生，土地经营权都是由土地承包经营权设定流转产生的，没有流转也就没有“三权分置”下的土地经营权。需要进一步明确的是土地经营权在何种情况下发生，这决定了土地经营权的入法路径。物权性流转是发生在集体经济组织内部的物权变动，其中包含了一方土地承包经营权的丧失、交换，结果都是围绕着土地承包经营权，并无土地经营权的发生；而土地承包经营权的债权性流转是承包人为第三人创设权利，其权利表达为土地经营权，是对现行法中土地承包经营权流转后受让人享有的经营承包地的权利的称谓。③

---

① 楼建波：《农户承包经营的农地流转的三权分置——一个功能主义的分析路径》，载《南开学报（哲学社会科学版）》2016年第4期，第57页。

② 参见孔祥智《“三权分置”的重点是强化经营权》，载《中国特色社会主义研究》2017年第3期，第23页。

③ 参见高飞《土地承包权与土地经营权分设的法律反思及立法回应——兼评〈农村土地承包法修正案（草案）〉》，载《法商研究》2018年第3期，第11页。

2. 权利来源：土地承包经营权流转

学界存在着对土地经营权来源的争议，一方从权能分离理论出发，认为土地经营权来源于土地承包经营权，是土地承包经营权权能分离的结果；另一方从权利束理论出发，认为土地经营权是集体土地所有权的一束权利，其来源于集体土地所有权。然而，上述两种观点忽视了对土地经营权性质的讨论，均认为土地经营权是物权。而从落实“三权分置”目标以及法律逻辑上分析，土地经营权在性质上属于债权，为保障实现“三权分置”的目标而通过登记赋予其一定的物权效力。2018 年《农村土地承包法》修正案第三十六条规定可以采取出租（转包）、入股或者其他方式向他人流转土地经营权，且《民法典》第三百三十九条规定“土地承包经营权人可以自主决定依法采取出租、入股或者其他方式向他人流转土地经营权”。这与《物权法》第一百二十八条规定土地承包经营权包含转包、互换、转让等流转方式具有相似性，其事实是对土地承包经营权转包方式的继承和扩充。土地经营权是土地承包经营权债权性流转的结果，其继承了土地承包经营权债权性流转方式，是土地承包经营权债权性流转的总称，土地经营权流转与土地承包经营权的物权性流转共同构成了土地承包经营权的流转内容。

3. 权能发展：土地流转方式的扩充

“三权分置”的制度构想目的在于落实农村土地集体所有权的基础上稳定农户农民的社会保障、放活土地经营权。而《物权法》禁止土地承包经营权抵押、限制流转方式和内容，导致农用地融资功能未得到充分显现。农民的社会保障主要体现为给承包农户带来财产收益，实现土地承包经营权的财产价值；经营权则通过在更大范围内流动，提高有限资源的配置效率，并由此发展新型经营主体和多元化土地经营方式。[①] “三权分置”下农用地流转功能的实现需要解决融资问题，其中最主要的是抵押和质押问题，可通过土地承包经营权抵押、土地经营权质押解决现有的问题，从而增强农用地的融资功能。融资功能的实现需综合考虑土地承包经营权与土地经营权的差异，满足不同主体的融资需求。土地承包经营权人是集体经济组织的成员，其流转也限于集体经济组织内，虽规模化经营程度较低，但仍存在融资需求。在现有法律制度的基础上，对土地承包经营权流转制度进行完善，特别是土地承包经营权抵押制度，以实现土地承包经营权最大程度上的流转，保障农村土地的经济职能。根据 2018 年《农村土地承包法》修正案的设计，承包方可采取出租（转包）、入股或者其他方式流转土地经营权。作为一种债权性流转的土地经营权流转，其涉及的主体更加广泛，土地经营权脱离了成员属性的限制，突破土地承包经营权流转融资的限制，被赋予质押、入股等融资功能，具有土地承包经营权无法比拟的功能，是土地承包经营权流转实现的关键。

---

① 参见张红宇《从“两权分离”到“三权分离”——我国农业生产关系变化的新趋势》，载《人民日报》2014 年 1 月 14 日，第 7 版。

三、土地经营权的属性定位——物权化的债权

“三权分置”的提出在于推动农用地的流转。“土地经营权”作为“三权分置”的一个重要术语，学界对其属性定位存在着较大的争议，主要存在着用益物权说、债权说和二元说。不同的学说存在其优点和不足，在政策目标统领下，结合各学说的法律逻辑分析，应将土地经营权界定为物权化的债权。

（一）用益物权说的评析

用益物权说认为用益物权具有稳定性和排他性，若将土地经营权定性为用益物权，则能够保障农用地流转的稳定性和通过物权的公示效力增强土地经营权人的信心。但笔者认为，用益物权说仍存在自由性和权利区分上的不足。其一，《物权法》是强制性规范，用益物权体现的是强制性内容，作为物权性质的土地经营权在流转过程中必须遵守物权法定原则，而物权本身所具备的强行法属性将在一定程度上限制承包农户的自由选择。[①] 其二，土地经营权作为物权，其在流转过程中需要承包方的同意，这跟债的移转条件如出一辙。但作为物权的土地经营权适用债的规则，却导致土地经营权的性质模棱两可。同样，在用益物权内部，存在不动产用益物权说与权利用益物权说的分野，但不动产用益物权说在法律逻辑上未能符合“一物一权”的要求；权利用益物权说在权利能否作为用益物权的客体方面，并未解决权能如何设置的问题。

（二）债权说的评析

债权说认为土地经营权从土地承包经营权中分离，而分离出来的土地经营权不宜为物权，应为债权。债权说从法律逻辑以及交易成本上分析了土地经营权的债权属性，避免了物权性的土地经营权所造成的法律体系的混乱，并能够节省交易成本。但债权性的土地经营权相对于物权性的土地经营权，其在放活土地经营权上存在缺陷。由于债权不具有物权的公示效力，未能给予土地经营权人权利上的信心，因而也会增大承包人利用一物多租的法律漏洞的可能性，从而影响土地经营权人经营权利的保障以及再次流转的信心。

（三）“物权—债权”二元结构说的评析

该说认为土地经营权的性质需视合同期限长短而定，若是长期使用则为物权，若是短期使用则为债权。订立长期经营合同并且进行登记的，具有物权的效力；而短期的经营应将之明确为债权，交由当事人自行约定更为合适。[②] 二元结构说的划分标准是合同期限的长短，然而，多长时间是物权、多长时间是债权、多长时

---

① 参见高圣平《论承包地流转的法律表达——以我国〈农村土地承包法〉的修改为中心》，载《政治与法律》2018 年第 8 期，第 18 页。

② 参见王利明《我国民法典物权编的修改与完善》，载《清华法学》2018 年第 2 期，第 12 页。

间是长时间、多长时间是短时间，这在实际操作中原本就无统一的标准，这样的一套方法缺乏可操作性的指导规则。更为重要的是，无论是5年以下还是5年以上的土地经营权，其均源于土地承包经营权，由双方当事人根据合同内容所设置，除期限不同外，其他内容并无任何差别。若将期限作为物权和债权的划分界限，不但导致同一部法律中同一概念的混淆，而且扰乱了物权和债权的划分基础，造成体系上的混乱，违反了法律的基本逻辑。

（四）物权化债权的证成

无论是用益物权说、债权说还是二元结构说，其目的均在于落实“三权分置”。在将政治术语转化为法律术语的过程中，既需要实现政策目标，也要符合法律逻辑。在法律逻辑上，土地经营权的用益物权性质设定，无论是不动产用益物权还是权利用益物权均无法理支撑。土地经营权的债权性质设定具有其合理性。首先，从发生的角度上，土地经营权虽派生于土地承包经营权，但其需通过土地承包经营权的债权性流转方能产生，“权利束理论”和“权能分离理论”均无法解释其产生过程。其次，从现有的立法上，2018年《农村土地承包法》修正案第十七条规定了土地承包方享有依法互换、转让土地承包经营权以及依法流转土地经营权，与物权性流转和债权性流转形成了呼应。况且，2018年《农村土地承包法》与《民法典》规定了土地经营权登记的五年流转界限，肯定了土地经营权登记的三种效力：①流转期限少于5年的，具有债权的效力；②流转期限超过5年并未登记的，不具有对抗善意第三人的效力；③流转期限超过5年并且登记了的，具有物权的公示效力，能够对抗物权相对人。然而，登记效力并不能说明土地经营权是物权，登记不是物权独有的方式，债权照样可以进行登记，如不动产信托、房屋租赁合同登记备案。作为债权性质的土地经营权是对农村土地的使用，土地经营权登记只是市场主体取得稳定经营预期的法律技术路径，其并不会改变土地经营权的债权性质。[①] 因此，《民法典》第三百四十一条的规定事实上是对土地经营权进行了特殊保护。

针对债权性质的土地经营权的稳定性，可通过赋予作为债权的土地经营权登记的效力来保障。第一，具有可操作性。自《不动产登记暂行条例实施细则》实施以来，在原先便具有的不动产登记、权属证明发放的情况下，通过登记来赋予土地经营权更高的效力具有可操作性。第二，具有现存的制度作参考。《合同法司法解释三》第九条、第十条规定了一物多买的处理规则，根据是否实现交付、是否办理登记、是否支付价款，以及合同签订先后顺序，决定实际履行合同的先后顺序。因此，赋予土地经营权登记的效力，亦可结合交付、登记、支付价款作为考查因素。因土地经营权在于占有使用，若先行交付的，可优先请求实现合同义

---

① 参见高圣平《完善农村基本经营制度之下农地权利的市场化路径》，载《社会科学研究》2019年第2期，第45页。

务并登记；若均未实现交付的，先行实现登记的则可优先请求实现合同内容；若均未实现交付与登记的，则先行签订合同的可优先请求实现合同目的。同时适用未经登记不得对抗善意第三人规则。第三，能够解决用益物权下土地经营权的不足和利用物权和债权两个优势。通过赋予债权登记的物权效力，能结合物权和债权的优势，给予土地经营权更好的流转环境，能够较好地协调土地经营权法律性质的矛盾。第四，有利于保障土地经营权人的权利。在登记对抗主义下，登记并非物权债权的区分标志，可赋予债权性的租赁权以登记能力[①]，登记状态下的土地经营权权利状态得到明晰，从而为土地经营权人提供看得见的制度保障。

四、土地经营权物权化债权的实现路径

土地经营权在登记方式上被赋予物权登记的效果，为其流转提供了规则支撑。因此，为实现土地经营权的财产性权能，需落实其融资担保方式并进一步明确流转规则。而融资担保功能的实现，需以统一的登记对抗制度为辅助，在统一的权利变动规则中实现物权化债权的功能。

（一）权能落实：明确融资担保及其规则

根据质押的特性以及土地经营权的不动产利用属性，土地经营权可适用质押规则。其一，土地经营权质押是权利质押，权利质押不以移转占有农用地为前提，只需进行登记或完成权利凭证的移转占有便成立生效。这避免了移转占有农用地而致使融资目的的偏离以及农用地的价值无法实现。其二，若将土地经营权纳入权利质押的范畴，那么，其质押的便是土地经营权的交换价值和收益，属于权利质押中的应收账款，其已在质押部分加以规定。在实现土地经营权质押时，可使用权利质押的实现规则。

土地经营权与土地承包经营权虽存在属性和融资方式上的差异，但两者的融资规则具有相似性。首先，土地经营权提供融资担保，即质押必须符合土地承包经营权的期限；土地经营权经过多次流转后质押的，不得超过前次土地经营权的期限。其次，土地经营权实现质押时，金融机构将其流转至其他主体时，土地经营权人从事农业经营必须符合保护耕地的政策。最后，根据《民法典》第三百九十五条关于不动产抵押以及第四百四十五条关于应收账款质押在登记方面的设计，无论是土地经营权质押还是土地承包经营权抵押，两者均自登记时生效。实现担保物权时，担保物权人有权就土地经营权优先受偿。虽两者存在相似性，因土地经营权是单一的财产性权利，其在质押过程中与作为身份性与财产性相结合的土地承包经营权又存在差异。土地经营权在多次流转过程中并不会保留多个承包人或者经营人，一旦土地经营权流转后，原土地经营权人与承包人的关系便不存在，取而代之的是新的承包经营关系。但因债权的性质，后成立的土地经营权要承担

① 参见陶密《土地经营权的权利类型及规范逻辑解析》，载《中国法律评论》2021年第1期，第86页。

原土地经营权的债务。

（二）变动效力：统一适用登记对抗规则

截至2020年11月3日，全国2838个县（市、区）、3.4万个乡镇、55万多个行政村已基本完成承包地确权登记颁证工作，将15亿亩承包地确权给2亿农户，并颁发土地承包经营权证书。全国农村承包地颁证率已超过96%。[①] 中央文件以及承包地确权工作的开展为农用地权利变动模式的完善提供了支撑。

2020年《民法典》第三百四十一条根据流转期限的登记设计，不具有法律体系与实际操作上的合理性，而统一化的流转登记对抗规则既符合体系要求、农村现实，也符合“三权分置”的政策目标。其一，在权利变动模式上采取不同的立法态度造成了土地经营权流转变动模式体系的混乱，而且5年期限存在的合理性缺乏有力的说明。通过确定登记对抗规则，便于农户在土地经营权流转过程中的理解和操作。其二，可以弥补债权性土地经营权效力上的不足。赋予土地经营权物权化的登记方式，能够达到公示土地经营权的效果，从而保障土地经营权人的权利，避免多次流转过程中权利归属的混乱。其三，有利于保障交易的便捷。土地经营权流转是在社会范围的流转，是流转市场上的财产流转，通过登记对抗的方式保障交易的便利性，推动流转的进行。其四，土地经营权流转的登记对抗符合“三权分置”的政策目标。“三权分置”要求放活土地经营权，为农地规模化经营提供条件，发挥农地的融资价值。登记对抗下的土地经营权流转通过登记的公示效力，为农用地流转提供可视化的制度保障，增强权利人农用地流转的信心，从而推动规模化经营以及农用地融资。

---

① 中华人民共和国中央人民政府网：《农村承包地确权登记颁证工作基本完成》（http://www.gov.cn/xinwen/2020-11/03/content_5556878.htm），访问日期：2021年5月5日。

论数据的法律权属

——法律经济学的视角

张　瀚　叶萍花*

【摘要】数据具有人身属性和财产属性。数据产权的法律制度安排应重视个人合法权益的保护问题，避免个人数据被滥用和隐私权侵权，同时应重视数据资源的流通和开发利用，以激发数据潜能，促进数据效用之发挥。在《民法典》的框架下，数据可以分为个人数据和匿名数据，二者的产权应进行符合效率的配置，以兼顾个人和企业利益，平衡个人隐私保护和数据资源利用效率的不同法律价值取向。个人数据归属于所识别出的特定个人。经授权采集获取的个人数据进行匿名化处理后的匿名数据，以及对匿名数据进行分析或挖掘而开发的数据产品，归属于进行匿名化处理并开发数据产品的企业。对数据的保护应充分发挥财产规则和责任规则之功能。

【关键词】数据权属　个人数据　匿名数据　效率价值　侵权责任

一、问题的提出

数据中潜藏着巨大的经济价值，因而被视为重要的战略资源，许多国家纷纷实施大数据战略，我国也不例外。① 在国家政策的大力支持下，近年来我国大数据产业飞速发展，大数据的开发利用活动也日益频繁。清晰的数据权属是进行数据的开发利用、共享开放和交易等一系列活动的前提，在法律上界定数据的权利内容和产权归属，有利于降低交易成本，避免相关法律纠纷的产生。《中华人民共和国民法典》（以下简称《民法典》）第一百二十七条和“人格权”编的第六章规定数据和个人信息受到法律保护，但未对数据产权问题进行制度安排。个人数据是数据的重要组成部分，个人数据的权属和保护问题也是理论界和实务界十分关注的问题。为此，本文将结合法律经济学的视角，对个人数据和经过匿名化处理后

* 张瀚，华南理工大学法学院副教授、硕士研究生导师；叶萍花，华南理工大学法学院硕士研究生。项目支持：2021 年度广州哲学社会科学年度共建课题“《民法典》法律适用中的再分配问题研究：主体与行为的视角”（课题编号：2021GZGJ226）。

① 2015 年 10 月 29 日，党的十八届五中全会正式提出要“实施国家大数据战略”；2016 年 3 月 16 日，人大批准通过的《中华人民共和国国民经济和社会发展第十三个五年规划纲要》明确提出“实施国家大数据战略，把大数据作为基础性战略资源，全面实施促进大数据发展行动，加快推动数据资源共享开放和开发应用，助力产业转型升级和社会治理创新”。

的数据之权属问题进行探讨，并分析个人数据的产权保护规则。

二、数据权属界定中的法律价值权衡

在对数据的权属进行界定之前，需要厘清数据的法律属性。学者们大都认可数据具有人身属性和财产属性。数据的人身属性①是针对个人数据而言的。作为大数据产业基础的原始数据主要来源于个人，多是与特定的自然人相关联的、具有可识别性的数据，诸如姓名、性别、年龄、身份证号码、活动轨迹、健康状况、财务状况、兴趣爱好等关于个人的一般数据或者敏感数据。数据是信息的表达形式和载体，信息是数据的内涵，个人数据中则承载了某特定自然人的相关信息。②正如有学者所言，这些数据的内容能够体现该自然人的人格尊严和自由意志，属于人格权的内容。③ 因而在此种意义上，数据具有人身属性。

另外，绝大多数学者都认可数据具有财产属性④，但也有学者持否定的态度，认为数据具有非财产性⑤。笔者认为，数据具有财产属性。数据和传统的有形财产抑或股权、债权、知识产权等无形财产具有很大的区别，其中蕴含的经济价值也确实需要通过数据产业者的挖掘才能释放。但不可否认的是，数据是有价值的，是一种能够给国家和企业带来巨大经济效益的重要资源。而且随着数据产业的发展，数据本身也具有了独立的价值，作为信息载体和表现形式的数据能够脱离信息而被交易和转让，我国大数据交易的实践即可证明。此外，如果不承认数据本身的财产性并对其提供法律保护，难以有效激励数据从业者从事数据挖掘和开发利用活动，长此以往将不利于大数据产业的发展。

数据的人身属性和财产属性决定了在法律上对数据的权属进行制度安排需要考虑两大关键问题：一是要考虑如何界定数据的权属以更好地对个人的合法权益进行保护，避免在大数据的开发利用活动中出现个人的数据和信息被滥用、个人隐私权被侵害等之情形；二是要考虑如何制定既合理又有效率的数据权属法律制度，以降低交易成本、促进数据资源的有效利用，从而发挥数据的潜能、实现社

---

① 许多学者都认为个人数据（信息）中承载着人格利益，认可数据具有人身属性或者说人格权属性。参见丁道勤《基础数据与增值数据的二元划分》，载《财经法学》2017 年第 2 期，第 6 页；龙卫球《数据新型财产权构建及其体系研究》，载《政法论坛》2017 年第 4 期，第 74 页；李爱君《数据权利属性与法律特征》，载《东方法学》2018 年第 3 期，第 69 页；王鹏鹏《论个人数据的静态与动态融合的私法保护》，载《四川师范大学学报（社会科学版）》2019 年第 5 期，第 91 页。

② 参见个人信息保护课题组《个人信息保护国际比较研究》，中国金融出版社 2017 年版，第 12 页。

③ 参见李爱君《数据权利属性与法律特征》，载《东方法学》2018 年第 3 期，第 69 页。

④ 参见王玉林、高富平《大数据的财产属性研究》，载《图书与情报》2016 年第 1 期，第 31－34 页；丁道勤《基础数据与增值数据的二元划分》，载《财经法学》2017 年第 2 期，第 6 页；李爱君《数据权利属性与法律特征》，载《东方法学》2018 年第 3 期，第 68 页；许可《数据权属：经济学与法学的双重视角》，载《电子知识产权》2018 年第 11 期，第 23－26 页；姬蕾蕾《大数据时代数据权属研究进展与评析》，载《图书馆》2019 年第 2 期，第 29－30 页。

⑤ 参见梅夏英《数据的法律属性及其民法定位》，载《中国社会科学》2016 年第 9 期，第 171－173 页。

会财富最大化。其本质包含了公平和效率的衡平问题。

(一) 公平问题：关注个人在数据开发利用过程中的权益保障

科斯定理表明，当交易成本为零时，无论产权在法律上如何安排，私人谈判都能够使资源配置达到最优；根据科斯定理的推论，当交易成本过高乃至于阻碍私人谈判的进行时，资源的有效利用将取决于产权的安排。[①] 现实中，交易成本为零的情形几乎是不存在的，因此，产权的法律制度安排至关重要。清晰、有效的产权制度能够降低交易成本，进而促进市场交易。具体到数据的产权问题上，法律需要清晰界定数据的产权归属，但如何发挥法律的作用，合理进行数据产权的制度安排，以降低市场主体从事数据开发利用的交易成本并使数据资源得到最佳配置呢？从法律经济学的角度来看，法律将产权配置给对其评价最高的一方是更有效率的。[②] 相对于个人，从事大数据开发利用活动的企业无疑更能够挖掘数据的潜能、释放数据巨大的经济价值。如果仅从经济的角度考虑，将数据的初始产权赋予数据企业，的确能够使数据资源得到最佳利用，但这样的制度安排不能作为原始数据来源的个人的合法权益，并会加剧个人的数据和信息被滥用的风险，威胁个人的人身、财产安全和社会稳定。因此，在对数据权属进行法律界定时，应当考虑个人在大数据开发利用过程中的权益保障问题，尽量减少因企业滥用数据而带来的负外部性。

(二) 效率问题：促进数据资源的有效利用

考虑到数据所具有的人身属性，若仅站在个人作为数据主体的角度配置数据产权，将数据的产权完全赋予个人，个人作为数据主体的人身权益和财产权益将得到有力保障。但从法律经济学的角度来看，如此并不能实现效率的最大化。首先，在大数据产业中，数据潜能的挖掘和价值的释放正是基于海量数据的汇聚，倘若由个人享有数据的初始产权，则企业在进行采集、处理、分析、挖掘等一系列的数据活动前都应当向数据的每个来源者进行谈判并支付数据主体相应的对价，企业进行数据开发利用活动的交易成本无疑是十分高昂的。这样的制度安排不仅无法提供企业积极从事数据开发利用活动的激励，而且也会阻碍数据资源的流通和利用，导致市场中的数据资源无法实现最优配置，不利于大数据产业的长远发展。其次，有效率的产权制度安排应该是将产权分配给对其评价最高的一方。相对于个人而言，企业对于数据的评价往往更高，数据只有在企业手中汇聚，经过企业的挖掘、开发等二次利用行为才能够发挥出单个数据所不具有的力量，激发数据的潜在价值，并开发出各式各样的大数据技术、产品和服务。而仅站在个人作为数据主体的角度配置数据产权，将数据的产权完全赋予个人的制度安排，显然不能够实现前述的效率目标。因此，笔者认为，数据产权的法律制度安排也应

---

① 参见 Robert Cooter & Tomas Ulen, *Law and Economics*, 6th ed. , Pearson Addison Welsey, 2014, p. 85.

② 参见 Robert Cooter & Tomas Ulen, *Law and Economics*, 6th ed. , Pearson Addison Welsey, 2014, p. 93.

符合效率的要求，通过合理界定数据产权以降低交易成本，促进数据资源的流通、开发利用和数据效用的发挥。

三、数据权属的二元划分：基于公平和效率的考量

（一）个人数据和匿名数据的二元区分

数据产权不清晰是我国大数据交易市场发展面临的主要问题，而在大数据交易的实践中，关于数据的权属问题中最具有争议性的是“基于原始的用户数据在去除个人身份属性之后的数据产权问题”①。这一问题其实涉及匿名数据的概念以及匿名数据的产权归属问题。结合前文的分析，笔者认为在数据权属的法律界定问题上，不应一律不加区分地将数据的初始产权配置给个人或者企业中的某一方，而是可以将数据分为个人数据和匿名数据，并分别确定二者的产权归属。如此既可以加强对个人合法权益的保障，又可以促进数据资源的开发利用，实现兼顾公平和效率的制度目标。《民法典》第一千零三十八条关于“经过加工无法识别特定个人且不能复原的”信息不适用个人信息保护规定的内容，正体现了法律对个人信息和经过处理的非个人信息进行区分对待的态度。

1. 个人数据

个人数据，是指能够识别出特定个人的数据，无论该数据能够单独还是需要结合其他数据才能识别出特定的个人。判断是否属于个人数据的关键在于该数据是否具有“可识别性”②，包括我国在内的许多国家和地区的立法都将是否具有“可识别性”作为判断是否属于个人数据或个人信息的标准。③ 并不是所有的数据都包含个人信息，但作为大数据产业重要基础的数据大多数源于个人数据。④ 在对数据进行采集、整合、分析、挖掘、利用的过程中，不可避免会对自然人的个人信息和隐私权造成侵犯。因此，大多数国家均对这些包含个人信息的数据的采集、

---

① 荼洪旺、袁航：《中国大数据交易发展的问题及对策研究》，载《区域经济评论》2018 年第 4 期，第 91 页。

② 参见程啸《论大数据时代的个人数据权利》，载《中国社会科学》2018 年第 3 期，第 107 页；参见丁道勤《基础数据与增值数据的二元划分》，载《财经法学》2017 年第 2 期，第 7 页。

③ 欧盟《一般数据保护条例》（2016）第 4 条第（1）款规定，“‘个人数据’指的是任何已识别或可识别的自然人（‘数据主体’）相关的信息”；巴西《通用数据保护法》（2018）第 5 条第 I 项规定，“个人数据：与已识别或可识别的自然人有关的信息”；美国加利福尼亚州《2018 年加州消费者隐私法案》第 1798.140 节第（o）条规定，“个人信息系指直接或间接地识别、关系到、描述、能够相关联或可合理地连结到特定消费者或家庭的信息”；我国《民法典》第一千零三十四条第二款：“个人信息是以电子或者其他方式记录的能够单独或者与其他信息结合识别特定自然人的各种信息，包括自然人的姓名、出生日期、身份证件号码、生物识别信息、住址、电话号码、电子邮箱、健康信息、行踪信息等。”

④ 维克托·迈尔-舍恩伯格和肯尼思·库克耶在书中曾说到，不是所有的数据都包含了个人信息，但目前所采集的大部分数据都包含有个人信息，甚至有的数据表面上并不是个人数据，但经由大数据处理之后就可以追溯到个人了。参见［英］维克托·迈尔-舍恩伯格、肯尼思·库克耶《大数据时代：生活、工作与思维的大变革》，盛扬燕、周涛译，浙江人民出版社 2013 年版，第 196 页。

利用行为等出台了限制性的规定，以保护个人数据的安全以及个人数据主体的合法权益。

2. 匿名数据

个人数据的高标准保护要求无疑限制了企业对数据的开发利用，也限制了数据经济价值的发挥。因此，“匿名”的概念和技术手段出现，匿名技术也成为数据挖掘中隐私保护的最主要的技术手段。[①] 匿名数据的概念是相对于个人数据而言的，指经匿名化处理后无法识别出特定个人的数据。由于经过技术手段将数据的“可识别性”去除，剥离了该数据原来具有的人身属性，因此，匿名数据当然不属于个人数据的范畴，可以自由地流转和利用。正如有学者所说，“个人数据匿名化的主要目的就是在保护个人隐私与发挥数据效用之间寻求平衡”[②]。

早在 1995 年，欧盟通过的《数据保护指令》就已有关于个人数据匿名化的规定；2016 年通过的《一般数据保护条例》在“前言”部分的第（26）段中进一步对匿名化标准进行解释[③]，并明确匿名信息（anonymous information）不适用条例规定的数据保护原则[④]。事实上，我国立法中对个人信息的保护有类似欧盟关于匿名数据及其利用规范的规定[⑤]，也有许多学者对匿名化、匿名数据的概念、匿名化标准和匿名数据的法律规制等问题进行研究[⑥]。然而，在匿名数据的概念被提出和匿名化标准被确立后，不少人提出匿名化无效性的质疑，认为经过匿名化处理的数

---

① 参见谭瑛《数据挖掘中匿名化隐私保护研究进展》，载《科技导报》2013 年第 1 期，第 75 页。

② 张涛：《欧盟个人数据匿名化的立法经验与启示》，载《图书馆建设》2019 年第 3 期，第 59 页。

③ 对于匿名化的标准，欧盟《一般数据保护条例》在“前言”部分第（26）段中说道：“为确定自然人是否可以被识别，应当考虑到所有合理可能使用的方法，例如，由数据控制者或其他任何人直接或间接地识别该自然人。为确认何为可合理使用作为识别自然人之方法，应考虑所有客观因素，如识别所需的成本和时间，同时考虑到处理数据当时现有的技术及科技发展。”

④ 欧盟《一般数据保护条例》在“前言”部分第（26）段中说道：“数据保护原则不适用于匿名信息，即与已识别或可识别自然人无关的信息，或以数据主体不可识别或不再可识别的方式匿名的个人数据。”

⑤ 《网络安全法》第四十二条第一款规定：“网络运营者不得泄露、篡改、毁损其收集的个人信息；未经被收集者同意，不得向他人提供个人信息。但是，经过处理无法识别特定个人且不能复原的除外。”因此，有学者认为“经过处理无法识别特定个人且不能复原的”信息即是匿名信息，该条是我国对数据的匿名化及其利用的规定，并构成我国个人数据流通中的法律基础。分别参见韩旭至《大数据时代下匿名信息的法律规制》，载《大连理工大学学报（社会科学版）》2018 年第 4 期，第 64 页；程啸《论大数据时代的个人数据权利》，载《中国社会科学》2018 年第 3 期，第 110 页；王融《数据匿名化的法律规制》，载《信息通信技术》2016 年第 4 期，第 43 页；张建文、高悦《我国个人信息匿名化的法律标准与规则重塑》，载《河北法学》2020 年第 1 期，第 44 页。更有学者认为此规定其实表明我国立法上已将“匿名化”作为一种数据权属划分的标准，参见石丹《大数据时代数据权属及其保护路径研究》，载《西安交通大学学报（社会科学版）》2018 年第 3 期，第 80 页。

⑥ 参见张涛《欧盟个人数据匿名化的立法经验与启示》，载《图书馆建设》2019 年第 3 期，第 58 – 64 页；韩旭至《大数据时代下匿名信息的法律规制》，载《大连理工大学学报（社会科学版）》2018 年第 4 期，第 64 – 75 页；王融《数据匿名化的法律规制》，载《信息通信技术》2016 年第 4 期，第 38 – 44 页；张建文、高悦《我国个人信息匿名化的法律标准与规则重塑》，载《河北法学》2020 年第 1 期，第 43 – 56 页；张涛《大数据时代个人信息匿名化的规制治理》，载《华中科技大学学报（社会科学版）》2019 年第 2 期，第 76 – 85 页。

据并不可能永远处于匿名的状态。① 此种质疑产生的主要原因在于，许多匿名数据在结合其他数据后能够识别出特定个人，技术进步也会导致经过匿名化处理的数据能够被再识别。

3. “匿名化”的相对性

匿名数据恢复“可识别性”的风险确实是存在的，但笔者认为，不能苛求匿名数据的识别风险等于零或者无限接近于零，即不能苛求匿名数据是永远、绝对地处于匿名化的状态。从技术角度和法律目的来看，匿名化应是一种相对的状态，数据的匿名化不应要求“绝对的不具再识别性，而是有一定的限度”②。判断匿名化是否达到了相对的标准、经匿名化处理的数据是否具有可识别性，需要考虑具体的情境，考虑识别主体以及时间、成本、技术手段等客观因素，只要数据控制者或者数据的接收方在处理、挖掘数据的当下，运用合理的时间、成本和技术手段的情况下也不能对该经过匿名化处理的数据进行个人身份的再识别，就可以认为该数据是匿名数据。③

总之，相对化的匿名概念在大数据时代是更为合适的。一方面，从经济的角度来看，即使去匿名化是可能的，但在实际情况中要恢复匿名数据的可识别性一般受到技术条件的限制，也需要耗费相当的成本，企业可能并不会特地对其掌握的数据进行身份的再识别；另一方面，承认匿名的“相对化”，其实是在个人数据的保护和利用之间维持一个平衡状态，如此既可以促进匿名化技术的改进，激励企业采取匿名化手段对个人数据进行处理，促进数据的开发利用，又可以在实现数据的开发利用过程中对个人数据和个人隐私的保护。④

（二）个人数据的权属

个人数据中包含着与特定个人相关的信息，具有可识别的特性。正是由于每个自然人的独特存在以及其进行的各种活动，才产生了相应的个人数据。因此，个人数据的产权应当归属于个人数据主体，即该个人数据所识别出的特定自然人。将个人数据的初始产权配置给个人，确保个人对其个人数据享有控制和支配的权利，可以制止数据从业者肆意滥用个人数据，减小数据开发利用行为给个人和社会带来的负外部性，从而保障个人的数据和信息安全，维护个人的合法权益不受侵犯。从比较法的角度考察，欧盟、巴西等国家和地区在立法上明确规定个人作

---

① 参见［英］维克托·迈尔-舍恩伯格、肯尼思·库克耶《大数据时代：生活、工作与思维的大变革》，盛扬燕、周涛译，浙江人民出版社2013年版，第200页。

② 张建文、高悦：《我国个人信息匿名化的法律标准与规则重塑》，载《河北法学》2020年第1期，第48页。

③ 也有学者持类似的观点，参见韩旭至《大数据时代下匿名信息的法律规制》，载《大连理工大学学报（社会科学版）》2018年第4期，第67－69页。

④ 为此，应当明确规定数据控制者应当及时改进匿名化技术、调整匿名化策略以尽量降低匿名数据被他人识别的风险；而且原则上不能匿名数据进行去匿名化处理，对该数据进行个人身份的再识别，以确保个人数据的安全、保护个人数据主体的合法权益。

为数据主体对其个人数据享有控制权，并赋予个人数据主体同意权、更正权、被遗忘权等一系列数据权利。明确个人数据归属于个人数据主体，意味着个人数据主体享有其个人数据的各种人身性或财产性权利，也意味着数据控制者在进行任何采集、处理和使用个人数据的行为前应事先征求个人数据主体的同意，支付相应的对价①，并应当负有保护个人数据安全、不滥用个人数据等的义务。

（三）匿名数据的权属

笔者认为，经授权采集或者其他合法途径获取的个人数据仍然是属于该自然人个人，个人数据的权属并不因其被控制或持有的状态而转移至控制或持有其的主体。但是企业在经授权采集或者其他合法途径获取该个人数据后对其进行匿名化处理，使得个人数据的人身属性剥离（个人数据的可识别性被去除）之后，该匿名数据的产权即归属于企业，并且该企业对通过该匿名数据的分析、挖掘而开发的数据产品亦享有所有权。② 当然，承认对数据实施匿名化处理以及后续开发利用行为的企业对匿名数据以及由此开发的数据产品享有完全的所有权，并不意味着企业不需要承担任何的数据保护义务，企业对于数据的匿名化及对匿名数据的后续利用行为应当符合相关的规则。③ 还应注意的是，由于匿名数据的认定关键在于匿名化处理是否将数据的可识别性去除，因此，匿名数据与个人数据之间的边界不是固定的，若原来处于匿名状态的数据因数据控制者获取了其他数据集等原因而恢复了可识别性，则不再属于匿名数据，其产权归属和利用规则也会相应地变动。

赋予数据企业对匿名数据以产权，主要出于以下几方面的原因。其一，企业在采集、存储数据以及对数据进行匿名化处理的过程中付出了相应的时间、人力、金钱、技术等成本，并且也正是由于企业的劳动才使个人数据去除可识别性，转变为可以自由流通、利用的匿名数据。其二，赋予企业匿名数据的产权，意味着企业对匿名数据的权利可以通过财产规则来保护，可以向侵犯其匿名数据所有权

---

① 对价可能体现为多种形式，并非只意味着需要支付一笔金钱。比如某 App 的运营者对阅读并接受其隐私政策的消费者提供某种服务，运营者在合法的范围内分析其所采集的用户的个人数据，以达到改善用户使用体验、提升服务水平的目的，消费者所享受的更好的使用体验和服务即是运营者为其采集并使用消费者个人数据的行为所支付的对价。

② 目前已有部分学者讨论匿名数据的产权归属问题。石丹认为企业经用户授权取得的个人数据进行匿名化处理后的匿名化数据集享有所有权，参见石丹《大数据时代数据权属及其保护路径研究》，载《西安交通大学学报（社会科学版）》2018 年第 3 期，第 80 页。王融认为在原始/底层的个人数据基础上经过充分匿名化获得的数据集，企业享有限制性的所有权，参见王融《关于大数据交易核心法律问题——数据所有权的探讨》，载《大数据》2015 年第 2 期，第 5 页。笔者认为该问题之关键在于只要数据具有个人识别等人身特质，则应更多地将产权配置给自然人，此时隐私权等人身权益之保护优先于效率的法律价值。

③ 由于本文讨论的重点不在此，因而笔者在文中不赘述。已有学者对这方面的内容进行了研究，具体可参见王融《数据匿名化的法律规制》，载《信息通信技术》2016 年第 4 期，第 6 页、第 42 - 43 页；张建文、高悦《我国个人信息匿名化的法律标准与规则重塑》，载《河北法学》2020 年第 1 期，第 50 - 55 页。

的侵权行为人请求停止侵权行为并主张损害赔偿。[1] 如此能够更好地保护企业的经济利益，充分关注了企业在大数据产业中的利益诉求，形成了鼓励企业从事数据开发利用的制度激励。其三，将匿名数据的产权赋予企业，可以激励企业采取匿名化措施，便于数据的流通和利用，在对个人数据的安全以及个人隐私进行保护的同时鼓励企业对数据进行开发利用，进而促进数据效用的发挥，推动大数据产业的发展。

四、个人数据的产权保护：财产规则与责任规则

个人数据以及个人数据主体权益的法律保护，是国家在推动大数据产业发展过程中迫切需要关注的问题，也是立法上亟须明确的议题。个人作为个人数据的权属主体，享有相应的产权权利，任何侵犯个人数据主体数据权利的行为，都应当承担相应的法律责任。笔者认为，对个人数据的产权保护问题，可以通过卡拉布雷西和梅拉米德提出的产权保护规则来进行分析。

卡拉布雷西和梅拉米德在《财产规则、责任规则与不可让渡性："大教堂"的一幅景观》一文中提出了著名的保护产权的规则：财产规则、责任规则和不可让渡性。[2] 财产规则，是指如果想获取产权，必须通过自愿的交易、以产权所有者同意的价格进行产权的让渡；责任规则，则意味着倘若一个人愿意支付一个由法律客观确定而不是当事人自由确定的价值，那么他就可以消灭这一初始产权。[3] 也就是说，当某项产权在财产规则的保护下，第三方不能强制产权人进行交易，当第三方侵犯了其产权时，产权人有权请求法院发布禁令，责令侵权人停止实施侵权行为；当某项产权在责任规则的保护下，第三方可以不经产权人的同意使用其财产，但是应当对产权人进行赔偿。从规则的特点来看，财产规则通过产权人事先的许可的形式来保护产权，而责任规则是在产权人遭受侵害后对其进行的一种事后的救济。

（一）个人数据产权保护的主要规则：财产规则

个人数据中既包含涉及隐私权等人身性的权益，也包含财产性的权益。从规

---

① 参见刘铁光、吴玉宝《大数据时代数据的保护及其二次利用侵权的规则选择——基于"卡－梅框架"的分析》，载《湘潭大学学报（哲学社会科学版）》2015 年第 6 期，第 78 页。

② 参见 Guido Calabresi & A. Douglas Melamed, "Property Rules, Liability Rules, and Inalienability: One View of the Cathedral", *Harvard Law Review*, 1972, vol. 85, p. 1089－1128. 中文译文参见［美］吉多·卡拉布雷西、［美］道格拉斯·梅拉米德《财产规则、责任规则与不可让渡性："大教堂"的一幅景观》，凌斌译，载［美］唐纳德·A. 威特曼编《法律经济学文献精选》，苏力等译，法律出版社 2006 年版，第 29－50 页。原文中卡拉布雷西和梅拉米德所讨论的被法律救济规则所保护的对象是"entitlement"，前述中文译文中将该词翻译成"法授权利"，为方便阅读和理解，笔者在文中论述数据产权的保护问题时均用"产权"一词表述。

③ 参见［美］吉多·卡拉布雷西、［美］道格拉斯·梅拉米德《财产规则、责任规则与不可让渡性："大教堂"的一幅景观》，凌斌译，载［美］唐纳德·A. 威特曼编《法律经济学文献精选》，苏力等译，法律出版社 2006 年版，第 33 页。

则的适用结果来看，若通过财产规则来保护个人数据，则意味着企业在采集、使用个人数据前必须事先取得个人数据主体的同意，如果个人数据主体不同意，则企业将不得进行采集，也不能对个人数据进行匿名化处理以及后续的一系列开发利用行为。反之，若通过责任规则对个人数据进行保护，企业事先不需要取得个人数据主体的同意便可采集、使用其个人数据，但是应当为其侵犯个人数据主体人身权益和财产权益的行为承担损害赔偿的法律责任。采用责任规则的保护方式，其实给个人提供了在其合法权益受到侵害时的一种事后救济方式。

相较之下，无疑财产规则对个人数据主体所提供的保护要强于责任规则，更能够有效地保障个人的数据安全以及隐私安全。虽然适用财产规则会增加企业从事数据开发利用活动的交易成本，并在一定程度上阻碍个人数据的流通和利用，但财产规则的保护路径能够充分尊重个人数据主体的意愿。每个人对其个人数据的评价、对其隐私的在意程度是不一样的，有人可能十分在意个人隐私，无论企业出价多高都不想将自己的个人数据授权给企业使用，即使企业会对其个人数据进行匿名化处理；而有的人可能对隐私问题不甚在意，愿意将自己个人数据的使用权让渡给企业，从而获得相应的对价。在财产规则下，由个人数据主体决定是否让渡其个人数据的产权，既能更好地保护个人的合法权益，亦能为企业从事合法的数据利用行为提供激励，在一定程度上缓解数据利用带来的负外部性。①

对于个人数据的产权应当提供财产规则的保护。《民法典》第一千零三十五条关于个人信息处理应当符合知情同意规则的规定，正是采用财产规则保护个人信息的体现。任何想获取并使用个人数据的主体必须征得数据主体的同意，若未经许可获取、使用该数据，法院可以通过颁布禁令的形式对个人数据主体提供救济。换句话说，如果某人发现他人未经许可使用其个人数据，或者未对其个人数据进行充分的匿名化处理后就使用，则有权请求法院责令侵权行为人对其个人数据进行匿名化处理，或者责令侵权行为人停止使用其个人数据并彻底删除相关数据及其备份。

此外，另一个值得关注的问题是，在企业未对其合法获取的个人数据进行充分的匿名化处理便使用该数据的侵权案件中的举证责任的分配问题。笔者认为，考虑到个人相对于企业是处于一个弱势的地位，是否经过充分的匿名化处理的举证责任应由企业承担，即适用举证责任倒置的规则。个人出于合理怀疑企业在使用数据的过程中没有经过充分的匿名化处理，并起诉至法院要求企业对其个人数据进行匿名化处理或者停止使用其个人数据的行为时，只需要举出企业未对其个人数据进行充分的匿名化处理的初步证据即可，比如通过该数据仍能够识别出其本人。此时，企业应对进行了匿名化处理这一事实进行证明，只有证明对个人数

---

① 参见肖冬梅、文禹衡《法经济学视野下数据保护的规则适用与选择》，载《法律科学》2016 年第 6 期，第 124 页。

据进行了充分、有效的匿名化处理，才能免于承担法律责任。否则，个人有权要求企业对其个人数据进行匿名化处理，要求企业停止使用或删除其个人数据。

（二）匿名化行为的效力存在瑕疵时个人数据的产权保护规则：责任规则

此处所指的匿名化行为的效力存在瑕疵，是指企业的匿名化处理不具备正当性基础，即企业不是通过合法的途径获取个人数据，却对其非法获取的个人数据进行匿名化处理及后续的开发利用行为。前文已述，除非个人数据主体同意，否则企业不得采集、使用其个人数据；个人数据只有经过充分的匿名化处理后，企业才不必经过个人数据主体的同意而使用该数据。但此处隐含的重要前提是，企业最初获取数据的行为应当合法，否则将会鼓励企业实施非法获取个人数据等侵犯个人合法权益的行为。有些情况下，企业可能不是直接从个人数据主体处获得个人数据，而是通过第三方的无偿分享或者有偿提供等方式，甚至是通过盗取等非法行为获取个人数据，然后再进行匿名化处理，形成匿名数据。此种情况下，企业最初获取该个人数据的方式不具备正当性和合法性，因而其针对该部分数据的匿名化处理行为也存在效力瑕疵。

由于前述情形中该个人数据已经过匿名化处理，去除了可识别性，因此，其流转和利用不似个人数据那般存在侵害个人隐私的巨大风险，产生较大的负外部性。从数据流通和利用的角度考虑，此时更适宜采用责任规则保护个人数据的产权，为个人数据主体提供法律救济，即企业可以继续使用该匿名数据，但是应对个人数据主体进行赔偿。若仅因为企业最初获取数据的方式不合法，就禁止企业继续使用甚至是删除已经经过匿名化处理形成的匿名数据集，未免不经济。此外，假如企业对匿名数据进行了相应的开发利用行为并因此获取了经济利益，此时个人数据主体有权要求分享该利益。

电商环境中大数据技术产生的不公平交易风险规制

刘碧洁*

【摘要】 电商环境中大数据技术的广泛运用使企业获得了极大的信息优势地位，从而导致消费者面临着不公平交易的风险。单从现有制度来对这类风险进行规制，显然忽略了大数据技术本身的特性。作为一项革命性的新兴技术，对大数据技术风险的规制应从技术本身应用路径入手，针对恶意的大数据技术应用路径所具有的不透明性、规模性和损害性三大特点进行风险规制。

【关键词】 大数据　不公平交易　风险规制　电子商务　“恶意”算法

一、引言

随着互联网经济的崛起，各式各样的电子商务企业几乎覆盖了人们日常生活的每个角落。互联网经济的发展固然带来诸多好处，但科技手段的极大丰富也使得用户在享受各种便利的同时面临一些前所未有的风险。以当前炙手可热的大数据技术为典型，大数据本质是一个数据集，具有超过传统数据库的大小以及获取、存储、管理和分析信息的能力，其本身数据的规模十分巨大，数据的交换率高，数据类型涵盖范围广的同时保持了低数值密度。① 当前众多电子商务企业通过对用户的个人基本信息、消费习惯、消费偏好等海量个人相关的信息数据进行收集，构成数据集，再通过对该数据集进行特定的算法（algorithm）分析来对用户行为进行预测以达到精准营销或精准服务的目的。② 对电子商务企业而言，在大数据技术较为精准地预测用户行为的基础上，企业能够为用户提供更加个性化的贴心服务，也即“比用户自己更了解用户”。对用户而言，大数据技术的运用使得量身定制服务不再遥不可及。但是，当大数据被广泛使用甚至成为当今电子商务行业发展的主要推动力时，电商巨头与普通用户之间信息不对称的情况也日趋严重，这种通过信息不对称形成的企业优势地位也使得在电商环境下处于弱势地位的消费者不得不面临着不公平交易的风险，诸如大数据“杀熟”——企业利用其信息优势地

---

* 刘碧洁，广东财经大学硕士研究生。

① See James Manyika, Michael Chui, Brad Brown, Jacques Bughin, Richard Dobbs, Charles Roxburgh, and Angela Hung Byers, “Big Data: The Next Frontier for Innovation, Comptetition, and Productivity”, https://www. mckinsey. com/business-functions/digital-mckinsey/our-insights/big-data-the-next-frontier-for-innovation，访问时间：2019 年 3 月 27 日。

② 参见田野《大数据时代知情同意原则的困境与出路——以生物资料库的个人信息保护为例》，载《法制与社会发展》，2018 年第 24 卷第 6 期，第 111 – 136 页。

位破坏公平交易，侵犯消费者权益的情况——屡见不鲜。

而就目前国内对于大数据引发的相关法律问题研究来看，总体而言，大部分相关法学研究都是从大数据技术已经引发的问题出发进行规制研究，比如价格歧视问题。[①] 但笔者认为，一方面，从单一或几类现象出发分析本质固然是一种不错的方法，但这种从点到面的推理逻辑，其不周延性显而易见，很容易出现在将现象抽象为本质的过程中出现偏差而导致规制方法过于严格或有所遗漏的情况；另一方面，这种发现问题再进行逐一解决的方式，在科技飞速发展的今天，其滞后性导致的消极影响更是成倍放大的，即很有可能当我们对某一恶意技术手段或路径进行规制时，这一手段或路径早已被新的手段或路径取代。故笔者认为，减少大数据这一技术带来的负面影响应该从大数据技术应用路径出发。这样一来，即使大数据的技术手段不断更新换代，其技术应用基本路径的稳定性也一定程度上能够对法律滞后性程度进行缓解。而在把握了这些根本问题和基于目前法律保护现状的基础上，先从技术应用的层面进行规制，后结合实际问题逐步细化，能够最大程度地减少大数据技术带来的负面影响。

二、电商环境下大数据技术侵权基本路径

就大数据技术本身而言，其应用的基本路径可以归纳为：①与消费者交易；②通过交易进行数据采集；③对存储数据进行算法分析后分类；④通过算法将分类结果与产品或服务信息进行筛选后反馈。[②]（见图1）

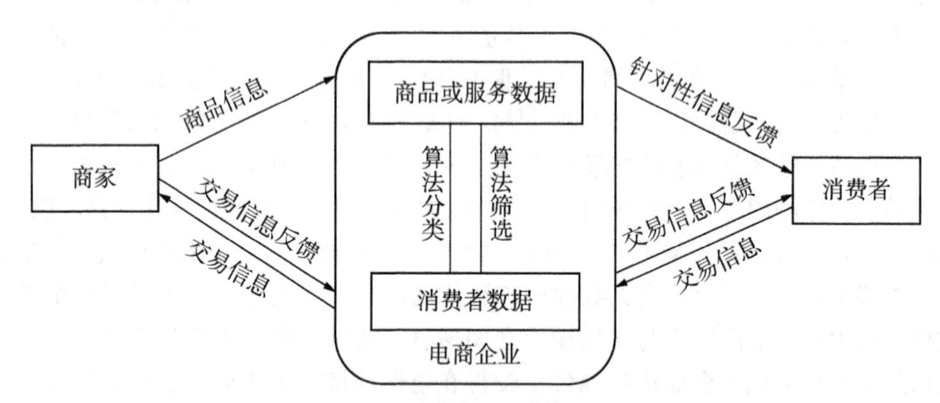

图1　大数据技术应用基本路径

其实，无论是大数据“杀熟”还是其他电商企业利用大数据技术带来的优势地位进行的侵害消费者权益的行为，其技术应用路径基本一致。电子商务企业首

---

① 参见邹开亮、刘佳明《大数据背景下价格歧视行为的法律规制》，载《安阳工学院报》2018年第17卷第1期，第16－19页。

② 参见师文欣《信息传递视角下大数据“杀熟”现象成因及对策研究》，载《信息与电脑（理论版）》2018年第15期，第143－144页。

先通过与消费者基于交易往来而积累大量数据信息并构建数据库。在实际操作中，这些信息并不仅限于交易必要信息，而是囊括了电商企业在自身业务活动中所获取的最大限度信息数据。除此之外，电子商务经营者通过与不同经营者之间进行数据交换或数据共享以不断扩大其数据库，而后，经营者通过大数据的一些特定分类算法分析对用户“打上标签”，也就是所谓的精准“画像”。事实上，电商环境下这一技术的运用本身是出于精准营销的目的，但由于网络交易下一人一账户独立交易的特点，结合精准的用户“画像”，电子商务企业便可以通过筛选算法推送具有针对性的商品或服务信息推送，使用户接受信息范围变窄，从而形成天然的“信息茧房”。① 最后，电商企业利用其信息优势地位，在利用大数据分析对用户进行分类的基础上，通过推送具有针对性的信息诱导消费者进行决策，以此实现谋取不正当利益的目的，损害消费者权益。结合其应用路径可以得出，大数据技术下不公平交易风险的产生并非处于数据收集阶段，而是处于将消费者数据分类后与产品或服务信息进行交互筛选后推送的阶段。也就是说，电商环境下不公平交易的风险主要来源于企业在利用大数据技术“恶意”算法选择性地向消费者推送针对性内容，以影响其决策过程。

脱去技术外衣，大数据“杀熟”的本质仍是经济学领域的机会主义行为，即在信息不对称的情况下，一些主体不完全如实地披露所有信息并以此进行其他损人利己活动的行为。究其原因，一方面，机会主义行为源于人的逐利性，根据新制度经济学对人的假设，人是追求效用最大化的人；另一方面，新制度经济学承认人的有限理性，认为人不可能在任何情况下完全掌握环境的信息及不确定性，由此在个体间产生的信息量差距使得掌握更多信息的人可以通过不正当手段从他人处获利。② 而消除这种机会主义行为在法经济学领域一直被认为是实施契约法的主要目的之一。③ 结合《中华人民共和国消费者权益保护法》第十条规定，消费者享有公平交易的权利，消费者在购买商品或接受服务时，有权获得质量保障，价格合理，计量正确等公平交易条件，有权拒绝经营者的强制交易行为。法律保障消费者的公平交易权，这是我们利用法律来对大数据技术产生的企业滥用其信息优势地位破坏公平交易的行为进行规制的逻辑起点。

三、大数据技术中“恶意”算法的特点及规制困境

在大数据技术普及的今天，算法是大数据技术得以真正发挥作用并产生巨大经济效益的核心。但在电商环境中，并非所有的算法都会产生不公平交易的风险。

---

① 参见宋亚辉《网络市场规制的三种模式及其适用原理》，载《法学》第2018年第10期，第81－94页。

② 参见［美］埃里克·弗鲁博顿、［德］鲁道夫·瑞切特《新制度经济学》，姜建强、罗长远译，格致出版社2015年版，第53－58页。

③ 参见［美］理查德·波斯纳《法律的经济分析（第七版）》蒋兆康译，法律出版社2013年版，第131－197页。

事实上，国内外对于大数据技术影响其受众的决策过程带来的风险问题已有所察觉，但是针对“恶意”算法相关法学研究并不多。美国学者凯西·奥尼尔在其2016年出版的《大规模杀伤性武器（WMDs）：大数据技术如何加剧不平等和威胁民主政治》一书中说道：具有不透明性、规模性和损害性的决策性算法，其危害不亚于大规模杀伤性武器。[①] 笔者认为这里提到的三个要素可以很好地帮助我们区分“恶意”算法与其他算法，并根据这三个要素分析现阶段规制“恶意”算法面临的制度困境。

（一）不透明性

不透明性是大数据技术应用产生风险的主要原因之一，是法律需要重点规制的对象。其主要体现在数据挖掘阶段、算法分类和筛选阶段。

首先，在算法应用的基础——数据挖掘（data mining）阶段，有部分学者认为不公平交易的风险从这里就已经开始萌芽，因为消费者并不知道哪些数据被收集以及被如何使用。[②] 因此，在2017年实施的《中华人民共和国网络安全法》第四十一条和第四十三条就依照一些学者的主张，仿照欧盟《统一数据保护条例》以及美国《正当信息通则》中关于数据主体（data subject）的知情同意权、被遗忘权和清除权的规定，希望通过赋予用户选择权的方式来在初始的数据挖掘阶段修正用户面对互联网企业时的弱势地位。[③] 但实践中，互联网企业往往通过格式条款来规避知情同意权。[④] 虽然用户享有知情同意权，但同意本身是其享受互联网服务的前提，如果用户选择不同意企业提供的条款，那么用户也不能享受企业提供的服务。而在被遗忘权和清除权使用的场合下同样如此。反之，对互联网企业尤其是用户基数较大的企业而言，让每一个用户知晓和理解其数据的收集，使用规则、目的、方式和范围并与用户协商后取得其同意显然也不具备可行性。故在互联网用户对于相关服务具有强烈依赖性的前提下，知情同意权、被遗忘权和清除权的规定无异于大数据时代的“第二十二条军规”。笔者认为，根据之前提到的大数据技术的基本应用路径，在数据挖掘阶段，由于企业采集的信息本身具有商业属性，只要企业可以保障数据的安全性，那么其存在的问题仅仅在于对用户隐私权的侵犯，一般情况下不存在破坏公平交易的风险，不是本文讨论的重点。

算法分类和筛选的阶段的不透明性实际上是大数据技术引发不公平交易风险的主因。在实际操作过程中，通过算法分类和筛选对用户推送针对性信息而形成的“信息茧房”获取环境，使得用户对电商企业的行为几乎毫无察觉，甚至很难

---

① Paul Ohm. Inspecting Big Data's Warheads，JOTWELL（June 20，2017）. reviewing Cathy O'Neil，*Weapons of Math Destruction*：*How Big Data Increases Inequality and Threatens Democracy*，Allen Lane，2016.

② 参见邹开亮、刘佳明《大数据“杀熟”的法律规制困境与出路——仅从〈消费者权益保护法〉的角度考量》，载《价格理论与实践》2018年第8期，第47－50页。

③ 参见高富平《个人数据保护和利用国际规则：源流与趋势》，法律出版社2016年版，第169－173页。

④ See Neil Richards，Woodrow Hartzog，“Trusting Big Data Research”，*Depaul L. Rev*. 2017，Vol. 66：579.

意识到自己成为大数据技术的受害者，这才使得大数据潜在的不公平交易风险在很长一段时间没有进入公众的视野。但前文提到，一方面，大数据应用的算法本身是大数据技术的核心之一，通常各个互联网企业采用的算法都是作为商业机密进行保护的存在，且企业内部也进行过加密处理，这也意味着其算法的不透明性是有法律依据的，公权力机关也不能随意检查企业采用的算法本身是否会对消费者构成不利；另一方面，我国现阶段并没有建立有足够专业能力进行互联网相关技术正当性审查的互联网企业监管机构，这也就导致了相关公权力机关只能通过随机抽查和群众举报的途径来发现电商企业的不公平交易行为，涉及数个部门和多种举报渠道，处理效率十分低下。同时，对于电商企业而言，其互联网经营行为由于具有一定交叉性，在解决纠纷时不得不在多个不同机构来回跑，无疑增加了企业的负担，这些负担中的一部分最终无疑也会转嫁到消费者身上。

（二）规模性

规模性是大数据技术本身的特点之一，如果数据的数量和样本没有达到一定规模，大数据技术也难以真正发挥作用。在电子商务行业，由于互联网本身的广泛覆盖，电商企业的业务范围也远大于传统经济模式，往往覆盖全国甚至延伸到海外。同时，随着电商企业的多元发展，许多电商企业的经营范围也不仅仅限于提供商品和服务，有些甚至涉及社交、传媒等多个领域。这也意味着这些企业的大数据技术的每一个环节都涉及数量众多的用户，且增长迅速，这是传统经济产业所不具备的。一旦大数据技术被滥用，其受害者相对广泛，且难以计量。但相比不透明性和损害性，规模性并不是构成“恶意”算法的必要因素，事实上大数据应用背景下的算法普遍具有这一特点。笔者认为“恶意”算法的规模性特点本身具有一定的中立性，但在被恶意使用的场合，这种规模性无疑给现有的交易保障体系带来了不小的冲击。一旦出现一起滥用大数据技术破坏公平交易的案件，现有的监管部门将在取证和定损方面面临巨大压力。由于现阶段电商企业发展规模巨大，监管机关在进行规制和管理的过程中同样面临技术弱势和信息弱势的问题。同时，大数据技术本身是一项处在发展期的新兴技术，对其进行规制的过程中还要考虑到不能阻碍相关产业的正常发展，这也是在进行法律规制和监管规制时都需要面对的难关。

（三）损害性

电商环境下，损害性意味着算法的应用必然存在着破坏公平交易，侵犯消费者权益的情况。对于“恶意”算法而言，其损害性是公权力介入进行公权力规制的充分必要条件，这里不做赘述。但在对大数据技术导致的不公平交易风险进行规制时，该技术因本身的特性而产生的损害性也使法律规制面临前所未有的难题。随着互联网行业的飞速发展，电子商务业态也在不断变化，电商企业利用其巨大的信息优势破坏公平交易的手段多样且不断更新，这对于追求稳定性的法律而言是一个非常棘手的问题，更不用说对于本身处于弱势地位的消费者而言。2019 年 1 月份开始施行的《中华人民共和国电子商务法》第十八条规定，电子商务经营者根据消费者的兴趣爱好、消费习惯等特征向其提供商品或者服务的搜索结果的，应当同时向该消费者提供不针对其个人特征的选项，尊重和平等保护消费者合法权益。但实际上，电子商务企业也可能通过采用差别定价，或推送根本不可能满足消费者需求的选项等其他的“恶意”算法的方式来影响消费者决策，进而引发破坏交易公平的风险。除此之外，电商环境下大数据技术的广泛应用，也促进了商品和服务的多样化，一些虚拟财产也成为不公平交易损害的对象，对损害本身的定义也面临着被扩大的需求。在这种情况下，立法机构和监管机构都需要及时做出反应，一方面，需要根据大数据时代电子商务的特性，对民商法语境下的“损害”这一概念的内涵进一步深化，以便能够快速有效地针对新型损害作出规制；另一方面，需要针对减少现有的不公平交易行为造成的损害和对可能产生的损害采取一定预防性措施。同时，在监管处罚力度方面，国内现有的针对不公平交易的处罚规定主要分为两类：一类为财产处罚，多为没收违法所得和处以法定上限以下的罚金或以违法所得的法定倍数进行处罚；一类通过行政许可，比如勒令有关企业停业整顿或吊销营业执照。但在实践中，可能存在损害具体数额难以确定的情形；而对于一些国内的电商巨头而言，即使处以顶格罚金也难以起到惩罚的效果，但对其处以停业整顿或吊销执照的处罚显然也不现实。

四、“恶意”算法引发的不公平交易风险规制

（一）立法规制

经过前文讨论，电商环境中“恶意”算法应用技术特点产生的法律规制困境主要集中在三个问题上：①不公平交易实现手段多样，技术变化快的问题；②现有处罚规定薄弱，缺乏区分的问题；③行业发展与权益保护之间利益平衡的问题。笔者认为，在立法上可以采用以下三种手段来进行解决。

1. 明确“恶意”算法的原则性认定标准

通过行政法规及部门规章的方式，结合“恶意”算法的特性和大数据时代电子商务中的“损害”进行原则性规定。将大数据技术诱导不公平交易的技术路径进行分解，对电商环境下利用大数据技术实施的不公平交易行为设置抽象的认定要件，主要集中在算法分类和算法筛选进行信息匹配推送两个方面，其认定要件也应当从这两个方面入手。“恶意”算法的主要应用路径系通过把对同类商品或服务的不同定价信息定向推送到不同价格敏感度的用户群体来诱导不公平交易。具体而言，在算法分类阶段，分类对象包括用户信息和商品信息，“恶意”算法的应用路径主要集中在对用户信息的分类上，故“恶意”算法的第一个认定要件在于对于用户信息的分类是否存在歧视。而在算法筛选阶段，主要筛选对象在于商品信息，筛选结果与定向推送紧密相连，故“恶意”算法的第二个认定要件在于商

品信息筛选结果是否存在针对特定某类用户的定向诱导消费信息。

2. 针对大规模利用大数据技术损害消费者合法权益的加大处罚力度

欧盟的《统一数据保护条例》在对数据使用者的侵权行为所规定的制裁条款实际上只涉及行政处罚，但是其在详细条文中列举了决定行政处罚数额的各项考量因素，将罚款的最高额定为两个水平：1000 万欧元或在被罚对象是企业时，处以其上一财政年度全球营业总额的 2% 的罚款；2000 万欧元或在被罚对象是企业时，处以其上一财政年度全球营业总额 4% 的罚款。高额罚款对数据控制者和处理者产生巨大的威慑力，极大地加强了数据监管机构的执法权力。[①] 而在我国银行业，对于外汇和支付等业务的违规行为的处罚金额也相当之高，从而保障了监管机构在相关行业的执法权力。综上所述，现有的惩罚方式并非不适当，只是在惩罚力度及相关考量要素上有所欠缺，从而减弱了处罚的威慑力。应考虑到大数据技术普及下电商行业的快速发展的情况，推出更具威慑力的处罚规定也是必要的。

3. 结合行业发展实际情况制定实施细则

考虑到大数据技术支持下电商行业的进一步发展，通过对行政法规执行情况和行业实际发展情况的充分调研，由立法机关与相关行业代表进行充分沟通，尽快补充完善现有的《中华人民共和国电子商务法》的实施。在《中华人民共和国电子商务法》实行后进行后续调研，对实施细则及时修正和改进，确保在不限制行业正常发展的情况下，最大程度地规制大数据技术滥用带来的不公平交易风险。

（二）行政规制

经过对“恶意”算法特点产生的监管困境的分析，当前行政监管存在的问题主要有四点：①行政监管部门处于信息弱势地位的问题；②行政监管部门自身的技术弱势问题；③行政监管部门不统一导致的企业负担问题；④产业仍需要发展空间的问题。针对这四个问题，目前的行政监管规制体系可以做出如下改进。

1. 专门行政监管机构和专业监管团队

为了解决企业负担问题、监管部门信息和技术弱势问题，可以考虑建立专门的监管机构并配备具有专业知识和法律知识的监管团队。同时，在其他相关部门派驻具备专业知识的监管专员或监管小组，针对在其他部门出现的涉及大数据技术滥用的投诉进行信息筛选和整合，可采取合作或上报的方式将投诉或纠纷进行分流，提高监管效率。而企业在处理相应纠纷时也可以直接“一站式”完成，减少企业运营成本。

2. 多元化举报渠道信息汇总

通过在其他部门派驻监管专员或监管小组以及建立线上线下多元的举报渠道，对来自消费者或其他用户的投诉和举报进行及时处理和反馈。另外，通过对多元化渠道信息的集中汇总，进一步缓解监管部门面对电商企业时的信息弱势问题。

---

① 参见高富平《个人数据保护和利用国际规制：源流与趋势》，法律出版社 2016 年版，第 139 页。

3. 双向报告机制

建立大数据应用企业向监管机构报告机制和行政监管机关对企业工作行为的年度报告机制。通过双向报告机制加强企业和监管部门间的信息交流，优化监管模式。在进一步缓解行政监管机关信息弱势问题的同时，通过公众和企业的监督来制约行政监管机构的权力行使，为行政监管制度的进一步优化提供信息，从而保障产业健康发展。

网络游戏直播的著作权问题探究

胡　滨*

【摘要】随着游戏直播行业的不断扩大，因游戏直播侵权与用户直播行为而产生的著作权、版权问题日益增多，主要包括游戏能否被定为著作权客体，游戏画面的权利属性与所有权归属以及游戏用户直播行为的合法性讨论。笔者认为这些问题本质上是统一的，不应当割裂讨论，游戏即使没有被明文规定为著作权客体，其依据现代著作权法精神依然能够获得保护。游戏直播画面在经过用户的创作和加工后达到独创性标准的，可以被认定为视听作品或演绎作品；游戏用户的直播牟利行为没有造成游戏作者固有或预期利益的损失，应当属于合理使用，但欲主张其作者身份及直播画面构成作品的，应当获得游戏作者的许可，以起到保护游戏作者著作权和法益平和的目的。现阶段存在的争议，其产生原因主要是由于立法规定不周延，司法实践标准不统一，过度依赖法官所做出的对艺术价值的主观判断，导致法官对自由裁量权的滥用。

【关键词】游戏直播　游戏画面　独创性　电子竞技

一、问题的引出

随着计算机技术的飞速进步，网络、电子游戏产业也得到了蓬勃发展，占据了虚拟经济的半壁江山，带来了惊人的价值和效益。《2018 年中国游戏产业报告》数据显示，2008 年至 2011 年间，我国游戏产业发展势头最为迅猛，其中，2008 年游戏市场实际销售收入的增长率为 72.5%，2010 年游戏用户的增长率为 71.1%。在随后的几年时间内，我国游戏市场的实际收入增长率与用户增长率均有所降低，可见其井喷时期已过，如今趋于稳定缓速增长。截至 2018 年，我国游戏市场实际收入已达 2144.4 亿元，约占全球游戏市场比例的 23.6%，① 是 10 年前的 11 倍，如此多的创收离不开行业内的多元化。其中，游戏直播业属于独占鳌头的一种产业模式。《2018 年中国游戏直播市场研究报告》显示，从 2014 年到 2019 年第一季度，游戏直播平台市场规模已从 4.3 亿元发展到了 191.5 亿元，2020 年预计达到 246.3 亿元，而 2017 年游戏直播用户规模也出现了爆发性增长，达到了 59.1%。②

---

* 胡滨，广东财经大学硕士研究生。

① 参见中国音数协游戏工委（GPC）、伽马数据（CNG）：《2018 年中国游戏产业报告》（https://www.sohu.com/a/283483215_263856），访问日期：2020 年 5 月。

② 参见艾瑞咨询《2018 年中国游戏直播市场研究报告》（https://www.sohu.com），访问时间：2020 年 5 月。

基于数据分析，我国游戏直播市场自2014年开始兴起后，一直保持着与游戏市场协同的发展步调，市场逐渐趋于饱和，并在后续的几年内逐渐达到峰值且在较长的一段时间内保持稳定，如此大规模的产业发展将给我国经济带来良好的创收，日后势必成为虚拟经济中的重要力量。

但经过10年时间的发展，许多游戏直播产业的纠纷也渐渐浮出水面，其纠纷类型、侵权模式经过较长时间的演进，已经基本固定。笔者于2020年10月1日在"北大法宝"输入"游戏直播"进行全文模糊检索，得到经典案例9篇、典型案例4篇、普通案例315篇。其中，大部分案例为游戏直播平台与直播用户之间的劳动合同或服务合同纠纷，且多未上诉或改判；少部分涉及游戏直播画面归属、作者权利、游戏独创性等纠纷，法院在这类判决中往往摇摆不定，对于一些敏感前卫的概念并没有做出学界所期望的解释。参考国外的司法实践，这一领域的问题将有很大可能在今后几年内大量出现，是立法与司法必须予以重视和解决的问题。笔者通过归纳文献和查阅案例，总结出现阶段困扰我国游戏直播行业的主要问题有：游戏与直播画面之间的关系、直播画面的权利归属以及游戏用户从事直播行为的合法性。由于立法并没有直接将游戏认定为著作权客体，因而直播行业出现上述衍生性问题与纠纷。实际上这是一个问题链，互相关联影响，可以说对某个概念所下的定义将直接影响后续某个问题的讨论，可谓牵一发而动全身。

二、对网络游戏是否属于作品的讨论

（一）肯定说：网络游戏属于汇编作品

这一观点主要有两种分析模式提供支持，其一是认为网络游戏本身属于作品，其二是认为游戏数据库中的各要素属于作品。目前，《中华人民共和国著作权法》（以下简称《著作权法》）并没有将电子游戏单独立法规制为著作权保护的客体，在具体的司法实践中，法官也是采取具体问题具体分析的方法，就争议焦点依据现有的制度进行考量，并不涉及对游戏本身属性的讨论。虽然目前并没有单独规制或定义网络游戏的著作权属性，但是从实践的角度看，其能够被认定为作品已经是不争的事实。网络游戏符合《中华人民共和国著作权法修正案（草案）》第三条第（十二）项规定的"有声及无声画面构成，并借助媒介和技术向公众传播的作品"①。客观上网络游戏已经被纳入法律所保护的范围，虽然立法并未单独认定网络游戏的客体地位，但从草案所体现的精神可以看出，《著作权法》目前对于新兴客体的保护，正向着宏观化、扩大化的角度改变，以应对日新月异的知识产权客体的出现。

假如能从立法上明确网络游戏的客体属性，则会为将网络游戏直播画面作为

① 《著作权法修正案（草案）》第三条（十二）项：视听作品，是指固定在一定介质上，由一系列有伴音或者无伴音的画面组成，并且借助技术设备放映或者以其他方式传播的作品。

作品的界定提供很强有力的证明。由于网络游戏直播画面并不是简单的播放游戏过程，而往往是加入了主播或主办方的其他脑力劳动及创意，如镜头切换、计算机动画（CG，computer graphics）、广告植入、现场解说等环节，具有相当的独创性，其复杂程度足以被视为演绎作品，因而将主播定义为表演者就具备了合理性。

就现阶段而言，将网络游戏归类为《著作权法》第三条中规定的“计算机软件”并无争议，但对于具体侵权案件的分析，这一条款并不能起到很好的统领作用。于是，有学者主张将游戏数据库中的不同部分进行拆分和独立，然后就具体案件进行要素对比，从而判断是否存在侵权行为。[①] 典型案例如“暴雪娱乐有限公司诉上海游易科技有限公司著作权侵权案”（暴雪案）[②]，原告暴雪娱乐公司诉称被告游易公司开发的游戏《卧龙传说》在游戏界面、内容设计、游戏标示、特效等诸多领域涉嫌高度雷同，严重侵害了原告的复制权和信息传播权，故诉求赔偿巨额经济损失。而被告亦以原告所列举的诸元素均未达到《著作权法》规定的“独创性”为抗辩的理由。最终法院认为原告请求保护的卡牌设计、游戏界面和标示、视频动画等要素均属于《著作权法》所称的作品，应予以保护。

这个案例证明虽然不能将游戏整体包容评价为某种既定的著作权客体，但游戏的各个要素可以拆解分析，必定有属于法律明确规定的保护类别将其涵括，从而使之被纳入法律的保护范围。这一路径与《著作权法》第十四条规定的汇编作品有高度相似之处，故可以将游戏视为由程序编码、游戏画面、美术创作、音乐、动画等诸多要素结合而形成的汇编作品。

（二）否定说：网络游戏整体难以界定为作品

首先，我国《著作权法》对于著作权客体的规定采用闭合式、列举式相结合的模式，电子游戏并不属于明文规定的类别，这是不争的事实。同时，从2014年《著作权法修正案草案》首次将第三条中关于类电作品的描述修改为“视听作品”，经过几年时间，该修改提议仍停留在草案上，并没能以立法的形式改变类电作品的涵盖范围，因而此时将网络游戏武断地归类为作品在法律上是缺乏依据的。

其次，《著作权法》第十四条对于汇编作品的描述要求“内容的选择和编排体现独立性”，表述模糊，不仅是我国法律，《保护文学作品伯尔尼公约》（以下简称《伯尔尼公约》）、《世界知识产权组织版权条约》（World Intellectual Property Organization Copyright Treaty，WCT，以下简称《WIPO 版权条约》）等也要求汇编作品的形式要“体现独立性”[③]。但究竟何为独立性？其界定标准是什么？独立性究竟是汇编作品的客观构成要件，还是仅仅为表述的形式要件？这些问题目前尚没有国

---

① 参见曹丽萍《网络游戏著作权案件审理中的四大难题》，载《中国知识产权报》2015年6月5日第5版。

② “2014年上海知识产权十大典型案件之四：暴雪娱乐有限公司、上海网之易网络科技发展有限公司诉上海游易网络科技有限公司不正当竞争纠纷案”。(2014) 沪一中民五（知）初字第22号。

③ 参见王迁《电子游戏直播的著作权问题研究》，载《电子知识产权》2016年第2期，第11－18页。

家和地区的司法机关能够给出合理的解释。可见，在汇编作品自身概念内涵尚存疑的情况下，将网络游戏定义为汇编作品无疑会使得上述疑问变得更加扑朔迷离。同时，从立法精神的角度看，规定汇编作品这一类别意在解决作品的著作权归属，这从“著作权的归属”章节中第十二条、第十四条均可看出，这些问题的前提都是作品已经被定义为汇编作品这一类别后，而不是界定和解释何为汇编作品。

最后，对于将游戏作品统一归类并制定独立权利客体的主张，也是没有必要的。网络游戏自身具有较多复杂因素，就业界内部的行业习惯来看，关于游戏类别的划分存在几十种类别，将这些全数移植到制定法上是不现实的。如果机械地将电子游戏单独制定为独立客体，也只有形式上的作用。这就如同行业内部对于电影的分类也有多种，但立法也只是肯定了电影及类电作品这两个较大的母类别。曾经也有过诸如要为网络多媒体单独制定客体的呼声，但时代的发展证明了这是没有必要的。①

三、对网络游戏直播画面权属的探讨

（一）网络游戏直播画面的作品属性

关于网络游戏直播画面的属性认定，也是目前主要的争议焦点，存在肯定说与否定说两种理论。对于网络游戏直播画面的权利属性讨论将直接影响到游戏玩家是否具有表演者身份或是否享有表演者权的问题。比较具有代表性的案例是“广州硕星信息科技有限公司等与上海壮游信息科技有限公司案”（MU 案）②，法院认为游戏画面具体可以拆解为可量化分析的因素，诸如美术作品、情节设定等，从传达作品精神的内在目的和手段可以看出，游戏以多种要素互相协调配合，并通过一系列动态的表述手段即游戏画面将作者想要表达的精神传达给玩家，这和电影的表现形式如出一辙。虽然网络游戏不属于我国《著作权法》明确规定的客体，但就本案而言，游戏画面可以被归类为《著作权法》第三条规定的“类似摄制电影的方法制作的作品”。

而对另一案件“上海耀宇文化传媒有限公司诉被告广州斗鱼网络科技有限公司著作权侵权及不正当竞争纠纷案”（斗鱼案）③，法院却做出了截然相反的事实认定。法院认为比赛直播具有不确定性和不可复制性，不符合《著作权法》的基本精神，因此，比赛画面不应当被界定为作品或类电作品，不享有法定著作权。但是本案出于对法益平衡的角度，斗鱼公司客观上侵害了耀宇公司付出大量投入而

---

① Jennifer D. Choe，“Interactive Multimedia. A New Technology Tests the Limits of Copyright Law”，*Law Re-vivew*，1994，Vol. 46.

② “上海知识产权法院司法保障营商环境建设典型案例之十八：广州硕星信息科技有限公司等与上海壮游信息科技有限公司等侵犯著作权、不正当竞争纠纷上诉案”（2016）沪 73 民终 190 号。

③ “上海知识产权法院司法保障营商环境建设典型案例之十一：上海耀宇文化传媒有限公司与广州斗鱼网络科技有限公司侵犯著作权、不正当竞争纠纷上诉案”（2015）沪知民终字第 641 号。

取得的独占直播权，使得后者失去了观众带来的预期利益及其他订立合同的机会，导致后者遭受严重的经济损失。[①] 这严重违反了诚实信用原则，且违背商业道德，故据此考量，依据《中华人民共和国反不正当竞争法》判决被告承担损害赔偿责任。

学界中相关肯定说与否定说的观点依据大多源自上述两个国内经典案例，不可否认的是具体案例是分析问题的必要基础，但这两个案例也存在固有的局限性从而导致讨论失实。学界对于网络游戏直播画面权属的探讨，分成了两个阵营：一种观点基于“MU 案”认为网络游戏画面满足著作权的全部属性，符合成为著作权客体的可能性；另一种观点基于“斗鱼案”认为现阶段不应当将游戏直播画面作为著作权客体，不存在可讨论的空间。就前者的观点，在认定游戏直播画面的类别上继而又存在其他观点和争论。

（二）网络游戏画面不宜笼统认定为作品

上文梳理了现有的观点争议和总结各方的论证思路。笔者对于网络游戏画面的属性认定，更倾向于肯定符合独创性标准的网络游戏画面属于类电作品。基于北大法宝网站的搜索数据，输入“类似摄制电影的方法”，全文精确检索司法案例，搜索结果显示了典型案例 13 篇，经典案例 75 篇。笔者通过分析案例发现，是否采用了摄制手法进行创作并不是法院认定构成类电作品的要件。就“新浪公司诉天盈九州公司侵害著作权”一案来看，法官认为本案中体育赛事节目是否构成类电作品，关键是看是否满足固定性与独创性[②]。笔者认为，《著作权法》第三条第六项规定的“摄制”只是一种语义衔接的目的。我国《著作权法》首次颁布的时间是 1991 年，当时的计算机技术不及今日，对于电影动画技术的合成和制作能做出重大贡献的引擎尚未开发，类电作品的制作局限于使用摄影器材进行录制，所以结合时代背景，法律条文做出这样的表述无可厚非。但时至今日，采用纯粹的胶片进行电影的摄制已经较少见了，绝大部分电影及类电作品的制作都依赖于计算机程序或其他开发引擎。此时若仍要求类电作品必须采用摄制手段则明显不周延。故对此应当做扩大解释，这也符合现代著作权立法不断扩张保护范围的先进立法思想。因此，从立法上看，肯定游戏直播画面的作品属性并没有障碍。

并非任何游戏画面都涉及作品属性与权属的问题，德国著作权法规定，对于以客观事实、他人作品以及其他显而易见的常态化物质为基础进行加工创作的作品，若创作人希望其劳动成果能够获得作品的保护地位，必须达到某一个创作标准，才能被认定为具有独创性，这就是“小硬币标准”[③]。在早期，施立克等人通

---

① 通过开庭审理，法院查明，同一时间被告网站观看人数超过 11.7 万人，而原告的网站观看人数不足 2900 人。

② “北京知产法院判决新浪公司诉天盈九州公司侵犯著作权及不正当竞争纠纷案”（2015）京知民终字第 1818 号。

③ 参见［德］M. 雷炳德《著作权法》，法律出版社 2004 年版，第 116 页。

过归纳提出了“最低创作”要求，即如作者做出了最低限度的创作，即可满足独创性标准。这一思想早起主要局限于论文写作和其他科研领域，故这种独创性标准较低，而事实上对于艺术作品的独创性要求较高，这一标准扩大了法律的保护范围，让抄袭者有机可乘。同时这种临界标准过多倾向于对抗学术剽窃与反不正当竞争，反而淡化了对作品精神的讨论。故这一标准现已较少使用，但在一些独创性要求较低、独创难度较大的领域，如科研领域仍在适用。大多数时候，“小硬币标准”要求该作品达到所属领域中已被行业认可的独创性标准。

美国版权法曾规定类似的标准称为“汗水理论”。[①] 1922 年“珠宝商案”中，法官曾作出过这样的引述：一个人通过自己的劳动付出了努力和汗水，那么他就创造出了有价值的作品，应当受到法律保护。[②] 这和上文提到的临界标准类似。但随后人们发现这样过度强调了劳动行为，而不是有效智力劳动，故 1990 年最高法院的“费特案”否定了这一理论，并提出了对现有作品和事实进行加工和创作必须具有最低限度的创造性的要求。关于独创性标准的制定，一直以来都是立法的难题，这等同于需要法官作出艺术层面的价值判断，因其过于抽象和随意，义务不够固定与明确，违背了法的可预测性。其实，笔者认为存在这种困境的原因，主要是人们混淆了思想与思想载体的概念。著作权法保护的是具有独创性的智力成果，原则上只要这个成果具有独创性即可，这不是一个任意性的描述，而是规范性指令，法官只需要回答有无独创性即可，不需要判断独创性的程度。但由于存在需要利用他人作品或以为公众所熟知的事实进行创作的情况，所以立法对这些作品的独创性提出了额外的要求，即不同领域的“小硬币标准”，这本质上还是一个规范判断，只是依据的标准从最低独创性改为了业内标准；至于业内标准是什么，并不是法学需要讨论的范畴，更不是法官应当做的判断。

对于网络游戏直播画面而言，其创作基础是游戏正常运行过程中产生的动态画面，仅仅就不做任何元素添加与修饰的前提而言，游戏画面是游戏的一部分，属于游戏作者，游戏用户是在前人作品的基础上进行创作。基于自由使用原则，任何人都享有使用他人作品进行创作的资格，但使用的权限与范围必须结合公共领域进行判断。因此，对网络游戏直播画面可以解释为：以他人创作的未进入公共领域的作品为蓝本，进行独创性构建而产生的作品。在符合“小硬币标准”的前提下，网络游戏直播画面完全能够被定义为视听作品。虽然是否构成演绎作品尚存在争议，笔者亦认为基于目前的研究和讨论结果草率地下定义是不妥的，但笔者认为，德国著作权法中关于演绎行为需要达到构成独立作品的标准描述或许能够为将来的讨论提供思路。[③] 德国著作权法规定演绎作品需要达到一个确定的标

---

① 参见李明德《美国知识产权法》，法律出版社 2003 年版，第 160 页。

② Jeweler's Circular Publishing Co. V. Keystone Publishing Co., 281 F. 83 (2d Cir. 1922).

③ 参见［德］M. 雷炳德《著作权法》，法律出版社 2004 年版，第 162 页。

准才能被称为“脱离了原著而独立存在”，即“退隐理论”。该理论的表述为，行为人在前人作品的基础上进行创作，其创作行为必须使得前作品黯然失色。笔者认为即使将网络游戏直播画面定义为视听作品，也能参考适用这个标准；网络游戏直播画面与一般的类电作品的不同之处在于，虽然其表现手段是采用类电作品惯用的制作手段，但制作蓝本却无法脱离游戏，使得其兼具了演绎的部分特征。如果一味地按照视听作品惯常采用的最低“小硬币标准”，对这些稍加改动就投入市场盈利的网络游戏直播画面赋予作品保护效力，将对付出了大量创作成本和心血的游戏作者不公平。

四、对于游戏用户行为的讨论

游戏用户的行为性质关系到其直播行为是否合法，是否侵害了游戏开发者的固有或期待利益，也关系到网络游戏直播画面所有权的归属。一种观点认为，游戏用户行为的定型需要结合具体的游戏类型进行判别。[①] 游戏用户在游戏过程中的独创性贡献直接影响了网络游戏直播画面的著作权属性，由于游戏类型的不同，玩家在游戏过程中的独创性空间也是不同的，因此，做广泛定义是不客观的。有的游戏进程相对简单，结局固定，玩家往往只能选择其一[②]，如《战神 4》《使命召唤》[③] 等，玩家只能按照既定的进程推进。又如电子竞技类游戏如《英雄联盟》，主要以实现竞技对抗为目的，游戏过程只涵盖了对抗或其他服务与对抗的要素。对于这类游戏，用户对画面做出的创造和改变不可能达到法律规定的独创性要求，因而不能算是游戏画面的作者。而对如《我的世界》这一类游戏，游戏的目的在于依赖玩家的创造，或是游戏的封闭性不高，游戏作者为用户留下了自行开发或创作的余地，玩家完全可以创造出游戏作者事前没有预计到的内容，这一类游戏用户在直播时存在相当的创作空间，完全有可能达到法律对作品独创性的要求。此时游戏用户对直播画面可以主张权利，属于画面的著作权人，这意味着某种程度上玩家可以有条件地成为演绎作者。

而对此持反对态度的观点认为，游戏本身的封闭程度不应当成为判断游戏用户身份的权利，游戏用户的身份是固有的，不会受游戏目的或游戏类型的影响。这就如同艺术创作和表演一样，即使存在规则的限制，艺术家的作品、演出等仍然可能满足法律的独创性要求，游戏也是同理，游戏规则就如同艺术、表演的习惯性框架一样，与作者的思维、表现是独立互不干涉的，所以，游戏玩家完全具备成为作者的可能性，并且是固有的和不因客观条件改变而丧失的主体资格。

---

① 参见王迁《电子游戏直播的著作权问题研究》，载《电子知识产权》2016 年第 2 期，第 11－18 页。

② 哈昊天：《电竞直播平台多数巨亏 盈利模式依然不明朗》，载《参考消息》2015 年 12 月 22 日，第 6 版。

③ 参见《百度百科》（https://baike.so.com/doc/5378980-5615206.html），访问日期：2019 年 4 月 30 日。

第二种观点是玩家能否成为表演者。持肯定态度的观点认为表演者的保护位阶低于作者，玩家即使不能成为作者，其客观上也存在表演行为，付出了一定的劳动，故可以获得表演者身份。反对的观点认为，一方面，游戏的开发者为其著作权人，依法享有播放权、表演权，开发者完全可以自己直播、演示自己的游戏从而行使表演权，若此时再认定玩家享有表演者权，显然存在冲突，法律将会在保护开发者表演权和玩家表演者权间无所适从。另一方面，立法对于表演者身份有明确的规定，《著作权法实施条例》第五条第六项规定了表演者指的是演员或其他表演文学、艺术作品者；该款的前半段采用列举式，后半段采用的是附条件扩张式，即要求表演的必须是作品。就目前而言，网络游戏能否被定义为著作权法意义上的作品、究竟属于何种作品尚存在争议，因而玩家不可能被认定为表演者。

第三种观点认为，玩家的行为属于转换性使用。根据功利主义，一国对于著作权人的保护并不是封闭的、绝对的，保护著作权人的智力成果只是在于维持一种社会秩序，其目的是达到激励著作权人继续创作及同类市场的健康竞争[①]。为此，在不干涉原著作权人形式其对智力成果占有和处分的同时，不应限制他人的合理使用。而游戏用户直播这一行为的目的是出于“改变或改进作品的使用目的”，历史上美国最高法院的判例“Campbell”案就证明了不改变作品的实质内容而只进行表现形式上的扩张也属于转换性使用[②]。一般而言，游戏作者在创作游戏时首先想到的合理使用，就是玩家按照既定的进程进行游戏，从而实现作者的价值观输出。简单来说，游戏开发是为了用来玩的，而不是用来看的。肯定用户直播行为的合法性也有利于平衡社会利益。

---

① 参见谢琳《网络游戏直播的著作权合理使用研究》，载《知识产权》2017 年第 1 期，第 32 – 40 页。

② Kelly v. Arriba Soft Corp. , 336 F. 3d 811 (9th Cir. 2003).

论个人信息侵权案件主观举证责任与客观证明责任的分配

——以罗森贝克证明责任论为理论基础

柯嘉祯*

【摘要】 我国个人信息侵权案件的举证责任和证明责任分配长期在理论界纷争不定，在司法实践中操作不一，根源在于对两者概念的界定模糊不清。主观举证责任与客观证明责任性质不同，各具分配与承担规则。主观举证责任作为诉讼过程中的行为，可以在信息权人和行为人之间转移分配，双方均负提出证据的义务，某一具体事实举证不能或举证不足仅导致生活事实模糊不清。只有在双方当事人举证活动完全结束要件事实真伪不明时才涉及客观证明责任的分配，本质上是实体法预置的法官根据信息权人和行为人提供的证据无法形成心证时的法律适用问题。信息权人的举证不能证明行为人侵犯其个人信息的高度可能，实体法规定的构成要件事实真伪不明时，主张侵权行为存在的信息权人应当承担结果意义上的客观证明责任。

【关键词】 个人信息权　侵权　举证责任　证明责任　罗森贝克

2020年5月28日，第十三届全国人大三次会议表决通过了《中华人民共和国民法典》（以下简称《民法典》），其中，“人格权”编第六章“隐私权和个人信息保护”明确了个人信息的概念①和个人信息保护的基本规范②，但个人信息侵权的举证和证明责任分配问题在理论和实践上仍未有统一的定论。《最高人民法院关于适用〈中华人民共和国民事诉讼法〉的解释》（以下简称《民诉法解释》）第九十条和第九十一条采用了“举证证明责任”一词，意图涵盖并统一我国理论与司法实践中各自惯用的“证明责任”与“举证责任”的表述。③ 但罗森贝克证明责任论将二者严格区分，主观举证责任作为诉讼过程中的行为直接影响着案件事实的证明及法官心证，客观证明责任则决定着要件事实真伪不明时影响当事人实体利

---

* 柯嘉祯，中山大学法学院硕士研究生。

① 《中华人民共和国民法典》第一千零三十四条第二款：“个人信息是以电子或者其他方式记录的能够单独或者与其他信息结合识别特定自然人的各种信息，包括自然人的姓名、出生日期、身份证件号码、生物识别信息、住址、电话号码、电子邮箱、健康信息、行踪信息等。”

② 《中华人民共和国民法典》第一千零三十五条至第一千零三十九条。

③ 参见沈德咏《最高人民法院民事诉讼法司法解释理解与适用（上）》，人民法院出版社2015年版，第312页。

益的最终裁判结果。本文欲以罗森贝克证明责任论为理论基础，厘清主观举证责任和客观证明责任的概念界定，并通过典型案例探讨在个人信息侵权案件中信息权人与行为人"举证证明责任"的分配问题。

一、问题的提出：个人信息侵权证明责任分配的困境

在个人信息侵权案件中，信息权人寻求救济的请求权基础主要是《民法典》第一千一百六十五条关于过错侵权的一般规定。[①] 据此，信息权人若欲主张行为人侵犯其个人信息权，则需要对于行为人对其个人信息不当收集和使用等侵权行为，个人信息泄露、篡改、丢失等损害结果，行为人的侵权行为与信息权人的损害结果具有因果关系和行为人存在过错这四个构成要件进行举证。但在大数据时代背景下，个人信息的侵犯较之以往更具有隐蔽性，信息权人缺乏技术性的知识和手段获知行为人向他人非法提供或未经授权不当加工、传输、使用或公开其个人信息，对侵权行为的发生存在举证能力上的欠缺。故信息权人在举证过程中往往难以充分证明所有构成要件中的具体事实。

在司法实践中，部分法官在信息权人无法举证证明某一生活事实时，判决信息权人承担败诉的不利后果。如在庞某某与趣拿公司、东航人格权纠纷一案中[②]，庞某某根据案外第三方向其发送的手机短信含有其个人基本信息和航班行程信息，推断趣拿公司或东航可能在其于去哪儿网购买机票后泄露其个人信息给第三方，遂向法院起诉。一审法院认为，当事人对自己提出的主张，有责任提供证据，如果没有证据，或者提出的证据不足以证明当事人的事实主张的，由负有举证责任的当事人承担不利后果。庞某某无证据证明趣拿公司和东航将庞某某过往留存的手机号与该案机票信息匹配并予以泄露，且趣拿公司和东航并非掌握庞某某个人信息的唯一介体，法院无法确认趣拿公司和东航存在泄露庞某某个人信息的侵权行为，故庞某某的诉讼请求法院不予支持。可见，一审法院仅因信息权人对侵权行为举证不足，就要求信息权人承担最终的证明责任，实则误将信息权人具体生活事实举证不力导致的对于事实查明的不利后果，与最终要件事实真伪不明时证明责任承担的败诉不利后果相混淆，混同了主观举证责任和客观证明责任的概念。

举证责任在我国长期的历史实践中逐渐形成了其特定的含义，多指当事人提出证据的责任和义务[③]，而证明责任相关理论则是在 20 世纪 80 年代末期我国从西方引进的"舶来品"[④]。但主观举证责任与客观证明责任的区别在我国司法解释中

---

① 《民法典》第一千一百六十五条："侵权人因过错侵害他人民事权益造成损害的，应当承担侵权责任。依照法律规定推定侵权人有过错，其不能证明自己没有过错的，应当承担侵权责任。"

② 北京市第一中级人民法院（2017）京 01 民终 509 号民事判决书。

③ 参见许尚豪《证明责任理论的证据语境批判》，载《政治与法律》2016 年第 11 期，第 14 – 15 页。

④ 参见胡学军《从"抽象证明责任"到"具体举证责任"——德、日民事证据法研究的实践转向及其对我国的启示》，载《法学家》2012 年第 2 期，第 172 页。

从未得到真正厘清。[①] 我国《民诉法解释》新创立了“举证证明责任”一词[②]，意图涵盖并统一我国学术与司法实践中对于各自惯用的“证明责任”与“举证责任”表述[③]，这可以看作对罗森贝克证明责任理论本土化的一种努力，但事实上混淆了主观举证责任与客观证明责任的概念范围，一定程度上导致了法官在实践中对于举证责任和证明责任分配上的混乱。具体到个人信息侵权案件中，这种错误分配，严重超出了信息权人的证明能力，加重了信息权人的举证负担，难以适应《民法典》对于公民个人信息保护的要求。

二、罗森贝克证明责任论主观举证责任与客观证明责任的概念

主观举证责任是促进案件事实查明与认定的机制，意在于实际诉讼程序中最大限度地查明案件事实；客观证明责任是针对要件事实真伪不明的法律适用机制，旨在实际证明落空时严格规制司法裁判中对法律价值的选择。[④] 从理论的逻辑解释与实践运用的可操作性来看，这两个概念不宜混同，有必要厘清二者的区别和关系。

（一）针对对象不同——生活事实模糊不清与要件事实真伪不明

主观举证责任针对的是生活事实模糊不清，而客观证明责任针对的是要件事实真伪不明。在司法实务中，每当出现生活事实模糊不清时，证明责任分配似乎总被错误地视为理论上的首选方案和实务上的化解捷径。事实上，诉讼证明过程中的“事实模糊”与穷尽一切证明手段之后的“事实真伪不明”存在重要区别。生活事实模糊不清在诉讼过程中是一种常态，因为在一个运行良好的纠纷解决机制下，事实清楚的纠纷往往在诉前就被其他替代性纠纷解决机制过滤。对于生活事实模糊不清的案件，通常先通过程序机制促使当事人尽可能地举证证明，法官则依据自由心证规则对案件事实作出判断。唯在自由心证规则用尽的情况下，证明责任机制的适用才具有正当性。但在我国民事审判的长期实践中，要件事实真伪不明并非被视为诉讼证明活动最终认识的结果，而是被混同于生活事实模糊不清，意图通过证明责任的分配对当事人所产生的压力机制来逼近事实，在某种程度上成为法官为查明事实而加诸当事人的一种真正“责任”。[⑤] 此种责任分配更多

① 参见胡学军《我国民事证明责任分配理论重述》，载《法学》2016年第5期，第41页。

② 《最高人民法院关于适用〈中华人民共和国民事诉讼法〉的解释》第九十条：“当事人对自己提出的诉讼请求所依据的事实或者反驳对方诉讼请求所依据的事实，应当提供证据加以证明，但法律另有规定的除外。在作出判决前，当事人未能提供证据或者证据不足以证明其事实主张的，由负有举证证明责任的当事人承担不利的后果。”

③ 参见沈德咏《最高人民法院民事诉讼法司法解释理解与适用（上）》，人民法院出版社2015年版，第312页。

④ 参见胡学军《我国民事证明责任分配理论重述》，载《法学》2016年第5期，第39页。

⑤ 参见［德］汉斯·普维庭《现代证明责任问题》，吴越译，法律出版社2000年版，第9、第26 、第53页。

地考虑的是个案中的具体程序因素，且以不利裁判后果的归属作为促使当事人尽力举证的外在压力，其实是对证明责任的不当理解与运用。证明责任及其分配的实质是法律适用问题，而非事实查明与证明问题。① 客观证明责任与当事人诉讼中的证明行为没有丝毫联系，可能承担规范当事人证明行为功能的其实是主观举证责任。② 在证明责任“双重含义说”下，司法实践一方面将证明责任作为生活事实模糊不清时对当事人举证的外在压力机制，另一方面又将证明责任分配作为要件事实真伪不明情形下的裁判依据，实质上忽略了这两种机制运作原理之间的重大差异。

（二）规范功能不同——引导诉讼行为与决定裁判结果

主观举证责任与客观证明责任各自所发挥的规范当事人举证证明行为的功能不同。负有提供证据责任者必须考虑诸如举证能力、举证成本、当事人态度、当事人相对地位、举证期待可能性等程序上的因素，这些因素不可能为非此即彼的证明责任分配规则所全部涵盖，能涵盖这些情境性因素的应是主观举证责任。③ 唯有主观举证责任才能积极引导当事人的举证与证明活动，并尽可能地促成案件事实的查明。客观证明责任属法官的裁判规则，其对当事人举证行为的调整功能是附属性的，主要是从防范出现要件事实真伪不明的角度进行的消极规制——在当事人举证活动完全结束，案件事实仍然无法查清，法官的心证用尽时，因法官必须作出非此即彼的选择而不得放弃裁判，于是由实体法预置的客观证明责任的分配决定最终的裁判结果。

（三）分配方式不同——动态转移分配与静态固定分配

主观举证责任与客观证明责任的分配标准存在根本区别。诉讼证明过程中的主观举证责任承担考虑的是具体个案中的程序因素，可以由法官根据具体情形裁量，由双方当事人交替承担。主观举证责任的承担是情境性的，不存在固定、统一的分配标准，能够最大限度地容纳和考量个案诉讼中的程序因素，根据具体情境性因素配置多样化的对于具体事实查明的不利后果。客观证明责任的分配则遵循的是实体法的价值取向选择，按照大陆法系国家的理论通说，客观证明责任的分配标准只能是实质上的价值衡量，不存在以客观证明责任涵盖个案中情境性因素的可能，客观证明责任负担的后果，即案件胜诉或败诉的最终结果也是固定的。

不容忽视的是，主观举证责任才是我国司法的实践理性与现实逻辑。在我国司法实践中，注重的是诉讼程序进行中举证证明行为意义上的举证责任，而非作为要件事实真伪不明情形下法律适用问题的客观证明责任，因此与德、日等国的现代证明责任理论不能完全等同。实际上，在任何国家的司法裁判实践中，作为

---

① 参见［德］莱奥·罗森贝克《证明责任论》，庄敬华译，中国法制出版社2002年版，第12页。

② 参见［德］汉斯·普维庭《现代证明责任问题》，吴越译，法律出版社2000年版，第26页。

③ 参见胡学军《我国民事证明责任分配理论重述》，载《法学》2016年第5期，第40页。

客观证明责任裁判基础的要件事实真伪不明状态的最终出现总是低概率的，而主观举证责任在当事人之间的转换承担才是诉讼事实证明的常态。在通常情况下，由当事人相互之间交替承担主观举证责任以使对案件事实的证明达到诉讼证明标准，进而完成案件事实的查明。

三、个人信息侵权案件主观举证责任的分配

在庞某某诉趣拿公司、东航人格权纠纷案中，一审法院认为，庞某某未提供证据证明趣拿公司和东航将庞某某过往留存的手机号与该案机票信息匹配予以泄露，且趣拿公司和东航并非掌握庞某某个人信息的唯一介体，法院无法确认趣拿公司和东航存在泄露庞某某个人信息的侵权行为，故庞某某应承担举证不能的不利后果。正是基于证明责任“双重含义说”，多数法官还是在“谁主张，谁举证”这一概念下基于一般的公正感觉进行证明责任的分配。① 一审法院实则混淆了诉讼过程中行为意义上的主观举证责任和影响最终裁判结果的客观证明责任。

（一）主观举证责任可以在信息权人与行为人之间转移分配

在我国职权主义的传统下，信息权人和行为人均有协助法官查明事实、发现真相的责任，双方当事人均有提出证据证明自己主张或反驳对方的主张的义务，即主观举证责任。具体到该案中，庞某某需要提供趣拿公司和东航泄露其本人姓名、手机号、身份证号和行程信息，其本人因个人信息泄露遭受损害，趣拿公司和东航的信息泄露行为与其本人遭受的损害具有因果关系，趣拿公司和东航在客户个人信息泄露上存在过错的相关证据，等等，以证明其个人信息权受到侵害的主张。作为信息权人的庞某某对其事实主张负有举证责任并不意味着作为行为人的趣拿公司和东航不负任何举证义务，二者同样需要提供其未泄露庞某某个人信息、其他掌握庞某某个人信息的介体的信息处理行为实际导致了庞某某个人信息权的损害、其对客户个人信息保密尽到了合理注意义务而不存在过错等证据。故信息权人与行为人就侵权事实和未侵权事实均负有主观举证责任，若因一方当事人未能积极承担诉讼法规制的具体举证行为或举证不充分而直接要求其承担体现实体法价值的证明责任是不合理的。庞某某未能充分证明是趣拿公司或东航泄露了其个人信息，一审法院即判令其承担最终的证明责任，实际上是误将举证不足所造成的对案件事实查明的不利后果与败诉不利后果混同。

行为意义上的主观举证责任是一种动态的举证责任，随着双方当事人证据证明力的变化而在当事人之间发生转移，法官可基于公平正义原则对具体案件中的举证责任作出转移分配。② 如果法官已经对行为人侵犯了信息权人的个人信息权形

---

① 参见胡学军《我国民事证明责任分配理论重述》，载《法学》2016 年第 5 期，第 44 页。

② 参见程春华《举证责任分配、举证责任倒置与举证责任转移——以民事诉讼为考察范围》，载《现代法学》2008 年第 2 期，第 105 页。

成临时心证，那么提供证据打破法官确信的压力就转移到了行为人一方，此时行为人就要负担起反驳或反证的责任。[①] 二审法院认为，在该院根据案外第三方能够将庞某某的个人基本信息与航班行程信息准确匹配的事实，已经确认趣拿公司、东航存在泄露庞某某个人信息的可能性的情况下，趣拿公司和东航并未举证证明信息泄露是归因于他人，也未举证证明信息泄露可能是因为难以预料的黑客攻击，同时也未举证证明信息泄露可能是庞某某本人所为。二审法院明确将“举证责任”与“证明责任”区分开来，主观举证责任由双方共同负担，虽然庞某某对其事实主张承担举证责任，但趣拿公司和东航同样有提供相反证据的责任。不能仅因为信息权人主观举证责任承担存在缺陷即要求其承担客观证明责任，否则将有悖于《民法典》和民事诉讼法所共同追求的公平正义原则。

（二）部分生活事实举证不力不代表最终证明责任的承担

在个人信息权侵权责任四要件中，由于信息权人对信息获取、移转的知识及获知行为人内部数据处理的技能欠缺，在“侵权行为”和“侵权行为与损害结果的因果关系”上，往往难以举出相应的证据，导致某一或某些生活事实模糊不清的情况。但生活事实模糊不清在民事诉讼过程中实属正常现象，并不代表最终要件事实真伪不明。客观证明责任针对的应当是双方当事人提供的所有证据指向的整体案件事实，而不是单个或数个证据指向的具体生活事实，当整个案件事实的高度可能性可以认定时，生活事实的细节可能就不需要继续证明了。[②] 二审法院认为，基于人类科学技术和认识手段的限制，现实中的具体客观事实往往不能通过事后的证明被完全还原。因此，诉讼中的证明活动，往往是一种受限制的认识活动，而并非无止境的绝对求真过程。根据《民诉法解释》第一百零八条的规定[③]，该案的关键是庞某某提供的证据能否证明趣拿公司和东航存在泄露其个人信息的高度可能，以及趣拿公司和东航的反证能否推翻这种高度可能。[④] 虽然第三方也有泄露庞某某个人信息的可能，但能够将其姓名、手机号和身份证号等个人基本信息与其航班行程信息精确匹配的可能性非常低，且庞某某委托他人购买机票的行为并未违背一名善意旅客所应有的通常的行为方式，不属于自己故意泄露个人信息而进行虚假诉讼。在此种情况下，趣拿公司和东航泄露庞某某个人信息的高度

---

① 参见任重《罗森贝克证明责任论的再认识——兼论〈民诉法解释〉第90条、第91条和第108条》，载《法律适用》2017年第15期，第26页。

② 参见胡学军《举证证明责任的内部分立与制度协调》，载《法律适用》2017年第15期，第14页。

③ 《最高人民法院关于适用〈中华人民共和国民事诉讼法〉的解释》第一百零八条：“对负有举证证明责任的当事人提供的证据，人民法院经审查并结合相关事实，确信待证事实的存在具有高度可能性的，应当认定该事实存在。对一方当事人为反驳负有举证证明责任的当事人所主张事实而提供的证据，人民法院经审查并结合相关事实，认为待证事实真伪不明的，应当认定该事实不存在。法律对于待证事实所应达到的证明标准另有规定的，从其规定。”

④ 参见刘海安《个人信息泄露因果关系的证明责任——评庞某某与东航、趣拿公司人格权纠纷案》，载《交大法学》2019年第1期，第185页。

可能很难被推翻。另外，根据庞某某提供的趣拿公司和东航对于客户个人信息泄露存在过错的证据，二者在被媒体多次报道涉嫌泄露乘客个人信息后，应知晓其在信息安全管理方面存在漏洞，但均未举证证明其采取了专门的、有针对性的措施防范客户个人信息泄露事件的发生，可以认定趣拿公司和东航存在过错。

证明责任是在证明活动结束后案件事实没有得到证明时所承担的责任，而不是因为当事人没有提出特定证据所要承担的责任，不是应进行证明活动所附带的责任。即使当事人未举证或举证不足，如果案件事实的真伪是明确的，当事人也不会因此承担败诉的后果。[①] 某一生活事实无法得到充分证明，并不一定影响案件事实最终的认定；同理，信息权人某一生活事实举证不能或举证不足，也并不代表其要承担要件事实真伪不明时的证明责任。从收集证据的资金、技术等成本上看，作为普通人的庞某某不具备对趣拿公司和东航内部信息管理是否存在漏洞等情况进行举证证明的能力，因此，客观上法律不能也不应该要求庞某某确凿地证明必定是趣拿公司或东航泄露了其个人信息，只要根据已有证据能够认定趣拿公司或东航具有侵犯庞某某个人信息权的高度可能即可。

四、个人信息侵权要件事实真伪不明时客观证明责任的分配

罗森贝克认为，鉴于人们认识手段的不足以及认识能力的局限，在诉讼中可能会出现法官无法获得确信的情况。而当法官对重要的事实主张是否为真不能认定时，证明责任告诉法官应当如何作出判决。[②]

（一）客观证明责任分配实质上是实体法律适用问题

客观证明责任的功能不体现在诉讼程序过程中，它与诉讼程序中的举证证明行为没有任何关系。如果双方当事人能够继续提供证据，则证明行为与证明评价就还没有结束，而客观证明责任是以证明行为与证明评价的结束为前提的。罗森贝克的证明责任理论解决的不是事实认定问题，而是法律适用问题，本质上属于实体法问题。客观证明责任不是事实判断的方法，而是法官对案件事实的“真”“伪”以及“真伪不明”判断结束后裁判的方法。“真伪不明”本身就是对案件事实的一种判断结果，在肯定这一判断结果的前提下，解决案件如何适用法律的问题就是证明责任的方法论。[③]

罗森贝克“规范说”主张根据实体法规范结构之间的相互关系把握证明责任分配的规则。[④] 依照该学说的核心思想，客观证明责任的分配应遵循实体法规范，尊重立法者当时的价值选择。在个案的具体情境中，法官可通过司法裁量决定的

---

① 参见张卫平《证明责任概念解析》，载《郑州大学学报（社会科学版）》2000年第6期，第59－60页。

② 参见［德］莱奥·罗森贝克《证明责任论——以德国民法典和民事诉讼法典为基础撰写》，庄敬华译，中国法制出版社2002年版，第1－2页。

③ 参见胡学军《举证证明责任的内部分立与制度协调》，载《法律适用》2017年第15期，第15页。

④ 参见胡学军《我国民事证明责任分配理论重述》，载《法学》2016年第5期，第43页。

只能是主观举证责任的承担。罗森贝克不赞成把分配证明责任的权力交给每一个审理案件的法官，他担心这样做会因法官对法律的理解差异致使法律适用不一致。客观证明责任法定的、始终如一的分配规则正是对实体法价值选择的司法确认，并能够借此保证法律适用的统一。

在我国，作为民事实体法的《民法典》无论是第四编第六章“隐私权和个人信息保护”还是第七编“侵权责任”都没有对个人信息侵权案件的客观证明责任分配作出明确规定，这一点与罗森贝克的证明责任论存在一定差异，但这并不能得出罗氏证明责任论在我国无法适用的结论。作为民事程序法的《民诉法解释》第九十一条[①]在制定时参考了“规范说”，为客观证明责任的分配提供了确定性的规范，以当事人须证明对自己有利的实体法规范要件为其分配原则。[②] 据此，信息权人应当就其个人信息权利受到妨害的实体法规范构成要件事实承担证明责任。

（二）要件事实真伪不明时信息权人承担客观证明责任

客观证明责任是建立在要件事实真伪不明基础之上的。真伪不明，是指法官在作出裁判前既不能肯定该事实是真实存在的，同时也不能肯定该事实是不真实、不存在的。[③]“当事人未能提供证据或者证据不足以证明其事实主张的，由负有举证证明责任的当事人承担不利的后果”，《民诉法解释》第九十条这一表述的矛盾之处在于，一方面暗示了案件事实“真伪不明”的存在，另一方面却又将其与主张的事实为“伪”采取一体化的处理方式。[④]《民诉法解释》第一百零八条第二款的表述“人民法院经审查并结合相关事实，认为待证事实真伪不明的，应当认定该事实不存在”也可能引发在我国语境下事实“真伪不明”等于事实“不存在”的误解。笔者认为，以上条文并未强迫法官放弃自由心证并将真伪不明的案件事实确信为不存在，而只是明确了要件事实真伪不明时与确信事实不存在时有相同的处理机制。具体到个人信息侵权案件，当要件事实真伪不明时，即信息权人提供的所有证据不能证明行为人侵犯其个人信息的高度可能，或行为人的反证能够推翻这种高度可能时，信息权人应当承担结果意义上的客观证明责任。在庞某某与趣拿公司、东航人格权纠纷一案中，庞某某所举的证据虽无法确切地证明必定是趣拿公司或东航泄露其个人信息，但可以确认庞某某主张行为人个人信息侵权事实为“真”的高度可能性，即最终要件事实并没有落入“真伪不明”的区域，

---

① 《最高人民法院关于适用〈中华人民共和国民事诉讼法〉的解释》第九十一条：“人民法院应当依照下列原则确定举证证明责任的承担，但法律另有规定的除外：（一）主张法律关系存在的当事人，应当对产生该法律关系的基本事实承担举证证明责任；（二）主张法律关系变更、消灭或者权利受到妨害的当事人，应当对该法律关系变更、消灭或者权利受到妨害的基本事实承担举证证明责任。”

② 参见袁中华《证明责任分配的一般原则及其适用——〈民事诉讼法〉司法解释第91条之述评》，载《法律适用》2015年第8期，第48页。

③ 参见李浩《证明责任的概念——实务与理论的背离》，载《当代法学》2017年第5期，第9页。

④ 参见任重《罗森贝克证明责任论的再认识——兼论〈民诉法解释〉第90条、第91条和第108条》，载《法律适用》2017年第15期，第20页。

故不应苛求信息权人庞某某因诉讼证明活动中部分生活事实举证不力而承担最终要件事实真伪不明时才需承担的客观证明责任。

五、结语

我国个人信息侵权案件举证证明责任的分配长期在司法实务中存在不同的裁判结果，在理论界也存在不同的看法，根源在于混淆了主观举证责任和客观证明责任的概念。信息权人和行为人均负举证义务，主观举证责任的承担也会在二者之间发生转移，但举证不能或举证不足仅导致某一或某些生活事实模糊不清，不一定致使最终要件事实真伪不明。只有在双方当事人的举证活动完全结束，要件事实真伪不明时才涉及客观证明责任的分配问题，信息权人因提供的全部证据不足以证明行为人有侵犯其个人信息的高度可能而应当承担结果意义上的客观证明责任，即败诉的不利后果。只有正确厘清主观举证责任与客观证明责任的关系，才能够在个人信息侵权案件中明确较为一致的举证责任和证明责任分配原则，使裁判更具统一性。

“被遗忘权”的中国化建构研究

翁　凯*

【摘要】大数据时代的到来使得个人信息安全变得岌岌可危，为了解决当下的危机，我们需要构建出完整的个人信息权体系。被遗忘权作为个人信息权的一种，包括了“主动遗忘”与“被动遗忘”两方面的基本内容，保护着使个人信息的控制利益与人格尊严得到尊重的利益。在当下中国法律框架下，我们可以采用具体化的思维，同时采用个人信息删除权、一般人格权并结合未来个人信息保护法的相关规定来实现被遗忘权的权利效果，完成被遗忘权的中国化建构。

【关键词】被遗忘权　个人信息保护　个人信息权　隐私权

被遗忘权属于个人信息权的一种。2018 年生效的欧盟《一般数据保护条例》(*General Data Protection Regulation*，以下简称“欧盟 GDPR”）第十七条当中明文确立了“抹除权”（the right to erasure)，并表示“抹除权”其实就是指“被遗忘权”(the right to be forgotten)。这是继欧洲法院于 2014 年“谷歌诉冈萨雷斯案”(Google Spain v. AEPD and Mario Costeja González)① 之后第一次在立法当中确立被遗忘权，随后该种新兴权利便引起了全世界法学理论界及实务界的关注。

一、“被遗忘权”之建构必要性

随着大数据时代的到来，个人信息的流通变得愈加广泛，也使得个人信息安全问题日益凸显。而近年来网络个人信息安全事件频发，如亚马逊 AWS 云存储库的医疗数据、征信企业 Equifax 存储的个人信息等都曾遭到泄露，给个人以及整个社会带来了巨大的损失，这些事件无一不体现了虚拟的网络往往比现实更为脆弱。2018 年 3 月 26 日，百度 CEO 李彦宏在中国高层发展论坛上表示：“中国人对隐私问题的态度更加开放，也相对来说没那么敏感。如果他们可以用隐私换取便利、安全或者效率，在很多情况下，他们就愿意这么做。”② 此番言论一经发表便引起了轩然大波，但这也提醒了我们要利用立法指引公民建构个人信息隐私保护意识。德勤（Deloitte）也在其一篇有关于个人信息保护的白皮书当中明确指出：“随着全

---

* 翁凯，广州大学法学院本科生。

① “谷歌诉冈萨雷斯案”的司法裁判当中并未直接提及“被遗忘权”，但该案通常被视为“被遗忘权第一案”。

② 参见《称中国人不重视隐私　李彦宏再次把百度推上了风口浪尖》，见搜狐网（https://www.sohu.com/a/226577027_393779)，访问日期：2021 年 3 月 4 日。

球化业务的持续发展，个人信息保护也成为国际业务交流中一项重要指标条件。”[①] 因此，在我国推动各领域全方位扩大对外开放的当下，个人信息保护的制度体系建设便变得尤为紧要。

固然，“无从以绝对的规则处置千差万别的情势”，技术的发展往往都是超前于法律的完善，我们无法通过一套制度一劳永逸地解决个人信息保护问题。但是，在民事法律体系当中构建起一套针对个人信息的基本权利体系，无论是对于后续更为细致的立法工作，还是对于信息主体个人的权利保护的指引，都具有显而易见的积极意义。此种“民事法律体系当中个人信息的基本权利体系”便是指个人信息权，其一般包括个人信息决定、查询、更正乃至删除等权利。被遗忘权也是个人信息权的一种，其类似于《中华人民共和国民法典》（以下简称《民法典》）第一千零三十七条第二款规定的个人信息删除权，但其不能等同于个人信息删除权。被遗忘权无论是从内容上还是效果上皆远甚于单纯的个人信息删除权，这使得被遗忘权在发挥个人信息保护的权利功能时，拥有着比现有的个人信息删除权更为明显的优越性。

二、“被遗忘权”本质的分析

（一）被遗忘权的基本内容

“被遗忘”此一概念最早由维克多·麦尔-荀伯格教授（Viktor Mayer-Schönberger）提出，其认为信息技术之发展使得原属常态的“遗忘”变得困难，进而提出应使网络中个人信息被遗忘之想法。维克多·梅耶-舍恩伯格教授认为被遗忘是一种“到期日”机制，即个人信息经发布后到达某一预设日期时便应删除，以达到“遗忘”之效果。[②] 因此，被遗忘权可以被视为具有主动倾向之“确保他人遗忘”（ensuring that others forget）与具有被动倾向之“被遗忘”（being forgotten）的结合，即被遗忘权的基本内容实际上包括“主动遗忘”与“被动遗忘”两个方面。

1. 主动遗忘

被遗忘权的主动遗忘方面，事实上，就是指信息主体拥有请求信息控制者抹除特定个人信息的权利，是一种本权请求权。被遗忘权的主体——信息主体是指个人信息能识别、关联和反映到之特定个人，且该主体只能是自然人。信息主体的请求对象为“信息控制者”（data controller），在《民法典》当中则使用了“信息处理者”（data processor）的表述。事实上这两个概念在范围上指向的是同一个含义，因为信息的处理必然要求对于信息的控制，而信息控制的基础——存储也

---

① 德勤企业风险管理服务部：《个人信息保护——应对法律合规要求，妥善处理个人信息》，上海交通大学出版社，第10页。

② 参见维克多·麦尔-荀伯格著《大数据：隐私篇——数位时代，“删去”是必要的美德》，林俊宏译，天下远见2015年版，第11－27页，转引自彭之麟《数位化时代下被遗忘权之探讨与建构——兼论与言论自由之冲突》，我国台湾地区“东吴大学法学院法律学系”硕士班硕士学位论文，第13－14页。

处于个人信息处理的概念范围当中。因此，无论是采用“信息处理者”表述还是“信息控制者”表述，实际上是指同一个含义，两者并无区别。信息控制者一般而言是个人信息服务商，但此处并不排除自然人作为个人信息控制者的可能。当然，被遗忘权中的“信息控制者”也不包括信息主体自身——因为在仅有信息主体自己控制个人信息的情况下，此时信息主体无须再通过“请求”来实现权利效果。

在中文世界，“抹除”（erasure）经常会与“删除”（delete）混淆，这导致了我国法学界对于被遗忘权的基本内容产生了较大误解，也使得部分学者误认为被遗忘权就是指个人信息删除权①。美国国家标准技术研究院（National Institute of Standards and Technology，NIST）认为，对于“删除”（delete）仅仅要求目标信息被删除后读取其资料时无法读取即可，通常做法是把信息信标删除——类似于电脑中的回收站，执行的也仅仅是“删除”，事实上并没有清除磁盘当中的物理痕迹，在物理磁盘的该存储区域再次被新的信息覆盖之前，我们仍可以通过各种文件恢复功能尽可能复原被删除的文件。而至于“抹除”（erasure），则指“运用最先进的实验室物理性技术（例如‘消磁’）的逻辑性技术，以确保信息完全无法被恢复”，具有“不可复原”（irreversible）的特征。② 更通俗一点的理解是，“删除”仅仅是移除信标之后允许对对应磁盘存储区域进行再覆盖，而“抹除”则要求直接彻底“摧毁”或者是确保再覆盖该对应磁盘存储区域以达到物理消除的目的。由此可见，从信息清除的效果角度出发，“欧盟 GDPR”中“抹除权”（“被遗忘权”）所要求达到的清除效果要远甚于现行《民法典》规范以及个人信息保护法草案的要求。而从信息主体的个人信息保护角度出发，“抹除”之保护效果肯定要比“删除”更佳，也使得笔者更加倾向于采纳“抹除”概念。

综上，被遗忘权的“主动遗忘”方面，便是指信息主体通过行使请求权来确保个人信息之抹除——主动行动而确保他人遗忘该个人信息。在此种情形下，信息控制者所应当承担的义务就是根据请求抹除相关个人信息。但是，“欧盟 GDPR”第十七条的规定并没有止步于此，其第二款还规定了信息控制者在收到信息主体的请求之后还需要通知第三方进行“抹除”，若信息控制者未进行通知或者第三方未按照通知进行抹除，信息控制者仍然可能被视为违反了“欧盟 GDPR”规定，从而面临着巨额罚款。“欧盟 GDPR”对于信息控制者的这一要求也符合我们的日常生活经验——事实上，我们经常发现通过网页历史镜像等功能，依然可以寻找到已经被信息发布者删除的信息，这也导致了即使信息控制者应请求履行了删除义务，仍然不能阻挡其他人通过第三方途径获取事先被另外存储了的个人信息。可见，从整个互联网层面的信息清除上，“欧盟 GDPR”第十七条对于被遗忘权的规

① 参见吴飞《名词定义试拟：被遗忘权（Right to Be Forgotten）》，载《新闻与传播研究》2014 年第 7 期，第 13 – 16 页。

② 参见蔡昀臻、樊国桢《自抹除、删除与抹除权及被遗忘权之控制措施的标准化谈“设计及预设的资料防护”：根基于云端运算服务》，载《电脑稽核》2019 年第 40 期，第 10 – 30 页。

定确实比我国现行《民法典》规范或者个人信息保护法草案中的个人信息删除权更加细致，也更加全面。

2. 被动遗忘

被遗忘权独具特色的一点是，其除了上述本权请求权内容之外，本身还对于信息控制者有着其他义务要求。此种另外的义务要求无须信息主体提起，就自然被施加在了信息控制者身上。因此，被遗忘权还有着某种社会法的特征——即通过法律规范个体行为，这集中体现在了被遗忘权的被动倾向方面上。

被动遗忘是指无须信息主体采取任何行为，互联网就能通过某种自律机制自行遗忘过时之个人信息。当然，此种“自律”并不完全是信息控制者的自发行为，法律的规范与技术标准调整强制性或者非强制性地发挥着极其重要的作用。信息时代相较于以往更加明显的变化是，个人信息并不会随着时间的正常流逝而自动消失——承载着个人信息的相片与报刊极易灭失，但承载着个人信息的虚拟网络却近乎永恒。近乎永恒的虚拟网络承载着过去的个人信息却将个体永远定格在了过往，令其深陷于过往不可动弹，饱受精神折磨之痛苦。真正深陷精神折磨中的人第一反应通常不是运用请求权去进行抹除，而是一遍又一遍地陷入内心的痛苦漩涡，而已经受到伤害了的人格尊严也是无法被彻底弥补回原样的。因此，法律进行主动规制的主要目的，便是让互联网对于个人信息也能像人脑一样——能够自动遗忘。

若想实现互联网的自动遗忘，那便需要依靠一种定时自动抹除的机制。但我们无法确定个人信息在何种时间长度后应当被抹除较为适宜——该标准很难被量化。因此，法律的总体规制不应当确定特定的时间长度，只有信息主体与信息控制者双方自行约定特定时间长度才更符合个案情形，法律的总体规制应当寻求其他衡量标准。回归到个人信息权的“告知－同意”模式，信息控制者意欲处理某一特定的个人信息，必定是基于某种特定目的，而信息主体对于个人信息处理的同意，同时也可以认为是对于信息控制者的这一处理目的的认可。而当个人信息的处理已经实现了预先经过“告知－同意”的目的或者该目的在客观上已无实现的可能时，那么此时信息控制者存储或者继续处理个人信息便超出了先前信息主体同意的范围。因此，当我们分析判断个人信息应当在何种时候被自动遗忘或者法律进行总体规制时，不妨以个人信息处理目的实现为标准。

（二）被遗忘权所意欲保护的利益

任何民事权利都基于一定的利益而确立，所以分析被遗忘权所意欲保护的利益是认识与建构被遗忘权的核心与重点。事实上，被遗忘权，或者说作为整体的个人信息权，其意欲保护的是“手段利益”与“目的利益”的结合。而作为手段利益的是信息主体对个人信息的控制利益，作为目的利益的则是人格尊严得到尊重的利益。

1. 对个人信息的控制利益

在被遗忘权的内容当中，信息主体通过请求他人履行义务而实现了对于个人信息的间接控制，使得个人信息的决定权掌握在信息主体手中——这便是个人信息权的特征。在当今的社会实践当中，个人信息权的表现形式是“告知－同意”这一模式，但被遗忘权的出现同样也冲击了个人信息权“告知－同意”模式，因为在被遗忘权的理论中，即使先前信息主体同意信息控制者对于其个人信息的处理，信息主体依然有权撤回该同意，使得信息控制者不得不采取措施停止处理个人信息——其中包括抹除。这也意味着被遗忘权理论下“告知－同意”中的“同意”并非终局性的、不可逆的同意，而是阶段性的、可撤回的同意。这是由于信息主体在最初同意信息控制者处理其个人信息时，其并没有像转移所有权一样让渡出自己的个人信息权。相反，即使个人信息处于他人控制之下，信息主体依然能够实现对于个人信息的间接控制。“欧盟 GDPR”第十七条第二款则更进一步——信息主体据此通过信息控制者还实现了对于第三方掌握的个人信息的间接控制。可见，被遗忘权的内容本身就是信息主体对于个人信息控制利益的体现，具体地讲，是间接控制利益的体现。

纵观世界有关被遗忘权的司法实践中，不少法院均承认被遗忘权所意欲保护的利益中包括了对于个人信息间接控制的利益。在我国台湾地区“高等法院”2017 年度上字第 1160 号民事判决中，该案原告认为搜索引擎所显示的结果侵犯了其隐私权，但被告搜索服务提供者坚称其并非个人信息发布者而仅仅是为了公共利益提供搜索结果。法院随后对被遗忘权进行了定义，分析信息时代个人隐私保护所面临的挑战并认为：如果不允许信息主体对于删除过时搜索结果之请求，将会影响信息主体之信息自主与控制权。由于搜索结果并非搜索引擎主动发布的个人信息，而仅仅只是搜索结果当中存在相关的报道，可见我国台湾地区法院认为保障被遗忘权是为了保障个人信息权，也是为了保障信息主体间接控制其个人信息的利益——且不论是间接隔了多少个主体，也不论此种能识别、关联和反映到特定个人的信息是信息主体自己还是他人首先发布的。

2. 人格尊严得到尊重的利益

手段的正当性来源于目的的正当性，被遗忘权“请求抹除”的这一手段服务的是被遗忘权所意欲实现的最终目的。从人本位的角度出发，我们需要探究“一个人为什么需要行使被遗忘权”。关于这一问题，我们也可以通过被遗忘权司法实践中的案例进行分析。

在日本司法上第一次确立被遗忘权的“买春男更生案”当中，原告男子认为 Google 搜索结果显示其曾经被逮捕的经历侵犯到了自身的人格权，实质上是指其人格尊严因此受损，因此才向法院请求删除此类搜索结果。虽然该男子过去的确曾因刑事案件被逮捕，但我们依然需要以一个动态的眼光去观察一个人，而不能使其沉浸在自己过去的错误之中痛苦一生，这便是日本“更生不被妨碍之利益”[①] 所意欲保护的“更生人”的人格尊严。埼玉地方法院明确“曾经……犯罪者，也有人格权中私生活受尊重的权利”[②]，从而进一步认同了该男子主张的正当性，实质上就是保护曾经犯罪者所拥有的被遗忘权。我们不难看出，人格尊严是日本“更生不被妨碍之利益”所意欲保护的利益，同时也是被遗忘权所意欲保护的利益。

人格尊严是“作为一个‘人’所应有的最起码的社会地位，及应受到社会和他人最起码的尊重”[③]。法律之所以肯定了一些生活利益并使之成为“权利”，系因立法者希望通过法律强制力保障某些个人生活利益，满足个人之心理感受需求，从而增进公众福祉。遂“感受”成为法律创制时所追求的价值之一，这要求法律之创制必须照顾到可能涉及的个人感受。人格尊严得到尊重，则是个人最起码的心理“感受”，因此，该种利益自然成为公民个人权利以及人格权法当中最为核心的利益，也令人格尊严得到尊重成为被遗忘权所意欲保护的最根本的目的利益。

三、“被遗忘权”在中国法律框架下的建构

被遗忘权作为一种新兴的权利，由于在中国法框架下的缺位，其性质与内容都相对抽象，寻求修改现行《民法典》规范以明文确立被遗忘权也因过高的立法成本等因素难以在短期内实现。但这并不妨碍我们在中国法框架之下尽可能寻求方法保护被遗忘权所意欲保护的利益以及实现其内容，即将被遗忘权具体化[④]。

（一）从被遗忘权的基本内容出发

被遗忘权的基本内容可以分为“主动遗忘”与“被动遗忘”两部分。主动遗忘，即被遗忘权信息主体的请求权。正如前文所述，请求之内容可以分为抹除特定个人信息以及通知有关第三方进行抹除两部分内容。而我国目前的个人信息删除权无法实现彻底抹除以及通知第三方，这是由于我国立法上还无“抹除”的相关概念，信息主体请求“不可复原”的“抹除”往往会缺乏依据。同时，“抹除”在技术上的高要求与高成本也使得众多个人信息服务商难以承受。

事实上，若想实现被遗忘权所意欲达到的效果，除了抹除个人信息之外，还有对个人信息进行加工这一办法——这颇有“解决不了问题，就解决问题本身”

---

① “更生不被妨碍之利益”指作为刑事案件之嫌疑人而遭逮捕之事实，对于嫌疑人而言系与其名誉或者信用直接相关之事项，该遭到逮捕之事实有不被无正当理由公开的法律利益。日本法院承认此项利益主要是为了保护嫌疑人在司法过程结束后能够正常回归社会生活。

② 日本判例时报第2282号，2016年3月21日，第80－83页，转引自刘彦廷《被遗忘权之研究——以台日对搜索引擎业者之检索结果删除请求权为中心》，我国台湾地区“政治大学法律学系”硕士学位论文，第44页。

③ 王利明：《人格权法中的人格尊严价值及其实现》，载《清华法学》2013年第5期，第5－19页。

④ 具体化（reification），原是指将一种将抽象的概念用明确具体的方式表达出来，本文中的“具体化”是指利用中国法框架下一些现存的、具体的途径来实现与“欧盟GDPR”第十七条中被遗忘权近乎一致的权利效果。

的意味。《中华人民共和国个人信息保护法（草案）》定义了“去标识化”（de-identification）、“匿名化”（anonymization）这两个与被遗忘权相关的概念，从而使得在实现“抹除”成本过大的现实情形下，通过加工个人信息可以实现被遗忘权所意欲达到的效果。去识别化是指“通过对个人信息的技术处理，使其在不借助额外信息的情况下，无法识别个人信息主体的过程”，更进一步的匿名化是指“通过对个人信息的技术处理，使得个人信息主体无法被识别，且处理后的信息不能被复原的过程”，在此定义下个人信息在经过匿名化之后便不再属于“个人信息”的范畴——当个人信息变得不再是个人信息，那么就不需要谈到被遗忘权了。《中华人民共和国个人信息保护法（草案）》第五章“个人信息处理者的义务”明确将“采取相应的加密、去标识化等安全技术措施”作为个人信息处理者为了保护个人信息安全的义务方案之一，这使得个人信息处理者在难以实现抹除的情形下会转而通过“去标识化”或“匿名化”实现个人信息保护，信息主体也可以据此请求个人信息处理者履行该法定义务。

同时，作为国家标准的《信息安全技术个人信息安全规范》（GB/T 35273—2020）提出了信息控制者如果违反法律法规或者约定而将个人信息主动披露或者共享、转让给第三方的，在信息主体提出删除请求后除了信息控制者要进行删除之外，其还需要通知有关第三方进行删除，令该标准与“欧盟 GDPR”第十七条第二款之规定“神似”。虽然该标准并非国家强制性标准，但对于我国的个人信息处理行业亦具有较强的指引作用，值得后续通过立法正式将其确认为信息控制者的义务。

在被遗忘权的“被动遗忘”方面，当前世界各国的立法实践基本都采用了个人信息处理目的实现作为衡量是否应当“自动遗忘”个人信息的标准，包括我国最新的个人信息保护法草案。《中华人民共和国个人信息保护法（草案）》第四十七条第一款除了规定应当根据信息主体个人请求删除其个人信息的情形外，其表述也明确要求如果符合该条中各项情形的，信息控制者也应当主动删除信息主体的个人信息。同时，《中华人民共和国个人信息保护法（草案）》第四十七条第二款也考虑到了信息控制者在实践中难以实现删除的情形该如何面对，规定了对信息控制者的“最低要求”——停止处理个人信息。

（二）从被遗忘权所意欲保护的利益出发

被遗忘权所意欲保护的利益包括作为手段利益的对个人信息的控制利益以及作为目的利益的人格尊严得到尊重的利益。正如前文所述，对于个人信息的控制利益在法律权利上存在有个人信息权，《民法典》“人格权”编明确规定了信息主体的各项个人信息权，现今公布的个人信息保护法草案也进一步细化了个人信息权。因此，在中国法框架下我们确实能将被遗忘权保护的对个人信息的控制利益通过个人信息自主或者个人信息删除权实现。

被遗忘权所意欲保护的作为目的利益的人格尊严得到尊重的利益，在民法体

系中通常是作为一般人格权进行保护。在《民法典》编纂前，我国便有学者认为一般人格权“可以作为一个兜底性条款而对具体列举的条款所未能涵盖的部分提供概括的保护，从而为社会变迁中出现的新型人格权利益确立了请求权的基础”[①]。在后来正式生效的《民法典》当中，《民法典》第九百九十九条第二款确定保护一般人格权的同时也明确人格尊严利益可以通过一般人格权进行保护。在我国法院的司法实践当中，已经确立了一套一般人格权的法律判断标准，这也体现在了“中国被遗忘权第一案”的任甲玉诉百度案[②]当中。一项意欲通过一般人格权保护的人格利益主张若想得到法律上的支持，需要满足三个条件：必须不能涵盖到既有类型化权利之中、具有利益的正当性以及法律进行保护的必要性。任甲玉案同时也为日后的中国法框架下被遗忘权的实践提供了思路，即通过一般人格权保护人格尊严受到尊重的利益。

四、结论

面对大数据时代个人信息保护危机这一时代课题，我们确实有在中国法框架下建构被遗忘权的必要。但是，这并不意味着我们一定需要通过完全复制“欧盟GDPR”第十七条以修改现行《民法典》规范或将其内容纳入未来的个人信息保护法，而是可以充分利用现有的途径去实现被遗忘权所意欲实现的权利效果。这是一种将被遗忘权“具体化”的思路——通过利用现有的个人信息删除权以及一般人格权两大请求权基础，结合个人信息保护法当中规定的“自动遗忘义务”与“去标识化”“匿名化”等个人信息处理手段，我们能够在中国法框架下实现被遗忘权近似的权利效果，从而实现一个被遗忘权的中国化建构。

---

① 王利明：《人格权法中的人格尊严价值及其实现》，载《清华法学》2013年第5期，第5－19页。

② 任甲玉诉北京百度网讯科技有限公司侵犯名誉权、姓名权、一般人格权纠纷案，北京市海淀区人民法院（2015）海民初字第17417号民事判决书。

《民法典》土地经营权流转条款的理解和适用

林灏铭*

【摘要】土地经营权是兼具物权和债权特征的新型财产权。土地承包经营权人或土地经营权人可以通过书面合同向具有农业经营能力和资质的组织或个人流转土地经营权用于开展农业生产经营活动。土地经营权可以出租、入股、抵押、信托等符合有关法律和国家政策规定的方式流转，权利设立的时间根据流转期限的长短有所不同，且《民法典》采取了不完全的登记对抗主义。现行法的规定较为简略，存在权利定性不明、配套制度缺失、监管机制缺位等问题，对今后的研究和实践都提出了较大挑战。可参考我国台湾地区有关农育权和耕地租用制度的规定，根据具体情形的需要配置不同的权利内容和保护模式，进一步丰富发展土地经营权的流转形式，尽快建立完善配套的各项制度，及早出台统一明晰的监管机制。

【关键词】三权分置　土地经营权　流转

一、引言

土地是最基础的生产资料，也是千百年来无数农民的安身立命之本，事关国家和社会的发展与稳定。改革开放40多年间，我国经济持续高速增长，越来越多的农民进入城市，大量农村土地处于抛荒或半抛荒状态，却又不能将其交由高度专业化、有能力和意愿利用这些土地从事规模化农业生产的经营者管理，造成了严重的资源浪费，客观上催生出流转土地权利的需求。为解决上述问题，党中央创造性地提出农村土地集体土地所有权、土地承包权、土地经营权“三权分置”的伟大构想，并通过之后颁布的一系列重要文件为该制度的确立提供了政策依据。2015年11月，中共中央办公厅、国务院办公厅印发的《深化农村改革综合性实施方案》提出，深化农村土地制度改革的基本方向是“落实集体所有权，稳定农户承包权，放活土地经营权”，核心是“放活经营权”，旨在提高农业生产效率，实现规模经营，增强农地融资能力，赋予农民更多的财产性权利。实行“三权分置”，兼顾了公有制为主体的基本国情和社会经济高速发展的现实需求，同时通过允许农民保留基于集体成员身份的土地承包权、流转财产性的土地经营权的制度设计，保护农民利益，防止出现土地高度兼并，最大限度实现效率价值和公平价值的统一。

---

* 林灏铭，中山大学法学院硕士研究生。

2018 年修改的《中华人民共和国农村土地承包法》(以下简称《农村土地承包法》)和 2020 年颁布的《中华人民共和国民法典》(以下简称《民法典》)对土地经营权及其流转作了正式规定。《民法典》有关土地经营权的规定被编排于"物权"编第三分编第十一章关于土地承包经营权的规定之后。其中,第三百三十九条、第三百四十二条确认了土地承包经营权人有权以出租、入股等方式向他人流转土地经营权;第三百四十条规定土地经营权人有权在合同约定的期限内占有农村土地,自主开展农业生产经营并取得收益;第三百四十一条规定流转期限为 5 年以上的土地经营权自流转合同生效时设立,当事人可以向登记机构申请土地经营权登记,未经登记不得对抗善意第三人。总体上,《民法典》"物权"编仅作了简单的原则性规定,对许多具体问题,如土地经营权流转的具体形式和什么是土地经营权流转的"其他方式"、土地经营权的权利性质及其与土地承包经营权的相互关系、土地经营权的登记制度和可以登记的范围、土地经营权的拍卖和监管制度等皆留有空白。本文旨在梳理相关概念,就《民法典》土地经营权流转条款的理解和适用提出一己之见。

二、流转的主体

"流转"并非传统上既有的法律概念,而是从其他领域移植而来的术语。国内法律学科对"流转"的使用,肇始于税法领域的"流转税",指的是"商品或资金在流通过程中的周转"。我国现行法明确使用"流转"一词的,集中在涉及土地权利或特殊产权特别是农业用地权利的领域。基于上述背景,本文语境下的"流转"宜被界定为"对农业用地权利的流通、转让、周转"。

过去的观点认为,农业用地权利流转存在三种类型,即土地承包经营权的整体流转、土地经营权的初次流转和土地经营权的再流转。[①] 2018 年《农村土地承包法》修改后,土地承包经营权的互换、转让不再被作为流转的一种方式,土地承包经营权不再是流转的客体,《民法典》的有关规定也延续了这一做法。由此,土地承包经营权的整体流转这一概念不复存在。与之相比,《农村土地承包法》和《民法典》对土地经营权的有关规定均使用了"流转"一词,因而土地经营权仍然是流转的客体。"再流转"是相对于土地经营权由承包方向受让方首次转移的"初次流转"而言的,始见于 2005 年农业部颁布的《农村土地承包经营权流转管理办法》第十三条,指的是土地经营权由受让方向次受让方的转移。"初次流转"和"再流转"具有时间上的先后关系。实践中,土地经营权人从土地承包权人处取得土地经营权后又向他人流转的现象普遍存在。承包方向受让方初次流转土地经营权的基础乃是身份属性强烈、兼具社会保障机能的土地承包经营权,而受让方进

---

① 参见王洪平《民法视角下土地经营权再流转的规范分析》,载《吉林大学社会科学学报》2020 年第 1 期,第 29-39 页。

行再流转所依托的土地经营权仅仅是一种经济上的财产性权利，两种行为显然存在一定差异，需要有所区分，《农村土地承包法》第三十六条对初次流转仅要求承包方“自主决定”“并向发包方备案”，第四十六条对再流转则增加了“经承包方书面同意”的要求并另行规定有发包方的终止权和承包方的单方解除权，无疑体现出立法者的这种意图。

综上，《民法典》土地经营权的流转存在两类：土地承包经营权人向他人初次流转土地经营权、土地经营权人向他人再流转土地经营权。

由《民法典》第三百四十条和《农村土地承包法》第四十条的规定可知，出让方和受让方在协商一致后通过签订书面合同流转土地经营权，受让方在合同约定的期限内占有农村土地、自主开展农业生产经营并取得收益，因此，土地经营权流转中存在两方当事人：作为出让方的土地承包经营权人或土地经营权人和作为受让方的土地经营权人。

一般而论，既然是通过合同设立的权利，那么合同的当事人自然就是设立权利的主体。然而，对土地承包经营权人和土地经营权人是否可以作为设立土地经营权的主体，学界存在争议。通说认为，土地经营权是从所有权的权能派生或分离出来的一类他物权，虽然传统大陆法系理论强调有权设立他物权的只有享有处分权的所有权人，即对农村土地拥有所有权的农村集体经济组织，但我国的相关立法将本应由所有权人行使的部分权能直接授权给了用益物权人，因此，即便会面临来自传统民法理论的质疑，土地承包经营权人和土地经营权人仍然是设立土地经营权的法定主体。① 另一种观点认为，他物权的设立是对所有权本身的实际分割而非对所有权权能的转移，即对所有权单一内容的一部分予以具体化，必须要有所有权方可为此行为②，因此，除非将土地承包经营权作为一种自物权③，否则土地经营权流转合同的当事人不能作为设立土地经营权的主体。还有学者基于英美财产法从经济学引入的“权利束”理论，认为“承包经营权 = 承包权 + 经营权”，主张随着交易的展开，财产权细分的各项权利束会归属于不同的权利主体④，故“承包地产权作为一个权利束，包括占有、使用、收益、处置等子权利，每一项子权利内容还可以再细分相应权益，承包权与经营权的分离就是多个主体分享承包地产权权利束的直接体现”⑤，土地经营权流转合同的当事人就是土地经营权的主体。对这种观点的批评意见集中在“土地承包权不是独立的权利类型，而是

---

① 参见王铁雄《农村承包地三权分置制度入典研究》，载《河北法学》2020 年第 1 期，第 20 - 42 页。

② 参见房绍坤《用益物权与所有权关系辨析》，载《法学论坛》2003 年第 4 期，第 23 - 28 页。

③ 参见房绍坤、曹相见《集体土地所有权的权能构造与制度完善》，载《学习与探索》2020 年第 7 期，第 49 - 61 页。

④ 参见李胜兰、于凤瑞《农民财产权收入的土地财产权结构新探——权利束的法经济学观点》，载《广东商学院学报》2011 年第 4 期，第 83 - 91 页。

⑤ 潘俊：《农地“三权分置”：权利内容与风险防范》，载《中州学刊》2014 年第 11 期，第 67 - 73 页。

承包农户所享有的分离出土地经营权后的土地承包经营权的状态描述”[①]。“权利束”理论与我国的物权制度相冲突，对理应作为一个整体存在的所有权来说“不符合他物权设立的基本法理”[②]，会导致农村土地权利结构的法律表达陷入困境，徒增制度成本[③]。

笔者认为，“所有权-承包经营权-经营权”三权分置是对我国过去“所有权-承包经营权”二元结构的发展和创新，有别于西方国家的财产法理论，本质上是在坚持公有制的前提下对生产力发展需要的回应，经营权从承包经营权中分置不等于对物权进行分割，现行法仅是通过直接规定将所有权人的部分权能赋予了用益物权人行使。综上，土地经营权流转中，流转合同的当事人就是设立权利的适格主体，其中，受让方是享有土地经营权的权利主体，且应当是具有农业经营能力或者资质的组织和个人。

三、流转的客体

流转是出让方向受让方流通、转让、周转农村土地的土地经营权的行为，受让方据此获得在合同约定的期限内占有农村土地、自主开展农业生产经营并取得收益的权利，其实质是对土地的占有和部分权能的转移，且能够流转的土地仅限于耕地、林地、草地和其他用于农业的土地，而不包括宅基地等农村建设用地。因此，流转的客体就是设置在农业用地上的土地经营权。

（一）权利的产生、消灭和期限

《民法典》第三百四十条和《农村土地承包法》第三十七条都规定土地经营权人有权在合同约定的期限内占有农村土地，自主开展农业生产经营并取得收益。此外，《农村土地承包法》第四十条规定土地经营权流转的当事人双方应当签订书面流转合同，《民法典》第三百四十一条规定了流转期限为五年以上的土地经营权自流转合同生效时设立。上述条文应当被解读为，土地经营权是由出让方和受让方通过书面合同设立的权利。同时，关于其产生和消灭、期限的理解，适用《民法典》“总则”编与“合同”编的一般规定。

综上，流转期限不足5年的土地经营权的产生时间由当事人在合同中自行约定，流转期限为5年以上的土地经营权自流转合同生效时产生；土地经营权的期限由当事人在合同中自行约定，但一般不得超过承包期的剩余期限；引起土地经营权消灭的原因除约定的流转期限届满，还包括达成合同约定的消灭事由和土地经

---

① 肖立梅：《论“三权分置”下农村承包地上的权利体系配置》，载《法学杂志》2019年第4期，第26-33页。

② 参见高圣平《新型农业经营体系下农地产权结构的法律逻辑》，载《法学研究》2014年第4期，第82-83页。

③ 参见高飞《寻找迷失的土地承包经营权制度——以农地“三权分置”政策的法律表达为线索》，载《当代法学》2018年第6期，第14-24页。

营权流转合同被解除、撤销或宣告无效等，土地经营权消灭后，受让方需要向出让方返还对土地的占有。

（二）权利的性质和内容

土地经营权是作为一种经济上的财产性权利被提出来的，而我国的民法理论深受大陆法系建立起严格的财产权物债二分体系并配置不同内容的做法的影响，但现行法并未明确该规定权利的性质，因此不可避免地需要予以讨论。

国内学术界存在“物权说”“债权说”和“二元说”三种观点。①支持物权说的学者主张，物权是权能有机统一形成的整体而非权能之和，土地经营权在生成逻辑与历史渊源上是基于大陆法系的权能分割理论从作为用益物权的土地承包经营权上派生出来的次级用益物权[①]，其内容依然是对集体所有土地的占有、使用、收益，与传统的用益物权并无区别，唯有如此才契合“母权－派生权”的结构和布局以保持物权的整体性[②]。②支持债权说的学者主张，土地经营权是通过土地经营权流转合同设立的意定权利，流转较自由、多受合同制度调整且不具备物权基于法定产生、一般要求登记、具有优先效力的特点，债权色彩浓厚[③]，另外，物权说不符合“一物一权”原则[④]，多层权利客体理论又不能完全自圆其说，很可能阻碍土地权利流转，有悖立法初衷。③支持二元说的学者主张，土地经营权是在“三权分置”的政策背景下分置出来的，并非某种具体化的单一权利，而是各类农地使用权的总称，是一种同时具备物权和债权色彩的新型的财产权利[⑤]，会因流转形式等具体情形的区别而具备不同的属性。

笔者认为，土地经营权兼具物权和债权的特征，对保护交易安全和提升流转便利都提出了较高要求，严格的物债二分体系已经难以满足其实践需求，对其性质需要辩证看待。有别于物权色彩和身份属性强烈且具备社会福利保障机能的土地承包经营权，土地经营权在诞生之初就是为了方便农民流转权利以提高农业生产经营的质量并赋予其更多的财产性权利，这决定了土地经营权应当是一种市场化的财产性权利，相比于物权的绝对性、排他性、优先性，更多会表现出债权的相对性、非专属性、平等性，这也是它得以自由流转的基础。因此，土地经营权绝非通常的用益物权。但是，将土地经营权单纯视作债权也是不妥的，债权与物权最大的区别在于前者缺少登记带来的优先性，在受到来自第三人的侵害时难以

---

① 参见李国强《〈民法典〉中两种“土地经营权”的体系构造》，载《浙江工商大学学报》2020年第5期，第26－37页。

② 参见蔡立东《土地承包权、土地经营权的性质阐释》，载《交大法学》2018年第4期，第20－30页。

③ 参见陈小君《我国农村土地法律制度变革的思路与框架——十八届三中全会〈决定〉相关内容解读》，载《法学研究》2014年第4期，第4－25页。

④ 参见高海《论农用地“三权分置”中经营权的法律性质》，载《法学家》2016年第4期，第42－52页。

⑤ 参见高飞《农村土地“三权分置”的法理阐释与制度意蕴》，载《法学研究》2016年第3期，第3－19页。

得到充分的保护，现实中，农民有将土地经营权抵押以获得融资的需求，把“一地多包”现象频发的农业用地权利定作债权可能导致抵押权实现困难，最终影响农地权利价值的实现。现行法律法规在涉及土地经营权性质时选择了避而不谈，这种做法有助于跳过繁复的学理论证，高效落实“三权分置”改革，但长期如此显然会引发诸多争议，最终害及制度本身。因此，有权机关仍应尽早明确土地经营权的定性或权利配置标准，以便充实权利内容和配套制度。有学者提出，可以由当事人自行选择而非法律明文规定来确定权利性质，然而这种做法无疑只会使权利体系愈发混乱。① 事实上，从功利主义的视角出发，土地经营权制度构建的核心始终在于兼顾保障权益与放活流转，如何定性和配置权利完全取决于具体需要，更何况，事物大多有两面性，绝对化往往不妥当②，严格的物债二分思维或许可以为我国的财产权制度体系增添特殊的美感，但在当前情形下只会显得困窘。如果在思维方式上能够作出根本转变，跳出物权债权绝对对立的窠臼，将会为土地经营权的基础理论提供更好的发展方向③。

综上，笔者以为，不妨搁置争议，将土地经营权视为一种兼具物权和债权二元特征的新型的财产性权利，其内容包括对土地的占有、使用、收益、改良和建设附属设施、再流转等。需要特别注意的是，设立土地经营权的客体并非必须是整块土地，条件允许时也可以是分割后的部分土地。

（三）权利的行使和保护

无论性质如何，作为一种新型的财产权，土地经营权在行使时势必存在一定的限制和配套的保护机制。《民法典》第三百四十条和《农村土地承包法》第三十七条都规定了“土地经营权人有权在合同约定的期限内占有农村土地，自主开展农业生产经营并取得收益”。同时，《农村土地承包法》第三十八条还规定：“土地经营权流转应当遵循以下原则：（一）依法、自愿、有偿，任何组织和个人不得强迫或者阻碍土地经营权流转；（二）不得改变土地所有权的性质和土地的农业用途，不得破坏农业综合生产能力和农业生态环境；（三）流转期限不得超过承包期的剩余期限；（四）受让方须有农业经营能力或者资质；（五）在同等条件下，本集体经济组织成员享有优先权。”可见，土地经营权人在行使权利时，只能占有被流转的农村土地并在其上开展合同约定的权利内容范围内的农业生产经营活动而不能将其非农业化。另外，由于土地经营权仍受民法基本原则与合同制度的调整，

---

① 参见王辉《论土地经营权的二元法律属性及其实践价值》，载《浙江学刊》2019 年第 3 期，第 95－101 页；艾围利《土地经营权的改革解读与制度对接》，载《中国不动产法研究》2019 年第 2 期，第 107－121 页。

② 参见崔建远《物权编对四种他物权制度的完善和发展》，载《中国法学》2020 年第 4 期，第 26－47 页。

③ 参见王珺、汪莉《三权分置背景下土地经营权法律属性思考》，载《中国石油大学学报（社会科学版）》2019 年第 6 期，第 45－50 页。

民事权利行使的一般要求如不得违反法律或违背公序良俗、不得损害公共利益和他人合法权利等同样适用。

现行法对土地经营权的保护采取了不完全的登记对抗主义。《民法典》第三百四十一条规定："流转期限为五年以上的土地经营权，自流转合同生效时设立。当事人可以向登记机构申请土地经营权登记；未经登记，不得对抗善意第三人。"其中，前半部分规定的是土地经营权的设立的时间，后半部分则规定了土地经营权可通过登记获得对抗效力。《民法典》第三百四十一条与《农村土地承包法》第四十一条的微妙差异在于，前者并未明确限制只有流转期限在5年以上的土地经营权才能登记，但全国人大法工委黄薇主编的《中华人民共和国民法典物权编解读》提出"土地经营权流转期限为五年以上的，当事人可以向登记机构申请土地经营权登记"且土地经营权经过登记将成为具有优先效力和排他效力的物权，换言之，流转期限不足五年的土地经营权因无法登记而只能获得债权性的保护。①

笔者认为，土地经营权宜采完全的登记对抗主义。登记制度常见于物权领域，该制度最重要的价值在于通过由登记机关代表国家行使行政权力，可以赋予权利对世效力，达到保护真实权利人的合法权益并排除、限制他人主张相同权利的目的，最大限度地保护交易安全、保障权利行使。不动产领域普遍采取登记公示主义而非动产领域常见的交付公示主义，根本原因在于不动产的价值较高，权利结构复杂，仅凭占有难以判断是否为真实权利人，需要更大的保护力度，而严格的尽职调查耗时费力，会大幅增加交易成本、挫伤市场主体的交易积极性，最终制约财产的流转并贬损其社会价值，使得通过登记制度部分牺牲交易效率换取交易安全成为可被接受的方案。土地经营权流转对交易安全的需求较高，倘若将流转期限低于5年的土地经营权排除在允许登记的范围外，虽不至于影响权利流转，但会造成确权困难、争议频发，最终影响土地经营权价值的实现，这与赋予农民更多财产性权利的制度初衷是对立的，也不利于保护交易安全。同时，一面提出"法律不宜简单规定土地经营权的性质，应当赋予当事人选择权"②，一面又剥夺部分当事人的选择权，这种矛盾的做法着实需要斟酌。另外，设置于土地上的权利在实践中一般被认为是不动产，许多流转方式如设置抵押、设立信托本身就要求经过登记，《中华人民共和国民法典物权编解读》一书中的观点有碍权利流转。最后，虽然《农村土地承包法》规定了流转家庭承包的土地需要向本集体经济组织备案，但远不足以有效保障权利行使，可以预见未来会有越来越多的社会资本涌入土地经营权领域，牺牲一时效率换取安全稳定，将是许多农户和社会投资者的共同诉求。

综上，我国的土地权利客观上仍带有较多人身属性和社会机能，且部分流转

① 参见黄薇《中华人民共和国民法典物权编解读》，中国法制出版社2020年版，第475页。

② 参见黄薇《中华人民共和国民法典物权编解读》，中国法制出版社2020年版，第474页。

方式本身就要求登记，结合当前我国的土地权证制度长期空白、管理混乱，仅颁证盖章的部门和权属证书登记的内容就五花八门，难以正确反映土地情况和权利归属，亟须建立起完善的登记制度的现实，建立并完善土地经营权的登记制度，采取完全的登记对抗主义，有利于保护农户权益和交易安全，更好地实现“三权分置”的制度目标，也是对当事人意思自治的充分尊重。[①]

四、流转的方式

《民法典》第三百三十九条规定家庭承包的土地可以采取出租、入股或其他方式流转土地经营权，第三百四十二条规定通过招标、拍卖、公开协商等方式承包的“四荒地”在依法登记取得权属证书后可以采取出租、入股、抵押或其他方式流转土地经营权。整体上看，现行法对土地经营权的流转方式规定得较为简略，为今后的发展完善留下了巨大的制度空间。

（一）出租

出租，指的是身份适格的转让方与有相应资质的受让方签订租赁合同，受让方向转让方支付租金，在合同期限内占有部分或全部土地，自主开展农业生产经营并取得收益的流转形式。《中华人民共和国民法典物权编解读》将转让方局限于土地承包经营权人，将受让方限制为本集体经济组织成员以外的人，忽视了土地经营权以出租的方式发生再流转的可能性，也没有考虑农地权利在同一集体经济组织成员之间流转时不必然通过转包、互换土地承包经营权的现实，有欠考虑。[②]

出租是土地经营权流转最常见的形式，早在农地权利“三权分置”改革提出前就已广泛存在于我国农村，具有良好的社会基础，《民法典》明确将出租列为土地经营权流转的一种方式，解决了“两权分离”时代围绕农业用地出租合法性产生的诸多争议。实践中，农业用地权利的出租一般参照租赁合同制度进行调整，“与德国、瑞士等境外国家和地区将租赁区分为使用租赁和用益租赁不同，我国《合同法》第十三章规定的租赁合同都是用益租赁。从土地经营权的设立来看，新法第三十六条规定了出租（转包）方式，也规定了土地经营权包括占有、自主开展农业生产经营、收益等内容，此时土地经营权在本质上属于租赁权，是一种债权性的用益租赁权”。[③] 随着社会经济发展，债权模式的保护已经不能满足市场保障用益租赁权交易安全的需要，出现了要求租赁权物权化的呼声。所谓租赁权物权化，指的是租赁权突破传统债权遵循的合同相对性原则，获得对抗第三人的效力。根据日本学者我妻荣的观点，租赁权物权化并非租赁权的权利属性使然，而

---

① 参见段浩《“三权分置”下土地承包经营权证制度的缺陷及完善》，载《长治学院学报》2019 年第 5 期，第 1-4 页。

② 参见黄薇《中华人民共和国民法典物权编解读》，中国法制出版社 2020 年版，第 464 页。

③ 艾围利：《土地经营权的改革解读与制度对接》，载《中国不动产法研究》2019 年第 2 期，第 107-121 页。

是两次世界大战后各国立法政策推动的结果。大部分人不是利用自己的不动产居住和农耕，而是在他人不动产上进行，脆弱的租赁权会阻挠社会生活的安定和进步，需要特别保护。[①] 土地经营权是一种对自由流转和安全稳定都有所需求的新型财产权，理应配置比传统债权更高的保护力度。租赁权一般是通过登记获得物权效力的，当前我国并未建立土地经营权出租的登记制度，有待未来完善。

（二）入股

入股，指的是身份适格的转让方将部分或全部土地上的土地经营权作价出资，投入农业生产合作社、农业公司等用于开展农业生产经营，转让方根据出资协议的约定成为合伙企业或公司的股东并取得分红的流转形式。

以土地经营权入股的方式在我国的历史较短，2018 年农业农村部、发改委等六部门联合发布了《关于开展土地经营权入股发展农业产业化经营试点的指导意见》，眼下各地还在分散试点摸索。《民法典》明确将入股列为土地经营权流转的一种方式，打消了民众既往对土地经营权能否作价出资的疑虑。入股流转方式的问题主要集中以下方面[②]：第一，土地经营权缺少统一的估值制度和标准，经济上处于弱势地位的农户的土地经营权价值往往被严重低估，损害了其利益；第二，以土地经营权入股后如何分配收益存在争议，在现行政策的倡导下，地方政府普遍实行了“保底收益 + 按股分红”，然而这种做法有损害债权人利益之嫌[③]；第三，农户面临着作为股东难以实际参与公司经营和治理的困境；第四，公司破产后的权利归属和股份退出机制不明。上述问题的回应和解答都需要在今后的实践中加以探索和研究。

（三）抵押

抵押，指的是身份适格的转让方为获取融资，不转移占有以部分或全部土地上的土地经营权向债权人提供担保，债权人有权在转让方不履行到期债务或发生双方约定的实现抵押权的事由时，就设立抵押权的土地经营权优先受偿的流转形式。

近年来农户的融资需求较以往显著增加，放开土地经营权抵押的限制大大提升了农户的融资潜力。目前，国内主要形成了单一土地经营权抵押、追加财产权多元抵押、第三方担保代偿、风险补偿基金代偿四种模式。[④] 虽然《民法典》仅明确规定“四荒地”适用抵押的流转方式，但《农村土地承包法》第四十七条规定了家庭承包的土地经营权可以向金融机构融资担保，应当理解为抵押的流转方式

---

① 参见［日］我妻荣《债法各论》（中卷一），徐进、李又又译，中国法制出版社 2008 年版，第 188 页。

② 参见宁传富《“三权分置”下土地经营权入股法律问题研究》，广州大学 2019 年硕士学位论文。

③ 参见范吉祥《土地承包经营权入股存在的问题及应对措施》，载《时代金融》2019 年第 33 期，第 94 – 101 页。

④ 参见林一民、林巧文、关旭《我国农地经营权抵押的现实困境与制度创新》，载《改革》2020 年第 1 期，第 123 – 132 页。

适用于各类农业用地。土地经营权抵押的问题集中以下方面：第一，估值制度缺位；第二，缺少土地经营权设立抵押登记的相应制度；第三，实现抵押权的方式不明。对部分农户来说，土地经营权是唯一能用于融资的财产，假使因抵押权的实现被剥夺权利，很可能造成实质上的“农户失地”，这在社会治理层面是不容忽视的问题，故“抵押制度设计必须充分考虑其自身的特殊性，这尤其体现在承包地经营权抵押权的实现方式上”①。

（四）信托等符合有关法律和国家政策规定的其他方式

除前述三种方式，《民法典》还规定了可以通过“其他方式”流转土地经营权。“法不禁止即可为”是民法的基本理念之一，因此，只要流转方式符合有关法律和国家政策的规定与导向，原则上都应认为合法有效，笔者在此仅讨论农地信托。

信托是身份适格的转让方基于信任将土地经营权委托给信托机构，信托机构按照转让方的意愿，以自己的名义为约定的受益人的利益或特定目的，管理或处分权利的流转形式。

信托起源于英国，如今已是现代社会重要的金融制度之一，实践证明由高度专业的信托机构充当受托人代替委托人为受益人的利益管理财产可以更好地实现财产的价值。土地经营权是一种财产性权利，符合《中华人民共和国信托法》对信托财产的要求，对土地经营权设立信托有助于农地在较大范围内流转，实现市场的优化配置。土地经营权信托存在下列问题：第一，实践中，农户和集体较少直接作为委托人出现，时常出现层层委托，导致权利关系复杂化；第二，除少数由政府控制的土地信托公司，市面上大多数信托公司并无开展农业生产经营的意愿和资质，不符合土地经营权流转受让方的条件；第三，受益人是委托人还是农户存在争议。我国的信托制度不尽完备，有学者主张土地经营权设立信托应采登记生效主义②，同时参考美国、日本等国的经验，尽快建立专业的土地信托服务机构，同时积极发挥政府的引导和监督作用③。

（五）小结

《民法典》对土地经营权的流转方式规定言简意赅，留白较多，这符合制度完善和社会实践是不断上升发展的过程的客观规律，鼓励大胆的创新实践，优化我国的营商环境。当前的一个重要问题在于，除去前文提及的登记制度，眼下我国还缺失了以估值制度、拍卖制度为代表的土地经营权流转的各种配套制度，且没

---

① 谭贵华、吴大华：《农村承包地经营权抵押权的实现方式》，载《农业经济问题》2020 年第 6 期，第 119－130 页。

② 参见林少伟《我国农村土地信托之困境检视与出路探索》，载《中国不动产法研究》2019 年第 2 期，第 154－167 页。

③ 参见尹晓波、朱永倩《“三权分置”背景下土地经营权信托法律问题研究》，载《铜陵学院学报》2019 年第 1 期，第 69－73 页。

有可靠有效的监管机制。

无论采取何种方式，土地经营权在流转时首先需要解决的就是估值问题，土地经营权价值是否能够被合理正确地评定而不被贬损，事关广大农民的切身利益和三权分置改革“赋予农民更多财产性权利”政策目标的实现。此外，建立全国统一的估值方式和标准，有利于避免地方经济水平发展不均，助力推动解决“三农”问题的一系列改革。

土地经营权的拍卖制度，实际是为了解决土地经营权入股或抵押后债权人的利益保护和权利实现问题。市场的秩序应当得到维护，市场主体的合法权益也应当受到尊重，但前文也已提及，假使因权利的实现而造成农户的实质失地，对社会治理而言也是不稳妥的。因此，建立配套的拍卖或权利实现制度，于保护债权人利益、维护农业安全与社会稳定而言，皆意义重大。

土地经营权在流转的过程中，面临着包括但不限于农户失地危害社会稳定、土地非农化危害农业安全、土地抛荒导致肥力下降甚至土壤盐碱化危害生态环境、土地非粮化破坏土壤种植条件、土地低效经营降低土地价值的实现等一系列现实风险。为做好风险防控，切实维护国家、集体对土地的所有权和农户权益，建立各类监督管理机制非常重要。

当前，我国尚未出台统一的土地经营权流转配套制度或监管机制，地方各行其是，难以有效保障土地经营权流转过程中的当事各方的合法权利。笔者认为，未来可以考虑建立“农业部门－农村集体经济组织－农会组织”三位一体的监管体系。目前，我国城市土地的登记由土地管理部门负责，涉及农村土地的登记由农业部门负责，由农业部门牵头建立配套制度、负责权属登记并监督制度运行，一方面有利于发挥我国的制度和体制优势以更好地贯彻落实各项政策、调控农业经济发展，另一方面也有利于避免新设部门机构带来的行政效率低下问题。集体经济组织作为农村土地法定的所有权人和我国管理农村地区、实现农民自治的基层单位，距离农民最近，了解实际情况，应当在既有备案职责的基础上负担起监督管理职责，带动确立片区土地的估值标准和拍卖制度，这也有利于充分保障集体所有权和集体经济组织成员的求偿权，较好地兼顾债权人权利的实现和农户权益的保护。农会组织作为新生的农民自治组织，在贯彻农民“自治、自享”的理念，以及为农民争取权益、代表农民利益等方面发挥着重大作用。我国台湾地区的历史经验表明，“只有通过农民自组织程度的提高，农村面貌和农民生活水平才能发展提高”①。我国应充分发挥农会组织在行业自治中的重要作用，建立起行会和基层自治组织、政府机关的良好互动关系，推动农村地区共建共治共享的社会治理制度建设，全面深入优化国内营商环境改革，使农民在国家社会经济发展过

---

① 参见周林彬、于凤瑞《两岸农民融资的法律制度比较分析》，载《台湾研究集刊》2010 年第 6 期，第 54－61 页。

程中有更多的获得感、参与感和满足感。

综上所述，笔者认为，及早建立规范统一的配套制度和监管机制，不仅必要，而且已迫在眉睫。

五、结论

土地经营权区别于传统的次级用益物权或债权，是一种兼具物权和债权二元特征的新型的财产性权利，其内容包括对土地的占有、使用、收益、改良和建设附属设施、再流转等。土地承包经营权人和土地经营权人可以通过书面合同向具有农业经营能力或者资质的组织和个人流转土地经营权用于开展农业生产经营活动，此时，出让方土地经营权可以出租、入股、抵押、信托等符合有关法律和国家政策规定的方式流转。流转期限为 5 年以上的土地经营权自流转合同生效时设立，不足 5 年的由当事人自行约定。土地经营权经登记可产生对抗效力，且现行法采取了不完全的登记对抗主义。

《民法典》土地经营权流转条款的规定偏简略，存在较多制度空白和完善空间。黄薇主编的《中华人民共和国民法典物权编解读》并非正式的立法解释，仅是立法者对其观点的阐述，因此，在未来仍有讨论和调整的空间。当前，我国的土地经营权流转存在权利定性不明、配套制度缺失、监管机制缺位等问题，由此引发的争论较多，对今后的立法完善与司法实践都提出了较大挑战。可参考我国台湾地区有关农育权和耕地租用制度的规定，进一步丰富发展土地经营权的流转方式，根据具体情形的需要配置不同的权利内容和保护模式，同时应对土地经营权流转采取完全的登记对抗主义，尽快建立完善配套的各项制度，及早出台统一明晰的监管机制。

论买卖合同设立建筑物专有使用权的效力

肖　迪*

【摘要】在买卖合同上设立建筑物专有使用权是城市高层建筑空间利用中的常态。在实践过程中，通过买卖合同设立的建筑物专有使用权常常与建筑物区分所有权冲突，使得买卖合同设立的建筑物专有使用权无物权效力，但对于债权效力未置可否。分析买卖合同创设建筑物专有使用权的效力有助于厘清这种权利的法律性质，较好解决此类合同的物权与债权效力问题。

【关键词】买卖合同　专有使用权　建筑物区分所有权

买卖合同设立建筑物专有使用权是指出卖人与买受人在签订商品房买卖合同时，约定楼顶、地面绿化带、架空层、地面停车位等使用权归出卖人或其指定的人所专有。因买卖合同约定的专有使用权可能涉及买受人建筑物区分所有权的共有部分，所以该约定的效力一直存在争议。本文通过对“周庆吾与湖南三诚置业有限公司房屋买卖合同纠纷案”① 进行分析，试图厘清买卖合同创设建筑物专有使用权的法律性质，为解决争议提供理论依据。

一、案例分析

周庆吾（一审原告、二审上诉人、再审申请人）与湖南三诚置业有限公司（一审被告、二审上诉人、再审被申请人，以下简称“三诚公司”）于2009年5月20日签订《商品房买卖合同》，购买三诚公司开发的位于湖南省长沙市某处房屋，并约定了房屋总价款与支付方式。同时，双方签订的《合同补充协议》第10条约定：“凡未列入本《商品房买卖合同》附件二所列分摊共有面积的部位（包括但不限于地下室、地下车位、地面车位、架空层②、楼顶等）所有权及使用权归出卖人所有，出卖人有权自行处置。”合同签订后，周庆吾按约定支付价款，三诚公司向周庆吾交付了房屋。在此之后，三诚公司与案外人罗晗等其他买受人签订《商品房买卖合同》与《合同补充协议》，《合同补充协议》第10条增加一款：“出卖人享有大厦的冠名权和更名权，大厦楼顶使用权归太平洋人寿保险有限公司所有。”

2013年8月28日，周庆吾向法院起诉称：楼顶使用权属于全体业主共有，附属于专有部分，不得单独转让，三诚公司无权通过格式条款排除周庆吾的主要权

---

* 肖迪，澳门科技大学法学院博士研究生。

① 一审、二审、再审案号分别为（2013）雨民初字第2704号、（2014）长中民三终字第04491号、（2015）湘高法民再二终字第54号。

② 根据长沙市中级人民法院的事实认定，涉案房屋并无架空层。

利；对楼顶使用权的处分必须得到占面积和人数过半的业主同意，周庆吾和三诚公司无权对共有建筑物进行处分。据此，周庆吾请求判决确认其与三诚公司签订的《合同补充协议》第 10 条关于所有权和使用权保留条款无效。三诚公司答辩称：《商品房买卖合同》并非格式条款；楼顶等部分的所有权并非买受人的主要合同权利；三诚公司与周庆吾等业主约定保留楼顶等部分的特定权利、全体业主放弃楼顶等部分的相关权利，不违反法律规定。

（一）一审判决要旨

一审法院认为：第一，争议条款未排除原告的主要权利，不属于格式条款。理由是房地产市场属于自由竞争市场，双方仍然可以就三诚公司事先拟定的合同文本进行协商，且三诚公司和案外人罗晗签订的买卖合同相关条款该与争议条款规定也不完全一致。第二，根据《中华人民共和国物权法》（以下简称《物权法》）第七十三条和第五条，楼顶、地面绿化带、架空层属于整栋房屋的组成部分，属于全体业主共同共有，不能单独分割，争议条款的约定将导致房屋架空层、楼顶等的所有权归部分业主乃至非业主所有的法律后果，有违物权法定原则，因此违反了法律的强制性规定，应认定无效。第三，使用权并非法律规定的物权种类，争议条款创设的使用权将导致完整所有权被分割，因此，关于保留楼顶、地面绿化带、架空层使用权的约定也无效。第四，根据《物权法》第七十四条关于对规划内的地面车位权属规定，争议条款关于保留地面车位所有权和使用权的约定合法有效。综上，雨花区法院认为，关于楼顶、绿化带、架空层所有权和使用权归出卖人所有的约定无效。

（二）二审判决要旨

二审法院认为：第一，争议条款虽由三诚公司提供，但仍与买受人进行协商，并非格式条款。同时，争议条款并非针对专有部分，并没有排除买受人的主要权利。第二，根据《物权法》第七十条，专有权与共有权具有一体性，不可分离，除《物权法》第七十四条第二款规定的建筑区划内用于停放汽车的车位、车库外，争议条款关于保留楼顶、地面绿化带的所有权的约定无效。第三，争议条款约定的楼顶使用权实质为共有部分专有使用权，即通过建筑物区分所有权人之间的合同约定，将共有部分使用权让渡给第三人，从而使该第三人享有排他、独占使用共有部分的权利。因楼顶不属于建筑物的必要配套设施，约定为专有使用权不会对建筑物其他使用人权利的损害，每个业主与开发商均通过合同的形式约定放弃楼顶使用权，属于业务的意思自治范围，并无法定无效情形，应当有效。至于建筑区划内的绿地属于建筑物的必要配套设施，约定为专有使用权将严重影响其他使用人的权利，该合同条款无效。第四，地面车位占用共有场所部分，根据《物权法》第七十四条第二款规定，争议条款对该部分车位的所有权和使用权约定无效。综上，长沙市中级人民法院认为，关于楼顶所有权（不含使用权）归出卖人所有的约定、关于地面绿化带所有权和使用权归出卖人所有的约定、关于占有业主共有道路和其他场所的车位所有权和使用权归出卖人所有的约定无效。

（三）再审判决要旨

再审法院认为：第一，争议条款虽然由三诚公司拟定，但该条款在不同的商品房买卖合同表述不同，不能认定为格式条款。第二，业主对建筑物的所有权包括专有部分的所有权和共有部分的共有权，两者不可分离，约定楼顶所有权属于出卖人所有，违反了物权法定原则，当属无效；根据《物权法》第三十九条，所有权包括了占有、使用、收益、处分四种权能，关于保留楼顶专有使用权的约定将导致使用权与所有权永久分离，违背了物权法定原则，因此也无效。综上，湖南省最高人民法院认为，关于楼顶、地面绿化带和占有业主共有的道路或者其他场所的车位的所有权和使用权归出卖人所有的约定无效。

本案是典型的买卖合同设立建筑物专有使用权的效力问题，争议的焦点是：房地产开发商与房屋买受人在签订商品房买卖合同时，关于楼顶、地面绿化带、架空层、地面停车位的所有权和使用权归房地产开发商或房地产开发商指定的第三人所有的约定是否有效。争议主要涉及三个层次问题：第一，上述约定是否违反物权法定原则；第二，上述约定是否仍具有债法上的效力；第三，属于债权性质的专有使用权能否通过上述约定设立。

二、争议条款是否违反物权法定原则分析

本判决的一审、二审和再审均发生于《中华人民共和国民法典》（以下简称《民法典》）颁布前，法官援引《中华人民共和国物权法》（以下简称《合同法》）和《中华人民共和国物权法》（以下简称《合同法》）作为裁判依据。为对应裁判依据剖析案例，本文仍引用《物权法》《合同法》相关规定展开分析，涉及《民法典》对相关条款修订的部分将予以特别说明。

根据物权法定原则，物权的种类和内容由法律确定，当事人不能任意创设新的物权种类或改变物权内容。建筑物区分所有权，是所有权的亚类型，《民法典》颁布前为《物权法》第六章所确认，该章规定了建筑物区分所有权的法定内容。本案争议条款对所列的共有面积，约定为出卖人所有权和使用权保留。根据目前的房屋测量规范以及商品房交易习惯，商品房买卖合同中所列的房屋面积，通常包含了套内面积以及共有部分公摊面积，法律上所称的“专有部分”实际上仅仅是套内面积。同时，专有部分以外的共有部分面积，并非都纳入分摊范围，根据房屋测量规范，仅有部分共有部分被纳入公摊范围。争议条款的实质，是将未纳入公摊面积部位的所有权和使用权通过买卖合同约定保留给出卖人。

（一）争议条款所设物权是否违反建筑物区分所有权的法定内容

建筑物区分所有权大致分为专有部分和共有部分，其中只有专有部分可以成

为独立交易的客体，由特定业主享有所有权；共有部分只能附属于专有部分，不能成为独立交易的客体，只能由业主共有。因此，共有部分不能由特定业主享有所有权，更不能由业主以外的主体享有所有权。争议条款关于所有权及使用权保留的约定是否改变建筑物区分所有权的法定内容，取决于约定的对象是否属于共有部分。以下笔者将逐一进行分析。

第一，根据《物权法》及其《最高人民法院关于审理建筑物区分所有权纠纷案件具体应用法律若干问题的解释》（以下简称《解释》）规定，屋顶[①]和绿化带（绿地）被明确规定为共有部分，本案一审、二审、再审均认为屋顶和绿化带属于共有部分。

第二，架空层是否属于共有部分《物权法》及其《解释》并无明确规定，但从其性质来看，应该属于“建筑物的基本结构”或“公共场所”，因此应当属于共有部分。本案一审判决认为，架空层属于共有部分。由于二审认定本案建筑物并无架空层，因此，二审和再审并没有涉及这个问题。

第三，地面车位应视情况分类判断，如系规划内的车位，应属于专有部分；如系占有业主共有道路或其他场地的增设车位，应属于共有部分。本案一审确认，地面停车位属于规划内之车位，保留地面车位所有权的约定有效。二审、再审虽然确认了一审的事实认定，但强调保留占用业主共有的道路或其他场地的车位的所有权的约定无效。

可见，一审、二审、再审的意见实质上是一致的，即买卖合同争议条款将共有部分的所有权保留为出卖人所有，改变了建筑物区分所有权的法定内容，违反了物权法定原则。

（二）争议条款设定的专有使用权是否改变了建筑物区分所有权的法定内容

上述将共有部分的使用权保留为出卖人所有的行为，是否违反物权法定原则？从学理上来看，所有权是有体物上权能最广泛的物权类型，包含占有、使用、收益、处分等权能。基于物权法定原则，当事人不能改变所有权的内容，也不能任意创设限制物权类型。我国法律没有承认建筑物、构筑物、附属设施上的用益物权，故在屋顶、绿化带、架空层、车位上无法设立物权性之使用权，同时，自行创设永久性的使用权，将导致所有权事实上处于被分割的状态，变相创设了一种缺乏使用权能的所有权。因此，将上述共有部分的使用权解释为物权性使用权，将违背物权法定原则。基于上述理由，本案一审和再审法院均认为，出卖人保留

---

① 根据最高人民法院的理解，楼顶原则上属于共有部分，但规划上属于特定房屋，具备构造独立性与利用独立性，并且销售时已经根据规划纳入房屋买卖合同的楼顶平台，可以认定为专有部分的组成部分。参见奚晓明《最高人民法院建筑物区分所有权、物业服务司法解释理解与适用》，人民法院出版社2009年版，第73－77页。

屋顶和绿化带的使用权，导致所有权被分割，违反了物权法定原则，故约定无效。

可见，通过买卖合同设立建筑物专有使用权要想产生物权效力，仅限于对专有部分的处置。根据《物权法》及《最高人民法院关于适用〈中华人民共和国物权法〉若干问题的解释（一）》[以下简称《〈物权法〉司法解释（一）》]，建筑物的特定空间如车位、楼顶、摊位等，要成为专有部分需要满足以下条件：首先要具备构成独立性（能够明确区分）与利用独立性（可以排他使用），满足这两个条件即可作为“事实上的专有部分”；但要成为“法律上的专有部分”，尚需具备法律上的独立性，即能够被登记为特定业主所有权的客体。基于“房地关系”，“事实上的专有部分”须计入建筑容积率并分摊建设用地使用权，才能被纳入独立的所有权登记，并成为“法律上的专有部分”。可见，专有部分的物理要件为构成的独立性和利用的独立性，满足登记要求是专有部分的法律要件。《物权法》第七十条规定的专有部分并不仅限于房屋，车位、摊位等建筑物的特定空间。虽然不具有构造上的独立性，但只要满足“能够明确区分”（构成独立性），并具有利用独立性，也具备认定为专有部分的物理条件。对“满足登记条件”不能片面理解为只有登记机关登记簿上记载的才是专有部分，对于没有登记记载，但符合物理要件的，仍然应当认定为专有部分。对于符合物理要件，但未进行登记的，是否构成“专有部分”且某一特定业主是否能够对该“专有部分”享有所有权，应结合《〈物权法〉司法解释（一）》第一条第二款的规定处理，认定为业主。①

三、买卖合同设立建筑物专有使用权是否具有债法上的效力

根据上述分析，通过买卖合同保留共有部分所有权和使用权的约定，违反了物权法定原则，但《物权法》并没有就违反物权法定原则的后果做出规定。在本案中，一审和再审法院将物权法定原则理解为《合同法》第五十二条第（五）项“强制性规定”，并据此直接认定争议条款无效。这种简单的处理办法值得商榷。

有学说认为，违反物权法定原则的行为无法发生物权法上的效力，但该行为在当事人之间仍然具有债法上的效力。这一学说的意旨在于尽量挽救当事人之间的交易，并运用“法律行为转换”理论来保全当事人交易在债法上的效力。② 在《〈物权法〉司法解释（一）》的制定过程中，民法学会讨论稿第一条第二款明确运用了“法律行为转换”理论说明违反物权法定的后果。③ 虽然最终并未采纳该条款，但该条款仍然体现了学术界和司法实务界的共识。在负担行为与处分行为相

---

① 参见奚晓明《最高人民法院建筑物区分所有权、物业服务司法解释理解与适用》，人民法院出版社2009年版，第44－47页。

② 参见孙宪忠《中国物权法总论》，法律出版社2014年版，第266－267页。

③ 民法学会讨论稿第一条第二款认为：“当事人之间关于物权种类和内容的约定违反物权法第五条规定，其请求确认或者保护所约定的物权的，人民法院不予支持。前款所称当事人的约定符合其他法律行为生效要件的，依据相关法律、行政法规的规定处理。”

区分的基础上，上述学说在理论上尚需精确雕琢。

第一，当事人之间通过合同约定改变法定的物权内容或新设“物权”属于负担行为；对于该约定的履行属于处分行为。负担行为的合意内容或所追求的法律效果为法律所禁止，且处分行为本身又违反物权法定原则。此时，内容禁令（Inhaltsverbote）禁止负担行为之内容，并拒绝由此带来的利益转移，则负担行为与处分行为同归无效[①]，即法律既禁止当事人订立此类型物权转让合同，同时也禁止当事人取得该合同约定的物权，所以从法律效果上看，该物权转让合同的负担和处分行为同归无效。

第二，在负担行为无效的情况下，欲使之至少具备债法上的效力，可以先运用法律行为解释（合同解释）的方法来补救，即“使合同有效的规则”（Ut magis valeat quam pereat），合同既可解释为有效的，又可解释为无效的，应优先选择使合同有效的解释。[②] 例如，当事人关于特定标的物处分禁止的约定，既可以解释为排除所有权处分权能的效果意思，也可解释为使合同相对人负有不得处分之义务的效果意思。若按前一种解释，负担行为即因违反内容禁令而无效；若按后一种解释，则负担行为有效。又如，当事人就租赁标的物设立先买权的约定，即可解释为设立物权性先买权的约定，也可以解释为设立债权性先买权的约定，按后一种解释，即可补救负担行为的效力。

第三，在运用法律行为解释（合同解释）方法也无法补救负担行为的效力时，即可考虑运用“法律行为转换”理论来补救。当事人在法律行为无效，也即最初的效果意思不能实现时，可能希望完成相近似的法律行为，此种期望是一种“转换的效果意思”，以求实现相近似的法律效果或经济目的。[③] 例如，《民法典》实施前，当事人之间就房屋设立居住权的约定，按照法律行为转换理论，可转换为“期限为 20 年的长期租赁”（《民法典》已将居住权规定为物权）。又如，当事人之间关于抵押权期限的约定，我国法院通常以违反物权法定原则为由直接判决无效，但如果运用法律行为转换理论，将“抵押权期限的约定”转换为“抵押权人在约定期限届至后抛弃抵押权的约定”，即可挽救负担行为的效力。

在本案中，三诚公司在二审中主张，争议条款保留所有权和使用权并非设立物权，显然是意图采用合同解释的方法来补救争议条款的效力。在二审判决中，长沙市中级人民法院也运用了合同解释方法，将“使用权”解释为债权性之“专有使用权”：“三诚公司在出售房屋时保留楼顶的使用权，将楼顶使用权约定为太平洋人寿保险有限公司专有，并由太平洋人寿保险有限公司在涉案楼顶设置广告牌，实质是共有部分的债权性专有使用权，即根据业主的共同约定，太平洋人寿

---

① 参见朱庆育《民法总论》，法律出版社 2016 年版，第 298 - 299 页。

② 参见韩世远《合同法总论》，法律出版社 2011 年版，第 180 - 181 页。

③ 参见韩世远《合同法总论》，法律出版社 2011 年版，第 181 页。

保险有限公司享有楼顶这一共有部分的排他独占使用权。案例中，当事人签订的《合同补充协议》合法有效，原判确认该部分约定无效不当。"[①] 按照上述观点，设立债权性专有使用权的约定的效力，不受物权法定原则的影响。遗憾的是，湖南省高级人民法院并没有回应长沙市中级人民法院的上述观点，认为"使用权归出卖人所有"将导致使用权能从所有权中永久分离，违反物权法定原则。实际上，这个障碍只需类推适用《合同法》第二百一十四条，为债权性专有使用权设定20年的最长期限即可解决此问题。

四、建筑物专有使用权可否通过买卖合同设立

如果将买卖合同争议条款所包含的效果意思解释或转换为"设立债权性之专有使用权"，三诚公司及其指定的第三人是否依据该《合同补充协议》获得了债权性之专有使用权？

根据《物权法》第七十六条，全体业主也可以通过私法自治对共有部分的管理利用进行具体的安排和处分，经专有部分占建筑物总面积过半数的业主且占总人数过半数（以下简称"双过半"）的业主同意，既可以"制定和修改建筑物及其附属设施的管理规约"，也可以对"有关共有和共同管理的其他重大事项"做出安排和处分。根据《〈物权法〉司法解释（一）》第七条，"有关共有和共同管理的其他重大事项"包括改变共有部分的用途、利用共有部分从事经营性活动、处分共有部分（前三者均涉及使用权的安排和处分），以及业主大会依法决定或者管理规约依法确定应由业主共同决定的事项。同时，根据最高人民法院的理解，就共有部分设立专有使用权，也属于改变共有部分的用途，应当由业主共同决定。[②] 因此，在共有部分设立债权性的建筑物专有使用权，须经"双过半"同意，并通过管理规约规定或业主大会决定的方式设立。根据《物权法》第七十八条第一款和第八十三条第一款的规定，业主大会决定和管理规约对全体业主及其权利继受人均具有拘束力。因此，通过管理规约或业主大会决定设立的债权性专有使用权的效力不仅及于权利设定时的业主，还及于业主的权利继受人。需要注意的是，《民法典》第二百七十八条已将"改变共有部分的用途或者利用共有部分从事经营活动"规定为共同决定事项，更加体现出立法的趋势是鼓励业主对共有部分加以充分利用。

在本案中，三诚公司与买受人签订《合同补充协议》时，买受人还不具有业主身份，也不存在管理规约或业主大会决定，严格从形式上来看，三诚公司及其指定的第三人并未获得债权性的专有使用权。但是，三诚公司在与每一位买受人

---

① 参见"周庆吾与湖南三诚置业有限公司房屋买卖合同纠纷案"（2014）长中民三终字第04491号。

② 参见奚晓明《最高人民法院建筑物区分所有权、物业服务司法解释理解与适用》，人民法院出版社2009年版，第109－110页。

签订《合同补充协议》的过程中，每一位买受人均做出了为三诚公司及其指定的第三人设立债权性专有使用权的意思表示。从实质上来看，为三诚公司及其指定的第三人设定的债权性专有使用权，已通过合同形式获得了“双过半”同意。具体到本案，在三诚公司与第二位买受人签订《合同补充协议》时即获得“双过半”同意，满足当时《物权法》规定的业主共同决定实质要件。

站在实质优于形式的立场，应当认为债权性之专有使用权已经通过《合同补充协议》的陆续签订得以设立。由于房地产交易市场属于充分竞争市场，即便通过买卖合同中的格式条款确定共有部分的专有使用权，只要是双方的真实意思表示，法律也无强制矫正的必要。实际上，通过商品房销售合同设立专有使用权，比通过管理规约或业主大会决定的形式设立，具有更高的效率。就本案涉及的办公大厦而言，提高共有部分利用效率，往往能创造更高的价值，有利于全体建筑物区分所有权人。

在满足实质要件的基础上，需要对专有使用权是否仍然需要业主在形式上通过共同决定的方式才能正式设立进行进一步讨论。有一种观点认为，买卖合同根据出卖人和买受人的意思表示订立，买受人意思表示为承担设立“专有使用权”的义务。根据合同相对性原则，买受人只应对出卖人承担这一义务；这与业主共同决定要求的多方意思表示形式相违背，因此有必要通过业主共同决定这一形式要件去补正。笔者认为这一种观点值得商榷：第一，业主共同决定意思表示形式原本就不存在固定的格式或模板，补正共同决定这一形式要件的标准和要求不统一；第二，业主在签订买卖合同和作出共同决定属于两个意思表示，若两个意思表示不一致，哪个意思表示更具备法律效力便存在争议；第三，业主在共同决定时作出的意思表示违反合同约定，出卖人能否追究其违约责任存在争议；第四，补正形式要件使专有使用权处于不确定状态，不利于对共有部分进行高效、便捷的运用。

综上所述，笔者认为通过买卖合同设立的建筑物专有使用权不是物权，属于债权，受债权相关法律法规的限制（如租赁合同最长不超过20年）。本案中，设立债权性的建筑物专有使用权只需要满足“双过半”这一实质要件即可。当然，《民法典》实施后，这一实质要件已进行了修改。至于具体通过什么形式实现业主参与表决则属于业主意思自治范围，其中，通过买卖合同来实现显然是一种效率更高的途径。

专题二

商事法律制度完善中的法律实践问题

公司章程事项的兜底性条款的适用困境

陈皆如*

【摘要】公司章程事项的兜底性条款将公司权力交由公司进行私法自治，这并不能带来私法自治的效果，反倒存在制度上的困境和裁判标准不明的情况。其对应的是公司内部的股东会和董事会的权力界限问题，法律上的股东会和董事会权力界限不明确，导致公司章程兜底性条款的适用困难。本文尝试解决章程事项的决议权问题，进一步明晰股东会和董事会的权力问题，以期完善现有的公司内部的权力体系。

【关键词】公司章程　兜底性条款　股东会　董事会　意思自治

一、制度困境

公司章程，是指公司必备的由公司股东或发起人共同制定并对公司、股东、公司经营管理人员具有约束力的调整公司内部关系和经营行为的自治规则，它是以书面形式固定下来的反映全体股东共同意思表示的基本法律文件。[①] 目前，理论界对于公司章程的法律性质存在争议，主要存在自治规则说、契约说及宪章说三种观点。但章程是公司规范内部关系与公司行为的基本文件这一点是被广泛认同的。如今，在公司的所有权和经营权分离的情况下，公司章程在公司治理中起到至关重要的作用。我国目前的通说坚持自治规则说，认为公司章程是股东、发起人意思自治的产物，只要其内容不违反强制性规定，均具有法律约束力。

我国对于公司章程事项的规定主要集中在《中华人民共和国公司法》（以下简称《公司法》）第二十五条和第八十一条。对于这些事项，可分为必要记载事项和任意记载事项。必要性事项包括公司名称和住所、公司经营范围等公司核心内容，一般指向公司的基本信息。公司章程缺少必须记载的事项即构成违法，或导致整个章程无效，章程无效会导致公司不能成立或被撤销。任意性记载事项则是必要性事项以外的其他事项，即“股东（大）会会议认为需要规定的其他事项”。

对于这些事项，法律将决议权交由股东（大）会，是公司法上意思自治的一种体现，但在推敲之下，决议权的不明会产生制度困境。公司章程的兜底性条款并未表明具体事项的内涵和外延，指向存在不明。实务更加倾向该兜底性条款指向的是公司法中需要明确权限的事项。例如，《公司法》第十六条对于担保权限的分配、第三十九条关于定期股东会的相关规定、第四十三条关于股东会的议事方

---

* 陈皆如，中山大学法学院硕士研究生。

① 参见范健、王建文《公司法》（第五版），法律出版社2018年版，第169页。

式和表决程序等内容。除了法律所规定的这些事项，在商事活动中还有数种层出不穷的事项，例如，债务免除、公章保管等问题。发起人在订立章程时难以预料这些事项，且其不可穷尽，即使预料到了，也容易将其忽视，但到后期容易因此激化公司内部的纠纷。这些事项的背后逻辑折射出的是公司内部股东会和董事会的权力分配问题。对于权力分配问题，法律倾向于通过私法自治进行解决，即通过公司章程予以调整。但是对于现实中出现的种种章程规定以外事项，在民法上属于“约定不明”的性质，“约定不明”的事项在民法上可以参照《中华人民共和国合同法》第六十一条、第六十二条的规定，采取补充协议、国家标准、行业标准等方式予以明确。实践中，在合同约定不明的情况下，双方当事人多以补充协议或交易习惯予以完善。至于公司章程，目前《公司法》存在制度缺失，并没有像《合同法》的规定可以适用或者类推适用，从而导致一个法律上的制度困境：公司内部股东会和董事会谁都有权或者无权对兜底性条款中的事项进行决议。

一方面，制度的缺失会导致体系的不完整性。在股东会、董事会的权利配置体系上，《公司法》第三十七条规定了股东会的法定职责，第四十六条规定了董事会的法定职责。这些职权被视为最原生、最重要的和不可剥夺的。[①] 章程不能对法定职权进行限制，限制的部分无效。[②] 在这些法定职责范围外，股东会和董事会都具有“公司章程规定的其他职权”。股东会和董事会的兜底性条款与章程事项的兜底性条款正好相互呼应，留下章程自治的空间，也正是这样的空间，在当事人不能及时行使或者怠于行使法律赋予的自治权利之时，在法律也未有规定的情况下，会导致公司内部出现对权力闲置或争夺的情况。因此，从法律体系的完整性出发，法律在赋予章程自治空间的同时，也要在公司内部事项规定不明的情况下对之进行制度上的补救。

另一方面，制度的缺失同时也给司法裁判带来了困难。通过简单的统计，对于章程中未明确规定的事项，司法案例中的裁判如下（见表1）。

表1　公司制度缺失司法案例及判决

案件、案号	裁判要旨
蓬莱奋发置业有限公司、张晓峰公司决议效力确认纠纷 〔2015〕蓬（商）初字第209号	山东省蓬莱市人民法院认为：根据《公司法》第四十六条的规定，董事会虽依法享有聘任和解聘总经理职务的权力，但董事会必须执行股东会决议。本案中，张晓峰总经理职务的任命系由奋发公司全体股东形成决议作出的最终意思表示，而非董事会所聘任，且双方更换职务具有阶段性，约定项目完成结账分红后，无条件换回。董事会应该执行公司股东形成的决议，无权对股东决议事项作出更改

① 参见赵旭东《新公司法条文解释》，人民出版社2005年版，第96页。

② 参见江平、李国光《新公司法理解与适用》，人民出版社2006版，第29页。

续表1

案件、案号	裁判要旨
〔2017〕鲁06（民）终1922号	山东省烟台市中级人民法院认为：根据《公司法》和奋发公司章程的规定，公司董事会有权聘任或解聘公司经理。鉴于被上诉人张晓峰与原审第三人林金发签订的前述三份协议不属于股东会决议，尤其是协议中约定的总经理任命的内容不属于股东会决议范围之事实，故2015年3月21日奋发公司董事会形成的决议不构成违反股东会决议
徐丽霞等诉安顺绿洲报业宾馆有限公司公司决议效力确认纠纷 〔2015〕黔高民（商）终字第61号	贵州省高级人民法院认为：本案的争议焦点在于报业宾馆章程内容是否部分无效。《公司法》第三十八条、第四十七条分别以列举的形式规定了股东会和董事会的职权，从上述两条法律规定来看，董事会、股东会均有法定职权和章程规定职权两类。无论是法定职权还是章程规定职权，强调的都是权利，在没有法律明确禁止的情况下，权利可以行使、可以放弃，也可以委托他人行使
上海产联实业有限公司诉上海产联电气科技有限公司等企业借贷纠纷 〔2013〕沪一中民四（商）终字第2183号	上海市第一中级人民法院认为，《公司法》以及产联电气公司章程，均明确规定了股东会的职权范围与董事会的职权范围。产联电气公司与公司外部债务人的诉讼，属于公司经营范畴，起诉与否，是董事会的职权，股东会不应予以干涉

从表1案例可看出，各地区以及各级法院对章程未规定的事项有着不同的裁判思路，且裁判标准不一。有的法院倾向将权力交由股东会，有的则倾向将权力交由董事会。偏向董事会的司法裁判的逻辑是根据事项的性质，将章程未规定的事项归纳于公司经营范畴，认为其属于董事会的职权。偏向股东会的司法裁判的逻辑是以《公司法》第三十六条为依据，认为股东是公司的权力机构，有权就公司的一切事项作出决议。这两种裁判思路都会导致公司内部结构权力的失衡，以及司法裁判的任意性，从而有损司法的权威性。就前者而言，董事会有着召集股东（大）会权和提案权、经营决策权、代理权等，而对于这些权力的界限制度本身就存在模糊性，在实务操作中更是难以区分。此外，法律制度对于董事义务和董事责任的规定都不够明确，这将会导致董事会的权力过大，不受限制，甚至滥用董事权力，使得公司内部管理成为“一言堂”。而股东会是公司的权力机构，这并不等同于股东会可以就一切事宜作出决议。公司的利益并不等同于股东的利益。

无论从哪个裁判思路分析，都会导致权力过度的侧重。不受制约的股权将泯灭效率，不受制约的董事权力可能会损害股东的利益，并弃置公平。从司法裁判的角度出发，对于章程未明确规定的事项的模糊性带来的是公司内部权力的失衡，造成股东会和董事会之间的矛盾，表现的后果是关于内部决议效力纠纷的案件的增加。

通过对章程的兜底性条款的分析可见，兜底性条款所期待的理想的自治效果落空，失去原有的设计价值，反而出现了股东会和董事会界限模糊的制度困境，从而造成了体系逻辑的混乱以及司法裁判标准的不明。

二、审视困境及发展趋向研究

审视兜底性条款的制度困境，本文从历史发展和社会两个维度进行分析，尝试找出制度困境的实质原因。再通过比较法视野的分析和比较，探讨域外法的可参考性。

（一）困境成因分析

首先是公司法的发展和价值趋向。我国《公司法》可追溯到1993年时的立法背景，在“刚进行改革开放，实行社会主义市场经济”的大背景下，《公司法》更侧重的是国有企业改革。公司法的制定逻辑是干预和管制的思维模式。而2005年的《公司法》意识到过度地干预和管制限制了市场的活力，制约了经济的发展，于是有了降低公司设立门槛、引入分期缴纳出资制度等相关措施和制度建设。如今，认缴制的公司资本制度等都体现了放权的趋向。这样的趋向降低了设立公司的门槛，极大激活了市场的活力，但所带来的是公司内部权力体系的混乱。放权的前提是权利人可以充分且恰当行使自己的权利。我国如今的营商环境，并不能够保证公司发起人充分且恰当规划公司的权力体系。在法经济学的维度下，法律赋权的是绝对理性人，这样的理性人有着相当的知识和能力。商事活动有其特殊性，充满了风险、机遇以及不确定性。在公司设立之时，拥有资本的发起人并不能够满足绝对理性人的标准和要求。而理性人的缺失则导致公司章程的不周延。因此，在放权的同时，需要考虑的是社会发展水平，社会的发展是否能够与放权自治的目的相契合。

从哈特的不完全契约理论出发，公司内部的契约文件同样存在不完全性。公司发起之时所穷尽的事项并不能够真正涵盖全部事项。个体的发展并不能够弥补放权自治的缺陷，反而需要法律兜底性明确股东会、董事会之间的权力界限。

（二）比较法视野下的发展趋向

1. 英美法系

英国和美国的公司体制相类似，实行董事中心主义。因此，英美法将公司权力交由董事会。在英国，1948年《公司法》对公司章程作出了示范性规定①。大

① 参见张民安《现代英美董事法律地位研究》，法律出版社2000年版，第232页。

多数公司会趋向英国《规范公司章程》的模式，董事会实际上享有除法律规定和章程规定属于股东会权力之外的所有公司权力。[①] 在美国，董事会的权力来源于法律。公司章程是公司和董事间的一种契约形式，同时也是公司内部事务的一种调整规则，其调整范围十分广泛，几乎涉及公司法的每一方面。[②] 公司法允许公司章程对董事会的权力加以限制，或者直接由股东行使公司的执行权，但当存在这种限制之时，法律则要求执行公司业务的股东同时承担相应的董事义务[③]。换言之，股东会的权力以法律和公司章程的明确为限，除此以外的所有公司权力均由董事会予以行使（“the powers of the directors begin where the powers of shareholders stop”），股东、股东会如果干预董事会自主权的行使，判例法上通常会将这种干预行为认定为“违反公共政策”[④]。英美法认为公司的权力并不以公司明示的规定为限，公司还可以享有某些暗示的权力[⑤]。在公司章程欠缺明示权力之时，董事在对外订立某种契约之时，契约的效力则取决于瑞利贝伦有限公司（瑞利贝伦斯公司诉劳埃德银行［1970］年第62章）的三个标准：①此项交易是否同公司的商事活动的进行有合理的附属性；②此项交易是否属于善意的；③此项交易是否为了公司的利益和促进公司的繁荣。[⑥] 如果符合这些要件，交易契约则不构成越权契约。从此也可以得出，英美法虽然将公司的权力交由董事会，但同时规制了董事会权力的标准，使得董事会并不能任意行使公司的权力。

英美法系之所以选择这样的权力分配模式，是因为公司控制权的归属需要。20世纪以来，美国学者通过实证研究，发现大多数公司中都是由经营者进行控制的。现代公司的扩张导致了股权的高度分散，在这种股权结构背后使得股东行使决策权的低效率，这样的低效率行使不能满足现代商事交易迅捷的需要。

2. 大陆法系

在德国商事法中，如果董事会开展公司章程规定以外的商事活动，这些活动需要分情况进行讨论。如果有些经营活动虽然超出章程确定的范围，但是相较而言它们并不十分重要，那么，董事会依然可以开展这些业务。[⑦] 在公司章程和现行法律规定许可的范围内，董事会可以根据经营情况作出相应的决定，确定企业的经营目标、经营策略、企业的组织机构和内部管理原则等都是董事会的义务。对于这些事项，董事会有一定的自由裁量空间。在这样背景下的董事会权限也是受到限制的。它必须注意与其职位相关的法律责任、经济责任和社会责任。董事会

---

① 参见张开平《英美公司董事法律制度研究》，法律出版社1998年版，第38页。

② 参见张民安《现代英美董事法律地位研究》，法律出版社2000年版，第231－232页。

③ 参见张开平《英美公司董事法律制度研究》，法律出版社1998年版，第39页。

④ 参见张开平《英美公司董事法律制度研究》，法律出版社1998年版，第39页。

⑤ 参见张民安《现代英美董事法律地位研究》，法律出版社2000年版，第294页。

⑥ 参见张民安《现代英美董事法律地位研究》，法律出版社2000年版，第296页。

⑦ 参见［德］托马斯·莱塞尔、吕边格·法伊尔《德国资合公司法》（第3版），高旭军、单晓光、刘晓海、方晓敏等译，法律出版社2005年版，第140页。

的首要任务是维护和实现企业利益，设法使企业能够长期生存，成功地经营企业，并且充分利用所有对企业有益的机会。①

日本公司的权力机关与其他国家一样，都是股东会。1950 年日本《商法》修改时，实行“董事会中心主义”，股东会决议范围限于商法及公司章程所规定的事项。尤其是商法将公司业务执行决定权划归董事会，使股东会的权力大为削弱。②

通过对英美法系和大陆法系的国家的法律制度进行梳理，可见国际上对于股东会和董事会的权力配置都是倾向于董事会的，主张将在法律、章程规定事项之外的决议权交予董事会。同时，构建完善的董事责任，以防止董事会权力的过度扩张。以英美法系为代表，英美法系通过判例法的形式确立了董事会的责任形式，将董事和公司的关系视为信托关系和代理关系，在追究责任时，也依照信托契约或代理契约对公司承担民事责任和义务。

就章程事项的权力配置，英美法系和大陆法系已经形成了较为完善的制度。以董事中心主义为原则对权力进行分配，并配置严格的董事责任。相对而言，我国仍然坚持股东中心主义，且董事的忠实、勤勉义务都存在制度上的不完善和司法认定上的困难。在司法实务中，裁判思路通常会直接将公司的利益认定为股东的利益。在这样的法律土壤下，直接移植董事中心主义的公司权力配置制度并不恰当，不仅造成法律体系的逻辑混乱，还会造成公司董事会的权力畸形发展。

三、制度设计

公司宪制论认为，除了章程，那些对于公司权利或权力安排和分配有着重要影响的其他法律文件同样构成公司“宪法”。③ 除了这些正式“宪法”文件，还包括非正式的“宪法”文件，例如，在国际社会中关于公司治理的最佳做法的行为规范，美国示范公司法、公司治理准则，以及行业协会的标准和商事惯例，等等。④ 我国《民法总则》第十条已经对习惯的补充作用予以法律的肯定。因此，考虑立法成本和其不确定后果，不必在法律制度上对于章程中股东会和董事会的权力进行划分。此外，在法律制度上的划分容易限制公司自治发展，司法容易将其视为强制性规定，这反倒束缚了公司的发展。因此，笔者主张在行业规范或者规范性文件予以明确。

对于权力的配置问题，将权力交由董事会更加合理。

第一，交由股东会决议容易导致公司的低效率以及丧失商业机会。股东会的召开有定期会议和临时会议，无论是哪种类型的会议，都要经过一定的程序。例

---

① 参见［德］托马斯·莱塞尔、吕边格·法伊尔《德国资合公司法》（第 3 版），高旭军、单晓光、刘晓海、方晓敏等译，法律出版社 2005 年版，第 141 页。

② 参见毛亚敏《公司法比较研究》，中国法制出版社 2002 年版，第 152 页。

③ 参见施天涛《公司治理中的宪制主义》，载《中国法律评论》2018 年第 4 期，第 89－106 页。

④ 参见施天涛《公司治理中的宪制主义》，载《中国法律评论》2018 年第 4 期，第 89－106 页。

如，根据《公司法》第四十一条对于会议通知的规定："召开股东会会议，应当于会议召开十五日前通知全体股东。"15 日的通知时间、复杂的表决程序以及股东会内部决议的不统一等情形，足以使得公司丧失商业机会，降低公司的决议效率。

第二，交由股东会决议容易使得股东会的权力滥用。根据我国《公司法》的相关规定，股东会是公司的权力机构，但这样的表述并不意味着股东会的利益等同于公司的利益。首先，在制度上，公司具有独立的人格，自主进行经营管理，独立享有权利和承担义务，具有独立的责任。同时，股东对公司享有的也不是所有权，而是股权，股权并不等同于所有权；否则，将从根本上颠覆公司的根本结构。其次，公司的内涵也更加多元化。随着社会的发展，公司的社会责任也受到了前所未有的关注和重视。公司除了追求最大利益的同时，也承担着一定的社会责任。

第三，交由股东会决议容易导致大股东的权力滥用。目前我国《公司法》对于股东并未有明文上的限制。公司法的司法解释也仅对"未全面履行出资义务"的部分权利进行限制。而在学界中，为了防止资本多数的滥权，更多学者主张股东负有信义义务。信义义务是指信托法中受托人对于委托人所承担的义务。在传统公司法中一般是指公司的高级管理人员对公司承担的诚信义务，并不涉及股东，也排除股东内部的适用。但是随着控股股东通过操纵股东会或者其他途径侵害中小股东的利益的情形增加，法律逐渐开始将信义义务拓展到控制股东。如今，大股东的信义义务在英美法系和大陆法系都得到不同程度的确认。信义义务本身用以调整控股股东和中小股东之间的关系，限制控股股东的权力，实现股东内部的利益平衡问题。整体而言，即用以调整股东与公司之间的利益问题。任何股东在行使股权时，都负有对其他股东的信义义务，不得滥用自身的权力。我国目前尚未确定股东的信义义务，对于中小股东的保护仅限于《公司法》第四十一条的表决权。

对于公司章程中兜底性的事项，例如，债务免除、公章保存等事项，以及在订立章程之时难以穷尽的关乎公司利益的事项，笔者同样主张将决议的权利交与董事会。由于股东结构分散的原因，交由股东会行使会使得决议的效率低下，错失商业机会。而且，董事会负责公司的日常经营，关注市场的变化，更为全面了解决议事项背后的风险和利益，能够及时、准确作出相关决议。

而将这些事项交由董事会进行决议的同时，也会产生董事会滥用权力的隐患，因此，对于董事会权力的限制也是有必要的。现今我国公司法中对于董事的限制主要是忠实义务和勤勉义务，在《公司法》第一百四十七、第一百四十八条明文予以规定。勤勉义务是指那些从事可能给他人带来损害风险行为的人应当承担一种像一个理性的谨慎人在同等情况下的行为一样的义务以避免这种损害发生。[①] 董事、高级管理人员违反忠实义务主要表现在两个方面：一是董事、高级管理人员

① 参见施天涛《公司法论》，法律出版社 2014 年版，第 413 页。

将自己利益置于公司和股东利益之上，二是董事、高级管理人员利用职权为自己谋利[①]。

除此之外，董事对公司内部负有严格责任。《公司法》第一百四十九条规定了董事的责任形式，第一百一十二条则规定了董事会的责任形式。另外，在《公司法》中还规定了公司、股东对董事追究责任的诉讼制度。严谨的责任制度可以防止董事会权力的无限扩张和滥用。

四、结语

基于私法自治的原则，章程成为公司规范内部关系与公司行为的基本文件，用于管理和指导公司的运行。公司章程的意思自治所带来的问题也不容忽视，章程兜底性条款的事项成为股东会和董事会权力之争的战场。本文通过对法律制度、司法裁判标准的分析和梳理，得出《公司法》目前存在制度上困境的观点，并通过对于困境的现状分析和域外法的比较分析，提供在我国股东会至上的法律土壤中尝试解决章程事项的决议权问题的思路，以进一步明晰股东会和董事会的权力问题和完善现有的公司内部的权力体系。

① 参见施天涛《公司法论》，法律出版社2014年版，第422页。

监事会监督权基础之德国信息权制度及其启示

肖　涵*

【摘要】优化公司治理结构、提升治理水平一直以来都是使我们不断求索、不断完善制度的重要课题。放眼监事会制度，我国公司法对于监事会制度的规定仍存在职权不完整、规定较为宏观等问题。作为公司内部行使监督权的机构，监事会的职权职责必须通过立法的形式加以明确，使其高效履行监督职能。在德国，经过长期实践并借助与学界的密切交流，其《股份法》已创设了一套完善且行之有效的监事会信息权制度。根据德国《股份法》，监事会可以通过董事会主动作出报告或监事会主动要求董事会报告等形式，获得公司信息，一定程度上能够解决监事会在监督过程中存在的与公司经营者信息不对称的问题，对公司的经营管理实施有效监督，高效地履行其监督职责。德国《股份法》的规定对我国公司法如何进一步加强完善监事会制度也具有重要的借鉴意义。

【关键词】治理水平　监事会　独立性　信息权

根据我国现行公司法的规定，监事会被赋予的监督职权并不广泛。作为公司的监督机构，监事会监督董事会行为的基础是关于公司事务的信息，但在实践中出现了很大的困境，即监事会与公司经营者董事会存在明显的信息不对称，这势必阻碍监事会有序高效地履行监督职责。这个问题一直以来困惑着学术界，甚至有学者认为如果上市公司等可以依靠外部监督来确保投资者及公司的利益，监事会则不必要存在。我国为解决监督制度的困境，学习美国监督体系的做法，规定了独立董事制度，独立董事以其独立地位在监督经营者行为、维护公司利益方面起到一定的作用，且独立董事的专业能力也成为监督职责有效履行的保障。但这并不能说明监事会的存在失去了意义。监事会所存在的独立性、信息不对称等监督困境成为学界关注的焦点。德国关于股份公司的立法中规定董事会有主动向监事会提供信息或应监事会要求提供必要信息的义务。中国在如何确保监事会有效获取信息从而高效履行监督职责的问题上，也可以借鉴其他国家的规定。

一、公司内部监督体系——监事会困境

起初，公司监督机构监事会设立的目的是对公司董事决策和执行公司事务进行监督，后来随着上市公司股权集中的需要，为了防止控股股东侵害中小股东的权益，监事会的职权也随之扩大。随着监督权越来越受到各国的重视，作为监督

* 肖涵，中山大学法学院硕士研究生。

机构的监事会，如何确保监事会的独立性以及确保其有效获取公司事务信息成为世界各国公司法的普遍难题。

大陆法系和英美法系在监督机构的设置上有所不同。英美两国一直以来受信托法律制度的影响，公司的董事与公司形成信托关系，且董事对公司负有忠诚及善良管理人的双重义务。[①] 其法律也有相关规定，一旦董事越权损害公司利益需赔偿损失，甚者承担刑事处罚。由于英美有较发达的公开证券市场，市场对公司形成外部监督。因此，英美无须设立与董事会平行的监事会制度来取代已有的董事监督制度。

英美法系中英美两国对于履行监督职责的董事的设置也不尽相同。英国公司董事会成员分为执行董事和非执行董事，非执行董事的主要职责之一是通过参与重大问题的决策，监督执行董事的业务执行，以防执行董事出于自己利益而违背公司利益；同时，非执行董事还有确定执行董事报酬的职权，以及安排公司财务审计的职权，等等。此外，对于公司财务审计监督部分，英国公司法规定由公司股东任命独立审计员对公司财务实施审计监督。换言之，在英国大部分的公司中，非执行董事主要负责对执行董事的监督，而股东任命的独立审计员负责财务监督。而在美国，大公司的业务决策越来越多集中到董事会手中，董事会聘任高级职员执行公司业务，高级职员受董事会监督。但在实践中，公司高级职员一般由董事担任，因此陷入了自我监督的困境。为了防止董事滥用执行业务的权力，违背公司利益，显然仅靠董事的忠实、勤勉双重义务是不够的。所以，20 世纪 20 年代，美国逐渐设立了独立董事制度。所谓“独立”，体现在以下方面：独立董事不能持有公司股份，不在公司内部兼任其他职务，而且规定了其职责为监督具有业务执行权的董事及控股股东的行为。独立董事制度显然适应了美国最初“董事会中心主义”的公司架构，这些“独立”因素使得独立董事能够形成制约董事会和控股股东的因素。

相比之下，以采用大陆法系的德国为例，德国公司监事会在股东会之下，对股东会负责，而董事会则在监事会之下，受监事会监督，监事会享有对董事会的任免权。这种结构下，监事会对董事会能起到更有效的制约作用，更加有效地监督董事的行为。但在这种结构下，监事会能否独立于控股股东，有效监督董事会行为也成为难题。若公司控股股东凭借其对董事会的影响力而滥用控制权，此时监事会有义务防止该控股股东通过滥用控制权给中小股东造成损害。这就要求监事既要有能力与受控股股东控制的董事会抗衡，又要独立于控股股东。[②] 学术界认为应明文规定监事与控股股东及其关联企业的关联关系，尤其弱化业务关系，保

---

① 参见甘培忠《论完善我国上市公司治理结构中的监事制度》，载《中国法学》2001 年第 5 期，第 76 页。

② 参见杨大可《论监事独立性概念之界定——以德国公司法规范为镜鉴》，载《比较法研究》2016 年第 2 期，第 94 页。

证监事的独立性。德国实务界对此提出反对意见，认为关于控股股东和中小股东的利益冲突以及如何保护中小股东，已有法律作出明确规定，过度强调独立性反而会侵害控股股东对企业的正当领导权。

但有学者认为股东并没有因此丧失任免监事会人选以及指令其具体履职内容的权利，换言之，监事会的独立性不是绝对的和彻底的，控股股东仍未丧失对监事会决议的影响力。独立性影响了监事会能否有效地从董事会处获取公司事务相关信息，监事会无法有效监督董事会行为的一大重要原因是与公司经营者董事会间存在信息不对称。以我国台湾地区为例，台湾证券交易所的实证研究表明，监察人实际上会成为大股东的利益代表，难以有效保护小股东利益；其在产生上多依靠董事支持，与董事熟悉，常碍于情面而包庇董事。同时，监察人是事后监察，无法在董事行使执行权时进行监督，等到政府等机构介入时，公司的利益已经受到严重损害。[①] 由此可见，监事会行使权利处于一个被动的状态。为解决有效获取信息的这一难题，各国也纷纷立法赋予公司监事会相应的职权。

以德国为例，20 世纪 90 年代德国企业陆续出现重大危机，监事会制度的有效性也遭遇怀疑。[②] 具体表现为，认为监事会所处的消极接受董事会提供公司信息的态度和行为方式不再能够满足公司治理的要求。

结合德国企业出现的危机及后来的反思，可看出监事会无法有效监督董事会其中一个重要的直接原因是监事会与董事会存在信息不对称，而信息不对称背后的原因可能是法律对监事会职权的规定不够具体，职权范围、监督对象或者监督方式能需扩大。加之其他外部因素的影响，如德国企业中逐渐出现的德国股份公司、银行、机构投资者等形成的交叉网状持股关系，也使监事会关于获取公司事务信息的迫切需求得到德国立法者和学界的重视。

二、德国关于股份有限公司监事会的信息权制度

监事会信息权这一概念并没有明确体现在德国相关法律中，其主要渊源是《股份法》第 90 条。《股份法》第 90 条规定了董事会对监事会的信息义务。监事会信息权是通过董事会的信息义务来确立的，成为学理中的概念。通过学界的解释，监事会的信息权可以理解为监事会从董事会获取信息和报告的权利。

具体而言，根据《股份法》，监事会有两种获取信息的方式：一为董事会主动提供，二为董事会应监事会要求提供。

董事会主动提供的报告包含了内容广泛的常规报告、特殊情况下提交的特别

---

① 参见陈文何《上市公司外部董事及监察人行使职权成效之研究》，载《台湾证券交易所八十八年度专题研究报告》，转引自蔡伟《公司内部监督责任体系的困境基于对监事的再考察》，载《中外法学》2018 年第 6 期，第 1659 页。

② 参见杨大可《论监事独立性概念之界定——以德国公司法规范为镜鉴》，载《比较法研究》2016 年第 2 期，第 91 页。

报告，以及监事会可针对特定情况要求董事会作出的提案报告。董事会主动提交的三类报告是“使监事会从战略高度定期获得公司经营管理的‘大政方针’，而董事会应监事会要求作出的报告则是监事会对其所关心的问题要求董事会提供有针对性的‘战术安排’”①。

根据《股份法》规定，常规报告主要涉及经营政策和企业计划、公司效益、业务进展情况和公司状况。首先，确定经营政策和企业计划属于公司经营者的主要职责范围。《股份法》第90条进一步细化规定董事会至少每年就其计划实施的公司经营政策以及企业计划方面的根本性问题向监事会作出报告。但法律对于何为“公司经营政策及企业计划”仍未有明确规定。有的学者认为其应包含公司的年度财务计划。其次，由于监事会需要确定公司决算以及需针对公司利润分配向股东大会提出建议，而这些决定及建议均要求监事会在对公司效益报告知悉的前提下作出。因此，董事会须根据《股份法》规定在监事会决算会议上就公司效益作出年度报告。报告业务进展状况和公司状况对于监事会及时了解当下公司现状起到很大作用。不仅如此，董事会还需针对一些异常情况主动地向监事会说明原因并给出有科学方法及合理依据的解释说明。《股份法》第90条规定，监事会必须借助董事会的报告来了解公司业务进展情况，特别是销售情况以及自上年度报告以来的公司状况。涉及此等内容的常规报告是监事会了解公司情况的首要途径。

除了常规汇报外，当发生重要的突发事件时，根据《股份法》，公司董事会也有向监事会做出特别报告的义务。例如，当董事会为所欲为的行为影响公司效益或公司偿债能力时，应当及时向监事会报告，争取监事会的及时介入与董事会共同讨论、做出合理判断；再如，当发生董事会觉得会严重影响公司状况的交易事件等重大事由发生时，也应当及时报告监事会，使得监事会能够及时了解事件始末。此等重大事由应当包括“重大亏损、待收债款受到威胁、遭到公众猛烈抨击或陷入诉讼、造成环境污染、严重的运营障碍、官方干预或面临劳工斗争、因未能获得贷款而减损偿付能力等”②。

除前述两种报告外，第三种需要董事会主动报告监事会的情况是提案报告。提案报告类似一种兜底的形式，是为防止目前现行关于董事会报告的规定仍存有疏漏而导致监事会没能及时获取信息。此类报告是关于监事会依法需了解的事务或董事会认为需要经监事会批准的事务，例如章程规定的须经监事会同意的业务、竞业禁止或向董事提供贷款等。

董事会应监事会要求而提供信息也是《股份法》第90条赋予监事会的一项有效监督的权利。当监事会认为董事会有必要提供汇报时即可随时要求董事会提供

---

① 杨大可：《德国股份有限公司监事会信息权制度评析及启示》，载《德国研究》2015年第1期，第72页。

② 参见杨大可《论监事独立性概念之界定——以德国公司法规范为镜鉴》，载《比较法研究》2016年第2期，第76页。

信息，此类报告在内容上应当包含公司的所有事项。此外，只要监事会认为此类信息与以往或者即将提交的常规报告并不是一类，即可要求董事会立刻提供信息。当然，监事会对此项权利的行使也有所限制。如果所要求提供的信息与其监督职责无关，或要求提供的信息量很少但会严重耽误董事会对公司的正常管理，影响公司正常运作，均会被认定为权力滥用。

三、对我国现行监事制度的启示

与德国公司监事会信息权制度相比，我国公司法关于监事会的制度则略显单薄。《中华人民共和国公司法》（以下简称《公司法》）第五十三条规定监事会或监事的一般职权，第五十四条规定监事质询建议权与调查权。《公司法》对于监事制度的规定较为宏观，对监事职权范围设置较为狭窄，例如，第五十四条仅明确了监事或监事会有查阅公司财务的权利，而对于公司董事会其他经营管理行为，并没有赋予监事会具体的监督职权。

没有明确的职权划定势必导致公司监事及监事会懈怠监督或监督行为无法可依的结果，且仅仅把查阅权的内容限定在公司财务，没有明确可以查阅其他信息，将不利于监事及监事会履行监督职权，监督董事会日常经营管理等涉及公司利益的重大行为，维护公司利益，保证公司有效、有序经营。

首先，对此应当赋予并保障监事会拥有广泛获取公司事务信息的职权，除此之外，为防止权力滥用以及监事出于自身原因怠于行使权力，还应给予相应处罚，这些都需要我国公司法再进一步作具体规定。例如，可以将《公司法》第四十七条“董事会的职权”扩展为“董事会的职权与报告义务”①。具体就报告义务而言，董事会应当定期向监事会作常规报告，报告内容应当包含公司财务状况在内的公司各方面事务，例如，公司收益、流动资金现状，公司市场份额，年度投资预算，年度财政、投资和人事计划，年度效益报告；特殊情况如公司即将进行对公司利益有重大影响的法律行为时，董事会应主动向监事会提供正在进行的重大交易行为的信息，当需要监事会介入决议时，董事会应当主动提交提案报告。

其次，监事会无法获取或无法广泛获取公司事务信息很大程度上是因获取信息的过程过于依赖董事会。德国在其《股份法》中规定监事会有权主动要求董事会提供信息，并且监事会可以通过职工了解公司信息，有人认为这会破坏董事会经营管理公司权利的权威性，但不得不承认，这对监事会更加准确了解董事会行为的效果等有很大作用。因此，《公司法》赋予监事会主动要求查阅公司信息的职权也是必要的。《公司法》虽在第五十三条规定了监事会有查阅检查的职权，在第五十四条规定了监事会质询及建议的职权，但未明确规定监事会查阅权的范围，

---

① 参见杨大可《德国股份有限公司监事会信息权制度评析及启示》，载《德国研究》2015 年第 1 期，第 80 页。

目前仅明确可检查公司财务，这显然是不充分的，应当将此范围扩展到涉及公司各方面事务，才能保证监事会公司治理有效发挥其监督职权职责。

四、结语

优化公司治理结构、提升公司治理水平一直以来都是公司法的重要课题，监事制度正是其中不可忽视的一环，而目前我国公司法关于监事会制度尤其职权制度的部分仍需进一步完善。如何保障监事会有效获取公司信息，从而对公司经营管理实施高效监督，是监事制度研究不可忽视的课题。德国经过其长期的实践及学理探讨，在保障公司监事会信息权方面已作出具体详细且行之有效的规定，此监事会信息权制度值得我们借鉴。只有监事会在获取公司信息方面有明确的立法支撑，才能使其监督能力得到切实增强，公司治理水平也势必有所提高。

公司股东会与董事会权力的分配
——以股东会越权决议为例

陈尔博*

【摘要】《公司法》规定了股东会有公司重大事项的决议权，董事会对公司日常经营有权决定，但是没有明确股东会是否可以就章程中董事会的职权作出决议并要求董事会执行。司法实践中不同法院态度不一。与内地不同，港澳的公司法更偏向董事会中心主义，港澳投资者、董事、经理等专业人员在内地从业可能被股东会中心主义困住手脚。本文在阐析公司股东会越权决议现状的基础上，明晰股东会一般情况下不能就董事会职权作出决议，进一步阐述股东会与董事会的权力分配，以期对粤港澳大湾区营商环境法治化有所裨益。

【关键词】股东会　董事会　权力分配　营商环境

一、问题的提出

关于公司中股东会①和董事会的权力分配，罗培新教授在《股东会与董事会权力构造论：以合同为进路的分析》一文中提出一个简化的案例：某有限责任公司章程规定，董事会有权处分价值不高于50万元的资产。某日，该公司董事会拟将公司一台价值为30万元的设备卖给第三方。但股东会同时通过了保留该台设备的决议，并要求董事会执行。董事会则坚称处分该设备属于其权限范围，拒不执行股东会决议。② 概言之，该案纷争焦点在于：股东会是否有权对公司章程的董事会职权作出决议？股东会就董事会权限范围内的事项做出决议，董事会能否拒不执行？涉及董事会职权的股东会决议是否有效？

二、股东会对章程中董事会职权作出决议的现状

（一）内地立法

股东会是公司的权力机构。根据《中华人民共和国公司法》（以下简称《公司法》）第四十六条的规定，公司董事会对股东会负责，负责召集股东会会议，并向

---

* 陈尔博，中山大学法学院硕士研究生。

① 为了方便论述，本文所称的股东会为广义的股东会，包括有限责任公司的股东会和股份有限公司的股东大会。

② 参见罗培新《股东会与董事会权力构造论：以合同为进路的分析》，载《政治与法律》2016年第2期，第122－132页。

股东会报告工作；执行股东会的决议；决定公司的经营计划和投资方案；行使公司章程规定的其他职权；等等。《公司法》第一百零八条规定：本法第四十六条关于有限责任公司董事会职权的规定，适用于股份有限公司董事会。

按照《公司法》的规定，股东会可以通过修改公司章程、选举或者更换董事等事项间接影响董事会的决议。但《公司法》没有明文规定股东会能否行使章程中的董事会职权。将内地现行《公司法》的条文适用到股东会就章程中董事会职权作出决议这一问题中，董事会行使章程中的职权与其执行股东会的决议这一职权可能会产生冲突。在本文第一部分的具体案例中，董事会如果执行股东会关于保留设备的决议，无疑违背了董事会之前就职权范围内作出的决议。

（二）内地司法

笔者在“威科先行·法律信息库”中，以“董事”“执行股东会决议”为关键词，搜索2015年以来的民商事裁判文书，共有裁判文书487份，其中涉及股东会对章程中的董事会职权作出决议的案件只有5件。[①] 这5个案件中，司法机关对股东会能否就章程中董事会职权进行决议没有形成统一意见，各地各级法院的态度分为以下两种。

第一种是尊重章程中董事会的职权，股东会的决议不能干涉董事会的职权。在“何伯权与广州城西房地产开发有限公司与公司有关的纠纷案件”[②] 中，越秀法院认为从城西公司的公司章程来看，该章程第十四条、第十八条规定了城西公司执行董事的职权包括“决定聘任或者解聘公司经理及其报酬事项”等。城西公司的章程并未对执行董事解聘公司经理的职权作出限制，并未规定执行董事解聘公司经理必须要有一定原因，该章程内容未违反《公司法》的强制性规定，应认定有效。总经理的聘任和解聘关涉公司日常经营决策的核心和关键，公司董事会（执行董事）基于公司发展需要而调整公司高级管理人员，是行使公司的自治权。因此，城西公司的执行董事可以行使公司章程赋予的权力作出解聘公司经理的决定。

在“宫波、孙超损害公司利益责任纠纷案”[③] 中，一审法院认为印章、证照的管理是股东会决议可以决定的事项，但终审法院否定了这个观点。一审认为现代公司在经营管理上的最显著特征，是公司所有权与经营控制权的分离，这一状况决定了股东只能通过选举董事会等方式间接地影响公司资产的营运；公司的经营权主要由董事会来行使。安徽省合肥市中级人民法院进一步说明，股东会是公司的权力机构，行使的是所有者的权利；执行董事行使的是管理者的职权。基于所

---

① “威科先行·法律信息库”网址为：https://law.wkinfo.com.cn，访问日期：2020年11月13日。

② “何伯权与广州城西房地产开发有限公司与公司有关的纠纷案”，见广州市中级人民法院（2018）粤01民终22225号民事裁定书。

③ “宫波、孙超损害公司利益责任纠纷案”，见安徽省合肥市中级人民法院（2017）皖01民终7360号民事判决书。

有人和管理人之间的地位和关系，公司股东会作为公司最高权力机构，可以通过制定的公司章程来解决股东会与执行董事的职权范围问题，可以给予执行董事更宽泛的职权，也可以限缩执行董事的职权范围。但在公司的股东会未将补办公司执照及印章的权力明确从执行董事的职权范围中排除的情况下，一审法院认为补办公司执照及印章应由股东召开股东会形成决议的观点，无法律或事实依据。

上海市第一中级人民法院在“上海产联实业有限公司与上海产联电气科技有限公司企业借贷纠纷上诉案”[①] 裁定书中也认为，《公司法》以及公司章程均明确规定了股东会的职权范围与董事会的职权范围。公司与外部债务人的诉讼，属于公司经营范畴，起诉与否，是董事会的职权，股东会不应予以干涉。

法院的另一种态度与前述态度截然不同，肯定股东会对董事会职权事项的决定权。在“北京安士凯投资管理有限公司与北京天士安国际经济技术合作有限公司公司决议撤销纠纷案”[②] 中，安士凯公司主张股东会决议超出股东会职权范围，海淀法院认为股东会是有限责任公司的权力机构，其有权决定公司的一切重大问题，按照所有权与经营权相分离的现代公司制度的基本原理，股东会不执行日常业务，而是授权董事会作为执行机构，但并不代表限制其决定董事会职权范围内事项的职权。同样，经理的职权来源于董事会的授权，即使股东会或董事会就经理职权范围内的事项作出决议，亦不违反章程的规定。

在“上诉姚浩辉等公司决议撤销纠纷案”[③] 中，北京市第一中级人民法院认为，依据公司法规定和北方公司章程的约定，公司董事会应当向股东会负责，向股东会报告工作，执行股东会决议的相关规定，而诉争董事会决议实质是在否定北方公司股东会决议，应当予以撤销。

司法实践中对股东会权力的边界存在两种截然不同的判决观点，最高人民法院对此也没有正式出台司法解释，这容易导致司法适用因地方不同而处理结果各异的局面。采取股东中心主义的法院在判决书中直接认为股东会是有限责任公司的权力机构，其有权决定公司的一切重大问题，即使股东会就董事会职权范围内的事项作出决议，亦不违反章程的规定。这样缺乏必要的说理，简单粗暴。

（三）学界观点

对于公司中股东会和董事会的权力分配，早前，有学者认为章程规定了董事

---

① “上海产联实业有限公司与上海产联电气科技有限公司企业借贷纠纷上诉案”，见上海市第一中级人民法院（2013）沪一中民四（商）终字第2183号民事判决书。

② “北京安士凯投资管理有限公司与北京天士安国际经济技术合作有限公司公司决议撤销纠纷案”，见北京市海淀区人民法院（2016）京0108民初4508号民事判决书。

③ “上诉姚浩辉等公司决议撤销纠纷案”，见北京市第一中级人民法院（2017）京01民终3353号民事判决书。

职权但没有排斥股东会的行使，两者的关系应该在章程中明确。[①] 国内近5年的文献中几乎一边倒地偏向董事中心主义的观点，大多数学者认为《公司法》应该把"股东之手"限制在股东会的边界之内，多加保障董事会的职权。大部分学者同时认为在某些场合下，股东会有权超越其权力边界。例如，董事会内部矛盾、董事会不愿做出决议、董事被剥夺了投票权等。

罗培新认为，公司把日常经营的决断权配置给管理者，并排除股东的干涉，而股东保有重大事项的决定权，除非章程有相反规定或者股东通过绝对多数特别决议的方式介入的这一规定极具合理性。所以，公司股东会就董事会正常行使职权无权以股东会决议加以干涉。[②] 许可从法律经济学成本分析的角度，认为封闭公司的股东投入了大量的个人财富参与公司的冒险经营，与公众公司的投资者相比，他们既缺乏分散风险的途径，又有着参与公司经营的强大激励，这迫使他们谨慎从事，力图经由讨价还价达成最符合利益的制度安排。股东会和董事会均应恪守自己的权限，除非章程变更或法律修改，不得越权决议。[③]

施天涛从宪制主义的角度，认为股东权利或权力的享有和行使是间接的，股东不具有直接经营管理企业的权力，只能在法律和章程规定的职权内通过股东会议的形式来表达其意思。股东会议有权对公司重大事项作出决议，但通常都是被动的，在股东会议上股东只能是接受或者否决。[④] 虽然股东会是公司的权力机关，由它选举产生董事会，但是股东会要在章程的分权框架内行使权力，股东会不能直接行使董事会职权。综上所述，学界偏向于董事会中心主义，认为股东会不能超越职权行使董事会的职权。

（四）港澳的立法

我国澳门特别行政区《商法典》第二百一十四条规定，公司设股东会、行政管理机关、公司秘书、监事会或独任监事。该法在其他条文规定了其他机关权限的同时，在第二百一十六条规定了属股东议决权限事项，其中兜底条款规定，股东会有权决定按法律或章程规定不属公司其他机关权限之事项[⑤]。第二百三十六条更是明确规定对于第三人，公司须受行政管理机关成员以公司名义且在法律所赋予之权力范围内作出之行为约束，即使在章程内载有对其代表权之限制，或因股

---

① 参见夏青《案例二 股东大会 VS 董事会——从"国美控制权争夺案"说起》，载《公司法律评论》2011年第1期，第371－380页。

② 参见罗培新《股东会与董事会权力构造论：以合同为进路的分析》，载《政治与法律》2016年第2期，第122－132页。

③ 参见许可《股东会与董事会分权制度研究》，载《中国法学》2017年第2期，第126－145页。

④ 参见施天涛《公司治理中的宪制主义》，载《中国法律评论》2018年第4期，第89－106页。

⑤ 参见澳门《商法典》第二百一十六条：除法律特别赋予之议决权外，股东尚有权就下列事项议决：a）行政管理机关及监察机关之选举及解任；b）有关营业年度账目及行政管理机关报告书；c）监事或独任监事之报告书及意见书；d）有关营业年度盈余之运用；e）章程之修改；f）公司资本之增减；g）公司之分立、合并及组织之变更；h）公司之解散；i）按法律或章程规定不属公司其他机关权限之事项。

东决议而对其代表权作出限制，甚至该决议已公布亦然。澳门公司法中的行政管理机关、公司秘书负责公司日常的经营管理，类似于内地公司法中的董事会。澳门的立法直接把股东会的职权限制在法律或章程规定不属公司其他机关权限的事项。董事职权呈现法定化倾向，即使章程对董事权力作出限制也不能对抗第三人。股东会对法定或者章程约定的董事会（行政管理机关）职权范围内无权作出决议。

香港特别行政区《公司条例》附录第八十二条规定，在本条例的条文、章程大纲、章程细则及藉特别决议给予的任何指示的规限下，公司的业务及事务须由董事管理，而董事可行使公司的一切权力。章程大纲或章程细则的修改以及上述的指示，并不令董事在该修改或指示作出或给予前所作的本属有效的作为失效。本条所给予的权力，不受章程细则给予董事的任何特别权力所局限，而有法定人数出席的董事会议可行使一切可由董事行使的权力。香港的立法更为激进地偏向董事会中心主义，直接规定董事可以行使章程和法定的公司一切权力。

与内地同属大陆法系的澳门，其公司法律制度较多地参照和借鉴了英美法系国家的做法。究其原因，是由于澳门资金来源有70%是外资，其中以香港资金居多，为了方便港澳两地的交流与合作，澳门公司法也作了合适的调整，体现了两大法系的融合。[①] 粤港澳大湾区建设要引进港澳的资金、技术、人才、管理经验，就必须为营造稳定、公平、透明、可预期的良好环境。《公司法》严重的股东会中心主义倾向与港澳特别是香港特区的董事会中心主义趋势格格不入，可能使投资主体“水土不服”，专业管理人员被困住手脚，影响广东对港澳先进的商事组织管理经验的借鉴。实现粤港澳大湾区一体化发展，《公司法》在实践中应当适度借鉴港澳的立法，为商事组织创造良好的法律环境。

三、股东会与董事会权力分配的路径

（一）股东会越权决议的现实原因

在股东会越权决议的案件中，股东会为何违背当初约定的公司章程？一是股东会与董事会对公司的经营管理具体事项有不同意见。二是股东对董事会不信任，认为董事会在章程职权范围内的决议损害公司利益，例如，股东对董事会根据章程职权选任的总经理不信任，股东插手执行董事关于公章的管理使用，等等。三是小股东与大股东的公司控制权争夺。在董事会一人一票模式下，数量占优的小股东可就公司人事、诉讼、借贷等具体经营事项起决定作用。大股东意欲直接利用其在股东会的优势地位，控制董事会和公司的经营。在董事会的投票权实行按出资比例行使决定权的情形下，董事会决议被资本占优势但可能不绝对控股的大股东控制，小股东联合通过股东会决议，意欲从大股东手中夺回控制权。

---

① 参见宋锡祥、马丹《中国内地与澳门公司法之比较》，载《上海大学学报（社会科学版）》2001年第2期，第82－89页。

公司股东会和董事会之间的不信任产生的代理成本，已由《公司法》中董事的忠实义务和勤勉义务加以规范，多数学者呼吁的商业判断规则可以界定董事的责任，股东会不应在越权决议上做文章。而对于控制权争夺，作为公司股东与董事之间的契约，公司章程已经对股东会和董事会的职权作了安排，若非董事会僵局等特殊情况，股东会和董事会应遵守公司契约对职权的安排。一方不遵守契约可能造成双方在公司治理中相互掣肘甚至互相报复，使得公司秩序陷入混乱，最终损害的还是公司的利益。

现代公司的控制权配置中，关系性资源和知识性资源对公司控制权的影响比财务性资源更为重大，公司财产的剩余控制权和剩余索取权越来越趋向于经营者团队而不是股东。在资本市场上，股东越来越趋向成为"消极所有者"。[①] 境外已经出现该现象，国内学者强烈呼吁的公司双层股权结构或者类别股份制度更是突破了一股一权。[②] 时至今日，股东的资本优势直接控制公司日常经营的潮流大势已去，少数的资本都可通过契约安排撬动公司重大事项的决策权，更不必说日常的经营事项。

（二）股东会权力的边界

按照《公司法》的规定，公司股东会对公司的经营方针和投资计划，董事、监事人选，董事会、监事会的报告，公司的年度财务预算方案、决算方案，公司的利润分配方案和弥补亏损方案，增加或者减少注册资本，发行公司债券，公司合并、分立、解散、清算或者变更公司形式，以及修改公司章程等公司重大事项有权作出决议，决定以上重大事项。公司股东会有权就公司章程中股东会职权范围内的事项作出决议。

对公司日常经营的法定事项和章程规定的非重大事项，董事会有权决定并执行。董事会有一法定职权是执行股东会决议，从体系解释的角度看，此处董事会执行的决议必须是股东会依据《公司法》前条规定中的职权作出的决议，必须是符合《公司法》和章程的股东会职权事项范围内的决议，对于违法或者违反公司章程职权规定的股东会职权事项或决议，董事会可以拒绝执行。同样的，对于董事会违反公司法或者违反公司章程的决议，股东会也可以拒绝表决批准。

回到越权决议产生的原因，股东对董事的不信任由《公司法》中的忠实义务和勤勉义务规范，不需要通过股东会越权决议实现对董事会权力的制约和监督。现代公司治理从财务资本控制转向智力资本控制，董事等经营管理人员的日常经营权应当得到尊重。从历史发展的角度，公司业务的专业化使经营活动日益复杂

---

① 参见谢志华《公司控制权的本质》，载《北京工商大学学报（社会科学版）》2019年第5期，第1－13页。

② 参见傅穹《敌意收购的法律立场》，载《中国法学》2017年第3期，第226－243页；金晓文《论双层股权结构的可行性和法律边界》，载《法律适用》2015年第7期，第53－59页；冯果《股东异质化视角下的双层股权结构》，载《政法论坛》2016年第4期，第126－137页。

化，社会分工日益精细化，人们更愿意相信董事的专业素养而不是股东的远见卓识。股东会干预章程中的董事会职权并无合理性。

单从董事会权力的起源看，董事会权力来自股东的全权委任，如果认定股东与董事之间的关系属于委任性质，委托人在委托他人处理事务的同时通常并不会限制其自身行事的权力，股东会有权就董事会职权的事项作出决议；但是与此同时，除非委托人收回代理权限，终止委托关系，否则法理上没有理由认为受托人因委托人的干预便对委托事务丧失处理的权力。所以，如果董事会决议在前，股东会仍要承认其效力并且其法律后果归属于股东会。股东会尽管有权改变董事会的决议，但必须为决议事项变更的后果负责，并且不得追究董事会的责任。此时，股东会还不如收回代理权限，即通过法定程序更换董事。

公司章程是公司各个机关权力的初始分配契约，如果股东会可凭借其权力机关的地位大权独揽，可以未经法定程序越权决议，那么章程就无存在的必要。股东会权力应止于法律和章程的规定，至少不应对明确规定为董事会的职权进行干涉。尽管股东会是公司的权力机关，但就像国家权力机关不直接行使行政权一样，公司股东会并不直接行使所有权力和决定所有事务。但股东会亦非完全失去对董事会的制约和影响，董事会也并非在经营管理权限方面完全自由。在董事会僵局等特殊情况下，股东会可以直接就董事会职权决议；在正常情况下，股东会可以行使通过更换董事会成员、修改公司章程中的董事会职权等这些公司法和章程中已有的职权来实现其权力。除非董事会向股东会请求表决批准，股东会不可直接就董事会职权作出决议并要求董事会执行。

（三）股东会违反章程越权决议的效力

对于股东会决议违反公司章程的效力，英国公司法将其效力划分为以下几类：①对于董事专享的权力，如果股东会决议与董事会决议不一致，股东会决议无效；②对于股东会和董事会可以协商共享的权力，如果章程没有规定由董事会享有职权，那么股东会决议可以取代董事会决议；③对于修改公司章程、减少注册资本等股东会专享的权力，股东会决议有效。[①] 根据上文英美法的比较分析，公司章程中的董事会权力属于章程明确由董事会享有的权力，股东会不可分享。因此，依据英国公司法，股东会就章程中董事会职权作出的决议无效。我国《公司法》没有明确区分所谓共享权力和独享权力。

根据《公司法》第二十二条规定，公司股东会或者股东大会、董事会的决议内容违反公司章程的，效力为可撤销。根据上文分析，股东会至少对明确规定为董事会的职权不应干涉。章程中董事会的职权应为专有职权，股东会就董事会职权进行决议即违反公司章程，违反了公司章程中关于股东会和董事会职权的分工，属于违反公司章程的股东会决议，根据《公司法》的规定，其法律效力为可撤销。

---

① 参见《英国2006年公司法》，葛伟军译注，法律出版社2017年版，第243页。

但《公司法》规定只能由公司股东自决议作出之日起60日内，请求人民法院撤销，董事或者董事会无权请求法院撤销股东会的决议。按照目前的《公司法》，股东会越权决议只能由股东请求撤销。要求股东自我革命似乎强人所难。“不是股东的董事会成员无权请求”这一规定，可能是目前数据库中该类案例较少的原因。在以后《公司法》的修订或者司法解释的出台中，应当考虑董事会请求撤销股东会违法决议的强烈动机，赋予董事会撤销的权利。董事会对于股东会就章程中董事会职权范围作出的决议可以拒绝执行并且申请撤销。

四、结论

《公司法》规定了股东会有公司重大事项的决议权，董事会对公司日常经营有权决定，但必须执行股东会的决议。法律没有明确股东会是否可以就董事会的职权作出决议并要求董事会执行。近年来，地法院对此类问题的判决也不尽相同。股东会中心主义的立法与港澳董事会中心主义的倾向相悖。从董事会权力的起源和发展历史看，董事会的权力来源于股东会的委托，股东会在委托董事会帮助处理事务时并不会限制其自身行事的权力，股东会有权就董事会职权的事项作出决议；但是与此同时，除非委托人收回代理权限，终止委托关系，否则法理上没有理由认为受托人因委托人的干预便对委托事务丧失处理的权力。从《公司法》的条文上分析，董事会只执行公司股东会就职权范围内作出的合法决议，应当拒绝执行违反法律和章程职权范围的股东会决议。就章程中董事会职权作出的股东会决议，因其违反章程而可撤销。

内地直接借鉴港澳的做法，在立法上直接规定股东会无权就董事会职权作出决议，迅速从股东会中心主义转向董事会中心主义，不具有可行性，亦破坏了法律的稳定性和权威性。但《公司法》并未明确股东会能否越权董事会，该问题在司法适用和法律解释上存在空间。在粤港澳大湾区建设加速推进的背景下，广东省司法机关可以通过会议纪要等法律适用文件在省内进一步明确股东会和董事会权力分配的界线；也可以效仿其他国家，规定除非董事会僵局等特殊情况，否则股东会无权干涉董事会的职权行使；甚至更进一步可以划分公司股东会独享的权力、董事会独享的权力和两者共享的权力等，防止公司强势的股东会权力越位，通过司法裁判的相对稳定推动粤港澳大湾区法治化营商环境的提升。

商事审判视角下违约金酌减规则的适用

陈皓雪*

【摘要】违约金酌减规则的实质是司法权对合同自由的干预，对惩罚性违约金和赔偿性违约金均可适用。在我国《民法典》采用民商合一立法体例的背景下，我国立法并没有区分商事合同和民事合同的违约金酌减规则。但考虑到商主体在商事交易中追求效率、快捷、灵活的特性，法官在司法审判中有必要对商事纠纷中违约金酌减规则的适用持审慎态度，原则上不予调整。只有在当事人提出申请并举证时，法官才在综合考量多种因素、平衡双方利益的情况下给予适当调整。

【关键词】违约金酌减规则　商事审判　综合衡量

一、问题的提出

在合同订立时，当事人为充分保障自身利益，常常在合同条款中约定违约金，以期通过事先约定的违约责任条款来对冲交易风险，减少乃至填平交易损失。违约金是契约自由的一种体现，但违约金约定也有可能是一种形式自由，如何平衡债权人和债务人之间的利益，恢复实质自由，是违约金制度中最为重要的问题。

《中华人民共和国民法典》（以下简称《民法典》）采用民商合一的立法体例，并没有区分商事合同和民事合同，但法律关系定性的不同会导致司法审判理念和规则等层面的差异。在以往审判中，法院受“大民事”审判格局等方面因素的影响，并不太区分商事审判和非商事审判。但在当前持续改善营商环境的大背景下，法官有必要在违约金问题上充分考虑民事法律关系与商事法律关系之间的差异。① 相较于民事合同，商事合同以商主体的营利性为利益出发点，强调交易迅捷与安全。商主体的风险预判、抗风险能力较强，谈判地位相对均衡，故出于对商主体合理商业判断的尊重，商事纠纷解决时几乎不考虑保护弱势一方，平等原则和公平原则的适用空间较少。另外，商事合同还发挥着促进财富的快速流转、资金的迅速融通、信息和服务的便利发达等作用，资金周转极为重要，违约行为可能会导致守约方出现资金周转问题进而导致交易成本增加。② 因此，法官在适用违约金酌减规则时，有必要重视商事合同的特殊性。

---

* 陈皓雪，中山大学法学院硕士研究生。

① 参见江必新《商事审判与非商事民事审判之比较研究》，载《法律适用》2019年第15期，第3－12页。

② 参见杨姗《新型商事合同效力认定的裁判思维———以融资合同为中心》，载《法学》2017年第8期，第184－192页；石冠彬、彭宛蓉《司法视域下民法典违约金调减规则的解释论》，载《苏州大学学报（哲学社会科学版）》2020年第41期，第37－45页。

对此，笔者于2020年10月25日在“威科先行·法律信息库”中以“合同法第一百一十四条”为关键词，选取“最高人民法院”“最近5年”共181个案例进行梳理研究。根据商主体和商行为的折中主义原则，笔者将181个案例设计的合同分为民事纠纷、商事纠纷、行政纠纷，对违约金调整结果的梳理见表1。

表1　关于违约金调整的司法判决结果的梳理

项目	民事纠纷（个）		商事纠纷（个）		行政纠纷（个）	
	酌增	酌减	酌增	酌减	酌增	酌减
对违约金进行调整	/	2	1	95	/	9
对违约金不予调整	/	/	2	51	/	/
对违约金不予支持	/	1	1	19	/	/

根据表1可知，违约金调整规则的适用大都发生在商事纠纷中，相比违约金酌增，违约金酌减的适用更为频繁。违约金过高成为违约方减轻自己责任的抗辩理由，法官面对违约金过高请求酌减的诉求时往往会进行调整，并且酌减的幅度也比较大。这种对契约严守的突破以及司法机关对合同自由的干预是否正当？在商事领域，违约金酌减是否应当更加审慎？带着这些疑问，笔者对商事审判中的违约金酌减规则进行了更为深入的研究。

通过对案件的梳理，笔者发现法院在适用违约金酌减规则时通常会有四步判断：第一步，当事人是否提出违约金调整申请；第二步，判断约定违约金是否过高；第三步，违约金酌减的基准如何计算；第四步，违约金酌减的范围如何确定。上述关于适用违约金酌减规则的“四步判断”中，每一步的进行都存在争议的地方，其中主要焦点问题有：①违约金酌减规则的适用对象问题，主要涉及的是违约金性质的讨论；②违约金过高的判断标准问题；③违约金酌减调整的标准和范围问题；④程序上的问题，比如，是否必须当事人主动提出申请、法官是否需要释明、举证责任分配。

虽然《中华人民共和国合同法》（以下简称《合同法》）第一百一十四条、《合同法司法解释（二）》第二十九条和最高人民法院《关于当前形势下审理民商事合同纠纷案件若干问题的指导意见》（以下简称《指导意见》）第五条至第八条对违约金酌减规则作出了相关规定，表面上看似周延，实际上却有很多问题没有明确。在司法实践中，由于对违约金的性质和功能、违约金酌减规则适用对象以及酌减标准等方面存在各种不同的争议，具体纠纷处理中裁判尺度各异，对当事人之间利益均衡产生较大影响。虽然2019年最高人民法院在《全国法院民商事审判工作会议纪要》（以下简称《九民纪要》）第五十条对违约金过高标准和举证责任作出了说明，但还有很多争议点未得到解答。此外，我国新颁布的《民法典》延续了《合同法》中违约责任的相关规定，所以我们对相关问题的讨论研究仍有必要。

二、违约金酌减规则的适用对象

（一）我国违约金性质之争

我国违约金酌减规则，是以违约金的性质判断理论为基础构建的，区分赔偿性违约金和惩罚性违约金。[①] 对于《合同法》第一百一十四条（《民法典》第五百八十五条）的适用对象，学界和司法界都有不同的观点：第一种观点认为仅适用于赔偿性违约金[②]，第二种观点认为仅适用于惩罚性违约金[③]，第三种观点认为违约金兼具压力功能和赔偿功能[④]。在比较的基础上，目前大多数学者持第三种观点，这是对违约金性质的通解。[⑤]

正是因为这种区分，探究赔偿性违约金和惩罚性违约金的区分成为必要。对于两者的区别标准，学界存在不同的声音。第一种是以违约金是否超出实际损失为标准，这也是最高人民法院在《合同法司法解释（二）》出台之前对"补偿（赔偿）为主、惩罚为辅"给出的理解[⑥]，最高人民法院法院民二庭在《九民纪要》中也是持这种观点，认为约定的违约金低于造成的损失时表现为补偿性，高于造成损失时高于部分表现为惩罚性。第二种是以违约金责任能否与继续履行或损害赔偿并用为标准。[⑦] 第三种是多层次综合判断，比如根据性质约定、与实际损

① 参见顾昂然《中华人民共和国合同法讲话》，法律出版社 1999 年版，第 49 页；沈德咏、奚晓明主编，最高人民法院研究室编著《最高人民法院关于合同法司法解释（二）理解与适用》，人民法院出版社 2009 年版，第 207 页。

② 参见韩世远《合同法总论》，法律出版社 2011 年版，第 589 页；崔文星《关于违约金数额调整规则的探讨——以合同法第一百一十四条为中心》，载《河南省政法管理干部学院学报》2011 年第 2 期；杨振之《论违约金的性质及偿付赔偿金的界限》，载《四川师范大学学报（社会科学版）》1996 年第 3 期，第 12－17、第 42 页。

③ 参见王洪亮《违约金功能定位的反思》，载《法律科学（西北政法大学学报）》2014 年第 2 期，第 115－125 页；沈德咏、奚晓明主编，最高人民法院研究室编著《最高人民法院关于合同法司法解释（二）理解与适用》，人民法院出版社 2009 年版，第 207—208 页 。

④ 参见王利明《合同法研究》（第二卷），中国人民大学出版社 2003 年版，第 696 页；姚明斌《违约金双重功能论》，载《清华法学》2016 年第 5 期，第 134－135 页；姚明斌《违约金司法酌减的规范构成》，载《法学》2014 年第 1 期，第 132 页；姚明斌《违约金的类型构造》，载《法学研究》2015 年第 4 期，第 162 页；姚明斌《违约金论》，中国法制出版社 2018 年版，第 296 页以下。

⑤ 参见王利明《合同法研究》（第二卷），中国人民大学出版社 2003 年版，第 696 页 ；沈德咏、奚晓明主编，最高人民法院研究室编著《最高人民法院关于合同法司法解释（二）理解与适用》，人民法院出版社 2009 年版，第 209 页；崔文星《关于违约金数额调整规则的探讨》，载《河南省政法管理干部学院学报》2011 第 2 期 。

⑥ 参见沈德咏、奚晓明主编，最高人民法院研究室编著《关于合同法司法解释（二）理解与适用》，人民法院出版社 2009 年版，第 209 页。

⑦ 参见马俊驹、余延满《民法原论》，法律出版社 2010 年版，第 626 页；王利明、杨立新、王轶、程啸《民法学》（第五版），高等教育出版社 2019 年出版，第 664 页。

失数额的比较、违约方的过错等角度。[①] 在比较的基础上，结合案例梳理结果，目前司法审判中主要采用的还是第一种区分标准。

（二）域外法中违约金的类型

从比较法来看，将违约金限定于赔偿性的做法可追溯到中世纪教会法。基于宗教伦理的考虑，避免债务人承受不合理的过高的违约金，而不是侧重合同自由。对于超出可能损害的违约金，视为不当得利。也正是“禁止得利”的思想，衍生出了司法酌减制度。[②]

目前，在比较法上，对违约金性质的区分主要有三种立法体例：第一种以大陆法系为代表，未对违约金进行严格区分，但承认违约金具有双重功能——担保功能和损失赔偿功能；第二种以英美法系为代表，区分为违约赔偿金与违约罚金，原则上不承认违约赔偿金的担保功能，否认违约罚金的效力；第三种以我国台湾地区为例，以当事人的合意及目的为标准将其分为损害赔偿性质违约金与处罚性违约金。[③]

（三）违约金酌减规则适用对象分析

从以上梳理可以看出，学术界和司法界的争论出发点大多是从事后角度区分惩罚性违约金和赔偿性违约金，认为二者之间存在明确的界限可以割裂开而独立存在。但笔者觉得这个角度过于机械和片面。

根据合同的经济理论，如果一个承诺在订立之初，立约人和守约人都希望它能被强制履行，特别是商主体在缔约过程中，付出了谈判成本、交易成本、机会成本等，那么合同的强制履行可带来低成本下的最优履行与最优信任。合同被强制履行是具有经济效率的，并且承诺的强制履行可激励人们的相互交易与合作。[④]

违约行为发生后，商主体之间一般首先采取的是调解协商。诉讼或者仲裁因为具有成本高、程序复杂的特征，所以并不是商事领域最佳纠纷解决方式。商主体之间约定违约金是为了尽可能在自己所能决定的范围内解决纠纷。因此，超出合理预期的违约金额能起两方面的作用：第一个作用是惩罚性功能，可以看作是违约方以书面保险合同的形式向受害方支付的保险费，这种情况一般发生在合同一方对履行合同寄予了很高的期望值，而另一方正好是期望值损失的保险人；第二个作用是这些违约金条款是一方表达其履约的可靠性和履约能力的最有效的方

---

① 参见王利明《合同法研究》（第二卷），中国人民大学出版社 2011 年版，第 706 页；崔文星《关于违约金数额调整规则的探讨——以〈合同法〉第一百一十四条为中心》，载《河南省政法管理干部学院学报》2011 年第 2 期。

② 参见姚明斌《违约金双重功能论》，载《清华法学》2016 年第 5 期，第 134 – 135 页。

③ 参见史尚宽《债法总论》，中国政法大学出版社 2000 年版，第 517 页。

④ ［美］罗伯特 · D. 考特、［美］托马斯 · S. 尤伦：《法和经济学》，施少华，姜建强等译，上海财经大学出版社 2001 年版，第 159 页。

法。[①] 商主体最开始约定违约金并非只是为了解决可能发生损害的预估问题，更多的是为了担保合同的履行。当然，此种担保只是一种行为控制上的预期，并不是完全对债权实现结果的担保。[②] 违约金通过对债务不履行后果的预先安排，让合同当事人更明确、清楚地预见其违约可能需要承担的不利后果。这种预知及其带来的警示，形成促使对方依照合同约定履行债务的压力。只有违约金请求权发生效力时，其赔偿功能才凸显出来。

因此，惩罚性违约金和赔偿性违约金并不是截然区分的两个种类，惩罚性和赔偿性更多体现的是违约金的两个功能。需要注意的是，惩罚性的“惩罚”不同于侵权法和刑法语境中的“惩罚”，其往往以债务人的同意为基础，并无强制性。惩罚性赔偿金，更多体现的是一种担保功能或者说是压力功能。担保功能主要作用于预防阶段，赔偿功能则主要体现在清算阶段。这两个功能作用于阶段的连接点，一般认为是违约金请求权发生效力时。

综上所述，关于《民法典》第五百八十五条约定的违约金到底是惩罚性违约金还是赔偿性违约金，笔者倾向于第三种观点，即违约金兼具压力功能和赔偿功能，惩罚性违约金和赔偿性违约金不是可以截然分开的两个种类，而是违约金的一体两面，所以均可适用酌减规则。

三、对我国商事纠纷中违约金酌减规则适用现状的反思

（一）违约金的性质和司法调整程序

在我国司法实践中对违约金酌减时，一般适用的法律就是《合同法》第一百一十四条和《合同法司法解释（二）》第二十九条，坚持《指导意见》第六条以补偿性为主、以惩罚性为辅的违约金性质。就违约金的功能，司法裁判中存在三种观点：第一种观点认为违约金的功能就是填补损失。在此观点下，违约金和损害赔偿的功能一样，以填补损失为原则。只有在违约金不足填补损失的情况下，违约金和损害赔偿才可以并用，且两者之和不可以超过违约所导致的损失总额。[③] 这种裁判思路实际上就只看到了违约金的赔偿功能，而没有看到其惩罚（担保）功能。第二种观点认为违约金不仅要体现赔偿功能，也要体现惩戒功能。违约责任的认定一般在填补非违约方实际损失的基础上，根据个案情况体现对恶意违约方适当的惩罚。[④] 第三种观点认为法律允许当事人自行约定违约金，是合同自由原

---

① 参见史尚宽《债法总论》，中国政法大学出版社 2000 年版，第 203 页。

② 参见崔建远《新合同法原理与案例评释（上）》，吉林大学出版社 1999 年版，第 618 - 619 页；沈敏锋《违约金不属我国债的担保》，载《中国法学》1985 年第 1 期，第 98 - 104 页。

③ 参见最高人民法院（2020）最高法民申 2309 号民事裁定书，最高人民法院（2018）最高法民终 1150 号书民事判决书，最高人民法院（2018）最高法民终 94 号民事判决书。

④ 参见最高人民法院（2019）最高法民终 1486 号书民事判决书；最高人民法院（2019）最高法民申 338 号民事裁定书；最高人民法院（2018）最高法民终 1115 号民事判决书。

则或者意思自治原则的具体体现和诚实信用原则的基本要求，具有“以补偿性为基础，以惩罚性为补偿，以担保性为实际效果”的职能。①

对于商事审判中违约金酌减规则，我们首先要明确两点：一是违约金只有在过分高于造成的损失时，才允许调整；二是违约金的调整要当事人提出申请后才能调整，以体现出侧重保护守约方权益的立法原意。不能认为守约方没有损失，违约金的支付就显失公平、就是无效的。② 需注意，法律赋予当事人申请调整违约金的权利是为了防止以意思自治为由而放任当事人约定过分高或过分低的违约金，从而保护当事人的利益，避免利益失衡，因而当事人申请调整违约金的权利应不允许事先放弃，故双方之间关于放弃关于违约金的抗辩的约定无效。③ 对违约金过高应当进行举证，举证不能否则需承担不利后果。④

（二）违约金过高的判断因素

根据对近五年最高人民法院相关案例的梳理，对于违约金过高的判断，我国司法实践对违约金过高的判断发展了两种模式。（见表2）

表2　关于违约金过高判断的因素

项目	模式	判断标准	案例（个）
判断违约金过高的因素	固定模式（判断标准单一）	损失×30%/银行同期贷款利率的四倍为标准判断	21
	灵活模式	债权人的实际损失、债务人的主观过错、合同履行的具体情况（违约时间、违约程度）	68

1. 固定模式

第一种固定模式是比较有争议的。⑤《最高人民法院关于审理商品房买卖合同纠纷案件适用法律若干问题的解释》第十六条规定了违约金不得超过造成损失的

① 参见最高人民法院（2018）最高法民再70号民事裁定书。

② 参见最高人民法院（2018）最高法民再70号民事裁定书；最高人民法院（2019）最高法知民终246号民事判决书；参见姚明斌《违约金论》，中国法制出版社2018年版，第313页；孙良国《论法院依职权调整违约金——〈民法典〉第585条第2款之评判》，载《北方法学》2020年第5期；谭启平、张海鹏《违约金调减权及其行使与证明》，载《现代法学》2016年第3期，第37－51页。

③ 参见最高人民法院（2015）民二终字第310号民事判决书；对此石冠彬教授有不同的看法，参见石冠彬《民法典合同编违约金调减制度的立法完善——以裁判立场的考察为基础》，载《法学论坛》2019年第6期，第60页。

④ 参见最高人民法院（2019）最高法民终108号民事判决书；最高人民法院（2018）最高法民终1202号民事判决书。

⑤ 参见孙良国、燕艳《功能视野下约定违约金过高调整1.3倍规则的反思和改进——兼评〈合同法司法解释〉（二）第29条》，载《社会科学研究》2018年第6期，第75－87页。

30%。《合同法司法解释二》第二十九条确立了灵活衡量模式，但没有完全放弃“30%”规则。其认为，违约金酌减规则是主要规则，而违约金最高额规则是辅助规则。[①] 固定模式最早源自《优士丁尼民法大全》的两倍限制，即违约金不得超过实际损害的两倍。后来在德国《民法典》起草过程中，基尔克主张限制违约金约定的形式，但是不主张通过双倍损害规则作为限制形式。因为违约金还具有“压力”属性，损害赔偿不是最佳的判断因素，特别是涉及无形利益保护时。对此有学者主张，我国司法也应当抛弃上述固定模式，因为其本质将违约限制在损害赔偿责任的范围，并未考虑违约金制度的担保功能。这一僵化的比例有时无法涵盖无形损害，甚至连起码的损害赔偿也未达到。[②] 在固定模式下，首先要确定的是损失的范围，学界对此多有争议。例如，“损失”是否包括可预期利益？如果没有实际损失当如何呢？法官在判案时亦有不同的做法：有的法官认为自身期待获得的利益，并不属于实际损失；[③] 不过大部分判决均认为损失应当包括可得利益损失，比如合同标的物的正常溢价可以获得的利益[④]或者继续履约可以获得的利益[⑤]。

另外，对于《合同法司法解释（二）》第二十九条中“百分之三十”应当做比较全面的理解：一方面，其并非一成不变的固定标准；另一方面，前述规定的“百分之三十”解决的是认定违约金是否过高的标准，不是法院适当减少违约金的标准。因此，既不能机械地将“当事人约定的违约金超过造成损失的百分之三十”的情形一概认定为《合同法》第一百一十四条第二款规定的“过分高于造成的损失”，也不能在依法“适当减少违约金”数额时，机械地将违约金数额减少至实际损失的130%。[⑥]

2. 灵活模式

第二种模式是灵活模式。根据《合同法》第一百一十四条第二款第二种情况，似乎其已将损失作为判断违约金是否过高的唯一标准。有的法官也的确是这样理解的，即判断违约金是否过高，要以因违约造成的损失为依据。[⑦] 不过，在司法实践中还是呈现不同的标准：比如，有的以销售提成为基准进行判断[⑧]，有的根据违约方赚取的利润进行判断[⑨]，有的根据实际损失、履行情况、预期利益综合考量[⑩]。

---

① 参见沈德咏、奚晓明主编，最高人民法院研究室编著《最高人民法院关于合 同法司法解释（二）理解与适用》，人民法院出版社2009年版，第213页。

② 参见王洪亮《违约金酌减规则论》，载《法学家》2015年第3期，第138－151、第179－181页。

③ 参见最高人民法院（2018）最高法民申1272号民事裁定书。

④ 参见最高人民法院（2019）最高法民申338号民事裁定书。

⑤ 参见最高人民法院（2018）最高法民终1202号民事判决书。

⑥ 参见最高人民法院（2019）最高法民申4567号民事裁定书。

⑦ 参见最高人民法院（2019）最高法知民终246号民事判决书。

⑧ 参见最高人民法院（2019）最高法民申3574号民事裁定书。

⑨ 参见最高人民法院（2018）最高法民再235号民事判决书。

⑩ 参见最高人民法院（2019）最高法民终1486号民事判决书。

对违约金过高的判断，除了固定模式和灵活模式之分，还有事前判断模式和事后判断模式之分。事前判断模式，就是以合同订立时当事人合理预估的违约前后损益的变动为依据；事后判断模式，则是以违约后实际发生的损益变动为依据。[①] 目前，司法审判中采用的都是事后判断模式，但笔者认为商事审判中可以采用事前判断模式，这样更能发挥违约金的担保功能。

总的来说，关于衡量违约金过高的标准，应当综合违约造成的实际损失、合同的履行情况、当事人的过错以及预期利益等因素进行全面考量，需要考虑到商事合同中违约金的惩罚性功能，体现对违约方的合理制裁。[②] 如果法院所采用的较低的违约金，会降低履约的可能性和合同的价值。然而，如果约定了高额违约金的合同不是对双方都有益的，最优的违约赔偿措施将代表着两方面目标的间接妥协，一方面是提供恰当的信赖激励，另一方面是提供恰当的履约激励。[③]

（三）违约金酌减的基准和适用规则

司法审判中，法官衡量违约金酌减时其基点往往都会落到“实际损害”上，并没有实际脱离“损害赔偿”的思维范畴，对此存在的几点弊端：①债权人须证明自己有受损失及其数额，这样即违背了违约金避免证明困难的功能；②法院更倾向认为这里的损失原则上是直接损失；③虽然违约金不得高于直接损失的30%主要用于判断违约金是否过高，但法院会以其为参照标准进行违约金酌减，实际上会导致违约金数额与损害赔偿数额相差无几，在没有直接损失的情况下，甚至不可能请求违约金 ，最终会导致违约金对债务人形成不了压力，也就无所谓惩罚功能了。

从文义解释看，《民法典》第五百八十五条第二款并没有要求违约金的承担必须以实际损失为前提。而且，商主体之间通常会在合同中明确约定违约金以督促双方全面履行合同，不管是否造成实际损失，只要当事人一方违约即应当按照约定支付违约金，比如司法实践中较为常见的延期付款或者延期交付的情形。另外，法官进行司法酌减均是“可以”调整增加或减少，而并非“应当干预”，尤其是商主体之间关于违约金的约定。若双方均是商主体，其在签订合同时理应知晓订立合同的后果，双方在合同中已经约定了违约金的计算方法，法院对此应当秉持更加审慎的态度。

法官在商事纠纷中应当考量商事审判规则，民法中旨在维护实质争议的某些原则和制度不宜适用于商事领域。比如，司法实践中法官对违约的可得利益保护

---

① 参见罗昆《我国违约金司法酌减的限制与排除》，载《民商法学》2016年第6期。

② 参见李志刚《略论商事审判理念之实践运用》，载《人民司法》2014年第15期，第49－53页；参见（2019）最高法民终428号民事判决书；最高人民法院（2018）最高法民终661号民事判决书；最高人民法院（2019）最高法民终261号民事判决书；最高人民法院（2019）最高法民申6442号民事裁定书；最高人民法院（2018）最高法民再326号民事判决书；最高人民法院（2019）最高法民申2819号民事裁定书。

③ 参见最高人民法院（2018）最高法民再70号民事裁定书。

不力，大都源于少数法官不愿意看到一方营利、另一方亏损的公平原则判断。但这实际上否认了商业预期，破坏了商业活动的规律，背离了市场经济的本质要求。在商人之间，出于其对于风险的预见能力和掌握能力，以及谈判地位的相对均衡性，可以更多地给予高额违约金以生存空间。在非商事民事审判中也可能存在违约金问题，如以生活消费为目的的买卖合同等，因为结构信息的不对称导致一方处于弱势地位，此时法院对违约金的调整问题可相对从宽，特别是当卖家以格式合同约定了不合理的违约金时，一般应依法进行相应调整，可以根据损失总额来认定违约金的酌减程度。

不论是对违约金过高的判断，还是对违约金过高的酌减，法官对此都有较大的自由裁量权，对此有学者试图以计量分析的方法探索哪些因素会对法官的判决行为产生影响从而进行预测，但笔者认为法官自由裁量时的考量因素，更多的是来自经验，很难精确地预测。[①] 目前，司法和学术界对考量因素到底有哪些，尚无定论，而考量因素的确定尤为重要。司法实践中考量因素多样，比如实际损失、合同的履行情况、当事人的过错程度、社会经济状况、行业交易习惯、公平和诚信原则等。目前，有学者提出针对不同类型的合同侧重不同的考量因素，即“利益衡量＋动态构造”。[②] 对商事合同，笔者认为法官在适用违约金酌减规则时需要综合考量以下几方面的因素。

（1）合同履行情况。如果只是轻微的合同履行瑕疵，那么应当对过高违约金进行调整；如果构成根本违约或者重大违约，那么法院应当审慎酌减违约金数额。

（2）当事人的过错程度。虽然一般违约责任是严格责任，不需要考虑主观过错，但在违约金酌减时，当事人的过错程度会成为重要的考量因素。相较于过失违约，恶意违约情况下对违约金的调整幅度应该要更小。换言之，恶意程度与违约金赔偿数额之间存在一个函数关系：恶意程度越高，违约金惩罚性赔偿数额为法律所容许的范围就越大；反之，则越小。[③]

（3）预期利益。从期待利益、信赖利益和机会成本的角度看，守约人希望从履约中获益，赔偿所代替的收入可能会在未来增值。如果预期损失赔偿的目的达到，那么不管违约人履约还是违约并赔偿损失，对违约受害人都是有利的。[④] 因为通过收取违约赔偿，守约方得到了弥补违约所造成损失的间接保证，他会将信赖投资视为有确定回报的投资。被承诺方会因为对承诺的信任而进行投资，从而信

---

① 参见屈茂辉《违约金酌减预测研究》，载《中国社会科学》2020 年第 5 期，第 108－137、第 206－207 页。

② 参见王雷《违约金酌减中的利益动态衡量》，载《暨南学报（哲学社会科学版）》2018 年第 11 期，第 47－56 页；柳婷婷《我国违约金酌减考量因素的优化》，载《西部法学评论》2016 年第 5 期，第 78－86 页。

③ 参见李东琦《论惩罚性违约金的调整》，载《当代法学》2013 年第 6 期，第 80－85 页；刘永森《以“主观过错”辨补偿性和惩罚性违约金》，载《沈阳工业大学学报（社会科学版）》2018 年第 3 期，第 253－260 页。

④ 参见史尚宽著《债法总论》，中国政法大学出版社 2000 年版，第 195 页

任会使违约带来的损失增加，此时可能会造成过度信赖。违约通常会导致因信任而进行的投资部分或全部损失，因此，违约会使守约人的情况比没有订立合同时更为糟糕。[①] 所以，信赖投资越高，违约方实施违约要支付的违约金就越高，其实施违约的概率就越低。此外，订立一个合同就意味着失去了订立另一个合同的机会，守约人会因为对合同的信任而放弃另外一个机会，这个失去的机会就为计算损害提供了底线，赔偿失去的机会价值。对此，如有预期利益的存在，从维护交易诚信和降低交易成本的角度看，法官应当审慎酌减违约金数额。

（4）商业惯例。我们通常认为，当事人自己拥有接近充分的信息（或者大于法院所掌握的信息量）来决定最佳信赖水平，并且给定最佳信赖水平，当事人能够在约定违约赔偿条款中对期待利益进行约定。因此，法官除了依据商事法律法规进行裁判外，还应重视因商事行为营利性和专业性而在商人中自发形成的行业惯例。自由裁量的结论必须符合商业惯例，应在裁判文书中说明自由裁量的依据、逻辑规则、方法等因素，阐明结果的正当性和合理性。

四、结论

违约金同时具有赔偿性和惩罚性的双重功能，是当事人意思自治的结果。违约金酌减是合同法赋予法院的一项权力，可以对约定过分高的违约金予以调减。在商事审判中，法官在适用违约金酌减制度时，应充分尊重当事人意思自治，除非当事人提出申请并有充分证据，否则不轻易调整违约金，不能以司法判断取代当事人的商业判断。如果约定违约金的确过高，引发一方追逐暴利或者破坏交易秩序，法院应当依据法律规定予以适当干预。在对违约金进行调整时，法官应当综合考虑合同履行情况、当事人主观过错、预期利益以及商业惯例等因素，引导当事人之间正当竞争。在商事领域，违约金制度的涉及是为了保障商事纠纷的快捷处理，免除守约方对损失的举证责任。因此，法官对违约金进行调整时，应坚持商事审判的理念，保障商事交易的快捷和高效。

---

① 参见史尚宽著《债法总论》，中国政法大学出版社2000年版，第197页

非法定因素对产品责任案件裁判的影响

——基于对4017份判决书的量化分析

赵子涵*

一、问题与方法

《最高人民法院工作报告》(2018年)指出:新时代下的司法裁判工作,要继续坚持和完善"以事实为根据,以法律为准绳"的原则。根据联结主义的观点,事实和法律规则构成的法定因素(legal factors),可以在显著意义上解释与推测案件的裁判结果,但无法与裁判结果完全拟合。① 与之相对的是案件中的法外因素(extralegal factors),法外因素会在一定程度上影响案件裁判。② 本文拟以产品侵权案件的裁判文书作为研究对象,探究法外因素是否会对裁判结果产生影响;③ 并在统计结果的基础上,分析法外因素在实践中对裁判产生影响的原因,尝试从政策、制度的衔接角度提出完善建议,减少法外因素对司法决定的干预。

本文的总体分析思路如图1所示:列举可能影响产品责任案件裁判的法外因素,提出研究假设,并对判决书进行筛选、取样;将样本判决书中的法外因素进行量化,构建第一个多元线性回归模型——"模型一","模型一"不进行控制变量;提取"模型一"中对裁判产生了显著影响的法外因素自变量,结合法定因素自变量建立新的控制变量模型——"模型二",得出对裁判具有实质性显著影响的法外因素;最终,对数据分析的结果进行讨论与解释。

二、数据分析与研究发现

(一)数据来源

本文选择以广东省2015—2019年5年间产品责任案件的一审判决书作为研究样本,主要考虑了以下几个因素:第一,广东省作为中国的经济中心之一,是汽

---

* 赵子涵,中山大学法学院硕士研究生。

① See Dan Simon, "A Psychological Model of Judicial Decision Making", *Rutgers Law Journal*, 1998, Vol. 30.

② See Xin He & Yang Su, "Do the 'Haves' Come Out Ahead in Shanghai Courts?" *Journal of Empirical Legal Studies*, 2013, Vol. 10, No. 1, pp. 120 – 145.

③ 根据《民事案件案由规定》,产品责任案件是我国民事审判工作的第三级案由概念,隶属于侵权责任案件,涵盖产品生产者责任案件、产品销售者责任案件、产品运输者责任案件及产品仓储者责任案件,关于案件的具体筛选方式详见后文。

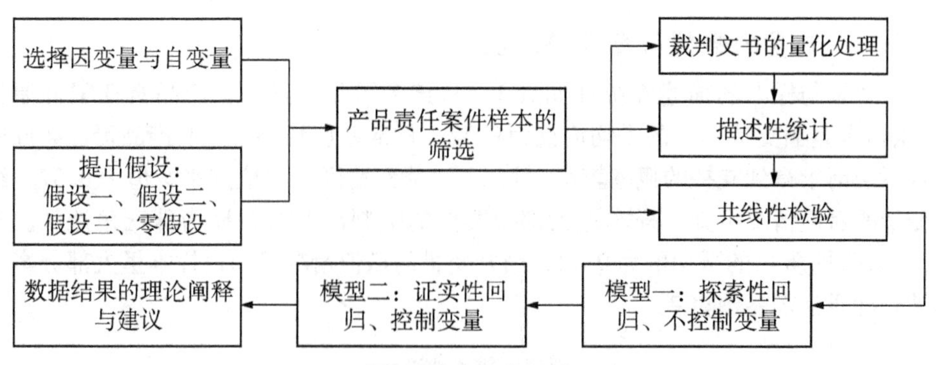

图 1　本文总体思路

车、电子、电信、纺织等产业的制造集中地，其产品责任案件类型完整、数量丰富。第二，广东省是我国司法体系改革的先行地和司法公开的先驱，其产品责任案件裁判文书具有较高的代表性。第三，由于案件的裁判可能受到某段时间内相关政策的影响，样本采集的时间跨度不宜过大，故本文取 2015—2019 年 5 年间的判决书作为研究样本。第四，案件在二审、再审程序中难以避免“锚定效应”（anchor effect）的影响[①]，且部分判决书缺乏具体的案件受理日期，二审、再审判决书不适合作为本文量化分析的样本。本文取得可供数据分析的裁判文书共 4017 份，裁判文书的年份与地区分布情况见图 2。

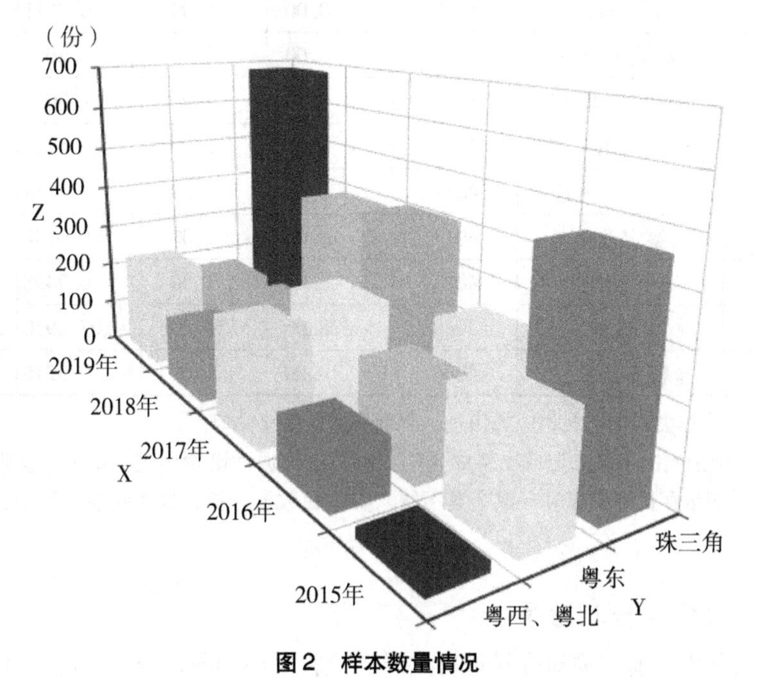

图 2　样本数量情况

① 参见杨彪《司法认知偏差与量化裁判中的锚定效应》，载《中国法学》2017 年第 6 期，第 240 - 261 页。

（二）变量的赋值与数据预处理

各变量与样本的描述性统计如表1。从该表可见：其一，产品责任案件原告“诉讼请求金额支持率”的平均值仅为0.32，标准差值较小，说明产品责任案件中原告诉讼请求得到支持的概率较小。其二，“裁判地区”对应的平均值为0.57，结合变量的赋值情况可知，样本里大部分案件的裁判法院所在地为珠三角地区。其三，“被告性质”的平均值为0.84，结合变量的赋值情况可知，样本里大部分案件的被告性质为产品销售者。

表1　描述性统计

项目1	项目2	样本（件）	最小合数	最大合数	平均数值	标准差
法定因素	产品缺陷*	4002	0.00	1.00	0.3411	0.43808
（控制变量）	损害	4017	0.00	1.00	0.4003	0.45819
	因果关系	4017	0.00	1.00	0.2306	0.48271
	法定免责	4017	0.00	1.00	0.0198	0.19559
法外因素	原告身份*	3984	0.00	1.00	0.5350	0.49884
（解释变量）	被告身份	4017	0.00	1.00	1.7306	0.44368
	被告性质*	3992	0.00	2.00	0.8499	0.43286
	质量标准*	4017	0.00	1.00	0.7511	0.43245
	缺陷类型*	3920	0.00	2.00	0.2051	0.51254
	诉求损害类型*	3999	0.00	3.00	1.3057	1.07819
	裁判地区	4017	0.00	2.00	0.5746	0.79024
	产品质量劣迹	4017	0.00	1.00	0.2012	0.45885
	鉴定意见	4017	0.00	1.00	0.6150	0.45149
	司法程序	4017	0.00	1.00	0.7498	0.43317
	审理期*	3989	-128.00	156.00	-107.4910	29.14755
因变量	金额支持率**	4008	0.00	1.00	0.3218	0.35562

“*”：部分判决书未记载相应的信息，个别变量存在缺失值。

“**”：个别判决书既未记载支持的金额，也无法依据诉讼费用进行推断，使得因变量存在缺失值。因变量存在缺失值时，该个案不纳入实际的数据分析，故实际参与回归分析的样本数为4008。

（三）共线性检验结果

进行归分析之前，需对变量进行共线性检验（collinear test）。表2为法定因素变量、法外因素变量的共线性检验结果，说明“产品质量标准”与“产品缺陷”的变化高度重合，甚至可以互相代替，但符合产品质量标准仅是产品存在缺陷的必要条件而非充分条件，二者不可等同。本文的第四部分将对这一结果进行进一步阐释。

表2　自变量的多重共线性检验

项目	非标准化系数		标准化系数	t 值	显著性水平	共线性统计	
	回归系数	标准误差	标准回归系数			容忍度	方差膨胀因子
审理期	-0.001	0.000	-0.097	-11.329	0.000	0.894	1.118
产品缺陷	0.165	0.023	0.203	7.268	0.000	0.085	11.766
损害	0.336	0.017	0.433	19.993	0.000	0.141	7.081
因果关系	0.168	0.013	0.228	12.672	0.000	0.204	4.909
法定免责	-0.205	0.016	-0.113	-12.989	0.000	0.878	1.139
原告身份	0.020	0.006	0.028	3.277	0.001	0.927	1.079
被告身份	-0.110	0.007	-0.137	-15.842	0.000	0.878	1.139
被告性质	-0.009	0.007	-0.010	-1.232	0.218	0.922	1.085
质量标准	0.112	0.023	0.136	4.889	0.000	0.086	11.636
缺陷类型	0.007	0.006	0.010	1.244	0.213	0.958	1.044
诉求损害类型	-0.057	0.005	-0.172	-12.420	0.000	0.345	2.898
裁判地区	-0.017	0.004	-0.037	-4.353	0.000	0.894	1.118
产品质量劣迹	0.106	0.007	0.137	15.948	0.000	0.896	1.116
鉴定意见	0.011	0.007	0.014	1.662	0.097	0.879	1.138
司法程序	0.017	0.007	0.020	2.485	0.013	0.976	1.025

（四）“模型一”：探索性回归分析

表3是对“模型一”的回归分析结果，该分析未进行变量控制，直接以所有的法外因素为自变量、诉讼金额支持率为因变量构建多元回归模型，意在探索可能影响裁判的法外因素变量。可以认为：在“模型一”中对裁判无显著影响的法外因素自变量，在“模型二”中进行变量控制后依然不会对因变量产生显著影响。该回归分析有如下发现。

第一，产品责任案件的“原告身份”与裁判结果无显著的相关关系。先前研究与假设认为，依据产品责任案件“商业规则”，产品责任案件中的原告是机构诉讼主体时，若依然适用产品责任的相关法规，会导致裁判结果偏向原告一方，本文的数据计算结果否定了这一观点。

第二，程序性因素除案件的“审理期”外，对产品责任案件的裁判未产生显著影响。适用简易程序的产品责任案件，并未因庭审流程和审判组织形式的简化直接影响最终的裁判结果。

第三，该模型中对裁判结果发挥了显著性作用的变量包括：“被告身份”“产品质量劣迹”以及“审理期”。此外，“仅财产损害”和“仅人身损害”作为“诉求损害类型”的哑变量，显著性水平均小于0.1%，说明“诉求损害类型”也与裁判结果有显著相关性。但以上只是探索性计算结果，不能使本文最终推翻或接受零假设，还需在控制变量的“模型二”中对以上变量的实际影响力进行证实性计算。

表3　探索性回归分析

项目	非标准化系数		标准化系数	t 值	显著性水平
	回归系数	标准误差	标准回归系数		
原告身份	0.033	0.129	0.047	-3.829	0.241
被告身份	-0.148	0.111	-0.185	-14.436	0.005
被告性质	-0.010	0.231	-0.012	-1.021	0.307
裁判地区	-0.005	0.116	-0.010	-0.805	0.421
产品质量劣迹	0.039	0.109	0.050	4.124	0.002
鉴定意见	-0.003	0.112	0.002	-0.098	0.122
司法程序	0.004	0.310	0.004	0.372	0.710
审理期	-0.001	0.000	-0.104	-8.463	0.000
设计缺陷*	-0.008	0.214	-0.007	-0.586	0.558
警示缺陷*	-0.039	0.320	-0.024	-2.001	0.145
仅财产损害**	0.450	0.010	0.162	43.462	0.000
仅人身损害**	0.206	0.011	0.078	37.549	0.000

“*”：此二项为产品质量缺陷类型的哑变量，以制造缺陷为参照。

“**”：此二项为诉求损害类型的哑变量，以兼具人身、财产损害为参照。

（五）“模型二”：证实性回归分析

表4和表5是对产品责任案件中的法定因素进行变量控制后的回归分析结果。基于此结果有如下发现。

表4　证实性回归分析

项目	非标准化系数		标准化系数	t 值	显著性水平
	回归系数	标准误差	标准回归系数		
被告身份	-0.094	0.217	-0.037	-13.555	0.092
产品质量劣迹	0.107	0.107	0.138	16.261	0.183
审理期	-0.002	0.000	-0.100	-11.973	0.000

续表4

项目	非标准化系数		标准化系数	t值	显著性水平
	回归系数	标准误差	标准回归系数		
仅财产损害*	0.130	0.192	0.062	14.415	0.031
仅人身损害*	0.038	0.118	0.017	14.120	0.028

“*”：此二项为诉求损害类型的哑变量，以兼具人身、财产损害为参照。

第一，“诉求损害类型”对产品责任案件裁判结果有显著影响。“仅财产损害”与“仅人身损害”相比“兼具人身、财产损害”，对“诉讼金额支持率”具有显著的正向影响，显著性水平分别为3.1%与2.8%。

第二，“产品质量劣迹”对产品责任案件裁判结果无显著影响。被告方的“产品质量劣迹”在控制变量的模型下，对裁判影响的显著性消失了，显著性水平达到了13.5%。（见表5）

表5　以“仅人身损害”为参照的回归分析

项目	非标准化系数		标准化系数	t值	显著性水平
	回归系数	标准误差	标准回归系数		
被告身份	-0.094	0.217	-0.037	-13.555	0.083
产品质量劣迹	0.107	0.107	0.138	16.261	0.135
审理期	-0.002	0.000	-0.100	-11.973	0.000
仅财产损害*	0.012	0.132	0.022	12.218	0.092
兼具人身、财产损害*	-0.128	0.019	-0.137	-13.122	0.013

“*”：此二项为诉求损害类型的哑变量，以仅人身损害为参照。

表6　产品质量劣迹的逻辑回归分析

项目	回归系数	标准误差	卡方值	自由度	显著性水平	优势比
产品缺陷	0.407	0.120	5.449	1	0.012	1.503
损害	0.426	0.140	2.213	1	0.191	0.532
因果关系	-0.803	0.141	1.992	1	0.430	0.165
法定免责	0.073	0.176	0.273	1	0.677	1.076

第三，“案件审理期”对产品责任案件裁判结果有显著影响。案件的审理期与诉讼请求的“金额支持率”呈显著的负相关，标准回归系数达到-0.104，显著性水平小于0.1%。由于样本判决书中存在普通程序与简易程序的区分，为了排除司法程序变量的干扰，分别取出“适用普通程序”的案件判决书与“适用简易程序”的案件判决书，并以“金额支持率”为因变量，以“案件审理期”“产品缺陷”

“人身或财产损害”“缺陷与损害间的因果关系”“法定免责事由”为自变量，再次进行多元线性回归分析，得出的结果如表7、表8：可发现在普通程序案件样本中，“审理期变量”的显著性水平达到了29.2%，“审理期”与裁判结果的显著关系消失了；简易程序样本中，“审理期变量”影响的显著性依然存在。

为了进一步推进结论，分别取出判决书中“依职权适用简易程序”与“约定适用简易程序”的案件判决书，以“金额支持率”为因变量，以“案件审理期”“产品缺陷”“人身或财产损害”“缺陷与损害间的因果关系”“法定免责事由”为自变量，进行多元线性回归分析，得出的结果如表9、表10。该数据显示：仅在法院“依职权适用简易程序”的情况下，案件的裁判结果才与“审理期”有显著相关关系，此时标准回归系数的绝对值达到了0.139，对裁判“金额支持率”的影响程度与法定因素持平。

表7　普通程序案件中审理期对裁判的影响

项目	非标准化系数		标准化系数	*t* 值	显著性水平
	回归系数	标准误差	标准回归系数		
产品缺陷	0.298	0.012	0.371	23.838	0.002
损害	0.296	0.015	0.385	20.255	0.008
因果关系	0.096	0.015	0.132	6.623	0.000
法定免责	-0.148	0.018	-0.082	-8.239	0.023
审理期	-0.002	0.000	-0.130	-13.369	0.292

表8　简易程序案件中审理期对裁判的影响

项目	非标准化系数		标准化系数	*t* 值	显著性水平
	回归系数	标准误差	标准回归系数		
产品缺陷	0.154	0.029	0.183	5.283	0.001
损害	0.158	0.035	0.198	4.556	0.000
因果关系	0.267	0.032	0.352	8.319	0.000
法定免责	-0.429	0.038	-0.234	-11.274	0.014
审理期	-0.009	0.000	-0.106	-5.084	0.000

表9　“依职权适用简易程序”案件中审理期对裁判的影响

项目	非标准化系数		标准化系数	*t* 值	显著性水平
	回归系数	标准误差	标准回归系数		
产品缺陷	0.121	0.020	0.344	13.368	0.000
损害	0.151	0.013	0.450	19.551	0.009

续表 9

项目	非标准化系数		标准化系数	t 值	显著性水平
	回归系数	标准误差	标准回归系数		
因果关系	0.143	0.010	0.130	6.525	0.001
法定免责	-0.120	0.019	-0.102	-7.634	0.031
审理期	-0.011	0.000	-0.139	-3.355	0.000

表 10　“当事人约定适用简易程序”案件中审理期对裁判的影响

项目	非标准化系数		标准化系数	t 值	显著性水平
	回归系数	标准误差	标准回归系数		
产品缺陷	0.140	0.023	0.220	20.066	0.000
损害	0.177	0.019	0.472	18.433	0.000
因果关系	0.160	0.044	0.344	8.921	0.006
法定免责	-0.093	0.023	-0.099	-4.241	0.044
审理期	-0.001	0.000	-0.089	-2.901	0.192

第四，被告身份对产品责任案件裁判结果有显著影响。“模型二”中，“被告身份”的显著性水平为0.2%，标准回归系数的正负号未发生改变，说明“被告身份”作为法外因素，与裁判结果具有不受法定因素干扰的、独立的、显著的相关性。进一步地，分别取出“原告身份为机构诉讼主体”与“原告身份为个人诉讼主体”的样本，以“金额支持率”为因变量，以“被告身份”“产品缺陷”“人身或财产损害”“缺陷与损害间的因果关系”“法定免责事由”为自变量，进行多元线性回归分析，得出的结果如表11、表12：当“原告为个人诉讼主体”时，“被告身份”对裁判结果影响的显著性水平达到了13.8%，对裁判的显著影响消失了；当“原告为机构诉讼主体”时，仍然可以肯定“被告身份”对裁判结果具有显著性影响。

表 11　原告为机构诉讼主体时被告身份对裁判的影响

项目	非标准化系数		标准化系数	t 值	显著性水平
	回归系数	标准误差	标准回归系数		
产品缺陷	0.198	0.018	0.229	11.171	0.001
损害	0.112	0.022	0.135	5.186	0.000
因果关系	0.346	0.020	0.440	17.464	0.013
法定免责	-0.239	0.021	-0.124	-11.549	0.019
被告身份	-0.088	0.008	-0.114	-10.394	0.006

表 12 原告为个人诉讼主体时被告身份对裁判的影响

项目	非标准化系数		标准化系数	t 值	显著性水平
	回归系数	标准误差	标准回归系数		
产品缺陷	0.322	0.014	0.388	23.683	0.000
损害	0.254	0.016	0.325	15.621	0.000
因果关系	0.147	0.016	0.198	9.090	0.004
法定免责	-0.108	0.019	-0.064	-5.733	0.028
原告身份	0.029	0.008	0.039	3.656	0.138

三、理论阐释与建议

(一)审理期对产品责任案件裁判的影响

数据分析结果显示:法院依职权对产品责任案件适用简易程序时,案件的裁判结果与案件的审理期相关,审理期越长,原告诉讼请求得到支持的比例越低。本文对此给出的解释是:针对事实相对清楚、证据相对充分的产品责任案件,无论是当事人约定还是法院依职权决定适用简易程序,法院都能在较短时间内做出合理的判决。但个别存在较大争议的案件,法院未按规定适用普通程序,仍然依职权适用了简易程序,此时案件审理的周期将被拉长。[①] 一方面,当事人需在较短的举证期间内完成自己的主观证明责任——产品存在缺陷、自身遭受了人身或财产损害、产品缺陷与损害结果之间有因果关系;另一方面,由于诉讼周期被拉长,诉讼越来越接近简易程序的法定审理期限,法官受"绩效考核"的影响,在案件的事实、证据争议较大的情况下,会倾向于驳回原告的诉讼请求。[②]

依据上述审理期对产品责任案件裁判的影响分析结果,本文从审理期角度出发,对产品责任案件的司法裁判提出如下三点建议:第一,做好产品责任案件在立案审查阶段的繁简分流工作。规范对起诉材料的审查,依据《最高人民法院民事诉讼程序繁简分流改革试点实施办法》第十二条的规定,对于事实不清、争议

① 如"江春花与永旺天河城商业有限公司产品责任纠纷案""广州市红成鞋业有限公司与佛山市全益鞋机有限公司产品责任纠纷案""黄丽平、杭州甘姿电子商务有限公司产品责任纠纷案"。分别参见广东省广州市天河区人民法院(2018)粤0106民初11587号民事判决书、广东省佛山市南海区人民法院(2016)佛南法里民二初字第261号民事判决书、广东省清远市清城区人民法院(2016)粤1802民初字3489号民事判决书。

② 《关于严格执行案件审理期限制度的若干规定》将审限制度与法官的绩效考核挂钩,法官超出法定审理期限做出判决时,在绩效考核上会被给予负面评价。个别法院甚至会在内部系统上将超出法定审理期限的在审案件"锁定",想要"解锁"案件需要繁杂的报备手续,这些因素导致法官在实践中往往"过分严格"地执行审限制度。参见唐力《民事审限制度的异化及其矫正》,载《法制与社会发展》2017年第2期,第179-192页。

较大的产品责任案件，严格适用一审普通程序进行审理。第二，合理利用《中华人民共和国民事诉讼法》第一百四十六条规定的“审限延长”制度，对于有必要通知新证人、调取新证据的产品责任案件，在不拖延办案的前提下，适当延长案件的审理期限。第三，法院积极履行审判程序的促进义务，强调适时审判。充分发挥释明权的作用，促进产品责任案件的非专业当事人适当陈述、充分举证，在保证司法公正的基础上，推进审判效率的提高。

（二）诉求损害类型对产品责任案件的影响

本文关于诉求损害类型的影响包括两个数据结论：其一，产品责任案件的原告诉求为“复合型”时（即同时要求人身损害赔偿与财产损害赔偿），相比“单一型”诉求（仅要求人身损害赔偿或仅要求财产损害赔偿），诉讼请求获得支持的比率显著降低。其二，从“仅财产损害”到“仅人身损害”，再到“兼具人身、财产损害”，原告诉求金额的支持率显著地逐步下降。换言之，当产品责任案件的原告诉求存在人身损害赔偿时，法官会在一定程度上偏向于不支持原告的诉讼请求。

对此，可能的解释为：原告提出“复合型”的诉讼请求时，会先入为主地带给裁判者“夸大损失”的印象，本文亦不排除这种可能性。但结合第二个数据统计结果，更有可能的情况是：当原告的诉讼请求包含人身损害赔偿时，可能出现人身损害与产品缺陷之间的因果链条较难证明的情况，由于此类人身损害缺乏裁判上的共识，有赖于法官在个案中结合鉴定意见实际衡量，当因果关系难以证明时，法官会倾向于否定原告的诉讼请求。这一解释也可以印证第一个数据结论：之所以“复合型”诉求的金额支持率偏低，是因为部分“复合型”诉求的案件也包含了难以证明因果关系的人身损害情况。这一情况的出现，不仅缘于产品缺陷带来的人身损害鉴定具有一定的专业性，更是产品责任案件的人身损害鉴定缺乏规范化所致。①

为避免“诉求损害类型”这一法外因素对产品责任案件的干预，需进一步规范产品缺陷所致人身损害的鉴定程序，完善个案对产品缺陷与人身损害因果关系的认定。第一，参考《交通安全法实施条例》《工伤事故处理条例》规定的交通事故、工伤事故人身损害鉴定的做法，逐步明确、统一产品责任案件人身损害的鉴定机构与程序。② 笔者个人管见以为，未来可在立法中将产品责任案件人身损害的鉴定主体明确统一为司法鉴定机构。第二，完善当事人对鉴定意见质证权的保护。由于人身损害鉴定意见既包含人身伤亡情况，又涉及产品技术指标知识，专业性

---

① 这一推测的佐证还包括表4中“是否使用鉴定意见”变量对诉讼金额支持率呈负向影响，显著性水平仅为12.2%，虽然由于本文的拒绝域为10%，该变量被显著性检验剔除，但若改显著性检验的“双尾检验”为负向影响的“单尾检验”，显著性水平有可能小于10%，鉴定意见的使用对裁判结果具有显著影响的可能性很大。

② 参见李佳《我国机动车交通事故赔偿制度研究——以残疾赔偿金和死亡赔偿金制度为中心》，复旦大学2012年硕士学位论文。

极强，法院应在开庭前的合理时间内将鉴定意见告知当事人，方便当事人了解相关的鉴定资质和鉴定内容；此外，面对当事人对人身损害鉴定意见的质证问题与主张，法院应及时进行整理、回应与记录。

（三）被告身份对产品责任案件裁判的影响

本文的数据结论是：产品责任案件的原告为机构诉讼主体且被告为个人诉讼主体时，原告诉讼请求的支持率显著降低。这与先前实证研究的结果相悖：民事诉讼中，当原告为企业，被告为个人时，“请恤比”会因被告面临沉重的诉讼费用、律师费用、时间成本而降低。①

本文对此做出的解释是：产品责任案件中，法官会根据被告的身份判断其预防产品缺陷的成本。被告为个人诉讼主体时，法官预设其经济实力、社会实力、预防能力与赔偿能力较弱。这一心理上的“锚定效应”在原告为机构诉讼主体时被进一步放大，原告、被告间的实力差距明显，形成了产品责任案件中反向的“身份陷阱”：作为原告的产品购买者主体实力较强，且拥有法律法规的倾斜性保护，作为被告的产品生产者或销售者反而成为法律意义上的“弱势群体”。面对此种身份差距，裁判者展现出了“对强势群体的苛责与对弱势群体的宽宥”②，在相关事实相似的情况下，“弱势”被告需承担的赔偿金额会因此相对减少。

为降低产品责任案件中被告身份对司法裁决的不当影响，应强化产品责任案件的裁判文书说理，推进判决书支持诉求金额的“具象化”。具体而言：第一，完整地表述产品责任证据说理，依据《最高人民法院关于加强和规范裁判文书释法说理的指导意见》第三条的规定，不仅对证据进行简单罗列，还应理清证据说理的逻辑。如“刘佑生与连银贤产品责任纠纷案”，该案一审判决书从“损害证据”与“缺陷证据”的单独分析入手，再到综合全案证据采信事实，认为“原告夸大损失的说法部分成立”，最后判决被告赔偿部分诉求金额。③ 第二，适当阐述赔偿数额的计算过程。如“汉鸿木业有限公司与广风风机有限公司产品责任案”，该案一审判决书在说明案件的事实认定与法律适用情况后，详细列明了支持金额的计算依据，反映了法官认定产品责任赔偿数额的心证过程，有利于促进产品责任案件司法裁判公正。④

---

① “请恤比”在原文中意指原告诉讼请求的金额占法院最终支持“抚恤”金额的比例，可在一定程度上与本文的“诉讼金额支持率”相参照。参见［日］田中英夫、竹内昭夫《私人在法实现中的作用》，李薇译，法律出版社2006年版，第207页。

② 这一现象的出现并非个例，在民事侵权案件的精神损害赔偿的实证研究模型中同样存在着法官“抑强扶弱”的趋势，参见杨彪《司法认知偏差与量化裁判中的锚定效应》，载《中国法学》2017年第6期，第240－261页。此外，这一现象也出现在特殊侵权领域损害赔偿的实证研究中。See Tom Bake，“Blood Money，New Money，and the moral economy of tort law in action”，*Law & Society Review*，2001，Vol. 201.

③ 参见广东省惠州市惠城区人民法院（2017）粤1302民初8402号民事判决书。

④ 参见广东省韶关市浈江区人民法院（2017）粤0204民初133号民事判决书。

四、结语

本文的初步结论是：产品责任案件的裁判，由法定因素决定，并受法外因素的影响，为抑制法外因素的不合理干预，需从立案审查、审限裁量、鉴定程序、判决说理等方面着手完善裁判工作。此外，产品责任案件法外因素的影响力很小，司法公正水平较高。社会长期以来存在着对中国法官“办案水平不足”“主观而武断”的负面评价。[①] 本文以产品责任案件为代表进行了数据实证分析，依据所显示的数据结果认为这一观点并不成立，并认为司法实务中，中国法官在“排除偏见”“客观断案”方面的能力水平可能一直都被严重低估。

由于样本数据所限，本文研究也存在着局限性。首先，法外因素对产品责任案件裁判的影响机制非常复杂，可能还涉及裁判者的决策能力、个案社会情境等因素，本文仅是一种初步探索，受样本采集渠道之限，无法对这些因素也进行有效考量与控制。其次，本文的数据获取方式并非严格意义上的随机抽样，而是以广东省裁判数据为样本的方便抽样，其计算结果与结论的代表性和适用性还有待斟酌。后续相关研究可在样本筛选与数据计算上进一步优化，并可以现实诉讼数据与司法实验数据相结合的方式提高模型的现实性与精确性。

---

① 参见候猛《司法中的社会科学判断》，载《中国法学》2015 年第 6 期，第 42 - 59 页。

信托财产的独立性研究
——以国内家族信托保全第一案为中心

王卫永　李　顺*

【摘要】所谓“国内家族信托保全第一案”在信托业、法律领域都引起了热烈的探讨，其中关于信托财产的独立性、法院采取保全措施的性质及适当性等问题，更是该讨论的重中之重。基于信托财产的独立性，再结合我国现行法律制度，通过对本案案情进行分析，笔者认为本案法院采取的保全措施属于财产保全，且本案采取的保全措施并不妥当。而对于信托财产能否采取保全措施，不同国家和地区的法律规定或司法实务存在不同的观点。

【关键词】信托财产的独立性　保全　信托法

一、引言

信托法律关系的核心在信托财产，而独立性是信托财产最重要的特征，也是搭建信托制度的理论根基。而引起社会广泛关注的“国内家族信托保全第一案”，使得不少人对信托财产的独立性产生了质疑，本文将立足于信托财产的独立性，进一步分析“国内家族信托保全第一案”。

“国内家族信托保全第一案”的基本案情①如下：

2016 年 1 月 28 日，张女（化名，即信托委托人）与中国对外经济贸易信托有限公司（即受托人，以下简称“中国外贸信托”）签订《外贸信托·福字 221 号财富传承财产信托》（以下简称“涉案信托”）。并于 2020 年 5 月 30 日，张女与中国外贸信托签订《信托受益人变更函》，将信托受益人由委托人张某的儿子②（即小张，化名）、父亲、母亲、舅舅和外婆五人变更为小张一人。

2019 年 10 月 28 日，胡男（化名）之妻杨女（化名）以张女、胡男为被告向武汉市中级人民法院（以下简称“武汉中级法院”）提出不当得利纠纷之诉，诉讼

* 王卫永，澳门科技大学法学院博士研究生，广东南国德赛律师事务所高级合伙人；李顺，南开大学法学院硕士研究生，广东南国德赛律师事务所律师。

① 案情简述部分参考（2019）鄂 0106 民初 18646 号判决书，截至 2021 年 6 月 17 日，可访问地址：https://wenshu.court.gov.cn/website/wenshu/181107ANFZ0BXSK4/index.html? docId = 8bf2c35443284e818cabac0200d33505；参考（2020）鄂 01 执异 661 号执行裁定书，截至 2021 年 6 月 17 日，可访问地址：https://wenshu.court.gov.cn/website/wenshu/181107ANFZ0BXSK4/index.html? docId = edd9c6fc5c88403f8d29ac8600d8460d；参考（2020）鄂 01 执异 784 号执行裁定书。

② 小张为胡男与张女的非婚生子，生于 2014 年 2 月 16 日。

标的41329186元，案号为（2019）鄂01民初9482号（以下简称“本案”）。案件受理后，武汉中级法院根据杨女财产保全的申请，作出了（2019）鄂01民初9482号民事裁定书。随后，武汉中级法院分别作出（2020）鄂01执保230号协助冻结存款通知书、（2020）鄂01执保230－1号协助执行通知书等文件，要求中国外贸信托协助执行以下事项：“因被申请人张女与你单位签订了涉案信托，现请你单位停止向张女及其受益人或其他第三人支付合同项下的所有款项及其收益。”

于是，张女分别以自己的名义①与小张的名义②向武汉市中级法院提出执行异议。针对张女的执行异议申请，武汉中级法院以“主体不适格”为由驳回。对于小张的执行异议申请，武汉中级法院中止对案涉信托合同项下的信托收益的执行，但并未解除对案涉信托合同项下的信托资金的冻结。

二、信托财产的独立性

信托财产的独立性是信托的核心，如何界定并确保信托财产的独立性，是信托法律关系的重点。针对此问题，下文将从英美法系与大陆法系的不同规定以及信托财产独立性的内涵进行分析。

（一）英美法系与大陆法系关于信托财产独立性的不同规定

主流观点认为，英国中世纪所流行的用益制度是现代信托制度的源头③，现代信托制度是由衡平法院发展起来的一种法律制度④。基于英美法系与大陆法系基本法律制度的不同，使得两大法系对信托财产的独立性存在不同的规定。

1. 英美法系关于信托财产独立性的规定

英美法系的财产所有权是多元性和相对性的，如在信托财产上采用的是“双重所有权”制度，即委托人设立信托并将一定财产转移给受托人后，受托人享有普通法上的所有权，受益人享有衡平法上的所有权。此外，英美法系的知情原则和追踪救济规则可以用来保护受益人的合法权益，确保在受托人违反信托目的处分信托财产时，受益人有权追回信托财产。所以，英美法系信托财产的独立性仅要求受托人将信托财产与其固有财产区分开，或者将信托财产存入单独开设的银行账户，或者采用标示等方式表明为信托财产等。基于其特殊的基本法律制度，英美法系并不需特意强调信托财产的独立性。

2. 大陆法系关于信托财产独立性的规定

与英美法系不同，大陆法系的所有权是一元化的、绝对性的、强调“一物一权”等。正是这些差异使得大陆法系国家和地区很难理解、更难接受信托的“双

---

① 张女提出执行异议的案号是（2020）鄂01执异661号。

② 小张提出执行异议的案号是（2020）鄂01执异784号。

③ 一般认为，现代信托确立的标志是Sambach V. Dalston案。

④ 参见何宝玉《信托法原理与判例》，中国法制出版社2013年版，第2－20页。

重所有权”制度。因此，为了构建信托制度，解决“双重所有权”制度与大陆法系“一物一权”理论的冲突，大陆法系国家和地区便确立了信托财产独立性原则，明确了信托财产是为实现特定信托目的而存在，本质上是一种独立的财产。大陆法系信托法强调信托财产独立于受托人、委托人、受益人的固有财产，且不属于遗产或清算财产的范围。

由上述英美法系财产所有权的特点及其法律历史传统可知，其信托制度不需刻意规制信托财产的独立性。但因法律理论和既有法律制度的差别，大陆法系国家和地区在引入信托制度时不得不对信托制度和理论进行本土化的改造，并因此创设性地提出信托财产的独立性。

（二）信托财产独立性的内涵

关于信托财产独立性的内涵，大陆法系国家和地区存在两种不同的理论观点：一种是狭义说，另一种是广义说。狭义说认为信托财产仅仅独立于受托人的固有财产；广义说则认为信托财产不仅独立于受托人的固有财产，还独立于委托人、受益人的固有财产。将狭义说与广义说进行比较后，本文认为广义说更能阐释信托财产的独立性原则，更契合信托制度原理及设置目的。故本文将站在广义说的立场，说明信托财产独立性的内涵。

1. 独立于委托人的固有财产

要想使信托有效运行，委托人就要将信托财产转移给受托人，同时，委托人对信托财产权利的内容和性质发生相应的变化。根据信托法原理，在信托财产转移后，委托人将根据信托文件的约定或法律的规定而享有相关的权利。根据我国信托法规定，一般情况下，信托财产不受委托人债权人的直接追索，不属于委托人的遗产或清算财产①，且委托人无权对信托财产进行管理、使用和处分。

2. 独立于受托人的固有财产

此项内涵是信托财产独立性的核心内容。信托有效设立后，委托人需将信托财产交付给受托人，从权利外观来看，受托人是信托财产的所有权人，并有权对其进行管理和处分。但根据信托法的原理可知，受托人实际上并不享有信托的收益，需根据信托目的，为受益人的利益管理信托财产。为了有效实现信托目的，保护受益人的合法利益，法律会设置相应的规定，对信托财产的独立性进行规范。根据我国信托法的规定，一般情况下，信托财产不受受托人债权人的直接追索，

---

① 《中华人民共和国信托法》第十五条规定：“信托财产与委托人未设立信托的其他财产相区别。设立信托后，委托人死亡或者依法解散、被依法撤销、被宣告破产时，委托人是唯一受益人的，信托终止，信托财产作为其遗产或者清算财产；委托人不是唯一受益人的，信托存续，信托财产不作为其遗产或者清算财产；但作为共同受益人的委托人死亡或者依法解散、被依法撤销、被宣告破产时，其信托受益权作为其遗产或者清算财产。”

不属于受托人的遗产或清算财产①，且受托人应对信托财产分别管理、分别记账、独立保管②。

3. 独立于受益人的固有财产

虽然信托及信托财产的管理是为受益人的利益而进行的，但受益人实际上对信托财产不享有管理或处分的权利，而是根据信托文件的约定，享有利益请求权。在客观上，信托财产与受益人的固有财产是相分隔的，在受托人未分配信托利益给受益人时，受益人可以行使受益请求权，而不是主张其对信托财产享有所有权。即使信托终止，信托财产也非一定归属于受益人所有，比如委托人可以在信托文件中明确约定，信托终止后，剩余的信托财产归属于自己或其他人。③ 根据《中华人民共和国信托法》（以下简称《信托法》）的规定，一般情况下，信托财产不受受益人债权人的直接追索，但受益人债权人可以对受益人的信托受益权进行追索④；信托财产不属于受益人的遗产或清算财产。

三、立足于信托财产的独立性原则，分析本案法院采取的保全措施

本案裁定一经公布，如一石激起千层浪，在法律界、金融界产生强烈反响，并引起关注家族信托的社会各界的热烈讨论，其中关于武汉中级法院在本案采取的保全措施类型及妥当性等更是各方关注的重点。下文将立足于信托财产独立性和我国现行的法律体系，对本案法院采取的保全措施进行分析。

（一）本案中武汉中级法院采取的保全措施是行为保全还是财产保全?

不少人认为武汉中级法院在本案采取的保全措施属于行为保全，笔者对此有不同的意见，笔者认为虽然武汉中级法院作出了（2020）鄂01执保230-1号协助执行通知书，并要求中国外贸信托停止向张女及其受益人或其他第三人支付合同项下的所有款项及其收益，但武汉中级法院在本案采取的保全措施仍属于财产保全的范围，具体理由如下：

其一，不少人认为武汉中级法院要求中国外贸信托停止向张女及其受益人或其他第三人支付合同项下的所有款项及其收益，是禁止作出一定行为的限制，故

---

① 《中华人民共和国信托法》第十六条规定："信托财产与属于受托人所有的财产（以下简称固有财产）相区别，不得归入受托人的固有财产或者成为固有财产的一部分。受托人死亡或者依法解散、被依法撤销、被宣告破产而终止，信托财产不属于其遗产或者清算财产。"

② 《中华人民共和国信托法》第二十九条规定："受托人必须将信托财产与其固有财产分别管理、分别记帐，并将不同委托人的信托财产分别管理、分别记帐。"

③ 《中华人民共和国信托法》第五十四条规定："信托终止的，信托财产归属于信托文件规定的人；信托文件未规定的，按下列顺序确定归属：（一）受益人或者其继承人；（二）委托人或者其继承人。"

④ 《中华人民共和国信托法》第四十七条规定："受益人不能清偿到期债务的，其信托受益权可以用于清偿债务，但法律、行政法规以及信托文件有限制性规定的除外。"

属于行为保全。但笔者认为武汉中级法院采取的上述保全措施，不符合行为保全的定义。

《中华人民共和国民事诉讼法》第一百条第一款规定：“人民法院对于可能因当事人一方的行为或者其他原因，使判决难以执行或者造成当事人其他损害的案件，根据对方当事人的申请，可以裁定对其财产进行保全、责令其作出一定行为或者禁止其作出一定行为……”根据上述法条可知，法院采取行为保全的对象应是案件的当事人，而在民事诉讼领域，当事人一般是指原告、被告、第三人。而本案中，武汉中级法院作出协助执行通知书，要求中国外贸信托停止向张女及其受益人或其他第三人支付合同项下的所有款项及其收益。由此可知，武汉中级法院在本案要求禁止作出一定行为的对象是信托受托人，即中国外贸信托。而在本案中，中国外贸信托既非本案的原、被告，也非本案的第三人，故本案中武汉中级法院要求受托人停止支付的行为不属于行为保全。

其二，从武汉中级法院采取保全措施的目的来分析，其采取的保全措施应属于财产保全。

本案案由是不当得利纠纷，原告的诉讼请求也是要求被告返还不当利益，故在本案中申请人申请保全与法院采取保全措施的目的，均是防止被告在人民法院作出裁判之前处分财产，确保生效裁判的顺利执行。虽然武汉中级法院要求中国外贸信托停止向张女及其受益人或其他第三人支付合同项下的所有款项及其收益，但武汉中级法院停止支付的要求最终指向的对象仍是财产利益。故无论是从本案保全措施的目的来分析，还是从保全措施最终指向的对象来看，本案武汉中级法院采取的保全措施应属于财产保全。

（二）武汉中级法院采取的保全措施是否妥当

本案中，武汉中级法院在（2020）鄂01执异784号（即小张提出的执行异议）执行裁定书中变更了保全措施，但从其变更前后采取的保全措施进行分析，本案中武汉中级法院采取的保全措施可以具体分为三类，即冻结信托资金、要求中国外贸信托停止向受益人或其他第三人支付合同项下的所有款项及收益、要求中国外贸信托停止向张女支付合同项下的所有款项及收益。下文将对此三类保全措施的妥当性进行分析：

第一，基于信托财产的独立性，笔者认为武汉中级法院冻结信托资金的保全措施不妥当。

信托财产是委托人将其财产权转移给受托人并由受托人管理和处分的财产，信托财产具有独立性。信托财产是为信托目的而独立存在的财产，与委托人的其他财产以及受托人的固有财产相区别。因此，信托财产既非委托人债务的担保，也非受托人债务的担保，不论是委托人的债权人，还是受托人固有财产的债权人，都不具有请求债务人以信托财产偿还债务的权利。采取保全措施旨在确保生效裁判的顺利执行，而信托财产非委托人张女的财产，故本案中对信托财产采取保全

措施违背了保全制度的本意及目的。

另从《全国法院民商事审判工作会议纪要》的规定[①]来看，我国现行法律规定对信托资金采取保全措施进行了严格的限制，即申请对信托资金采取保全措施的，除符合《信托法》第十七条规定[②]的情形外，人民法院不应当准许。而在本案中，不存在《信托法》第十七条规定的情形，故武汉中级法院对信托财产采取保全措施是违背我国司法裁判精神的。

第二，基于对保全目的及保全范围的分析，武汉中级法院采取中国外贸信托停止向受益人或其他第三人支付合同项下的所有款项及收益的保全措施，不妥当。

由上述分析可知，本案采取保全措施是为日后能顺利执行裁判服务的，而在被告张女非涉案信托受益人的情况下，武汉中级法院要求中国外贸信托停止向受益人或其他第三人支付合同项下的所有款项及收益不符合保全措施的目的。

此外，根据《中华人民共和国民事诉讼法》第一百零二条的规定："保全限于请求的范围，或者与本案有关的财物。"本案中，即使涉案信托存在终止、被撤销，或者受益人非善意，其已取得的信托利益应当返还等情况，则涉案信托终止、被撤销、受益人返还信托利益等事宜，也不应在本案中处理，且上述情况也应当由当事人依据信托法的相关规定另行向法院提起，法院不能也不应主动审查。故根据现有的案情，中国外贸信托向受益人或其他第三人支付合同项下的所有款项及收益与本案无关、与被告张女的债务无关，武汉中级法院不应采取中国外贸信托停止向受益人或其他第三人支付合同项下的所有款项及收益的保全措施。

故本案中武汉中级法院在（2020）鄂 01 执异 784 号（即小张提出的执行异议）执行裁定书中变更了保全措施，裁定中止对案涉信托项下的信托基金收益的执行。2021 年 4 月 14 日，中国外贸信托向相关媒体表示："目前该信托的各项管理工作均正常运行，信托受益人的信托利益正常分配。信托财产独立性并未受到实质影响。"[③]

---

① 《全国法院民商事审判工作会议纪要》第九十五条第一款规定："信托财产在信托存续期间独立于委托人、受托人、受益人各自的固有财产。委托人将其财产委托给受托人进行管理，在信托依法设立后，该信托财产即独立于委托人未设立信托的其他固有财产。受托人因承诺信托而取得的信托财产，以及通过对信托财产的管理、运用、处分等方式取得的财产，均独立于受托人的固有财产。受益人对信托财产享有的权利表现为信托受益权，信托财产并非受益人的责任财产。因此，当事人因其与委托人、受托人或者受益人之间的纠纷申请对存管银行或者信托公司专门账户中的信托资金采取保全措施的，除符合《信托法》第十七条规定的情形外，人民法院不应当准许。已经采取保全措施的，存管银行或者信托公司能够提供证据证明该账户为信托账户的，应当立即解除保全措施。对信托公司管理的其他信托财产的保全，也应当根据前述规则办理。"

② 《信托法》第十七条规定："除因下列情形之一外，对信托财产不得强制执行：（一）设立信托前债权人已对该信托财产享有优先受偿的权利，并依法行使该权利的；（二）受托人处理信托事务所产生债务，债权人要求清偿该债务的；（三）信托财产本身应担负的税款；（四）法律规定的其他情形。对于违反前款规定而强制执行信托财产，委托人、受托人或者受益人有权向人民法院提出异议。"

③ 参见新浪财经《3080 万为非婚生子设家族信托遭遇"婚内"异议 能否被冻结引争议》（https://baijiahao.baidu.com/s?id=1697024216458154523&wfr=spider&for=pc），访问日期：2021 年 6 月 17 日。

第三，立足于涉案信托的基本情况，再结合我国现行法律规定进行分析，武汉中级法院要求中国外贸信托停止向张女支付合同项下的所有款项及收益，此判决不妥当。

《最高人民法院关于适用〈中华人民共和国民事诉讼法〉的解释》第一百五十八条规定："人民法院对债务人到期应得的收益，可以采取财产保全措施，限制其支取，通知有关单位协助执行。"第一百五十九条规定："债务人的财产不能满足保全请求，但对他人有到期债权的，人民法院可以依债权人的申请裁定该他人不得对本案债务人清偿。该他人要求偿付的，由人民法院提存财物或者价款。"

由上述规定可知，法院可以对债务人到期应得的收益采取财产保全措施；若债务人对他人享有到期债权的，法院也可以要求他人不得对债务人清偿。

但在本案中，根据涉案信托的基本情况可知，涉案信托的唯一受益人是小张，本案被告张女非涉案信托受益人。从已披露的涉案信托合同内容，无法看出被告张女从涉案信托中有到期应得的收益[①]，也不能得出被告张女对涉案信托享有到期债权的结论。故本案中，武汉中级法院要求中国外贸信托停止向张女支付合同项下的所有款项及收益，无法律依据。

（三）从比较法的角度分析关于信托财产的保全问题

虽然信托财产的独立性是信托法的基础原则，但在实务中，不少国家和地区对信托财产能否保全存在不同的意见。因为我们国家的法律体系属于大陆法系，故本文将着眼于日本和我国台湾地区关于信托财产的保全。日本信托法明确规定一般不得对信托财产进行保全，而我国台湾地区的司法实践对信托财产能否保全的问题存在不同的意见。

---

① 2016年2月5日，张女通过名下银行账户向中国外贸信托转款3080万元，以设立涉案信托。虽然涉案信托的信托合同约定，"本信托运行满5年后的30日内，委托人可以提前终止信托"。但从中国外贸信托于2021年4月14日向相关媒体的表示（即，目前涉案信托的各项管理工作均正常运行，信托受益人的信托利益正常分配）可知，涉案信托已运行满5年，且委托人张女未终止涉案信托。

1. 日本关于信托财产保全的限制

根据日本信托法的规定[①]，一般情况下，不得针对信托财产进行“临时扣押”“临时处分”。临时扣押是指债权人为了在将来的强制执行中能够实现金钱债权，根据债务额选择债务人适当的财产，向法院申请命令维持其现状、限制债务人处分该财产的保全手段。临时处分是指为了在将来的执行中实现金钱债权以外的权利，或为保护债权人的权利免受损害而由法院发出的命令[②]。

日本法律规定的临时扣押和临时处分实际上就是民事保全制度。从日本信托法的法规中可以看出，针对信托财产的保全问题，日本法律是持否定态度的。

2. 我国台湾地区关于信托财产保全的争议

我国台湾地区相的有关规定（“信托法”）第 12 条[③]确定了信托财产不得强制执行的原则，至于此处的“强制执行”是否包含保全措施[④]，实务中存在分歧[⑤]。如我国台湾地区“最高法院”1995 年度台抗字第 201 号裁定、我国台湾地区“高等法院”台中分院 1997 年度抗字第 6 号裁定及我国台湾地区“高等法院”1997 年度抗字第 1504 号裁定、我国台湾地区“法务部”1990 年 12 月 21 日法律字第

---

① 参见 2006 年《日本信托法》第二十三条规定：“非基于涉及信托财产负担债务的债权（包括信托财产产生的权利，下同）不得针对信托财产进行强制执行、临时扣押、临时处分、实施担保权、拍卖（不包括实施担保权的拍卖，下同）或者实施滞纳税赋的处分（包括依据滞纳税赋的相关规定强制执行，下同）。依第三条第三款的方式设立信托，委托人知道会损害其债权人利益的，除信托财产负担债务的债权人以外，委托人设立信托前的债权人（限于委托人是受托人的情形）有权针对信托财产进行强制执行、临时扣押、临时处分、实施担保权、拍卖或者实施滞纳税赋的处分，但是当时存在受益人且有受益人得知被指定为受益人或者取得受益权时不知道债权人受到损害的除外。前款规定的适用，准用第十一条第七款、第八款。信托成立两年后，前两款不再适用。违反第一款、第二款对信托财产进行强制执行、临时扣押、临时处分、实施担保权或者拍卖的，受托人、受益人有权主张异议。于此情形，准用民事强制执行法第三十八条以及民事保全法第四十五条。违反第一款、第二款对信托财产实施滞纳税赋处分的，受托人、受益人有权主张异议。于此情形，应当以不服处分提出上诉的方式主张异议。”第三条规定：“信托可依下列方式设立：（一）与特定的人达成协议（下文称信托协议），向其转让财产、授予财产担保权或者为其他处分，由其按照确定的目的管理、处分该财产，并实施为实现该目的所必要的行为；（二）订立一份遗嘱，将财产转移给特定的人，授予财产担保权或者为其他处分，由其按照确定的目的管理、处分该财产，并实施为实现该目的所必要的行为；（三）以公证书、其他书面文件或者电磁记录（以法务省令规定的用于计算机信息处理的电子形式、电磁形式或者人的视觉难以感知的其他形式所作的记录，下同）作出的意思表示，由特定的人按照确定的目的管理、处分其持有的部分财产，并实施为实现该目的所必要的其他行为，公证书、其他书面文件或者电磁记录应当载明确定的目的、信托财产有关事项，以及法务省令规定的其他事项。”

② 参见金杜研究院《日本的民事诉讼制度概览》（https://mp.weixin.qq.com/s/DEpNqafKD7CYkdK3cmd2zg），访问日期：2021 年 6 月 17 日。

③ 我国台湾地区的有关规定（“信托法”）第 12 条第 1 项规定：“对信托财产不得强制执行。但基于信托前存在于该财产之权利、因处理信托事务所生之权利或其他法律另有规定者，不在此限。”

④ 我国台湾地区的保全措施包括假扣押和假处分等。我国台湾地区相关法律（“民事诉讼法”）第 522 条第 1 项规定：“债权人就金钱请求或得易为金钱请求之请求，欲保全强制执行者，得申请假扣押。”第 532 条第 1 项规定：“债权人就金钱请求以外之请求，欲保全强制执行者，得申请假处分。”

⑤ 参考台湾地区信托业商业同业公会委托研究的《信托财产或受益权受法院强制执行之适法性处理》，2011 年。

040486号函等，上述法律文件均认为，台湾地区“信托法”第12条第1项的规定包含保全措施，故对于信托财产不得采取假扣押、假处分。

如我国台湾地区“高等法院”1996年度抗字第540号裁定、“高等法院”台中分院1997年度抗字第516号裁定及南投地方法院1998年度重诉字第6号判决等，上述法律文件均认为不得依据“信托法”第12条第1项的规定，主张禁止对信托财产进行保全。

四、结语

近年来，我国信托业务发展迅猛，因此，本案也倍受社会各界关注。虽然信托财产具有独立性，但从比较法的角度切入，能否对信托财产采取保全措施，在法律规定或司法实践中存在不同的观点。日本法律明确规定，一般情况下，不能对信托财产采取保全措施，但我国台湾地区的司法实践对此问题存在争议，有法院认为不能对信托财产采取保全措施，也有法院持反对意见，认为可以对信托财产采取保全措施。本文认为无论是从行为保全的定义来分析，还是从保全措施的目的来看，武汉中级法院采取的保全措施都应当属于财产保全，而非行为保全。但通过上述关于信托财产独立性的论述、本案案情的介绍、涉案信托基本情况的阐述、保全范围的限制，再结合《全国法院民商事审判工作会议纪要》的规定进行分析，本文认为武汉中级法院在本案中采取的保全措施不甚妥当。

论通道信托之法律属性与效力认定
——以《资管新规》第一案为例

从　珊*

【摘要】 通道类信托是在我国特定金融发展时期形成的一种以商业银行或指定第三方为主导，由信托公司出借金融牌照，并在信托项目中仅发挥通道作用的融资活动。由于其从模式上偏离了信托业“受人之托，代人理财”的特征，权利义务的设置也与传统信托法原理有悖，故司法实践中，对该类信托的法律属性及效力认定一直存有争议。虽然《资管新规》的出台，以“新老划断”的方式对2020年以后的通道类信托采取了否定的态度，但依然未能成功解决此类纠纷在司法审判中的法律适用问题。本文试图以《资管新规》第一案为例，从学理及实践角度对其裁判观点中存在的法律适用问题进行分析，同时借鉴其他国家的相关经验，提出以“商事外观主义”为原则，明确通道类信托的法律属性，同时遵循商事特别法——《信托法》优先适用的规则，以“信托设立目的违法”为由，否定通道类信托的效力，从而达到监管目的与司法效果的统一。

【关键词】 通道类信托　法律属性　效力　司法适用

一、问题的提出

（一）基本案情（《资管新规》[②] 第一案）

2011 年 10 月 9 日，光大兴陇信托有限责任公司（以下简称“光大兴陇信托”）与北京北大高科技产业投资有限公司（以下简称“北大高科公司”）签订了甘信计贷字〔2011〕046 号《信托资金借款合同》。根据该合同约定，光大兴陇信托向北大高科公司发放 2.8 亿元信托贷款，贷款利率为 11.808%，贷款期限为一年。同日，领锐资产管理股份有限公司（以下简称“领锐公司”）与光大兴陇信托签订了甘信计保证字〔2011〕010 号《信托资金保证合同》，提供无限连带责任保证；北京天桥百货商场有限责任公司（以下简称“北京天桥公司”）与光大兴陇信托签订了甘信计抵字〔2011〕041 号《信托资金抵押合同》，以其位于北京某处的商业房产及土地使用权提供抵押担保。

---

* 从珊，澳门科技大学法学院博士研究生。

② 由中国人民银行、中国银行保险监督管理委员会、国家外汇管理局于 2018 年 4 月 27 日以“银发”〔2018〕106 号（以下简称《资管新规》）联合印发。

2011 年 10 月 11 日，光大兴陇信托依约向北大高科公司一次性全额发放信托贷款。但上述借款到期后，北大高科公司未能按期向光大兴陇信托偿还借款本金及利息，光大兴陇信托与北大高科公司、领锐公司三方为此签订了甘信计贷展字〔2012〕01 号《信托借款展期合同》，合同约定本案借款还款日由 2012 年 10 月 10 日延展至 2013 年 10 月 10 日，领锐公司继续承担连带保证责任，保证期间为借款展期到期日起两年。同日，北京天桥公司也向光大兴陇信托出具书面承诺继续提供抵押担保。

2013 年 10 月 10 日，上述借款到期，北大高科公司仅向光大兴陇信托偿付了本案借款截至 2013 年 10 月 10 日的利息，对本案借款本金以及 2013 年 10 月 10 日以后的逾期利息一直未予清偿。光大兴陇信托追索无果，一纸诉状将北大高科公司告上法庭，由此形成本案诉讼。①

（二）裁判观点

一审法院认定光大兴陇信托与北大高科公司订立的《信托资金借款合同》以及光大兴陇信托分别与领锐公司、北京天桥公司签订的《信托资金保证合同》《信托资金抵押合同》合法有效，并依据上述合同约定支持了光大兴陇信托要求北大高科公司支付全部本息和逾期贷款利息以及要求领锐公司、北京天桥公司承担各自担保责任的诉讼请求。但北大高科公司对一审判决不服，并上诉到最高人民法院，其上诉理由为原审法院对案件的事实认定错误：北大高科公司诉称案涉贷款资金来自包商银行股份有限公司（以下简称“包商银行”），但包商银行并未直接作为贷款方与己方订立借款合同，而是先与光大兴陇信托订立信托合同，再由该信托公司向己方发放信托贷款。其认为包商银行本就是有权发放贷款并以此为主营业务的金融机构，之所以这样迂回操作是因为若其直接作为贷款人签订借款合同，年利率仅在 6% 左右，但通过本案信托公司发放贷款，贷款年利率高达 11.808%，超过中国人民银行同期贷款利率近一倍，加上罚息更是高达 17.712%。包商银行此举显然是为了规避当时对银行贷款利率的监管规定，谋取更高额的利息。因此，北大高科公司坚持认为案涉信托借款合同属于《合同法》第五十二条第（三）项规定的“以合法形式掩盖非法目的”的情形，应当被认定为无效。这样一来其仅应按照中国人民银行同期贷款利率水平支付案涉借款利息。北大高科公司的上诉理由的事实部分得到了最高人民法院的确认。最高人民法院在判决书中证实：就在案涉借款合同签订的前一天，也就是 2011 年 10 月 8 日，案外人包商银行与光大兴陇信托签订了《单一资金信托合同》，根据该合同的约定，包商银行通过设立单一资金信托方式，委托光大兴陇信托以信托贷款形式指定出借给北大高科公司，贷款本金为 2.8 亿元，年利率为 11.808%，且上述利息收入均归包商银行享有，

---

① 本文案情相关部分参考自北京北大高科技产业投资有限公司与光大兴陇信托有限责任公司借款合同纠纷二审民事判决书［（2015）民二终字第 401 号］，有适度改写。

同时包商银行向光大兴陇信托固定支付2.8亿元信托规模年化4‰的信托费用。

如此一来，案涉信托借款合同的合同效力就成为本案的争议焦点。最高人民法院首先对案涉信托贷款业务进行了定性：案涉信托贷款本金由包商银行提供，借款人北大高科公司也由包商银行指定，光大兴陇信托既不承担主动管理该信托财产的职责，也不承担该信托业务实质上的风险，因此案涉信托贷款属于银信通道业务。继而法院援引了《资管新规》第二十二条以及2017年银监会发布的《关于规范银信类业务的通知》第三条①，阐述了我国目前对通道业务的监管政策。但由于该业务发生在2011年，即上述监管政策实施前，根据《资管新规》的相关规定②，属于处在过渡期内的存量银信通道业务。据此，法院认为，案涉《单一资金信托合同》和《信托资金借款合同》不存在北大高科公司主张的“以合法形式掩盖非法目的”的情形，而系各方当事人的真实意思表示，且不违反法律、行政法规的强制性规定，应认定为合法有效，最终驳回上诉，维持原判。

通过对案情的梳理可以发现本案其实并不复杂，由于本案中领锐公司与光大兴陇信托之间的保证合同关系、北京天桥公司与光大兴陇信托抵押合同关系并无任何争议，所以本案的争议焦点无非是案涉通道类信托的效力如何认定。尽管二审法院依据《资管新规》的规定，以“新老划断”的方式对本案的通道类信托效力予以承认，但根据《合同法司法解释（一）》第四条的规定，法院可以援引作为《合同法》第五十二条第（五）项判定合同效力的，只能是全国人大及其常委会制定的法律和国务院制定的行政法规，而《资管新规》仅属于国务院部委联合制定的行政规章，尚不足以成为判定合同效力的依据，若据此裁判，《资管新规》之后签订的通道类信托岂不应被司法机关认定无效？可见，要保证通道类信托在司法审判中法律适用的稳定性与确定性，就必须首先明确通道类信托在现有法律体系中的定位，理顺《中华人民共和国民法典》（以下简称《民法典》）“信托法”与规制监管法规在解决该类纠纷时的适用关系。接下来，本文就从理论与实践的角度对该类信托的法律属性及效力认定进行具体分析。

---

① 《资管新规》第二十二条规定：“金融机构不得为其他金融机构的资产管理产品提供规避投资范围、杠杆约束等监管要求的通道服务。”《关于规范银信类业务的通知》第三条规定：“商业银行对于银信通道业务，应还原其业务实质进行风险管控，不得利用信托通道掩盖风险实质，规避资金投向、资产分类、拨备计提和资本占用等监管规定，不得通过信托通道将表内资产虚假出表。”

② 《资管新规》第二十九条：“本意见实施后，金融监督管理部门在本意见框架内研究制定配套细则，配套细则之间应当相互衔接，避免产生新的监管套利和不公平竞争。按照‘新老划断’原则设置过渡期，确保平稳过渡。过渡期为本意见发布之日起至2020年底，对提前完成整改的机构，给予适当监管激励。过渡期内，金融机构发行新产品应当符合本意见的规定；为接续存量产品所投资的未到期资产，维持必要的流动性和市场稳定，金融机构可以发行老产品对接，但应当严格控制在存量产品整体规模内，并有序压缩递减，防止过渡期结束时出现断崖效应。金融机构应当制定过渡期内的资产管理业务整改计划，明确时间进度安排，并报送相关金融监督管理部门，由其认可并监督实施，同时报备中国人民银行。过渡期结束后，金融机构的资产管理产品按照本意见进行全面规范（因子公司尚未成立而达不到第三方独立托管要求的情形除外），金融机构不得再发行或存续违反本意见规定的资产管理产品。”

二、通道类信托的法律性质辨析

学界对通道类信托法律性质的争议由来已久，实践中对通道业务能否被认定为信托法意义上的信托种类，也存在争议。

第一种观点认为，通道类信托业务中委托人与受托人之间不再是信托关系，而应属于委托关系或其他民事法律关系。通道类信托业务中受托人完全是按照委托人的指令进行操作，受托人的管理权、处分权受到极大的限制，同时受托人不承担实质性的管理义务。因此，通道业务更像是委托贷款，不再具有信托属性。

第二种观点认为，通道类信托业务仍属信托关系，应当严格按照《中华人民共和国信托法》（以下简称《信托法》）确定受托人的义务。根据民法学者的界定，受托人义务是《信托法》施加给受托人为实现委托人意愿和受益人利益而实施一定行为的法律拘束。信托关系设立后，信托公司应当确保信托财产的独立性，信托公司对于信托财产所投项目的尽职调查、信托产品的推广和销售、信托存续期间的事务管理、信托到期后的清算和收益分配等负有全面管理的责任。受托人的谨慎管理义务是不能被约定排除的。①

第三种观点认为，通道类信托业务属于事务管理类信托，仍是信托关系的一种，受托人的义务由信托合同及委托人指令决定，并不必然负有全面义务。该种观点认为，受托人核心义务仅是基于信托基本原理而产生的指引受托人义务履行的基本原则，具有高度的抽象性，不能直接运用于具体信托实践。通道类信托业务中，受托人的事务性管理主要表现在按委托人指令，提供相应的管理服务。②

本文认为，辨析通道类信托的法律性质，应当从其特征出发，以商事外观主义原则加以判断。实践中通道类信托的核心特征主要表现在三个方面：一是委托人自主决定信托设立、信托财产运用对象、信托财产管理运用处分方式等事宜；二是委托人自行承担信托风险；三是受托人仅提供必要的事务协助或者服务，不承担信托财产管理职责。③ 从通道类信托的上述特征来看，以上第二种观点是不可取的，因为对于通道类信托而言，受托人不承担信托财产的管理职责是其典型特点，也系委托人与受托人自愿合意的内容，在信托合同中一般均有体现，法律并未强制要求受托人对信托事项采取某种特定的管理义务。换句话说，受托人承担的管理职责之大小轻重，可由当事人根据信托事务的内容来确定，不能因为信托合同对受托人的义务有所限定而否定其信托的属性。

---

① 参见刘继虎、王魏《受托人义务的若干基本理论问题研究》，载《武汉大学学报（哲学社会科学版）》2006 年第 4 期，第 517 - 523 页。

② 参见李彧《论通道类信托对受托人亲自管理义务的免除—基于客观目的解释的分析》，载《法律方法》，2016 年第 2 期，第 328 - 343 页。

③ 参见最高人民法院民事审判第二庭编著《〈全国法院民商事审判工作会议纪要〉理解与适用》，人民法院出版社 2019 年版，第 488 页。

此外，本文亦不同意把通道类信托业务的法律性质归于委托关系。《信托法》第二条规定，信托是委托人基于对受托人的信任，将其财产权委托给受托人，由受托人按委托人的意愿以自己的名义，为受益人的利益或者特定目的，进行管理或者处分的行为。从通道类业务各方签订的合同内容来看，各方约定的权利义务并不与信托之定义相悖，且从信托财产独立性以及受托人以自己的名义按委托人的意愿对特定财产进行管理和处理的外观上看，通道类信托业务符合商事信托的特征，一味要将当事人签订的信托合同认定为委托合同，实属不妥。

就通道类信托而言，信托公司并非承担代人理财、实现财务增值的积极信托职责，而是处理例如贷款、收款等事务性业务。根据中国信托业协会对于事务管理类信托的定义，事务管理类信托是指委托人交付资金或财产给信托公司，指令信托公司为完成信托目的，从事事务性管理的信托业务。可见，事务管理类信托的核心在于利用信托灵活的交易结构安排、信托财产独立性带来的风险隔离和破产隔离等制度优势，为不同的委托人提供符合其需求的、个性化的事务管理服务。因此，本文认同通道类信托属于事务管理型信托的观点。不管监管层面对通道类信托业务的监管程度如何、禁止与否，都不应影响对其法律性质的界定。

三、通道类信托的法律效力认定

诚如前文所述，界定通道类信托的法律性质，应当从其特征出发，以商事外观主义原则对其事务管理型信托的属性予以认可。那么，对于其法律效力的认定，就应从理顺《民法典》、商法与规制监管法的适用关系上着手来进一步加以判断。

首先，《民法典》、商法与规制监管法在法体系分工上分属“普通交易法”“特别交易法”与“平行法”的范畴。所谓“平行法”，即在法部门层面，规制监管法是与《民法典》平行的法体系，但在具体的法规范范畴中，规制监管法所属法律部门中也可能有一部分规范属于“特别交易法”的范畴。而从“普通交易法”和“特别交易法”的逻辑中，似乎不难得出，通道类信托合同应当优先适用“商事特别法”与“商法的基本原则”进行处理。在“商法的基本原则”（依法认定有效）与“商事特别法”规范（依法认定无效或有效）发生效力冲突时，应当以“商事特别法”的明确规定为依据进行裁判。因此，在信托财产的独立性与信托目的违法发生冲突时，应当优先适用信托目的违法规范进行处理。[①] 像当下司法审判中依据《资管新规》“新老划断”的规定，以过渡期区分通道类信托效力的做法是有违信托法基本秩序安排的，应当尽快予以调整。

其次，有观点认为信托的价值和魅力在于“可以规避法律规定”，因此，为了“避法”而生成的通道类信托不应因信托设立目的违法而归于无效。笔者对此观点

---

① 参见蒋大兴《超越商事交易裁判中的“普通民法逻辑”》，载《国家检察官学院学报》2021 年第 2 期，第 3－24 页。

并不赞同，从比较法的视角来看，对于信托行为的法律规制，英、美、法国家均态度十分明确地认定规避法律的信托为无效信托。如在美国《信托法重述Ⅱ》中，从以下两个方面对其进行了规制：其一，在消极信托中，只要委托人将普通法上的所有权转移于受托人，并指定受益人时，受益人便直接通过“执行用益”成为普通法上的所有权人。这从信托内部关系中，将分离的权利负担和收益强行合并，也就从根本上消除了人们利用消极信托规避法律的动机。其二，对受益人资格加以限制。美国《信托法重述Ⅱ》的第116条和第117条分别从正反两个方面规定了只有能够享有并且获得某类财产的合法权利之人才能够成为信托之受益人（排除了精神病人、婴儿、外国人等禁止获得信托财产的人格），以防止他们采用信托的法律设计来规避法律规定。[①]

法国信托法在对信托行为效力的规范上亦是极为严格的。囿于法国监管部门对英美信托制度持负面评价，担心引入信托制度会导致其成为人们逃避税收或洗钱的工具，因此，法国信托法中的行政干预色彩非常浓烈。比较明显的无效信托情况有以下两种：一是信托法律关系主体资格的限制。委托人仅限定为受法国《公司所得税》调整的法人机构，受托人只能是银行、特定投资公司、保险公司，否则会因信托主体资格不合法导致信托无效。二是信托合同必须具备特定条款，否则无效。三是处于公共政策目的，向受益人实施赠予的信托无效。此外，对于规避法律、税收、洗钱等信托的效力均不予认可。[②]

可见，各国在设计信托制度的过程中均考虑到信托所具有的高度弹性，将难以避免地使其成为规避法律的工具。因此，当这一“避法”的目的触犯公共利益时，法律自当给予否定性的评价，不予认可其法律效力。此外，德沃金在批判哈特的法律实证主义时提出，法律中不仅有规则，还有原则和政策。据此，可以认为除信托法律对信托行为的效力做了具体规定，将构成对信托行为效力的影响以外，还有所谓的“原则和政策”。换言之，在没有具体的法律规范用来判断信托设立的目的是否违法时，法官仍需依据“原则和政策”作出判定。

最后，出于维护金融市场秩序，保障金融市场安全的考虑，各国政府都会对金融业进行必要的监管，区别在于监管力度的强弱。相比西方国家，我国对金融市场历来坚持从严原则，随着美国次贷引发金融危机，我国的金融监管更被证明是十分必要的，因此也必然要求银行、信托公司等被监管的对象严格恪守银监会制定的行政规章，否则我国的金融市场和竞争秩序就难以维系。有鉴于此，肩负金融市场监管重任的监管部门制定了一系列行政规章、指引和通知等。虽然从法理上看，它们都属于位阶较低的行政规章，但却是国家对于特殊的商事行为进行

---

① 参见方嘉麟《信托法之理论与实务》，中国政法大学出版社2004年版，第163页。

② 参见吕富强《论法国式信托——一种对本土资源加以改造的途径》，载《比较法研究》，2010年第2期，第67－76页。

的一种必要、理性的干预，体现了现代商法中的公法和私法的交融。倘若银信合作理财的通道类信托，能够因设立目的违反金融监管的强制性规章且触犯了我国的金融秩序而被认定无效，那么修复遭到破坏的金融秩序便有了保障，违反公共利益的"避法"行为也能得到约束，投资人的相关利益亦能通过无效信托行为获得法律的救济。[①]

四、关于《资管新规》第一案的反思

首先，《资管新规》第一案让我们认识到，信托行为并不等同于信托合同，虽然信托行为中包含了信托合同，但基于特别法优于一般法的适用原则，在对通道类信托的法律属性和效力进行界定时，不应援引《民法典》合同编的规范，而应直接援引商法基本原则和《信托法》的有关规则。此时，对于无效信托列举中信托目的违法的"法"之边际进行解释便成了极为现实的问题。我国《信托法》第十一条中的第（一）项与第（六）项均提到了"法律和行政法规"，本文认为这里的"法"应当做扩大解释，理由是我国当下实行的是银行等金融机构的分业经营模式，信托制度在创设后的几十年里大多被运用于金融投资相关领域。倘若某些银行将信托公司作为管道，绕开我国金融监管部门的监管视线，从事变相贷款等业务，扰乱我国的金融市场和金融秩序，就必须加以警惕和防范。在判断通道类信托效力的问题上，承载着规制金融信托业重任的银监会发布的行政规章，尽管法律位阶较低，不能成为判定合同效力的法律依据，但从维护金融秩序和社会整体公共利益的角度，却应当成为判定信托行为是否有效的法律依据。

其次，无效信托行为的判定体现了一种价值判断，我国当前《信托法》法条列举的模式难以保证全面、正确地判定信托法律行为是否有效。尤其是在科技日新月异高速发展的今天，我们更加无法以预设类型化的模式构筑无效信托行为的判定标准。参考信托立法较为发达的其他国家和地区大多通过赋予法官自由裁量权的做法，以个案分析的方式解决这一难题。鉴于此，本文建议可以将现有《信托法》中四种无效信托的类型归并到第一项"信托目的违法或违反公共利益"之中，统一适用这两个基本原则，并赋予法官一定的自由裁量权，鼓励其运用利益衡量的方式，作出更为公平正义的裁判。

最后，如果仍要继续保留列举方式，则应当增加"规避法律"无效的情形，理由是信托制度的特别之处在于其设计本就与规避法律有着天然的渊源关系。尽管现代信托早已改变了规避法律之目的，但是毕竟信托制度有着其他法律制度不可比拟的特点或优势，即高度的灵活性和丰富的弹性，这也就为一些不法之徒提供了便利。他们可以轻而易举地通过假信托之名，掩盖或逃避法律的限制，以期

---

① 参见曲天明《无效信托行为的理论与实践研究》，大连海事大学2012年法律博士学位论文，第131页。

达到法律禁止其达到的目的，使法律所限制或禁止的领域或特殊法律行为的立法目的被架空，尤其是当此类信托行为具有很强的主观性，即存在主观上的规避法律，那么认定此类信托行为无效便具有了不言而喻的现实价值与意义。

“挂名法定代表人”：现象分析及法律规制

陈华钊*

【摘要】 我国目前民商事实践中普遍存在着“挂名法定代表人”这一现象，愈加频繁出现的“挂名法定代表人”现象已产生了许多不利的影响，扰乱了市场秩序，影响了交易安全，不利于公司的意思表达，对我国的营商环境造成了巨大的冲击。这一现象产生的主要根源在于我国法定代表人制度已经无法适应当下快速发展的商业社会，因此应予革新，应该以代表制与代理制并行适用于我国的法定代表人制度，同时完善法定代表人的登记制度。

【关键词】 挂名法定代表人　法定代表人　法律规制　登记

一、问题的提出

“挂名法定代表人”现象，在司法实践中正愈演愈烈，笔者在“在中国裁判文书网”中，以“挂名法定代表人”为关键词进行检索，对“挂名法定代表人”在司法裁判文书中出现的次数进行统计，发现涉及的相关案件，从2013年的16件猛增到2020年的795件，增长速度惊人。①

“挂名法定代表人”原不是一个专有词汇，但是由于该词汇在大量的裁判文书以及民商事交易中经常被使用，其似乎有了约定俗成的专门含义。笔者查阅了与“挂名法定代表人”相关的司法文书，虽然不同的司法文书对于挂名法定代表人的理解略有差异，但大体上都认为其具有以下特点：①挂名法定代表人可以是股东，也可以不是股东，但如果是股东，则一般而言，其属于显名股东；②挂名法定代表人对内并无经营管理权，其不享有公司内部的事项决定权，更有甚者，挂名法定代表人并不知悉公司的任何事项；③挂名法定代表人的对外代表人通常也受实际控制人的限制。

对于挂名法定代表人的理解，通过总结司法文书以及社会大众的认知，本文将挂名法定代表人大致界定为：在工商登记机关进行法定代表人的登记，但实际上并不具有公司董事长、执行董事或者经理的职权，甚至实质上并非公司的员工，仅是因与公司的实际控制人有口头或书面的协议，而充当工商登记的法定代表人。

挂名法定代表人现象的出现，使得法人的实际控制人或主要负责人与法定代

---

* 陈华钊，广州大学法学院硕士研究生。

① 参见中国裁判文书网，https://wenshu. court. gov. cn/website/wenshu/181217BMTKHNT2W0/index. html? pageId = 26fe94c08e931e0053c4f270fbfb707b&s21 = % E6% 8C% 82% E5% 90% 8D% E6% B3% 95% E5% AE% 9A% E4% BB% A3% E8% A1% A8% E4% BA% BA，访问日期：2021年3月31日。

表人产生分离，实际控制法人在享受法定代表人权利的同时将风险转嫁于挂名者身上，实现了权利与风险的人为割裂，对我国的营商环境造成了巨大的冲击。因此，非常有必要直面这一现象，并予以回应。

二、“挂名法定代表人”的司法现状

笔者在“中国裁判文书网”以“挂名法定代表人”为关键词，以“高级人民法院及以上”作为搜索条件，共得到143个样本，通过将无效样本、重复样本进行排除，共筛选出94个有效样本，样本的时间跨度为2013年至2021年。

（一）“挂名法定代表人”现象既涉及民事案件，又涉及刑事案件

在这94个有效样本中，有46个是民事案件，其余的48个是刑事案件（见表1）。在民事案件中，案由主要包括民间借贷纠纷、公司债权确认纠纷、借款合同纠纷、损害公司利益纠纷等情况。就民间借贷纠纷而言，举证方通常希望借以证明当事人是否为挂名法定代表人而推导出当事人是否参与了案涉的借贷关系，以达到确认或否认“挂名者”与借贷事实之间的关系。[①] 就损害公司利益纠纷而言，举证人或希望通过证明法定代表人为挂名法定代表人，进而推论出该法定代表人无法损害公司利益；或希望通过证明挂名法定代表人利用其法定代表人的身份而与其他公司恶意串通以损害公司的利益；[②] 等等，不一而足。可见，举证人试图通过论证案涉法定代表人为“挂名者”而达到某种法律效果。

表1 “挂名法定代表人”案件样本及分类（2013—2020年）

样本	民事案件	刑事案件
数量（个）	46	48

此外，“挂名法定代表人”这一现象在刑事案件中更多地被涉及，这一类样本主要涉及的罪名为非法吸收公众存款罪、虚开增值税专用发票罪、集资诈骗罪等，基本上为单位犯罪。在刑事案件中，犯罪嫌疑人或者以其为挂名法定代表人为由，以证明其对案涉的犯罪事项并不知情、并无参与；或是利用他人担任名义股东和挂名法定代表人，将自身隐藏于幕后，再以公司的名义实施犯罪行为；等等。

（二）裁判者认可与不认可两种情况皆有

1. 民事案件

就民事案件而言，涉及“挂名法定代表人”的有效样本数为46个，其中有17个案件被裁判者认可为案涉“挂名法定代表人”，另有16个案件裁判者裁决并不认可，剩余13个案件均以其与案涉无关为由，不予评价（见表2）。

---

① 参见河北省高级人民法院民事判决书，（2018）冀民终935号。

② 参见四川省高级人民法院民事判决书，（2019）川民终1129号。

表 2　“挂名法定代表人”样本案件裁决情况

	认可	不认可	不评价
民事案件（个）	17	16	13
刑事案件（个）	35	13	0

（1）是否认可挂名法定代表人的理由。

就 17 个被裁判者认可“挂名法定代表人”的案件而言，其裁决书认可的理由如下。①

在收集的 46 个民事案件中，裁判者仅在 17 个案件中认可挂名法定代表人的事实，而其中仅有两个案件是由于举证人提供了充足的证据而被认可。可见，在司法实践中，裁判者对于是否认可挂名法定代表人现象持非常审慎的态度，依据“谁主张、谁举证”的举证原则，此做法并无不妥，但是却忽略了举证人的证据收集能力。笔者猜测，在实践中存在着更多的挂名法定代表人由于无法提供充足的证据而无法证明其系挂名法定代表人的情况（见表 3）。

表 3　“挂名法定代表人”样本案件之认可与裁定理由

	证据充分	当事人无异议	相关刑案查明	法院查明
数量（个）	2	5	5	5

就表 2 中 16 个被裁判者不认可“挂名法定代表人”的案件而言，其裁决书不认可的理由均是举证人的证据不足。另外，在 13 个被裁判者不予置评的案件中，裁决书理由均为证明是否是“挂名法定代表人”与案涉无关。例如，在（2020）川执复 106 号、（2019）京执复 226 号、（2019）闽执复 47 号等案件中，裁判者均认为是否“挂名法定代表人”与应否被列入限制高消费名单无关，被限制消费令的法定代表人不必然系公司的实际控制人，法定代表人和实际控制人系并列的都应被采取限制消费措施的对象，两者不存在替代关系。

---

① 其中，“证据充分”具体参见：福建省高级人民法院民事判决书，（2019）闽民终 572 号；江苏省高级人民法院民事判决书，（2018）苏民再 388 号 。“当事人无异议”具体参见：最高人民法院民事判决书，（2018）最高法民再 371 号；甘肃省高级人民法院民事裁定书，（2020）甘民申 149 号；广西壮族自治区高级人民法院民事执行裁定书，（2019）桂执复 20 号；江苏省高级人民法院民事判决书，（2019）苏民终 1366 号；江苏省高级人民法院民事裁定书，（2018）苏民申 939 号；“相关刑案查明”具体参见：河南省高级人民法院民事判决书，（2020）豫民再 369 号；山东省高级人民法院民事判决书，（2020）鲁民终 1850 号；广东省高级人民法院执行裁定书，（2020）粤执复 729 号；江苏省高级人民法院民事判决书，（2014）苏商终字第 00386 号；江苏省高级人民法院民事判决书，（2015）苏商终字第 00375 号。“法院查明”具体参见：四川省高级人民法院执行裁定书，（2020）川执复 190 号；浙江省高级人民法院民事判决书，（2019）浙民再 371 号；江苏省高级人民法院民事判决书，（2015）苏商外终字第 00067 号；江苏省高级人民法院民事判决书，（2016）苏民终 479 号；贵州省高级人民法院民事判决书，（2016）黔民再 7 号。

（2）认可“挂名法定代表人”的法律效果。

民事审判中对于“挂名法定代表人”的处理，目前仍处于探索的阶段，司法裁判中可归纳出两种解决思路：第一种是认为挂名者只是实际控制人的“工具”，其仅是形式意义上的法定代表人，基于公平原则，在责任判定上不应该使得挂名法定代表人承担责任；第二种是认为挂名法定代表人也应当承担责任，其论证思路是，挂名法定代表人也是公司法意义上的法定代表人，若因其为挂名者就免除了其责任，并不利于商事交易安全和市场秩序，因此，其仍然需要承担担任法定代表人的责任。

在（2019）闽民终572号裁决书中，举证人高某通过证明了余某是案涉公司的挂名法定代表人，进而确认了陈某是该案涉公司的实际控制人。据此，法院最后判决挂名法定代表人余某并不需要承担其代表案涉公司所签署借款合同的责任，而由案涉公司的实际控制人陈某承担责任。可见，证明法定代表人为挂名法定代表人在某些程度上可以使挂名者产生一种责任脱钩的法律效果。但是，该效果并不是绝对的，例如，在（2016）黔民再7号裁决书中，挂名法定代表人即便是被实际控制人操纵，但本质上也是公司法意义上所承认的法定代表人，且实际控制人对于法定代表人的内部限权并不能对抗第三人。因此，在该裁决书中，其认为即便证明了法定代表人为挂名者，也不能使挂名者产生责任脱离的法律效果，这也是部分法院对此现象并不予以置评的主要原因。

2. 刑事案件

就刑事案件而言，涉及“挂名法定代表人”的有效样本数为48件，其中35个样本中裁判者认可了这一现象，另有13件裁决书中裁判者并不认可（见表2）。

在48个刑事样本中，法院认可了其中35个案件中的“挂名法定代表人”；而在46个民事样本中，法院仅认可了其中17个案件中的“挂名法定代表人”，这其中又有5个案件是由相关刑事案件查明（见表3）。通过对此二类样本进行对比，可以得知，第一，相较之个人而言，至少在提供证据方面，公权力部门在收集证据的能力上远远强于个人，其通过证人证言、被告人供述等方式来证明案涉相关法定代表人为挂名法定代表人。而如果举证人为个人，其往往很难举证证明案涉相关公司的法定代表人为挂名者；第二，相较之民事案件，在样本数非常接近的前提下，刑事案件中法院认可“挂名法定代表人”达到了35件，是民事案件（17个）的两倍有余。据此，或许可以认为，在民事案件中，确实存在着实际上法定代表人系挂名者，但是由于证据不足而无法证明，导致法院不予认可的情况出现。

值得一提的是，虽然在多数情况下挂名法定代表人并不会涉嫌犯罪，但只要符合刑事审判的犯罪构成四要件，挂名法定代表人仍然会涉嫌犯罪。例如，在（2020）粤刑终10号裁决书中，李某某提出其系涉案公司的挂名法定代表人，对公司的犯罪事实并不知情，更未参与。在此案中，法院认可了其系挂名法定代表人，但仍然认为其构成犯罪，原因是现有证据能够证明李某某知情并参与了犯罪活动。

3. 小结

综上，我们可以发现，法院在民事案件中对于是否认可“挂名法定代表人”，采取非常谨慎的态度，其要求证明的程度也比较高。法院对此非常谨慎的主要原因是，若认可了法定代表人为挂名者，有可能使得案涉法律关系的继受人产生变更。而刑事案件则不然，刑事案件的目的并不是定分止争，而是确定犯罪嫌疑人罪与非罪、罪轻与罪重，因此，刑事案件中对于是否认可“挂名法定代表人”，仅是为了辅助查清犯罪嫌疑人的罪责问题。同时，再由于前述所言公权力机关在收集证据的能力上有着巨大的优势，因此，刑事案件中更多地认可这一现象。

三、“挂名法定代表人”现象的成因

（一）现行法定代表人制度运行偏离其立法目的

《中华人民共和国公司法》第十三条规定：“公司法定代表人按照公司章程的规定，由董事长、执行董事或者经理担任，并依法登记。”这一变动使得法人的主要负责人或实际控制人可以与法定代表人脱钩，换句话说，即法定代表人可以由法人的非主要负责人担任。这种脱钩的原因，一方面是受到公司意思自治的影响，公司可以自由地表达自己的意志，自然也可以自由地选择其代言人；另一方面是受到“所有权与经营权相分离”的影响，公司的话语权逐渐由所有者转移向经营者，为了更好地实现经营权，由掌握经营权的人担任法定代表人能够更有利于公司的运行。

那么，我国现行的法定代表人制度是否能够实然地满足其立法目的？笔者认为答案是否定的，挂名法定代表人现象的出现实际上是与法定代表人制度的立法目的相悖的。第一，挂名者对内没有任何实权，仅仅只是法人实际控制人的“傀儡”，并不能形成公司管治的集中意志。第二，挂名法定代表人在一定程度上也导致了公司内部的混乱。由于挂名者在名义上是享有代表公司实施法律行为的权利，且是公司唯一的合法对外行为人，但由于其对内没有任何权利，法人的意思表示需要通过一个没有实际权利的“外人”实现，不利于法人内部意思的表达。第三，挂名法定代表人更容易导致外部关系不明。法人的实际控制人通过安排与公司没有任何关联的人担任法定代表人，在产生纠纷时，很难确认实际负责人，这种对外关系不明明显不利于商事交易的安全。

（二）商人寻求责任规避之本性

“个人的利己本性是一切社会关系形成和展开的个性基础。”① 法人的实际控制人并不愿意承担担任法定代表人所带来的巨大风险，却希冀于能够拥有法定代表人的权利。于是，实际控制人通过将法定代表人“傀儡化”，以确保在控制法定代

---

① 蔡立东：《论法定代表人的法律地位》，载《法学论坛》2017 年第 4 期，第 14 – 23 页。

表人的同时将法定代表人所享有的权利和责任做人为的切割。实际控制人或者通过安排与公司无任何关联的人担任法定代表人，或者安排身患疾病、年纪较大的人担任法定代表人，这部分人甚至毫不知情，在实践中甚至出现了患精神病十几年的人成为公司的法定代表人的案例。①

我国法定代表人具有法定性、身份性、唯一性和固定性等特性，其职权具体表现为对内管理权，对外代表公司权，概括起来包括：代表公司行使职权、掌握公司的签章权、掌握公司的财务控制权、掌握公司诉权以及独特的身份权。担任法定代表人在拥有着巨大权限的同时也存在着相应的责任风险。于是，挂名法定代表人现象大量出现，其目的是法人的实际控制人为了规避担任法定代表人的巨大风险，同时能够利用挂名者而行使法定代表人所拥有的权限。

（三）审查登记制度不规范

公司登记制度是指登记机关根据申请人的申请，经依法审核，将法定应予登记事项记载于公司登记簿上并予以公示的法律制度，法定代表人亦是公司登记的必备事项。公司登记制度的价值取向最主要是交易安全和效率。“安全的必要性在于公司登记制度类似于户籍制度，基于其强制性质和较强的公法化色彩，公司登记作为市场准入控制的基本程序，直接关系着市场交易和经济安全。”② 法定代表人登记的目的主要在于公示，使得交易相对方得以迅速确定公司的有权代表人从而选定适法的交易对象。

由于我国的工商登记主要采取形式审查登记模式，仅对当事人提交的书面材料进行形式审查，当事人为自己提供的材料真伪承担责任，因此，在实践中，公司仅需要将法定代表人的身份信息等书面材料提交工商登记部门审核，即可完成法定代表人的工商登记，这就为“挂名法定代表人”现象的产生提供了程序漏洞。不规范的审查登记制度，为“挂名法定代表人”现象提供了便捷的条件。这种便捷的条件使得法人的实际控制人通过极低的成本就可以将自身隐藏于幕后。

四、“挂名法定代表人”的法律规制

（一）革新我国的法定代表人制度

1. 革新所应遵循的基本要求

通过前述可见，我国目前的法定代表人制度的立法目的混乱，并不能适应目前我国社会的需要。当前，我国的法定代表人制度存在着“必设性”“唯一性”和“固定性”等的特点。学界普遍认为，我国法定代表人制度的这些特性与公司的意

① 参见董振班《法定代表人“傀儡化”应引起重视》，载《人民政协报》2019年6月11日，第12版。
② 张蓉、武红霞：《公司登记效力在商事审判中的应用》，载《山东农业工程学院学报》2017年第3期，第68－72页。

思自治格格不入，应予以变革。[①]

那么，该如何对我国法定代表人制度进行革新？袁碧华教授认为，应当将法定代表人的“必设性”“唯一性”和“固定性”予以革除，通过代理制，由公司决定代理人人数以及实行公司代理人的选任自治等方式，实现我国法定代表人制度的革新。[②] 曹兴权和荣振华则认为，应将“法定代表人”更名为“代表人”，以赋权股权决定代表人的人选，同时取消法定代表人必须登记的强制性规定。[③] 赵旭东教授则认为，应当在坚持法定代表人法定性的同时对其唯一性作适度突破，即采取双法定代表人制度，确认经理为公司的法定代表人。[④]

可以看出，大多数学者们提出的革新思路的根本遵循是：确保法定代表人制度的演进回归公司制度的本质，即更大程度上给予法人意思自治的自由，减少对其的限制。本文也持这种观点，但是我们在赋予法人选择其法定代表人享有更多的意思自治的同时，也应考虑法律制度的稳定性和连贯性，革新维持各价值之间的利益平衡。首先，我国的法定代表人制度是从 20 世纪 80 年代一直延续至今，虽进行了多次的修改，但均为调整性的修改而非颠覆性的改革，此中的缘由是为了维持法律的稳定性。保持法律的相对稳定性是法律制定的基本原则之一，是保持法律权威性的要求和历史经验的总结，这一结论已成为众多法理学学者的共识。因此，我们在寻求对法定代表人制度予以变革的同时，也应当保持法定代表人制度的法律稳定性和连贯性，革新不可操之过急。其次，交易安全和公司利益的博弈始终是公司法制度设计上的主线。赋予法人更自由地选择其法定代表人的权利，体现的是公司利益，但此举是否有损于交易安全？本文认为，由于商人的趋利避害和追求公司利益最大化的本性，一旦给予其过多的意思自治而不加以制约，必然会有损商事交易安全。当前我国的法定代表人制度在其演进的过程中不断赋予法人以更多的意思自治，甚至在 2006 年的公司法修改中，取消了由董事长（一把手）担任法定代表人的强制性规定，改由公司在董事长、执行董事和经理中自行决定。在这之后，挂名法定代表人现象便出现并且愈演愈烈，给商事交易安全和市场秩序带来了极大的隐患。法定代表人是法人对外意思表示的重要窗口，我们在赋予法人对其法定代表人的选任和权限设定享有更多自主权的同时，也应当要

---

① 参见焦娇《公司代表人制度研究》，西南政法大学 2010 年博士学位论文，第 4 页；袁碧华《法定代表人的制度困境与自治理念下的革新》，载《政法论丛》2020 年第 6 期，第 78 – 79 页；殷秋实《法定代表人的内涵界定与制度定位》，载《法学》2017 年第 2 期，第 14 – 27 页；蔡立东《论法定代表人的法律地位》，载《法学论坛》2017 年第 4 期，第 14 – 23 页。

② 参见袁碧华《法定代表人的制度困境与自治理念下的革新》，载《政法论丛》2020 年第 6 期，第 78 – 79 页。

③ 参见曹兴权、荣振华《公司代表人制度“法定性”的弱化——法律与社会良性互动视角的分析》，载《北方法学》2013 年第 1 期，第 52 – 59 页。

④ 参见赵旭东《再思公司经理的法律定位与制度设计》，载《法律科学（西北政法大学学报）》2021 年第 3 期，第 36 – 47 页。

考虑到交易安全和市场秩序等方面的利益。

综上所述，我们对法定代表人制度予以革新时，应当把握三个尺度：第一，大方向是法人对其外部表达的选择应有更多的意思自治；第二，应当维系法定代表人制度的稳定性和连贯性，循序渐进；第三，同时也应维系交易安全等其他利益。

2. 法律规制路径：代表制与代理制并行

代表和代理并无本质冲突，若予以合理规范，可以同时适用。本文尝试提供以下设想。

第一，限缩法人选择法定代表人的权力（利）。本文更倾向于2006年公司法改革之前的方案，即限定于由公司的董事长（执行董事）担任法定代表人。这样一来，能确保法定代表人由起码是公司名义上的实际控制人担任，确保了权责统一，能够有效遏制“挂名法定代表人”这一现象，而且即便出现了这种现象，也能够明确“挂名法定代表人”是非善意的，也应承担相应法律责任。挂名法定代表人现象出现的核心原因是：我国在法定代表人的制度设计上存在着不合理之处，使得公司的实际控制人可以通过一定的手段使法定代表人的权利和责任产生一种人为的切割，实际控制人实质享有法定代表人的权限但又不承担法定代表人的责任。而如果直接规定由董事长（执行董事）担任法定代表人，则很难出现上述法定代表人的权责被人为切割的情况，很大程度上避免了出现“挂名法定代表人”现象。而限缩法人选择其法定代表人这种立法方案所带来的诸如限制公司意思自治、不符合现代日益繁复的商事交易等弊端，则可以引进代理制度予以解决。

第二，引进代理制度，使之与代表制度并驾齐驱。较之于代表制度的强制性、固定性和必设性，代理制度可以由法人自由安排，依法人的意思自治而定。前述论及，代表制中的法定化与法人意思自治原则存在着难以弥合的矛盾，那么，何不尝试性地引入代理制度，将法人的意思自治原则运用于代理制度，以避免出现前述矛盾，既可以在很大程度上解决法定代表人仅采取代表制所带来的固有弊端，也有利于公司在商事竞争中更好地应对市场变化，及时作出不同的调整。

综上，在我国法定代表人制度中，可通过限缩法定代表人的范围，直接规定由董事长（执行董事）担任法定代表人，有利于法定代表人的权责统一，以消除“挂名法定代表人”这一现象；同时，引入代理制度，由公司自由地决定其意思的外部表达，而若要让公司的代理人在实际操作中达成法定代表人一样的对外效果，可以通过登记制度赋予其公信力。这样一来，我们通过这种模式的构建，即可使得法人得以更加自由地选择其外部表达的方式，也有利于维系法定代表人制度的稳定性和连贯性，同时也兼顾了交易安全和市场秩序等商事价值的实现。

（二）完善法定代表人的登记制度

我国商事登记中分类、分别、分散立法的零、散、乱等状况之明显缺陷和根本局限，已在商事登记实践中暴露无遗，严重影响了我国统一商事登记制度的建立和国内统一大市场的建设。[①] 通过本文的讨论可见，我国目前审查登记存在着许多不规范之处，这对公司的法定代表人予以登记的做法，为挂名法定代表人现象提供了非常便捷的条件，体现了商事登记在实践中的不足与弊病。

我国目前的商事登记制度只注重于形式审查而忽视了对审查内容真伪之判断，在安全价值与效率价值中更侧重于效率，忽略了商事登记制度的安全价值使得其公信力不断下降，其登记的事项逐渐缺乏权威性和可信度。

本文尝试着就"挂名法定代表人"现象而对法定代表人的登记制度提出以下建议：第一，严格执行法定代表人的登记审查程序，对该登记事项的真伪进行核查，以判断当事人对其担任法定代表人这一事项是否同意、知情，同时需要当事人提供其为法人实际控制人或主要负责人的承诺书。第二，构建法律救济途径。市场监督管理总局于2019年6月发布《关于撤销冒用他人身份信息取得公司登记的指导意见》，其中就"冒名"等行为提供了救济的途径，但是在实践中其效果并不显著，存在着"公示期长""当事人缺乏被冒名的相应证据证明"等问题，使得很多被"冒名"的挂名法定代表人无法寻求法律救济以解除其法定代表人的身份。因此，应该提供一个更有效的法律救济途径，只要当事人提供的证据达到合理怀疑的程度，就可以产生举证责任倒置的效果。第三，构建违法公司的失信惩戒制度。如证实公司的法定代表人为挂名者，则可以在商事账簿予以注明，在确保交易相对方获取信息真实性的同时，以降低法人的信誉度作为惩戒手段。

五、结语

"法律的终极原因是社会的福利。"[②] 法定代表人制度设立的终极原因也是社会的福利。就该制度而言，其旨在通过法定代表人制度，使法人更好地表达其内心意思，在更有利于法人意思自治的同时，也兼顾到市场秩序和交易安全，从而推进整个社会的福利。愿景很好，但就目前出现的"挂名法定代表人"现象却反映出当前我国法定代表人制度的种种弊病，由此亟须对法定代表人制度予以改革。本文以此为研究对象，尝试着提出相应的规制措施，以期对我国法定代表人制度的改革能有所帮助。

---

① 参见肖海军《论我国〈商事登记法〉的制定与体例——附：〈中华人民共和国商事登记法〉（学者建议稿）》，载《时代法学》2020年第5期，第31－32页。

② ［美］本杰民·卡多佐：《司法过程的性质》，苏力译，北京商务印书馆1998年版，第39页。

信用违约互换信息披露制度研究

吴嘉琪*

【摘要】我国信用违约互换（CDS）的推出对于提高我国债券市场流动性，解决具有竞争力的民营企业融资难的困境，完善我国营商环境具有积极作用。然而，从我国目前CDS信息披露规则的制度建设现状来看，其相关细则及信息披露要求并不能完全满足CDS交易市场的需要，存在强制力不足、规则不统一、执行效果不佳等问题，CDS交易中的参考实体风险及交易对手风险不能完全为市场所识别。无论从CDS自身的产品定价、系统性风险防范与功能实现出发，还是从其可能引发的一系列公司治理、金融监管等法律风险来看，完善CDS相关的信息披露规则均为必要。我国债券市场信息披露规则的完善以及服务机构行业自律治理功能的发挥为完善CDS信息披露制度提供了路径参考。

【关键词】信用违约互换　信息披露　信用风险

信用违约互换（credit default swap，CDS）是金融机构转移或分散信用风险的一种重要信用衍生品。在CDS交易中，作为基础资产拥有方的买方需在合同期限内按约支付卖方固定费用，以此换取卖方所提供的信用保护，收取固定费用的卖方则负有在合约确定的信用主体或基础金融资产发生信用风险事件时，向买方赔偿损失之义务。作为主要净买方的商业银行希望通过CDS交易转移贷款或债券的信用风险，对冲基金、投资银行等机构则出于投机与套利的目的参与交易。我国CDS交易始于2010年，但由于产品结构单一、市场供需错配、准入限制等因素，在2014年前我国CDS发展缓慢。2018年，我国的债券市场违约常态化发生，外部融资压力较大。对此，国务院决定运用市场化方式支持民营企业债券融资，银行间市场重启发行信用风险缓释工具，上海证券交易所和深圳证券交易所市场也开始试点信用保护工具。CDS在信用风险定价、促进金融市场流动性，进一步完善我国营商环境等方面具有重要意义。面对CDS在我国的迅速发展，健全监管制度和完善相关配套制度迫在眉睫。信息披露制度是现代证券市场制度的核心，同样也是健全CDS监管制度与制度建设的重要内容。

一、CDS对信息披露制度之需求

随着信息披露规则由形式主义向实质主义的转变，交易风险直接相关的实质主义信息充分有效的披露，更加符合复杂金融衍生品市场及产品的需求。CDS作

* 吴嘉琪，中山大学法学院硕士研究生。

为金融创新的产物，对信息披露质量提出了更高的需求。[①] 此种需求不仅表现在其自身的产品定价、系统性风险防范与功能实现上，还与其引发的一系列公司治理、金融监管等法律风险相关。

（一）CDS产品估值与定价

CDS的定价高度依赖于对参考实体信用风险和交易对手信用风险的判断。从CDS的定价方法来看，概率模型、无套利模型等定价模型均要求提供参考实体的信用等级、违约概率、回收率等数据。2014年以前，我国债券市场整体处于刚性兑付的环境，缺乏违约概率和回收率等数据，因此，难以直接运用定价模型完成产品定价。随着国内债券市场刚性兑付被逐渐打破，债券市场违约主体范围扩大，我国CDS产品定价基础才开始形成。由此可见，参考实体的完整信息披露是CDS产品定价的重要数据支撑。实证研究表明，信息披露不仅能够减少信息的不对称，还能降低产品风险溢价，同时也降低了定价的波动性，有助于市场参与者作出合适的投资决策。[②]

虽然CDS转移了参考实体的信用风险，但CDS本身同样存在来自交易对手的信用风险。市场参与者需要了解包括交易对手披露信息在内的所有风险相关信息，进而在权衡交易风险和收益的基础上作出交易选择。[③] 故而，交易对手的信用资质同样对CDS的定价产生影响，CDS的产品估值与定价同样要求来自交易对手的相关信息的披露。

（二）CDS系统性风险防范

CDS交易在降低参考实体个体风险的同时，亦加大了金融系统风险。如前所述，来自交易对手的信用风险是CDS的主要风险之一。在CDS的交易过程中，买方的交易决策在很大程度上依赖于市场对交易对手方的信用评级，因此，信用评级较高的大型金融机构成为市场参与者的优先选择。在信用风险过度集中且无法得到及时对冲的情况下，大量CDS信用条款被触发，金融机构将面临集中兑付的难题。同时，CDS的投机属性及交易链条的延长进一步放大了系统性风险。故而，财务会计准则委员会（Financial Accounting Standards Boards，FASB）及美国交易委员会（United States Securities and Exchange Commission，SEC）在金融危机发生后均强化了信用衍生产品的财务信息和交易数据披露要求，要求由主要交易平台和交

---

① 参见常健、罗伟恒《论我国信用违约互换（CDS）风险的法律防范——基于信息披露规则完善的视角》，载《上海财经大学学报》2017年第3期，第118－128页。

② Chiu T T，Guan Y & Kim J B，"The Effect of Risk Factor Disclosures on the Pricing of Credit Default Swaps"，*Contemporary Accounting Research*，2016，Vol. 35，No. 4，pp. 2191－2224.

③ 参见王乐乐、李琳《基于信用等级迁移的信用违约互换定价》，载《同济大学学报（自然科学版）》2009年第4期，第613－618页。

易信息库向公众提供相关数据，并向主要监管机构进行报送。①

加强宏观审慎监管、防范系统性风险是金融危机发生后金融监管改革的主要方向之一。② CDS 作为一种金融创新的产物，在一定程度上存在摆脱金融监管的内在属性。③ 就金融监管而言，包括交易对手披露信息在内的所有风险相关信息的缺乏，最终将导致系统性风险的放大。④ 因此，完善信息披露制度等配套制度，实现对系统性金融和 CDS 的有效监管是题中应有之义。

（三）CDS 功能的发挥与实现

CDS 的推出及运用具有多方面的积极意义：①在信息披露充分的基础上，信用风险的剥离使得信用定价更加准确，这意味着市场信息不对称的有效减少，市场价格成为投资者意见的充分表达，信用债流动性和交易成功率得到提高。②CDS 产品本身也意味着信用风险分担机制的建立。③CDS 的市场化交易实现了信用风险的优化配置，避免信用风险的过度集中。④证券公司等 CDS 参与方借助 CDS 的风险缓释功能管理信用风险，提高整体竞争力。然而，CDS 关于信用定价、提高市场流动性及风险缓释与配置等方面功能的发挥与实现，在很大程度上依赖于充分的信息披露。在信息披露制度尚未健全，市场信息不对称的情况下，市场将无法实现对信用风险的准确定价，投资者也缺乏对信用风险的明确判断。这亦是目前信用债市场流动性弱于利率债市场的原因之一。

除上述功能外，CDS 同时还能够起到外部增信的作用。当市场的整体信用风险处于较高水平时，运用 CDS 为产品增信能够将市场资金有效引向优质企业。2018 年，我国债券市场违约常态化发生，民营企业信用环境趋紧，外部融资压力较大。国务院常务会议决定运用市场化方式支持民营企业债券融资，通过出售信用风险缓释工具、担保增信等多种方式，重点支持暂时遇到困难但有较好前景的民营企业完成债券融资。在此背景下，银行间市场重启发行信用风险缓释工具，交易所市场开启信用保护工具试点，上述措施有利于市场风险偏好的重构。然而，在市场缺乏充分信息披露的情况下，优质企业的市场价值无法为交易价格所真实反映，CDS 的外部增信与资金引流作用均难以实现。

（四）CDS 引发的相关法律风险

信息披露制度的需求不仅表现在 CDS 的产品定价及风险防范等功能实现等方面，还与 CDS 交易有关的公司治理、金融监管等相关。

以与 CDS 相关的内幕交易为例。相较于传统证券市场，CDS 市场各方参与者

---

① 参见董新义、刘明《信用风险缓释工具业务监管研究——以信用违约互换（CDS）为中心》，载《经济法研究》2017 年第 1 期，第 86 - 99 页。

② 参见谢平、邹传伟《CDS 的功能不可替代》，载《金融发展评论》2011 年第 1 期，第 81 - 89 页。

③ 参见胡海鸥、贾德奎《货币理论与货币政策》，格致出版社、上海人民出版社 2012 年版，第 136 页。

④ 参见庄毓敏、孙安琴、毕毅《信用风险转移创新与银行（体系）的稳定性——基于美国银行数据的实证研究》，载《金融研究》2012 年第 6 期，第 83 - 94 页。

与参考实体之间联系更为密切，获取及泄露涉及参考实体履约能力的内幕信息的可能性大幅提高。无论是一级市场还是二级市场，掌握参考实体内幕信息的债权人、债券承销商在参考实体信用能力下降时，均可能出于投机等目的滥用内幕信息进行交易或向他人泄露相关信息。相较于传统证券市场，CDS 市场对负面信息的偏好性加剧了内幕交易对市场效率的损害。市场参与者对负面信息的投机性快速反应和过度反应，以及 CDS 交易的杠杆作用和金融风险的传递效应，对市场公平和效率造成了极大损害。[①] 由于信息不对称是产生内幕交易的重要原因之一，故完善信息披露制度，实现市场信息的及时发布和获取，成为规制 CDS 投机性内幕交易的重要举措，而这也是市场透明度监管的重要内容。[②]

CDS 对公司法的影响之一表现为空心债权的出现。债权空心化是金融创新介入公司治理所导致的利益冲突的重要表现形式。[③] CDS 等金融创新产物的出现，在促进债权市场流动性的同时，也在一定程度上改变了投资者的投资选择：由关注公司的偿债能力转为关注风险的转移能力。[④] 债权收益与风险之间的分离导致债权“空心化”，公司破产不仅不会损害债权人之利益，反而可能使其获益。[⑤] 随着维系债权人与债务人利益链条的断裂，作为公司外部治理核心机制的破产制度出现失灵。从公司法的角度出发，规制空心债权的路径之一在于利用公司章程对空心债权人作出限制，包括限制破产重整中的投票权和不当受益权。该路径的难点之一在于空心债权的隐蔽性，而攻克这一难点的途径在于完善信息披露制度。

二、CDS 信息披露法律制度现状

（一）债券市场信息披露制度

CDS 作为依附于债券的信用衍生品，其信息披露需求必然涉及债券市场。CDS 产品的产生及定价依赖于参考实体。债券市场真实完整的信息披露，是 CDS 实现合理定价和功能发挥的重要保证。

债券与股票风险的来源差异决定了市场参与者在进行投资决策时所需要获取的信息的不同。区别于股权投资对公司运营状况之关注，债券的风险主要来自偿债意愿与能力。在证券法修订之前，证券市场信息披露制度呈现出“重股轻债”

---

① Yadav Y, “Insider Trading in Derivatives Markets”, *The Georgetown law journal*, 2014, Vol. 103, No. 2, pp. 381 – 432.

② 参见范黎红《信用违约互换（CDS）市场内幕交易的法律规制》，载《证券市场导报》2019 年第 8 期，第 60 – 68 页。

③ 参见冯果、李安安《金融创新视域下公司治理理论的法律重释》，载《法制与社会发展》2013 年第 6 期，第 64 – 75 页。

④ ［美］弗兰克·J. 法博齐、弗朗哥·莫迪利亚尼：《资本市场机构与工具》，汪涛、郭宁译，中国人民大学出版社 2011 年版，第 709 页。

⑤ Skeel D A & Partnoy F, “The Promise and Perils of Credit Derivatives”, *19th Annual Corporate Law Symposium on Debt a lever of Control*, 2006.

的特点。债券信息披露制度的设计由于过多参照股票而存在形式化的嫌疑，未能体现债券在信息披露规则上的特殊性。债券投资者所关心的产品设计原理、交易对手风险、资产状况等信息没有得到充分披露。诸如公司概况、会计报告，以及董事、监事、高级管理人员概况等传统信息披露内容要求无法充分揭示债券投资风险。[①]

随着近年来债券市场的快速发展，立法者逐渐意识到赋予债券市场平等化信息披露规则的重要性。证监会于2015年发布的《公司债券发行与交易管理办法》较为详细地确定了债券市场的临时报告制度，央行发布的《全国银行间债券市场金融债券信息披露操作细则》亦对七项可能影响投资者判断的重大变化的临时信息披露作出了要求。2019年12月底发布的《公司信用类债券信息披露管理办法（征求意见稿）》《公司信用类债券募集说明书编制要求（征求意见稿）》《公司信用类债券定期报告编制要求（征求意见稿）》等对债券市场信息披露规则进行了统一，新增了设立企业信息披露事务负责人、十条重大事项、违约信息披露等细则，加强了债券发行后信息披露管理，对主承销商工作提出了更高的要求。对处于债券监管核心地位的信息披露作出的统一要求，有助于减少债券市场监管套利行为，进一步规范债券市场发展。2020年，新修订的《中华人民共和国证券法》对信息披露制度进行了重构，首次新增“信息披露”专章，对上市交易公司债券重大事件信息披露提出了更高要求，对债券信息披露的基本原则和范围进行了明确规范。[②] 从立法现状来看，对债券市场信息披露规则的完善是未来信息披露制度完善方向之一。

（二）CDS信息披露制度

CDS产品从定价到交易都高度依赖于对信用风险的判断，包括对参考实体信用风险的判断和交易对手信用风险的判断。CDS产品对信用风险的调整比债券、股票更为敏感，市场参与者对于发债主体评级信息、交易对手信用风险等相关信息的披露要求更高。[③] 相比之下，我国现行信息披露制度框架下的CDS信息披露规则尚未完全达成这一标准。

我国CDS产品分布于银行间市场与交易所市场。对于银行间CDS产品的规制，目前采用以交易商协会发布的《银行间市场信用风险缓释工具试点业务规则》为管理主干，以信用风险缓释合约、信用风险缓释凭证、信用违约互换和信用联结票据四种产品的子指引作为支架的伞形管理框架。由于银行间市场的CDS产品推出时间较早，相关信息披露规则特别是关于交易对手信用风险信息披露的规定较

---

① 参见《中华人民共和国证券法》（2014年）第六十六条。

② 《中华人民共和国证券法》第八十一条。

③ 参见刘亚、张曙东、黄亭亭《信用违约互换与债券市场发展》，载《财经理论与实践》2008年第2期，第42－46页。

为模糊。有关条文仅笼统规定市场参与者应向交易对手提供交易相关必要信息，不具备可操作性。同时，该规则目前属于自律性质，从外部约束机制来看，目前自律治理机制尚未成熟，不稳定的社会舆论、非连贯的政府监管等均不构成有效的可置信威胁，法律之外的惩处机制和程序尚未健全。[①] 在行业协会定位尚未完全明确，自律规则强制效力存疑的情况下，规则实际执行效果难以保证。

对于交易所市场的 CDS 产品，除《中国证券期货市场衍生品交易主协议（信用保护合约专用版）》外，上交所和深交所分别发布了业务指引和业务指南。相比银行间市场，交易所市场对于 CDS 产品（特别是凭证类产品）信息披露规则的规定较为细致。上交所与深交所均要求创设机构在凭证创设前需向投资者披露凭证创设说明书、创设机构的信用评级报告、经审计的财务报表和审计报告等相关文件，同时要求定期披露年度报告、财务报表、审计报告及跟踪评级报告，并要求机构在发生可能影响其赔付能力的重大事项时作出临时信息披露。

总体来说，从现有针对 CDS 产品信息披露的法律规制及其演变来看，信息披露规则虽然有所完善，但仍然不能体现其与债券、股票信息披露要求的差异。同时，银行间市场与交易所市场的 CDS 产品信息披露规则差异较大。因此，立足 CDS 交易实践，构建满足 CDS 产品风险管控差异化需求的信息披露规则是有必要的。

三、CDS 信息披露制度完善路径设想

（一）完善 CDS 信息披露具体规则

从我国现行法律规制来看，CDS 信息披露的相关规定主要为交易商协会发布的业务规则及上交所、深交所发布的业务指引。从二者发布主体的法律地位及规则的具体内容来看，其存在强制力不足、规则不统一、执行效果不佳等问题。

从理想化披露内容来看，披露内容应当围绕参考实体或交易对手的信用风险来展开。信息披露规则作为一种强制规范，旨在通过公权力的介入来弥补证券市场信息不对称的客观缺陷，但强制性披露内容应当控制在合理的范围之内。过于宽泛的强制性披露会导致披露的形式化，无法满足投资者决策的基本需求。信息披露制度的关键在于将影响投资者决策的风险相关信息完整、及时、准确地反映到市场上。具体到披露内容，可以从交易对手之间的信息披露和参考实体的信息披露两个方面展开。对于前者，应主要集中于对交易对手整体信用风险状态的披露，包括财务状况、经营业绩、现金流量、最大损失限度及偿付风险、风险控制措施等与信用风险紧密相关的信息。对于后者，主要是与债券信息相关的信息披露。随着公司信用类债券信息披露管理办法、新修订《中华人民共和国证券法》等规定的出台，我国债券市场信息披露体系进一步完善，CDS 参考实体信息披露

① 参见侯东德《证券服务机构自律治理机制研究》，载《法商研究》2020 年第 1 期，第 129－142 页。

的具体规则也应与债券市场信息披露规则相衔接。

此外，对于客观上尚未确定但对市场价格存在影响的预测性信息，由于其与市场参与者判断的作出具有高度相关性，加上市场参与者对风险信息存在投机性快速反应，故可以通过倡导性规定及激励措施鼓励相关主体进行披露。[①]

（二）加强行业自律治理

由于我国 CDS 产品尚处于发展阶段，对 CDS 之性质、CDS 之监管路径等均存在理论争议。[②] 是否将 CDS 定位为证券并相应建立监管体系或需进一步讨论，但不可否认的是 CDS 作为建立在基础债务之上的衍生产品，其与证券存在密切联系。在证券市场中，市场参与者对信息的需求最为迫切，信息披露制度是现代证券市场制度的核心。从监管主体的角度来看，仅依靠证监会等行政机关完成对整个市场的监管，治理成本过高，亦无法对市场需求作出及时回应。相比之下，以机构自律治理作为有益补充能够在保障资本市场规范性的同时，对经济现实发展与资本市场治理需要作出及时回应。[③]

因此，在 CDS 监管理论基础尚未厘定的情况下，考虑到 CDS 市场参与者目前均由机构投资者组成，且机构投资者多数为金融行业协会会员，由自律行业组织如中国银行间交易商协会担负自律管理的职责，以作为政府监管机构的有力补充，可起到相应的作用。当然，交易商协会等服务机构自律治理功能的有效发挥，仍然需要建立在对其治理主体地位的明确及自身治理机制的完善的基础上。

---

① 参见常健、罗伟恒《论我国信用违约互换（CDS）风险的法律防范——基于信息披露规则完善的视角》，载《上海财经大学学报》2017 年第 3 期，第 118 – 128 页。

② 目前对于 CDS 的性质认定主要存在保险及证券两种分歧。对 CDS 性质认定态度上的不同，导致对其监管立场和政策产生了相应的影响。以证券交易法为监管路径旨在对 CDS 的交易过程及交易保障机制进行监管，以维护市场交易的安全性，防范系统性金融风险。而沿着保险法的路径则是希望将 CDS 纳入传统对保险产品及保险合同的监管之中，来限制 CDS 等金融衍生品创新的无序扩张和监管套利。

③ 参见侯东德《证券服务机构自律治理机制研究》，载《法商研究》2020 年第 1 期，第 129 – 142 页。

粤港澳大湾区法治化营商环境建设中的民商法实践问题

法律与经济发展的“深圳经验”：私法优先

王　睿*

【摘要】深圳经济特区建立40年来取得了巨大的建设成绩，特别是在市场经济建设方面，为全省、全国提供了宝贵的经验。总结其中经验，通过“私法优先”率先于全国建立、发展市场经济是深圳经济特区发展的最重要主线。随着新时代全国法治建设的逐步完善，深圳特区的法治经济建设迎来改革措施边际效应递减以及创新模式受约束的新挑战，同时，粤港澳大湾区的战略部署和中国特色社会主义先行示范区的建设目标为深圳乃至全国共同构建了新趋势。本文提出了通过更深入、更高层次的“私法优先”实现“先行先试”的法治经济建设新思路，以期助力深圳特区继续傲立潮头。

【关键词】深圳特区　法治经济　私法优先

一、引言

经济特区是我国改革开放过程中最重要的制度创设之一。经济特区设立的重要目的之一就是为了探索社会主义市场经济，而从效果来看确实不辱使命。40年来，广东依托经济特区等政策优势，以无与伦比的政治担当不断先行先试，大力发展外向型经济，自始至终都保持着国内领先的经济增长速度，是验证中国改革开放成功经验的一个重要方面。经济特区很大程度上成为了改革开放的代名词，特别是深圳特区，从2018年起，深圳的GDP就赶超了其毗邻的国际金融中心香港，并且仍保持着较高的发展速度，当中的经验和奥妙一直是全国乃至是全世界范围专家学者关注及研究的重点。

进入改革深水区后，经济特区制度便面临着改革效果边际效应递减的挑战，粤港澳大湾区及社会主义先行示范区的建设目标也给深圳特区的建设提出了更高层次的目标。可以肯定的是，市场经济的建设和完善仍是未来的重点所在。中央指出“市场经济就是法治经济”。因此，有必要对经济特区建设中的法律与经济发展问题进行研究，从中揭示法律制度改革促进经济发展的作用机制，为新时代通过法治路径建设经济特区，促进经济稳定增长提供理论支撑，助力深圳特区发挥先发优势，在全面深化改革、全面对外开放进程上继续傲立潮头。

* 王睿，中山大学法学院博士研究生，中山大学法律经济学研究中心助理研究员。

二、法治经济建设的“深圳经验”与挑战

（一）私法优先的深圳特区模式

自党的十八届四中全会确立全面依法治国战略以来，党中央提出了一系列推进中国法治经济建设和经济发展的若干新举措，形成了新时代中国法治经济建设的新特点，主要表现以下几方面：其一，从重视公法到重视私法；其二，从重视经济立法到重视宪政立法；其三，从重视立法到重视司法；其四，从重视国家法到重视民间法。[①] 深圳特区是中国改革开放的窗口和试验田，其改革中的经济法律变迁必然显现出与全国改革相同的共性。然而，深圳特区作为中国改革开放的排头兵，其在法律变迁和经济增长中的实践经验之精髓更多在于其特殊性而非全国共性。笔者认为，深圳特区改革开放中经济法律变迁的特殊性最主要表现为在“先行先试”的战略部署和“对外窗口”的定位下，依托中央授予的政策优势，通过“私法优先”的路径首先解除当时体制对经济发展的束缚，率先于全国发展市场经济，释放市场活力，树立了深圳模式，进而推广至全省、全国。

私法优先是经济改革在法律上的具体表现，是以立法引导、推进和保障经济改革的重大决策的实施，其具体含义和表现是深圳的许多先行性、创造性立法都是在私法领域中出现的。私法优先不仅符合市场化改革的要求，而且能有效避开可能出现的各种政治上的争议和阻力。用私法上的创新推动市场化，同时以私法创新巩固改革的成果，深圳在计划经济体制转型的初期就建立了较为完备的市场交易规则，从全国来看具有先行性和特殊性，形成了法律与经济发展的特区模式，进而以点带面，这是重要的深圳经验。更具体来说，深圳特区的私法优先体现在地方立法优先建设私法、行业自治在私法领域形成非正式制度、契约安排合理规避市场规则滞后三个方面。

1. 通过地方立法优先建设私法，填补市场规则空白

从计划经济体制到市场经济体制的转型过程中，鉴于计划经济的路径依赖、为巩固改革成果及资源的稀缺，中央在法制建设上更多的是侧重于公法的建设，

---

① 参见周林彬、王睿《法律与经济发展“中国经验”的再思考》，载《中山大学学报（社会科学版）》，2018 年第 6 期，第 19 – 28 页。

而将私法建设放在了相对靠后的位置。[①] 广东省通过地方立法权限率先在经济特区进行私法建设，为市场主体提供了完备的交易规则，为市场经济的良好运作打下基础，是立法上的私法优先。第一个表现是 1980 年《广东省经济特区条例》的出台。这是广东通过私法创新推动经济特区市场化改革的开端，其显著意义在于将国家赋予的政策以立法的形式进行固定，为进一步的改革提供明确的指引以及通过“条例”这种在地方立法中效力最高的效力性规范，为个体、组织等经济主体参与市场，进行投资、经济、管理、收益等活动的权利提供了有效的保障，为经济主体提供合理而相对稳定的预期。第二个表现是，经济特区的经济与法律改革一直将市场经济的基本法——商法置于重要的地位。1992 年，在中央提出“建立社会主义市场经济体制”后，深圳率先于全省、全国出台了两个公司条例，首次对公司的法律地位进行了立法上的确定，以法规形式提出产权明晰、管理科学的现代企业制度；开创了公司法这一商事主体基本法的先河，为《中华人民共和国公司法》的制定提供了宝贵的立法经验；在商主体的退出机制破产法领域，率先出台《深圳经济特区涉外公司破产条例》，为《中华人民共和国企业破产法（试行)》的颁布奠定了丰富的实践及立法经验。

2. 通过行业自治在私法领域形成非正式制度，弥补立法资源的不足

私法优先并不限于通过人民代表大会和政府的立法或规范性文件来完成。政府将更多的空间留给市场，允许市场通过行业习惯、行规等非正式制度对交易进行自主性安排。当立法规定不能适应现实时，非正式制度可以对其进行替代，形成独立于正式制度之外更加符合实际情况的一种自发形成的秩序，有效防止了“水土不服”的规则造成交易成本的不当抬高。而当立法存在缺失的情况，这些非正式制度则是正式制度的补充，有效填补立法空白，维护已经形成的交易关系和交易秩序。正如阿维纳什·迪克西特从制度和经济绩效的实证研究中得出以下的发现：一般来说，一开始并不需要照搬西方的国家法律制度；可以选择一些替代性制度，并巩固它们。[②] 深圳特区一直注重通过行业自律的方式对市场进行治理，

---

① 我国在 20 世纪 90 年代中期以前起草了大量从政府管理市场和企业角度出发的法律，典型的例子是 1986 年出台的《中华人民共和国企业破产法》，其本应着重处理债权人和债务人的债权债务关系，促进债权人摆脱债务枷锁获得重生，在当时却成为了政府主导的社会稳定工具、政府干预的工具（不得不说明的是即使在现在《中华人民共和国企业破产法》的适用仍然在很大程度上会受到政府因素的影响）。之后，国家减少干涉型经济立法、增加保障性立法，将立法的重点转移到民商法的立法上。比如，1990 年的《中华人民共和国著作权法》，1992 年的《中华人民共和国海商法》，1993 年的《中华人民共和国反垄断法》、《中华人民共和国消费者权益保护法》和《中华人民共和国公司法》，1995 年的《中华人民共和国票据法》、《中华人民共和国担保法》、《中华人民共和国保险法》和《中华人民共和国商业银行法》，1997 年的《中华人民共和国合伙企业法》，1998 年的《中华人民共和国证券法》，1999 年的《中华人民共和国合同法》，以及 2000 年的《中华人民共和国个人独资企业法》等民商法。但作为财产制度的基本法，私法中的重头戏《中华人民共和国物权法》却直到 2007 年年底才出台。

② ［英］阿维纳什·迪克西特：《法律缺失与经济学：可供选择的经济治理方式》，郑江淮等译，中国人民大学出版社 2007 年版，第 160 页。

维护市场秩序，如深圳市律师协会在2003年时就率先于全国首次经由律师代表大会直选产生律师协会的会长。而深圳市在2004年就制定并实施了《深圳市行业协会民间化工作实施方案》，推动了行业协会民间化的改革，使其按市场经济规则和国际惯例进行运作，为深圳市的行业自治奠定了基础。

3. 允许市场主体通过契约安排合理规避市场规则滞后

私法优先在经济特区还有一种表现形式，即市场主体通过契约安排在私法领域实现法律规避，摆脱滞后、有违市场规律的法律对交易的限制。以深圳地区的土地改革为例，中国最早的商品房项目“东湖丽苑”在建设的时候，我国宪法仍然禁止土地的出租和转让，但迫于城市建设对资金的需求，业主和开发商通过“合作开发土地”的形式向外商收取费用，有效规避了法律的“红灯区”，保证了该项目的顺利落地和进行，而相关法律直至1988年才正式明确土地有偿出租的合法性。① 又如在1981年，广东于全国率先在广深高速的建设上使用“建设—经营—转让”（Build-Operate-Transfer，BOT）模式，在当时资产抵押受到法律禁止的情况下创造性地使用了权益抵押的模式，保证了“以路养路，以桥养桥”模式的顺利进行。直到1995年，对外贸易经济合作部才发布《关于以BOT方式吸收外商投资有关问题的通知》对BOT模式予以正式的法律规制。从上述两个实例可以看出，通过市场主体间的契约安排，在私法领域进行合理法律规避是一种行之有效的私法创新模式。这种做法事实上是制度的“渐进式变迁”，具体表现为“先行动，后立法”，在立法滞后于市场实践并造成阻碍时，可以作为过渡阶段的替代措施，有效降低改革的成本。当然，这种法律规避仅限于私法领域，且以不违反效力性强制规定为适用前提。

（二）私法优先的合理性证成

通过私法优先推动经济改革，促进市场化的措施在制度经济学的视角来看是一种高效的制度选择。其一，这种路径正是法律经济学的基石之一——科斯定理的寓意所在：强调私法，特别是产权制度。通过私法创新优化了权利和义务在市场主体中的配置，对许多原本模糊不清的领域进行明确，有效地提高资源利用及配置的效率。在产权流转方面，将立法资源倾斜至强调“意思自治”的私法领域，能够促进市场主体在法律制度不完备的情况下通过谈判确定各方的权利与义务，发挥其积极性，从而实现经济绩效的快速提高。其二，私法优先符合“自下而上”的诱致性变迁理论。与以政府主导的“自上而下”的强制性制度变迁为特点的公法变迁不同，私法优先是由个人、企业等市场经济主体对市场交易规则的需求所

---

① 从法律法规的相关规定来看，广东省人民代表大会常务委员会1981年通过的《深圳经济特区土地管理暂行规定》则通过“土地使用费”的名义避开了“出租”这一敏感字眼，以地方立法确认土地的有偿使用制度。1988年4月12日，《宪法修正案》将原有的规定修改为：“任何组织或者个人不得侵占、买卖或者以其他形式非法转让土地。”特意去掉了土地不得出租的限制。

推动的。当现有的法律对交易造成阻碍时，市场经济主体就会想尽办法对现有的法律进行规避以实现其原有的目的。在改革开放初期，法律规避在相当程度上为打破旧计划经济体制、创设符合社会主义市场经济体制的立法发挥了积极作用，但法律规避最重要、最根本的作用在于通过自下而上的“选择集合”改变，从而将这种需求反映给作为决策者的政府，使其制定与实践相符的法律，达到诱致性制度变迁的效果。

（三）私法优先在新时代的挑战

进入新时代，全国性的市场经济法律体系建设已经完成，社会、市场、国家对于高质量法治环境的需求也日渐高涨，这为深圳特区的私法优先改革措施带来了新挑战。这种挑战从其经济本质来看源自改革措施边际效应递减的现象，同样力度的改革措施带来的收益越发降低，改革必须更加精准化、精细化，切忌大水漫灌式的“一刀切”措施。正如前言，改革初期是我国从计划经济向市场经济转型的时期，在这个阶段任何有助建立市场经济的措施都会具有较高的边际收益。随着市场经济建设逐步完善，市场已形成了有序的运行状态，规则存在空白或是界定不清晰的“灰色地带”已难觅踪迹，此前“一招鲜，吃遍天”的私法优先的特区模式渐失锋芒。例如，深圳在1999年通过《深圳经济特区商事条例》，在当时商事基本法缺位的背景下为深圳的商事活动提供了明确而全面的规则，但随着全国性相关法律规则的完善，这部原本具有创造性的特区立法已经退出历史舞台。私法创新的改革措施必须更加精准化、精细化，契合市场经济运行中存在切实问题，方可取得理想的改革成效。

而私法优先与生俱来的与新时代法治理念的不完全兼容性也成为掣肘其发展的原因。具体来说，随着法治的进一步发展，创新的边界会受到现行法律更严格的约束，如果突破法治底线，则会造成适得其反的结果。例如，深圳土地改革中“良性违宪”的法律规避在当前几乎难以想象，因为国家和社会对于突破现行法规的容忍度都已经下降；又如法律规避现象的泛滥实际增加了立法、执法以及司法成本，加重了法律的不确定性，并在市场主体中产生难以调和的纠纷，从而阻碍了经济的发展。例如，深圳美达菲公司股东为实现借贷目的，曾在债权人的要求下与债权人签订股权转让协议并实际将股权转让至债权人指定主体名下作为担保措施，规避了物权法定的担保形式，由此产生的股权归属纠纷延续至今，致使价值百亿的“黄金地段”闲置至今。[①] 然而，这不意味着私法优先的这一改革路径失去了现实意义，与此相反的是深圳特区应当进行更深层次的私法创新，进一步为经济主体提供更为完善的市场规则。

---

① 案件详情请参见刘诗洋《他手握深圳百亿“黄金地块”搁置23年未能开发》，载《南方周末》2018年9月24日。

三、法治经济建设的“深圳经验”的新思路

（一）新时代法治经济建设的新趋势

在中国经济体制转轨过程中，法律滞后于经济改革和发展，法律在经济发展中的作用更多的是被动地巩固经济改革和经济发展的成果，而随着市场经济的逐步完善和成熟，市场本身对法治亦提出改进的要求。[①] 换言之，法律与中国经济发展之间存在一种双向互动关系，法治是中国经济发展的结果，同时也是促进中国经济发展、深化改革的工具，由此产生法律与经济发展的“互为因果关系”或曰法律与经济发展的“双向互动”作用。而伴随着改革的深入，如前述法治经济建设新特点的出现，法律与经济发展的关系越发呈现西方法律与经济发展理论中原因论的特点。[②] 由此，新时期中国法治经济建设将呈现出如下新趋势，即：由以改革初期法律巩固经济改革与经济发展成果的“被动型”法治经济建设为主，转向以引领和推动经济改革和经济发展的“主动型”法治经济建设为主的新趋势。[③]

这种新趋势在经济特区进一步扩大和深化的改革开放进程中同样得以体现，但深圳特区在新时代中呈现的更多仍是其特殊性趋势，更具体地说，这种特殊性来源于区域协同化的贯彻和改革目标的扩展。从 2017 年起，党中央提出建设粤港澳大湾区的重大决策，强调区域联动协同性发展以及与港澳地区的深度融合，深圳特区作为粤港澳大湾区发展规划中的重中之重，且与香港相邻，需要起到更强的区域带动和示范功能。同时，中国特色社会主义先行示范区的设立意味着中央对深圳特区发展成果的肯定。而从战略定位来看，先行示范区不仅强调经济发展，还包括民主法治、城市文明、民生发展、生态文明等全方位的示范作用。

（二）新时代法治经济建设的新思路

总结 40 年的发展经验，深圳特区在新时代的改革路径选择，应当把握以主动型法治经济建设为主的新趋势，继续通过私法优先，实现先行先试，以市场为导向进行私法创新，引领粤港澳大湾区的制度创新，从而有效避免社会争议，降低政治风险，减少改革成本。具体而言，在改革的重要领域和关键环节，可以先行在深圳特区进行试点，将争论产生的消极影响降至最低，经验成熟后再作为范本向全省乃至全国推行。而为降低改革的成本及可能出现的阻力，应当继续将改革

---

① 从某种意义上说，法治在中国经济发展中，既是手段也是目的，市场法治是中国经济发展到一定程度的结果，也是经济改革、经济发展对法律改革要求的体现。

② 原因论的核心观点是，法律是促进经济发展的重要原因，这是西方学者的主流观点。持这一观点的学者认为，法律为投资者提供了稳定的预期，使其能够预见一旦发生经济纠纷，法院将如何审判。司法的稳定性、可预测性以及公正与效率的内在品质能够保护投资者的产权安全，从而使其可以放心地进行投资。新制度经济学的代表人物、诺贝尔经济学奖得主诺斯教授就持此观点。

③ 参见周林彬、王睿《法律与经济发展“中国经验”的再思考》，载《中山大学学报（社会科学版）》，2018 年第 6 期，第 19－28 页。

重点置于市场经济，即私法领域，这种做法为先行性试点立法，可以实现在信息不充分、立法资源有限的情况下降低改革初试投入，并同时实现改革收益的不断累积，有效节约立法和改革的成本。

首先，应当充分发挥《中华人民共和国立法法》赋予的地方立法权，加强私法建设，特别是市场经济的基本法——商法规则的建设。具体而言，对立法权限内缺失的领域及时进行立法，对现行规定中过时、不合理的规则进行废除或修改；对上位法尚未予以规制或规定不清的“灰色地带”，应在不与现行法冲突的前提下率先立法，或通过立法变通权为市场经济主体通过意思自治进行商业创新提供合法依据，减少市场主体为绕过现行规则而各自进行法律规避，扰乱现有秩序的现象，引导其在法律的框架内进行创新。[①] 如前述，深圳特区对于商法规则的立法一直走在全国前列，如20世纪90年代的两部公司条例、企业破产条例以及商事条例，再如2020年五一前夕，深圳首次提请市人大常委会审议《深圳经济特区个人破产条例（草案)》。这些特区立法在全国性规则缺位时为深圳特区的商事活动提供了规范，为深圳市场经济的建设提供了先发优势，促进了深圳特区的商事交易繁荣。

其次，应该通过司法导向保障私法创新，特别应该注重商事审判的发展。在立法滞后、立法资源有限的条件下，这是一种有效率的做法，既能够节省立法带来的制定成本、实施成本和时间成本，又能够及时解决纠纷，维护“纠正正义”。具体来说有以下三个方向：第一，司法裁判要尊重经济规律，降低交易成本，如在审判中注重商业行规和交易习惯的适用，注意长期契约和短期契约的区别，尊重市场主体通过契约安排形成的合理创新等；第二，促进审判专业化，设立专门审判庭，从而有效提高审判的科学性和效率性，努力做到法律的统一适用，提高市场主体的合理预期，如深圳专设了房地产庭；第三，进一步推动仲裁的创新改革，顺应中央为广东自贸区提出的仲裁变革建议，在自贸区建立与国际接轨、更自由便捷的仲裁规则，如“紧急仲裁庭”制度等，又如深圳国际仲裁院在仲裁规则中明确仲裁庭应当参考商业惯例以作出裁决，均有利于深圳特区仲裁国际化和专业化。

再次，对现行法律尚未明确，或属于“法律不理琐事”的领域，应鼓励社会通过自治规范进行有序的自我创新。如前述，随着市场经济法律体系的完善，通过正式制度的创新将出现边际递减效应，产出投入比将逐渐减少，而通过社会自治形成非正式制度，实现私法创新，是一种行之有效的替代措施。这是因为非正式制度是一种自下而上、自发形成的秩序，因此，其形成和实施的成本都相对较

---

① 改革之初，经济特区的市场主体通过契约安排进行“法律规避”，挣脱不符合经济现实的制度和法律法规的束缚，实现市场的自我创新。但在市场法治相对完善的新时代，这种个案式推动改革的做法不宜提倡。一方面，个案式经验难以被推广，造成市场信息不对称；另一方面，“法律规避”可能动摇法治根基，不利于营造信法守法的法治文化。

低，且更为符合经济主体的实际需求。具体来说，深圳特区应当支持、鼓励行业协会等社会中间层组织的发展，引导、规范行业协会制定合法合理的行业公约、交易规则、行业标准等商业行规，通过社会中间层组织实现有序的社会自治和私法创新。例如，深圳市人力资源服务协会在2017年发布了《劳务派遣服务规范》，对劳务派遣市场进行规范；又如，2018年，深圳保险同业公会和深圳保险中介行业协会联合发布了《关于进一步加强深圳车险销售从业人员自律管理工作的通知》，通过行业规范的形式对车险“返现（佣）”的市场乱象进行治理；上述行业规范的发布都是行业自治获得良好社会效应的例证。同时，在《民法总则》明确可作为民法渊源的基础上，深圳特区可通过商事审判和商事仲裁在商事领域扩大适用商业行规和国际惯例，既符合自贸区行业规范扩大适用的政策指引，也有助于粤港澳大湾区“两个制度，三个法域”的法律协同，是对“私法优先”的有效贯彻。

最后，应当通过法治建设率先在特区打造世界一流的法治化营商环境推动经济发展，继续扩大对外开放。2020年，广州和深圳将被列入世界银行进行全球营商环境评价的中国样本城市。[①] 这对我们引以为豪的特区经济是一个考验，但也是提升营商环境的重要契机。“法治是最好的营商环境”，这与“市场经济必然是法治经济”完全契合，其本质及核心都是法治化经济的建设。世界一流的营商环境既为内资提供了稳定的市场环境，更有利于对外开放的继续扩大，对作为“对外窗口”的深圳特区而言如虎添翼。从自贸区的设立到粤港澳大湾区战略的部署，外向型经济在新时代仍具有重要意义。在外向型经济的引导下，经济特区在改革开放初期呈现出“涉外经济立法先行”的特点，并出现了“双轨制立法”的现象，虽在当时符合渐进式改革的思路，是有效率的制度选择，但随后却导致法律实施成本（包括法律寻租成本）的提高和市场主体不平等竞争的弊端。[②] 新时代经济特区的外向型经济发展将摆脱双轨制立法的路径依赖，转而以对标世界的高标准营商环境形成吸引力，响应中央在《进一步深化自贸区改革方案》提出的“开放型经济新体制先行区和高水平对外开放门户枢纽”的目标和定位。同时，深圳应当继续采取渐进式的改革方案，在全面开放前首先以港澳地区为试点，制定更加方便粤港澳居民互相往来交易的相关行政管理规定，促进港澳在金融、法律、建筑、航运等领域的互通和交流，进而全面推广。

---

① 在世界银行组织的全球营商环境评价中，中国的排名近几年上升迅猛，现已位列全球第31名，充分体现了新时代以来我国法治经济建设所取得的成就。此前的中国营商环境评价只选取了北京和上海两大城市作为对象，在一定程度上可以认为排名的提升与北京、上海两个城市的营商环境改善关联性较大。

② 立法为外商提供的若干特殊优惠条件，如税收优惠、土地使用优惠、劳动用工制度方面的便利与自主权等。内资民营企业逐步发展起来后，则使得民营企业长期处于不平等的竞争地位，许多民营企业为了获得“外资企业”的优惠待遇，通过改变注册登记地等手段规避法律，造成“伪外资”的假象。

四、结语

在新时代，深圳特区承载了新使命，也迎来了新挑战，必须在总结经验、顺应新趋势的基础上应用新思路，方能“新故相推，日生不滞”。限于篇幅，本文重点讨论了特区在法治经济建设方面的问题，但新时代特区的改革目标深度及广度都有质的飞跃，值得法学界进一步思考。比如，粤港澳大湾区的区域协同化发展战略规划，应该如何通过省人大立法及行政手段等措施促进深圳特区和其他地区的接轨及协同，以尽可能发挥特区的引领作用？又比如，中国特色社会主义先行示范区的规划，应如何通过经济发展带动民主法治、城市文明、民生发展、生态文明等方面深化改革，实现提升城市综合实力的建设目标？这些问题不仅是法律问题，也是经济问题、社会问题和政治问题，值得各领域专家学者及政府官员的联动深入思考。

深圳市城市更新中的房屋确权问题研究
——以拆除重建类城市更新为例

钟　淳*

【摘要】深圳在短短30多年里实现了社会经济及城市建设的巨大飞跃，城市更新的贡献及重要性不言而喻。由于深圳市域面积极其有限，其发展严重受到了土地空间资源瓶颈的制约。因此，探索建设用地减量增长的土地利用规划新模式，增强土地资源“紧约束”条件下城市可持续发展的资源保障能力，推动深圳城市更新制度的不断完善和规范成为重中之重。与此同时，深圳市城市更新中的房屋确权问题亟须厘清。绿本房登记权利人，如其愿意补办绿本转红本手续且符合条件的可以补办，否则将存在风险。无产权房则应分为国有土地和集体土地并区别对待。

【关键词】城市更新　房屋确权　无产权房　违法建筑

一、深圳市城市更新的背景

深圳在很短时间内发展成为国内城市化发展的典范和改革开放的窗口，创造了无数个奇迹。在过去的几十年里，深圳高速发展的工业建设和城市建设在诸多方面都取得了高质量的成就，但是也让深圳遭遇了各方面的问题，如人口激增导致土地、空间压力加大，资源、环境对发展的制约也越来越严重。据统计，深圳市行政区域总面积达1997平方千米建设用地，可建设用地上限为1004平方千米，截至2017年年底已使用983平方千米，仅剩21平方千米建设用地尚未被建设和开发使用，土地增长速度远远难以满足城市发展的需要，一系列问题的产生倒逼深圳城市更新政策不断演进。①

深圳市的土地经过1992年原特区内统征及2003年原特区外统转后，虽然在法律意义上全部“概括国有化”转成了国有土地，但因统征统转制度设计欠缺、补偿不合理不到位、土地转制后管理不到位等一系列因素，促使各类违法建筑如雨后春笋般出现，屡禁不绝，且愈演愈烈，形成了37.3万栋共计4.24亿平方米、占全市总建筑面积一半的巨量的农村城市化历史遗留违法建筑，致使全市近390平方

* 钟淳，深圳大学法学院硕士研究生。

① 参见刘凯峥、王振国《转型背景下的深圳城市更新政策趋势研究》，载《现代经济信息》2019年第11期，第495、第497页。

千米的原集体用地在当前面临着十分复杂的产权问题和历史遗留问题，陷入了“政府拿不走、村民用不好、市场难作为”的尴尬境地。[①] 为解决土地资源瓶颈，挖潜存量土地，解决历史遗留问题，2009 年，广东省颁布了《广东省人民政府关于推进“三旧”改造促进节约集约用地的若干意见》，深圳市充分利用省部共建“促进节约集约用地试点示范省建设”的政策红利，于当年 12 月 1 日开始实施《深圳市城市更新办法》，积极推动以“政府引导、市场主导”的城市更新活动，探索通过拆除重建城市更新方式一次性彻底解决原集体用地真正国有化土地管理问题，以实现一元化土地管理。

二、深圳市城市更新的房屋确权

（一）确认不同种类的权利人

在城市更新中，如处于意愿征集阶段，原则上只要能理清房产经济关系就可以视为有效的意愿征集；如处于拆迁补偿阶段，申报人本身即为房产登记权利人，具有红本《房地产证》，一般不会出现权属争议。[②] 但现实中，很多申报人都不是房产登记主体。如何辨别、确认不同种类的权属人，往往是困扰实施主体的一个难题。对不同种类的权利人划分，大致分为以下九种情形。

1. 登记权利人已死亡（或被宣告死亡）

此种情况下，申报人应为登记权利人的继承人或受赠人，一般应补办产权过户手续。如申报人不愿补办产权过户手续，则应提供如下材料以供确认：红本《房地产证》、《产权资料电脑查询结果表》以及登记权利人的《死亡证明》和《户口注销证明》等相关的法律文书。若申报人提供上述材料经核实无误，一般情况下即可确认申报人为新权利人。

2. 登记权利人已离婚

如申报人能够提供红本《房地产证》《离婚证》及产权登记部门出具的《产权资料电脑查询结果表》，登记权利人为夫或妻的一方且申报人与登记权利人一致，则一般不会出现权属争议。如登记权利人为夫或妻的一方，申报人与登记权利人不一致（即为另一方），夫妻协商决定或法院判决房产归属申报人，则除了红本《房地产证》《产权资料电脑查询结果表》外，还应提供相应的房产分割协议、生效法律文书等材料以供确认。

3. 登记权利人为未成年人

此种情况下，申报人应为登记权利人，但由其监护人（一般为其父母）代为

① 《深圳市拆除重建类城市更新两次“确权”的底层逻辑探析》，转载自 https://mp.weixin.qq.com/s/goyjleVCBUy470oitQfHDw，访问日期：2019 年 11 月 1 日。

② 《城市更新中房产权属确认实务解析》，转载自 http://blog.sina.com.cn/s/blog_8e911af90102x637.html，访问日期：2019 年 11 月 1 日。

确权的判决前，城市更新项目开发主体仍只能与房屋的登记权利人签约，登记权利人也需要配合办理不动产权注销登记，房屋的买受人也只能接受并与登记权利人协商促成签约，但是根据实际情况，谈判难度也有所不同。特别是对于房屋的买受人实际控制房屋，在绿本房的登记权利人无法联系到的情况下，政策上并没有变通处理的规定，这也是目前各个项目中难以绕开的通病。

因此，如申报人为绿本《房地产证》的登记权利人，其愿意补办“绿转红”手续且符合条件的，则由其提供新的红本《房地产证》及《产权资料电脑查询结果表》。

如申报人不愿补办“绿转红”手续则存在如下法律风险：一是可能存在须补交地价款的问题；二是因绿本《房地产证》通常无法办理转移登记，故存在申报人已私下转让房产而故意隐瞒的风险。对于私下买卖或赠与导致证载人和实际权利人不一致的，政府部门原则上只认原证载权利人，个案需特殊处理。

2. 无产权房

对于无证房产，因不需要注销房地产证，在确权上少了很多障碍。深圳在1994年后实施房地一体，有原宝安县颁发的《房屋所有权证》《房屋共有权证》等房产，其若未登记也被视为无证房产。

（1）属于国有土地。

无证房产补办手续一般都有章可循，如对于原批准国有土地上不能进入市场的房地产，可根据《关于加强土地市场化管理进一步搞活和规范房地产市场的决定》补交地价进入市场；因政策原因不能办理房地产权登记的，可根据《深圳市处理房地产登记历史遗留问题若干规定》及《深圳市人民政府关于加强房地产登记历史遗留问题处理工作的若干意见》申请办理房地产权初始登记；房改性质的绿本可根据《关于申请取得安居房全部产权有关问题的处理办法》办理“绿转红”手续；工业楼宇的绿本可按照工业楼宇管理的有关政策申请办理市场商品性质房地产证；等等。[①]

（2）属于集体土地。

对于原集体土地上所建的建筑物，仅非农建设用地和征地返还地能够根据相应政策进入市场，其他性质土地上所建建筑物目前并没有相应的政策。

目前，无证房产的确权通常采取权利主体申报、主管单位公示的形式。例如，龙岗区出台了《关于开展城市更新拆除范围内无产权登记记录的土地及房屋权利人认定核查的通知》[②]，规定了由权利人申请、股份合作公司及其分公司认定、辖

---

① 参见朱海波《当前我国城市更新立法问题研究》，载《暨南学报（哲学社会科学版）》2015年第10期，第69－76页。

② 无产权登记记录建筑物的具体“确权”流程可参考《龙岗区城市更新拆除范围内无产权登记记录的土地房屋权利人申报认定核查表》，参见龙岗区城市更新和土地整备局官方网站（http://www.lg.gov.cn/csgxb/index.shtml）“政策法规”分类子项“规范性文件”栏，访问日期：2020年5月10日。

区街道公示的程序；《深圳市罗湖区城市更新实施办法（征求意见稿）》第三十二条也规定了城中村项目中，应先由原农村集体经济组织继受单位就建筑物的补偿对象出具意见报辖区街道办进行公示和确认，然后辖区街道办事处就建筑物的补偿对象出具意见；坪山区出台的《深圳市坪山区城市更新实施办法》也规定了街道办负责拆除范围内未办理权属登记的土地建筑物权属核查，并就土地建筑物权属核查及单一主体形成情况出具意见。

（3）属于违法建筑。

违法建筑是指城市规划区内未经规划土地主管部门批准，未领取建设工程规划许可证或临时建设工程规划许可证，擅自建筑的建筑物和构筑物。以一定的期日为界点，可以将违法建筑分为历史遗留违法建筑①和新建违法建筑。

违法建筑的界定应以《深圳市人民代表大会常务委员会关于坚决查处违法建筑的决定》《深圳经济特区处理历史遗留违法私房若干规定》《深圳经济特区处理历史遗留生产经营性违法建筑若干规定》《深圳市人民代表大会常务委员会关于农村城市化历史遗留违法建筑的处理决定》等规定为准。可以确权的历史遗留违法建筑必须是2009年6月2日之前所建成，2009年6月2日之后建成的不适用。

1）可按“两规”确权处理的违法私房及其处理规则。

第一，原村民在原农村用地红线内所建违法私房符合一户一栋原则、总建筑面积未超过480平方米且不超过4层的，免予处罚，由规划国土资源部门确认产权。超过部分，按照规定，由规划国土资源部门进行罚款后，确认产权。

第二，原村民按县、镇政府批准文件在原农村用地红线内所建违反一户一栋原则的违法私房的多栋部分，免予处罚，由规划国土资源部门确认产权。未经县、镇政府批准的，由规划国土资源部门进行罚款后，确认产权。

第三，非原村民在原农村用地红线内所建违法私房，由规划国土资源部门进行罚款后，确认产权。

第四，原村民与非原村民合作所建违法私房，按照其各自所占份额分别处理。

2）可按“两规”确权处理的生产经营性违法建筑。

第一，农村集体经济组织的违法建筑。

第二，农村集体经济组织和其他企业或单位合作兴建的违法建筑。

第三，其他企业或单位的违法建筑。

依据各区生产经营性违法建筑处理的规定，生产经营性违法建筑处理的一般程序包括申报、登记造册、权属调查及分宗定界、征地、登记发证，但具体还应以各区的规定内容为准。

---

① 《深圳经济特区处理历史遗留违法私房若干规定》《深圳经济特区处理历史遗留生产经营性违法建筑若干规定》《深圳市人民代表大会常务委员会关于农村城市化历史遗留违法建筑的处理决定》针对历史遗留违法建筑的范围做了非常详细的规定。

3）不予确权处理的违法私房、生产经营性违法建筑。

第一，占用道路、广场、绿地、高压供电走廊和压占地下管线或者其他严重影响城市规划又不能采取改正措施的。

第二，占用农业保护区用地的。

第三，占用一级水源保护区用地的。

第四，非法占用国家所有的土地或者原农村用地红线外其他土地的。

第五，列入旧城（村）改造规划区域的。

第六，已划定的生态控制线内，不符合环保、产业政策要求的生产经营性违法建筑。

第七，法律法规规定的其他应当拆除或没收的。

因此，根据《深圳经济特区处理历史遗留违法私房若干规定》《深圳经济特区处理历史遗留生产经营性违法建筑若干规定》及相关实施细则，符合一定条件的历史遗留违法建筑，在依法办理相关产权确认手续，并补交罚款、地价款的情况下，业主可获得“绿本”房产证。除深圳市政府另有规定外，违法私房确认产权后不得买卖。①

在理论上，“在城市房屋拆迁过程中，拆除依法应当拆除的违反法律和行政法规而建设的建筑物和构筑物的，不予补偿”。但在实践中，为了城市更新项目的顺利推进，通常也要考虑相应补偿。对于无产权证明物业，一般要求村集体提供证明，并在现场公示。建议实施主体针对此类房屋，应大幅减低现金补偿标准或大幅降低回迁面积比例。

在项目实操过程中，若买受人得到了股份合作公司的认可，并取得了所有产权相关资料，包括宅基地证、村镇住宅许可证、集体土地使用证、居民私人新建住宅用地批准通知书、房屋所有权证、历史遗留违法建筑申报回执等原件，转让方无法再提出有效的确权异议，则基本可以将买受人确定为权利主体，与买受人签订搬迁补偿安置协议。

但实际上，无证房产交易在法律上难以受到保护。2012 年广东省高级人民法院发布的《全省民事审判工作会议纪要》第 68、第 69 条规定，“当事人因农村宅基地使用权权属引发的纠纷，根据《土地管理法》第十六条的规定，应由人民政府处理。当事人就此提起民事诉讼的，不予受理。当事人因农村宅基地或房屋买卖合同引发的纠纷，属于平等主体之间的民事法律关系，应作为民事案件受理。但如当事人的诉讼请求涉及违法用地或违法建筑，需先由行政主管部门处理后才能确定其财产权益关系的，不予受理，告知当事人先向行政主管部门申请处理”。

同时，2012 年深圳市中级人民法院发布的《房地产审判工作白皮书》也明确

---

① 参见李凤章《开发权视角下的小产权房及其处理——以深圳经验为例》，载《交大法学》2016 年第 2 期，第 90－107 页。

提出：对于涉及违法建筑确认所有权的案件，该市两级法院原则上不予受理，已经受理的案件，原则上驳回起诉。

由此可知，无证房产的卖方如果在转让房产后还想通过诉讼途径确认房屋所有权是难以行得通的。城市更新的搬迁人需要格外关注无证房产的风险。

（三）特殊房产的处理

1. 安置房、经济适用房、房改房

针对安置房，根据相关法律法规的规定，安置房的转让交易需要在取得该安置房房产证后才可以进行，这时的过户交易与一般的房屋交易没有任何区别。但是按照相关规定，被安置人在取得房屋所有权的5年内不能上市交易。

针对经济适用房，其房主只享有房屋占有权、房屋处分权、房屋使用权而不能享受房屋收益权，如将房屋上市交易，必须补交土地出让金及各种税费后才可上市。

针对房改房，按照成本价购买的，房屋所有权归职工个人所有；按照标准价购买的，职工拥有部分房屋所有权，一般在5年后归职工个人所有。房改房上市交易的手续比一般的二手楼交易程序多了一条，即原业主经过鉴定，拿到上市审批方可将房屋按二手房交易程序进行交易。

以上三类情况与前述绿本《房地产证》情况相似，也是房产权利受到一定限制。如城市更新时，房产已符合市场商品房条件，则应建议登记权利人补办转红本手续，由其提供新的红本《房地产证》及《产权资料电脑查询结果表》。

此类房屋之所以获得“绿本”，主要基于政策因素，业主当初购买的就不是完整的房屋产权。对此，根据《深圳市保障性住房条例》《深圳市经济适用住房取得完全产权和上市交易暂行办法》等规定，在满足一定的政策条件下，业主可通过补交土地出让金、房屋增值收益的方式实现“绿本转红本”，正式进入市场交易。

2. 被查封或抵押的房产

如申报人有能力协调解除查封或抵押，则正常处理；如其无法解除，则可视情况分别采取相应措施：如债权清晰的，可与申报人签约，由实施主体代申报人支付给债权人（抵押权人）以解除查封或抵押，代垫款项日后从拆迁补偿款中扣除；如实施主体与申报人、债权人（抵押权人）签订三方协议，约定先解除查封或抵押，日后实施主体将应付申报人的拆迁补偿款直接支付给债权人（抵押权人）或设立共管账户以保障债权人利益。

3. 祖屋

此类房屋历史悠久，很多是申报人家庭在土地改革前就已占有、使用，世代居住至今，因历史原因未办理任何土地、报建手续。建议应进行确权公示，由村委等基层组织出具证明房屋确实属某某家的，并让相关人员（包括申报人亲属）书面确认申报人为唯一权利人或书面声明放弃相关权利。

三、结语

近三年来，城市更新市场逐渐趋于成熟和冷静，城市更新制度也发生了根本性的调整，城市更新走到了新的十字路口。但深圳城市更新的深层次矛盾和深层次问题依然缺少有效的解决措施，比如对历史违章建筑的处理依然非常缓慢、产权纠纷的处理缺乏创新机制、产业升级缺乏有力度的刺激政策、烦琐冗长的城市更新审批流程提高了市场成本等等，这些问题一直是困扰城市更新市场多年的顽疾。无论是由政府主导城市更新，还是由市场主导城市更新，都要面对前述棘手问题。而要解决这些棘手问题，既需要政府创新制度设计，也需要市场转变商业模式，政府和市场需要更良好地互动协同，需要重新定义清楚各自的角色。综合运用行政和司法手段，形成“组合拳”，着力解决城市更新过程中“查违难”“确权难”“拆迁难”和“注销难”等问题。

论非物质文化遗产的知识产权保护
——以广州市为例

刘雨田　林琬琦　蔡　烁　邱洁婷*

【摘要】调查广州市非物质文化遗产的知识产权保护情况后可以发现，非物质文化遗产的知识产权保护面临权利主体难以确定、非物质文化遗产与知识产权制度的容斥关系仍存争议、传承与创新之间的利益分配不均等问题。在优化现行知识产权制度的基础上，扩大对非物质文化遗产的保护存在必要性和可行性。应构建个人、集体、国家“三位一体”的权利主体模式以解决民间文学艺术作品权利主体难以确定的问题，扩大地理标志证明商标的运用，合理界定非物质文化遗产专利的新颖性。

【关键词】非物质文化遗产　知识产权　传承与创新

我国的非物质文化遗产①是民族文化之根，是我国传统文化的有机组成部分和宝贵的文化财富，需要得到充分保护和传承。虽然，我国已明确将“传统知识”“民间文艺”等非物质文化遗产的保护与运用问题作为知识产权强国的重要任务②，但非物质文化遗产与知识产权的关系仍存在争议③，立法上也缺乏具体和具有可操作性的规定与指引。本文以广州市非物质文化遗产为例，考察知识产权保护非物质文化遗产实践的效果以及面临的挑战，思考如何完善非物质文化遗产的知识产权保护。

---

* 作者均系广州大学法学院本科生。本文系2018年度省级大学生创新创业训练计划项目“非物质文化遗产的知识产权保护研究——以广州市为例”（201811078056）的阶段性成果。

① 联合国教科文组织《保护非物质文化遗产公约》第二条，“非物质文化遗产”指被各社区、群体，有时是个人，视为其文化遗产组成部分的各社会实践、观念表述、表现形式、知识、技能以及相关的工具、实物、手工艺品和文化场所。这种非物质文化遗产世代相传，在各社区和群体适应周围环境以及与自然和历史的互动中，被不断地再创造，为这些社区和群体提供认同感和持续感，从而增强对文化多样性和人类创造力的尊重。

② 2008年出台的《国家知识产权战略纲要》在“战略重点”和“专项任务”部分明确提出加强对“传统知识”“民间文艺”的保护；《2019年深入实施国家知识产权战略加快建设知识产权强国推进计划》第36条、第39条，规定了“支持各地开展非物质文化遗产知识产权保护研究”“加快建设中医药传统知识保护数据库”。

③ 参见崔艳峰《论非物质文化遗产知识产权法律保护的正当性——以知识产权的保护原理为视角》，载《学术交流》2012年第10期，第59－62页；赵海怡、钱锦宇《非物质文化遗产保护的制度选择——对知识产权保护模式的反思》，载《西北大学学报》2013年第2期，第74－79页；刘晓远《“非遗”保护与知识产权法的契合性》，载《四川戏剧》2016年第10期，第117－119页。

一、广州市非物质文化遗产知识产权保护现状

（一）保护情况概述

广州市非物质文化遗产众多，包括世界级2项、国家级17项、省级51项和市级77项。当前，广州市主要采用行政手段对其进行保护：广州市非物质文化遗产保护中心负责全市非物质文化遗产的管理与保护工作，[①] 广州市版权保护中心负责非物质文化遗产的版权登记，并有《广州市非物质文化遗产项目代表性传承人管理暂行办法》《广州市非物质文化遗产保护办法》等一系列相关规定。但是，目前并没有专门规定非物质文化遗产知识产权保护的法律法规，仅有《中华人民共和国非物质文化遗产法》的第四十四条对其进行了概括性规定。

（二）侵权涉诉情况

以广州市非物质文化遗产名录中的分类为关键词在无讼案例平台进行检索，[②] 共检索到44个案例。案例少的情况与实践调研得出的结论相吻合，即当事人通常会私下调解解决侵权纠纷，以起诉维护自身权益的情况较少。其中，涉诉的非物质文化遗产主要为传统技艺（15例）、传统美术（10例）、传统戏剧（9例）、传统医药（4例）、传统音乐（4例）、曲艺（1例），民间文学类中的“五羊传说”1例；而其他类别的非物质文化遗产则暂时未查询到相关案例。分析上述案例，可以看出目前涉及非物质文化遗产的侵权行为主要为以下几种：①侵犯他人含有非物质文化遗产元素作品的版权或著作权，这类案件较多，如广东世界图书出版有限公司与黄家乐一案[③]；②涉嫌侵犯原告包含非物质文化遗产名称或者相近名称的注册商标，如广东保利祝福你大药房连锁有限公司与上海世康特制药有限公司一案[④]；③涉及非物质文化遗产的专利侵权案件，如广州市莲香楼与佛山市顺德区百辉食品有限公司一案[⑤]。

（三）权利注册情况

经检索相关数据，得知广州市非物质文化遗产知识产权的注册情况（见图1）。

第一，商标权。以17个广州市国家级非物质文化遗产项目为关键词，进行商标注册检索，得出有7项非物质文化遗产项目未附有相关商标注册信息的结果；[⑥]

---

① 由广州市非物质文化遗产保护中心编写的名录将非物质文化遗产分为民间文学、传统音乐、传统舞蹈、传统戏剧、曲艺、传统体育、游艺与杂技、传统美术、传统技艺、传统医药、民俗，本文论述将依目录中的分类方式。

② 参见无讼案例，网址：https://www.itslaw.com/，访问日期：2020年2月3日。

③ 参见广东省广州市中级人民法院（2004）穗中法民三知初字第253号民事判决书。

④ 参见广东省广州市中级人民法院（2006）穗中法民三终字第2号民事判决书。

⑤ 参见广东省高级人民法院（2007）粤高法民三终字第53号民事判决书。

⑥ 暂未有相关商标注册信息的非物质文化遗产项目：象牙雕刻、广州榄雕、广式硬木家具制作工艺、广东音乐、广东醒狮、岭南古琴艺术、乞巧节。

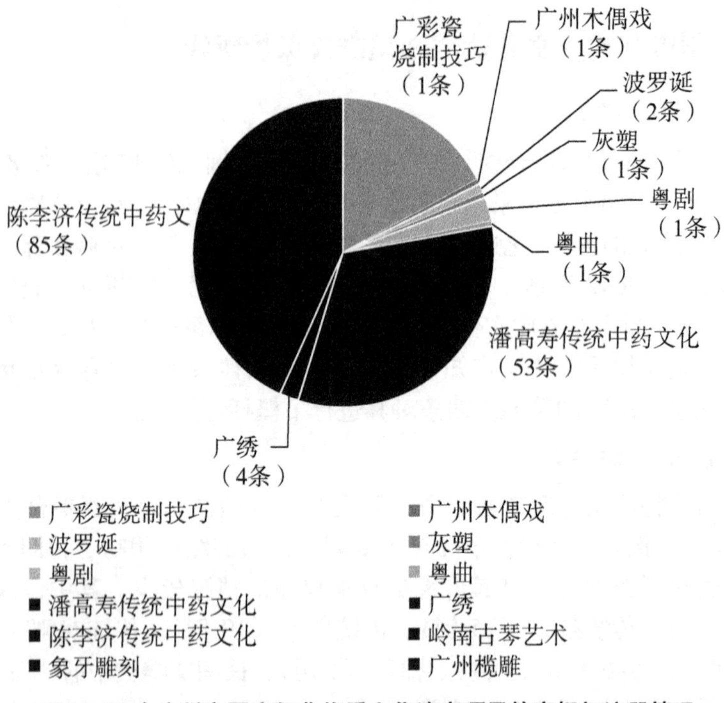

图1　17个广州市国家级非物质文化遗产项目的商标权注册情况

注册信息最多的项目为——陈李济传统中药文化，共85条。[①] 同时，商标申请人较为混乱复杂，既有自然人、公司企业，也有相关保护协会、传承组织等。换言之，这些申请人中既有该非物质文化遗产项目的传承人、非物质文化遗产社群，也有试图取巧的外来者。

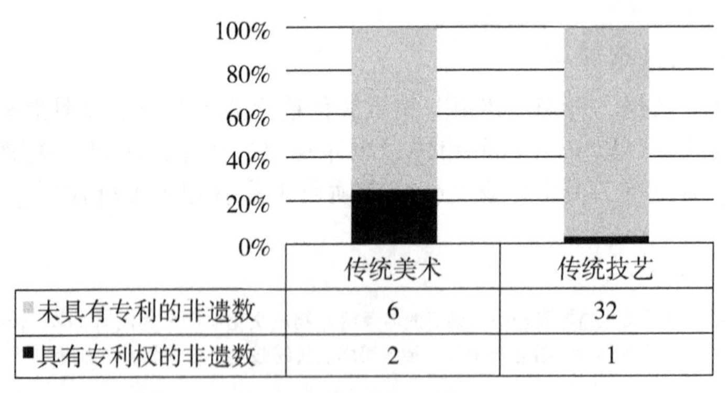

	传统美术	传统技艺
未具有专利的非遗数	6	32
具有专利权的非遗数	2	1

图2　专利权注册情况

第二，专利权。涉及专利权的非物质文化遗产主要包括传统美术类与传统技

① 参见国家知识产权局网站，网址：http://www.sipo.gov.cn/，访问日期：2020年1月20日。

艺类。进行专利注册检索，结果为：传统美术中的广绣有专利信息 4 条、象牙雕刻有专利信息 1 条以及传统技艺中的凉茶有专利信息 53 条，其余非物质文化遗产项目均未检索到专利注册信息。[①] 可见，广州非物质文化遗产项目专利注册数量较少。

第三，著作权。涉及著作权的非物质文化遗产主要有音乐类、舞蹈类、技艺类、美术类、戏剧类和曲艺六类。[②] 由广州市版权中心提供的专项统计数据显示，截至 2018 年 3 月，广州市版权中心进行著作权登记的仅有广绣作品 89 件、广彩作品 38 件。该数据虽仅能代表通过广州市版权中心登记的情况，但也反映出对非物质文化遗产的著作权保护相对更受重视。

二、非物质文化遗产知识产权保护面临的挑战

广州市非物质文化遗产知识产权的保护存在涉诉纠纷较少、权利登记情况混杂的情况。虽然国家将非物质文化遗产纳入知识产权制度保护，但实践情况并不乐观，即私主体通过知识产权制度保护、救济非物质文化遗产权利的路径并不顺畅，非物质文化遗产与知识产权的关系，还存在不少争议与困境。

（一）权利主体难以确定

知识产权作为一项私权，权利主体必须明确。而非物质文化遗产生于特定域内特定群体长期的生活中，其服务且融入了当地人民生活生产的方方面面。在这种情况下，任何成员都无权主张其为非物质文化遗产创造者，即无法确定谁是“作者”，其权利主体往往具有不确定性和广泛性。这使得相关知识产权的权利登记难以完成、登记主体多样而复杂，权利主体混乱往往导致非物质文化遗产纠纷难以寻求法律途径解决。因此，如何确定非物质文化遗产的权利主体是保障其传承与发展必须考虑和解决的问题。

（二）非物质文化遗产保护传承与知识产权保护创新之矛盾

非物质文化遗产注重保护传承，要传承“原生态文化”，尤其注意避免弱势文化消亡以保护文化多样性；而知识产权制度注重保护创新，激励大众创新以推动社会进步。[③] 二者的矛盾在于：如果完全用现行的知识产权制度去保护非物质文化

---

① 参见国家知识产权局网站（http://www.sipo.gov.cn/），访问日期：2020 年 1 月 20 日。

② 可能涉及著作权的广州市非物质文化遗产具体包括：广州饼印制作技艺、木雕、砖雕、灰塑、粤曲、粤剧、古琴艺术、家具制作技艺、广彩瓷烧制技艺、玉雕、核雕、象牙雕刻、广绣、上漖龙舟制作技艺、木偶戏、狮舞、广东音乐、黄阁麒麟舞、鳌鱼舞、咸水歌、舞貔貅、舞火狗、舞春牛、从化猫头狮、粤语讲古、广州珐琅制作技艺、广州戏服制作技艺、彩扎、盆景技艺、打铜工艺、广式红木宫灯制作技艺、打金制作工艺、木偶戏表演艺术、广州檀香扇制作技艺、木鱼书说唱、从化水族舞、钉金绣裙褂制作技艺、广州客家山歌、广东汉乐、广州箫笛制作技艺。

③ 参见赵海怡、钱锦宇《非物质文化遗产保护的制度选择——对知识产权保护模式的反思》，载《西北大学学报》2013 年第 2 期，第 117－119 页。

遗产，其实是在激励其追求创新尤其是商业化的创新，如此一来，能较好地进行商业化创新的非物质文化遗产就会得到良好发展，弱势的非物质文化遗产将会渐渐消亡，这与非物质文化遗产保护文化多样性的目标相违背。而且，过于强调非物质文化遗产商业化，易扭曲文化保护的根本。[①] 如何平衡好保护传承与保护创新，是非物质文化遗产知识产权保护面临的挑战。

（三）传承与创新之间的利益分配不均

利用非物质文化遗产素材进行创新并获利的创新者，常常是持有非物质文化遗产的传统社区之外的人，传统社区更注重传承文化。若外来者不以传承为首要目的，利用非物质文化遗产素材创新并获得了知识产权保护，但未将所获利益回报给传统社区，这就产生了创新所得的利益分配的问题。[②] 一方面，创新者认为非物质文化遗产是公共资源，自己的创新有利于其保护、传播，不应为此付费，甚至应该得到嘉奖；另一方面，传统社区认为本社区的非物质文化遗产并不是完全公开、免费的公共文化资源，仅在小范围内公知公用，外来者使用非物质文化遗产元素创作后应正确披露来源、支付费用。现行知识产权制度未能平衡好这一利益冲突。在《乌苏里船歌》案[③]中，郭颂作为传统社区赫哲族之外的外来者，借鉴赫哲族民歌完成《乌苏里船歌》，后央视称本歌曲与赫哲族民歌无关。赫哲族乡政府代表因此控告郭颂和央视，要求在使用该歌曲时，注明“根据赫哲族民间曲调改编”以保护赫哲民族利益，法院支持了这一诉求但未支持赔偿损失的请求。这一案例即提醒了我们应思考如何平衡好传承与创新之间的利益分配，否则，传承与创新都将难以为继。

上述三个问题在非物质文化遗产知识产权保护上极具代表性，只有解决好上述问题才能拓宽知识产权制度与非物质文化遗产的兼容性，才能进一步思考如何完善保护路径的问题。

三、非物质文化遗产知识产权保护的必要性与可行性

如上所述，非物质文化遗产与知识产权之间存在不兼容之处，但不能因此放弃用知识产权保护非物质文化遗产，因为前述的问题是能够解决的，并且，知识产权是必要且不能被取代的保护手段。

（一）权利主体三分：个人、集体、国家

非物质文化遗产的知识产权保护面临的首要问题是如何确定权利主体，在理

---

① 参见邓尧《传统守望：非物质文化遗产知识产权问题调查与研究》，广东人民出版社 2018 年版，第 289 页。

② 参见邓尧《传统守望：非物质文化遗产知识产权问题调查与研究》，广东人民出版社 2018 年版，第 290 页。

③ 参见北京市高级人民法院（2003）高民终字第 246 号民事判决书。

论上有以下观点：有的学者主张把政府作为权利主体；有的学者认为把创造非物质文化遗产的特定民族或区域群体作为权利主体；[①] 也有学者提出群体与传承人相结合的二元权利主体模式；[②] 还有观点认为除政府和企业外，还应将社会团体、居民自治组织、公共文化机构也囊括进来，以作为权利主体[③]。

在实践中，就广州市非物质文化遗产知识产权注册情况来看，权利主体确认之难难在缺少明确的主体制度。若将主体加以明确，那么，不同类型的非物质文化遗产就能依据实际情况选择个人或集体作为其权利主体。例如，可以采用以个人、集体和国家“三位一体”作为权利主体的模式：个人，可以是非物质文化遗产的创造者或代表性传承人；集体，指特定的社会群体，是“人”的集合，以文化认同或情感为重要纽带，表现为民族、血缘家族、派别等；而国家则由政府作为权利主体代管。例如，广绣等传统技艺的创作人应是其独立创作作品的权利人；传统舞蹈类、传统技艺类非物质文化遗产则可以选择集体为权利主体，如天河咏春拳可以由其门派作为非物质文化遗产权利主体；而权利主体难以确定的非物质文化遗产则可以由政府作为权利主体，如《非物质文化遗产保护法》把文化主管部门作为保护责任人。

（二）非物质文化遗产保护传承和知识产权保护创新之矛盾调和

有学者认为，非物质文化遗产保护传承与知识产权制度保护创新之间的矛盾在一定意义上是能够调和的：非物质文化遗产并非一成不变，而会随着时代变化而改变，传承本身就能实现一定程度的创新，通过知识产权制度保护其创新之处，并没有违背知识产权制度保护创新的立法目的，同时可以保护非物质文化遗产的经济价值以驱动其发展。同时，知识产权制度本身是一个开放的体系，最初，其仅保护文学、工业产权，但随着科技进步和社会发展，邻接权、商标权等逐渐被纳入其保护体系，体现了知识产权制度的价值追求愈发多样化。而保护文化多样性正成为知识产权制度的价值追求之一。为非物质文化遗产的保护制定一部新法律或在知识产权制度里为其设定新权利都是复杂且耗时的，而保护非物质文化遗产是迫切的，因此，当务之急是完善利用现有的知识产权制度保护非物质文化遗产的路径，可以依著作权、商标权、专利权的性质，将非物质文化遗产分类，以探索其保护路径。[④] 例如，广州的黄振龙凉茶既传承了非物质文化遗产，又形成了

---

① 参见支果《论非物质文化遗产的知识产权保护——以盐文化相关的非物质文化遗产为例》，载《广西社会科学》2014 年第 7 期，第 180 – 183 页。

② 参见陈玉梅、贺银花《我国非物质文化遗产法律保护的路径研究——以贵州“安顺地戏”为例》，载《湖南社会科学》2012 年第 3 期，第 73 – 76 页。

③ 参见胡光、孔丽霞《非物质文化遗产的知识产权保护——基于宁夏国家级非物质文化遗产的分析》，载《北方民族大学学报》2016 年第 6 期，第 123 – 125 页。

④ 参见高燕梅、芮政、伊明明《现行知识产权制度下非物质文化遗产分类保护》，载《学术探索》2017 年第 2 期，第 85 – 91 页。

能作为知识产权被保护的商标。

（三）知识产权的私权属性是非物质文化遗产保护的内在驱动

尽管知识产权制度并不适于保护全部类型的非物质文化遗产，但知识产权作为保护手段之一有其不可替代性。广州市主要通过行政手段保护非物质文化遗产：通过登记认定非物质文化遗产，再用法律条文加以规制，并借助媒体宣传，呼吁公众尊重与保护非物质文化遗产。[①] 但仅依靠行政手段这类公权手段是不够的，这不利于实现权利的内在驱动。而知识产权制度是私手段，即通过赋予权利人排他性利益来激励创新，能较好地实现权利的内在驱动。例如，前述的《乌苏里船歌》案就显示了知识产权私权属性能调动持有非物质文化遗产的传统社区的积极性。但目前知识产权制度并未明确该如何解决非物质文化遗产传承、创新中的利益分配问题，仅有个别司法案例涉及这一问题。

如何保护非物质文化遗产是一个多维度问题，应多种保护手段并用。知识产权与非物质文化遗产之间确有契合的部分，所以，知识产权能够作为保护非物质文化遗产的一维，且是不能被代替的一维。应完善知识产权非物质文化遗产保护路径，赋予私主体完善的知识产权救济路径供其选择，以期更适当地保护非物质文化遗产。

四、非物质文化遗产知识产权保护的完善路径

基于非物质文化遗产的创新，有一部分是完全符合现行知识产权保护条件的，已获得制度保护；而另一部分不完全符合知识产权保护条件，未能获得保护。下文将重点讨论如何更好地利用现行知识产权制度，将不完全符合知识产权保护条件、不能直接获得保护的非物质文化遗产的创新纳入知识产权保护，以及如何基于知识产权制度的开放性，在不动摇知识产权制度理论根基的前提下适当突破，完善对非物质文化遗产的保护。

（一）著作权：明确权利主体

“五羊传说”等民间文学、广州咸水歌等传统音乐、广东醒狮等传统舞蹈、粤剧等传统戏剧和广绣等传统美术，这五类非物质文化遗产实际上可纳入著作权体系进行保护，但首先要解决的是权利主体难以确定的问题。

以民间文学艺术作品的权利归属为例进行分析。民间文学艺术作品的内涵、外延与非物质文化遗产存在极大的重合，民间文学艺术作品也面临权利主体难以确定的问题。为解决这一问题，可考虑构建个人、集体、国家三位一体的权利主

---

① 参见蒋万来《传承与秩序——我国非物质文化遗产保护的法律机制》，知识产权出版社 2016 年版，第 195 页。

体模式。①

首先，个人型权利主体，即遵循“谁创作，谁享有”的理念，在民间文学艺术作品的产生、传承中作出重大贡献的个人理应享有对作品的相关权利，可把创作者或最近的传承人作为权利主体。与组织相比，把自然人作为权利的享有者和行使者，有法律关系明晰的优点。以“马卉欣”案为例，马卉欣在盘古神话传说的基础上整理出版了《盘古之神》，一审、二审法院均认可她作为个人享有该民间文学艺术作品的著作权。②

其次，集体型权利主体，是指著作权应归属于集体，“集体”所指的对象可以是一个地域或是一个民族。有些民间文学艺术作品是集体创作的产物，集体对作品的产生具有决定性作用，将该种作品的权利主体归于整个集体，是合理且正当的，如《民间文学艺术作品著作权保护条例》（征求意见稿）第5条。在实践中，“主要是由民间文学艺术来源地政府代为行使权利”③。《中华人民共和国非物质文化遗产法》规定各级政府具有保存和保护辖区内非物质文化遗产的职责，民间文学艺术作品作为非物质文化遗产的重要组成部分，也应纳入政府的保护范围。实务也认可了由来源地政府代为行使权利，在《乌苏里船歌》案④中，黑龙江省饶河县四排赫哲族乡人民政府以原告的身份，对侵犯区域内不当使用本民族民间文学艺术作品的行为提起诉讼，以维护其合法权益。

最后，国家型权利主体，是指将国家作为兜底的权利主体。对于可能发生的两类情况：民间文学艺术作品的创作者、传承人或来源群体不存在或存在无法确定时；民间文学艺术作品的创作者、传承人或来源群体存在，但著作权人无法保护民间文学艺术作品，或有证据证明权利人实施或将要实施毁损等不可逆行为时，国家基于维护民族传统文化延续、传承、发展的需要，予以干预和介入。

（二）商标权：强化地理标志

原则上，任何非物质文化遗产都可以注册商标，但不是任何非物质文化遗产都适合商业化保护。以广州市为例，适合商业化保护的非物质文化遗产主要集中在传统医药类、传统美术类和传统技艺类，这三类非物质文化遗产中的许多项目本就是随着商业贸易繁荣而兴起的，且适合生产性保护，如陈李济中药文化、广绣以及凉茶。在市场经济下，大量的非物质文化遗产因无法带来经济效益而面临无人传承的困境。而以注册商标的方式对非物质文化遗产进行保护可以产生直接经济收益，从而促进文化的传承和保护。

---

① 参见张洋《民间文学艺术作品权利归属之次序探析》，载《知识产权》2015年第7期，第61－64页。

② 参见河南省高级人民法院（2008）豫法民三终字第49号民事判决书。

③ 王淑君：《论贵州民族民间文学艺术的法律保护：以著作权法保护为视角》，载《贵州民族研究》2014年第11期，第43－46页。

④ 参见北京市高级人民法院（2003）高民终字第246号民事判决书。

随着《中华人民共和国非物质文化遗产法》颁布出台，我国对将非物质文化遗产名称申请为注册商标的审查越来越严格，这给传统的注册商标保护方法带来冲击。因此，学界开始对此进行新的探索，并形成了“类推适用我国商标法中有关地理标志的规定，利用商标法中的证明商标和集体商标来对我国的非物质文化遗产进行保护”① 的主流意见。根据我国《中华人民共和国商标法》第十六条和《中华人民共和国商标法实施条例》第六条的规定，申请人可将地理标志作为证明商标或集体商标申请注册。通过对比地理标志和非物质文化遗产的定义可知，二者在商标申请方面具有两个主要的相似特征：第一，地域性。非物质文化遗产是某个地域的文化资源，它的形成受当地种种因素的影响；地理标志则是和地域紧密联系在一起的一种具有商业价值的标识，能够指明产品特定区域或来源地，明确商品与地理来源之间的唯一对应关系。第二，主体不特定性。根据前文所述，非物质文化遗产权利主体往往具有不确定性和广泛性，而地理标志不属于特定的主体，在某一单位或个人注册成功后，其他单位或个人仍可以利用符合地理标志的产品申请使用地理标志，持有单位或个人不得阻拦，这可以在一定程度上解决由非物质文化遗产权利主体的广泛性所带来的保护难题。由此可见，将地理标志作为商标无疑是非物质文化遗产商标保护的最佳路径。不过，从目前获得的数据来看，这一方法在实践运用并不十分理想：第一，地理标志保护产品和地理标志证明商标、集体商标的使用，要求制定统一的基本工艺流程，被许可人要按照统一的基本流程生产才符合许可使用规定，这使得许多非物质文化遗产被拒之门外；第二，由于地理标志实施的主要目的是保护地方特产和农民利益，解决假冒伪劣产品泛滥的问题，所以，我国目前大多的地理标志产品都是农产品，广州市也是如此，其地理标志没有一例是与非物质文化遗产有关的。

“郫县豆瓣”地理标志证明了商标在国内运作较为成功，具有很强的参考价值。结合相关经验，针对广州市的现状，笔者提出以下建议：第一，要制定合适的商标申请标准和申报程序。在申请标准上，需要充分听取传承人及有关人员的意见，制定出契合非物质文化遗产项目内涵的标准，如成都市郫都区食品工业协会在《“郫县豆瓣”地理标志证明商标使用管理规则》第六条中规定：生产工艺郫县豆瓣采用独特传统的特殊工艺要求。第二，加强对地理标志证明商标保护机制的推广与宣传。“郫县豆瓣”地理标志证明商标的保护机制启示我们，目前，地理标志证明商标的保护机制走“政府主导，企业主体”的模式是比较合适的。政府相关部门相较于企业更了解社会的宏观发展情况，不仅能帮助企业挖掘非物质文化遗产的经济价值，也能更全面地考虑非物质文化遗产的保护问题。

（三）专利权：合理界定“新颖性”

利用专利权制度保护非物质文化遗产，首先要明确其是否能够纳入专利权制

① 杨明：《非物质文化遗产的法律保护》，北京大学出版社 2014 年版，第 148 - 149 页。

度的保护范畴。从这个方面来看，非物质文化遗产可以分为两类：第一类是以“纯自然状态存在”的，如具有药用价值的植物品种；第二类是“经分离和提取而存在”的，如传统制造技艺。[①] 前者显然不具有可专利性，而后者是有可能满足专利权制度所要求的三个特性的，即创造性、新颖性和实用性，具有可专利性。可能受到专利保护的广州非物质文化遗产主要集中在三类：西关正骨等传统医药类、广彩等传统技艺类和广绣等传统美术类。

为了更好地用专利制度保护非物质文化遗产，赋予权利主体以完善的专利保护手段，主要解决非物质文化遗产与专利的兼容性问题，其中，最重要的是合理界定非物质文化遗产的“新颖性”。非物质文化遗产是一定区域内人们在长期积累创造中形成的生活方式、知识技能等的总和。而《中华人民共和国专利法》[②] 明确规定了保护对象要有“新颖性”，即不属于现有技术。非物质文化遗产悠久的历史容易让人误解：所有的非物质文化遗产都是“现有技术”，已经是公共资源，当然地已丧失了新颖性。甚至有司法判决也这样认为。[③] 但实际上，在可专利性的非物质文化遗产中，有一些是仅为特定人、特定家族或特定区域的人群所掌握的，处于一个与外界隔离的状态，并未对不特定公众公开，不属于现有技术，也未丧失新颖性。司法案例“汤瓶八诊”系列案可以佐证，该案涉及的回族汤瓶八诊疗法系杨氏家族创立并仅在内部传承的疗法，这说明“汤瓶八诊”只在特定群体内流传，不特定公众无法获知，是属于杨氏家族的私有财产，即没有丧失“新颖性”。[④] 最高人民法院的再审也认为前述情况并未丧失新颖性。[⑤] 即使有些非物质文化遗产不仅仅在某个家族中传承，其公知公用的情况扩大到更大范围——整个传统社区，也未必就因此丧失“新颖性”，因为传统社区发展较为缓慢，信息与人员流动较少，仍是一个相对封闭的环境，而传统社区是否当然地属于专利法所称的公共领域还是一个需要讨论的问题。因此，仅为特定区域或人群所掌握的非物质文化遗产，并不因被认定为非物质文化遗产而当然丧失“新颖性”。

五、结语

虽然国家在知识产权战略层面提倡加强对传统知识、民间文艺等非物质文化

---

① 参见杨明《非物质文化遗产的法律保护》，北京大学出版社2014年版，第145页。

② 《中华人民共和国专利法》第二十二条明确规定“新颖性是指该发明或者实用新型不属于现有技术……本法所称现有技术，是指申请日以前在国内外为公众所知的技术。”

③ 山东省高级人民法院认为：“根据中华人民共和国中央人民政府公布的《第二批国家级非物质文化遗产名录》，‘回族汤瓶八诊疗法’已被列入国家非物质文化遗产。这一事实表明，‘汤瓶八诊疗法’本身属于公共领域的范畴。”参见山东省高级人民法院（2011）鲁民三终字第198号民事判决书。

④ 参见北京知识产权法院（2015）京知行初字第3581号行政判决书、北京市高级人民法院（2016）京行终1479号行政判决书、最高人民法院（2018）最高法行再63号行政判决书。

⑤ 最高人民法院再审认为：“非物质文化遗产与公有领域的内容有重叠，但不等于一经认定为非物质文化遗产，就当然地进入公有领域。‘回族汤瓶八诊疗法’是否属于公有领域的范畴，要看该疗法是否受某项知识产权专用权的保护。”参见最高人民法院（2018）最高法行再63号行政判决书。

遗产的保护，但实践中的保护成效并不理想。以广州市为例的讨论可知，非物质文化遗产与知识产权之间并不完全兼容，还存在难以确定非物质文化遗产的权利主体、非物质文化遗产与知识产权制度的保护目的不同、利益分配不均等问题，但这些问题存在解决之道，非物质文化遗产与知识产权之间的兼容性是可以加强的，即在不动摇知识产权制度根基的前提下扩大对非物质文化遗产的保护存在可能性，应着眼于非物质文化遗产与知识产权制度兼容的部分，尽力拓宽、完善非物质文化遗产知识产权保护路径，赋予持有非物质文化遗产的私主体以有力的私法保护手段。

探析我国个人破产立法主体模式之选择

曾玉莹[*]

【摘要】 我国在制定颁布《企业破产法》的时候就已经广泛讨论过是否要制定一部符合国情的个人破产法，当时囿于条件不成熟，最终暂且搁置。现如今，我国个人破产立法条件已成熟，但在个人破产立法之前，我们首先要解决的一个难题就是选择恰当的个人破产立法主体模式。基于对个人破产立法目的和我国民商合一立法体例的分析，以及考虑到我国近年来的社会现状，我国个人破产立法宜采用狭义的一般个人破产模式，即原则上承认一切自然人都可适用个人破产，但是农村承包经营户要根据实际情况，区别对待。

【关键词】 个人破产　一般个人破产模式　农村承包经营户

一、问题的提出

在我国，破产制度一直以来都是以企业为主体进行设计的，小微色彩浓厚的个人破产被忽略，最终导致了我国尚未建立个人破产制度。近几年来，我国现行破产制度面临难以适应社会飞速发展的困境，社会各界要求确立个人破产制度的呼声日益高涨。2018 年 10 月 24 日，最高人民法院《关于人民法院解决“执行难”工作情况的报告》中，明确提出要积极推进建立个人破产制度。2019 年最高人民法院再次提出要推动建立个人破产制度及相关配套机制。2020 年 8 月 31 日，深圳市人民代表大会常务委员会颁布了《深圳经济特区个人破产条例》，并于 2021 年 3 月 1 日施行。建立健全我国个人破产制度已是大势所趋，当务之急。个人破产制度是指自然人债务人不能清偿到期债务，并且资产不足以清偿全部债务或者明显缺乏清偿能力的，由债权人或债务人申请法院宣告债务人破产，债务人或与债权人通过和解程序、债务清理计划等进行债务调整，或依法定破产程序在破产期间接受监管和偿还债务，并在破产程序终结后对其未能清偿的符合法定条件的债务予以豁免的法律制度。然而，要想制定颁布一部结构复杂、程序繁多、内容广泛的个人破产法，首先要解决的一个问题就是明确“个人”所指代的范围，即我们应该选择怎样的个人破产立法主体模式。只有解决了这个问题，才有可能确保个人破产法能在我国有效地发挥作用。目前，个人破产立法主体模式主要有两种，分别是商个人破产模式和一般个人破产模式。前者是指仅赋予从事商品交易或服务提供行为以谋取利益的商个人以破产能力，后者则是指一切自然人应当不区分其

---

* 曾玉莹，中山大学法学院硕士研究生。

社会经济属性地适用个人破产。一般个人破产模式又有广义和狭义之分。广义的一般个人破产模式承认所有自然人均具有破产能力，狭义的一般个人破产模式虽然在原则上承认所有自然人的破产能力，但特定类型的自然人则不具有破产主体资格。① 探索科学合理且符合我国实际情况的个人破产立法主体模式，将会对我国个人破产立法产生积极的影响。

二、我国应采用一般个人破产模式的法理基础

（一）基于个人破产立法目的的分析

尊重和保障债务人的生存权和发展权是个人破产法的一个立法目的。我们必须明确的是，生存权和发展权应属于一切自然人应当享有的权利。生存权是一切自然人得以存在的基础，发展权赋予一切自然人谋求全面发展的机会。生存权和发展权应当是每个自然人都享有的权利，是人权的核心，也是自然人享有其他权利的前提与基础。然而，商个人破产模式实质上剥夺了商个人以外的自然人利用个人破产制度退出市场的权利，导致他们无法在过度负债且无力偿付债务的时候获得法律救济；商个人破产模式使商个人以外的自然人在偿还债务时，无法保证其必要的生活资料和生产资料不受影响；商个人破产模式还掠夺了商个人以外的自然人在无法偿付债务并且资产不足以清偿全部债务或明显缺乏清偿能力的情况下免除剩余债务的机会。由此看来，商个人破产模式仅仅保护、救济一部分债务人（商个人）的利益，并没有保护商个人以外的自然人的生存权、发展权及其他利益。这不仅违背了个人破产立法的目的，也违背了一切自然人权利平等且平等地享有生存权和发展权的原理。只有在个人破产法中明确一般个人破产模式，才能体现出个人破产法保障债务人生存权和发展权的立法目的。

（二）基于民商合一立法体例的分析

关于个人破产立法应当选择何种主体模式，不应局限于破产法领域的思考，而应当将视野扩展到民商法的关系上，即回归到我国民商合一立法体例上进行分析。尽管不能说民商分立必然实行商个人破产模式，但是实行商个人破产模式的必须采取民商分立的立法体例。② 因此，基于我国民商合一的立法体例，我国个人破产立法应当实行一般个人破产模式。这是因为民商合一的立法体例要求民商事主体合一，民事主体与商事主体已经没有区分的必要与可能，商事主体不再是一类特殊的主体，一切平等主体应当统一适用法律规范。尤其是近年来公司注册资本实缴登记制改成认缴登记制，降低了以公司的名义从事商事经营的门槛；互联网兴起，商事活动在网络科技的融合助推下实现了个人的全方位高覆盖。③ 这导致

---

① 参见赵万一、高达《论我国个人破产制度的构建》，载《法商研究》2014年第3期，第81－89页。

② 参见汤维建《关于建立我国个人破产制度的构想（上）》，载《政法论坛》1995年第3期，第41－48页。

③ 参见张阳《个人破产何以可能：溯源、证立与展望》，载《税务与经济》2019年第4期。

原则上一切主体皆可进入商业领域，以营利为目的进行营业活动，形成了社会泛商化现象。社会泛商化现象巩固了民商合一的立法体例，亦令我们更有理由选择一般个人破产模式。

我国遵循民商合一立法体例，并在主体制度的规定中贯彻了民商事主体合一的原则，意味着在个人破产法中实行商个人破产模式已失去了主体基础。民商合一立法体例决定了个人破产不是商个人享有的特权，而是一切自然人都可享有的平等权利，每个自然人都可以在自己无力偿付巨额债务时，通过个人破产制度获得法律救济。在民商合一的背景下，我国个人破产立法只能采用一般个人破产模式，原则上允许一切自然人适用个人破产。

三、我国应采用一般个人破产模式的现实依据

（一）过度信贷消费引发一般个人的经济危机

出口、投资和消费是拉动我国经济增长的“三驾马车”。但近年来，投资对我国经济的拉动力度逐渐减弱，消费对我国经济的贡献率却逐渐提升，并且连续五年成为经济增长的首要动力。① 在扩大内需、刺激消费的背景下，2013 年，我国银监会颁布了《消费金融公司试点管理办法》，促进了为中国居民个人提供消费贷款的消费金融机构增设。互联网消费贷、P2P（互联网金融点对点借贷平台）等市场放贷主体增加，以蚂蚁借呗、京东白条等为代表的借贷产品更是直接渗透到每个人的生活。居民信贷资金来源多样化极大地激发居民信贷消费的热情。

居民信贷消费热潮使得资金借贷的体量和结构明显向一般个人倾斜。根据东方财富网统计的数据显示，自 2010 年以来，居民人民币贷款就一直飙升，截至 2017 年 5 月，居民人民币贷款从 8.8 万亿飙升到现在的 36.4 万亿。尽管居民住户存款月月攀升，但是把居民的人民币存款减去贷款后发现，全国居民净存款所剩无几。由此可见，过度负债且无力偿付债务已经不仅仅是商个人才会面对的问题了。社会上的每一个人都很可能有过度信贷消费，一旦其经济状况发生不利好的变化，就会一辈子陷入背负巨债却又无力偿付的无底深渊。此时就需要个人破产制度为一般个人解决债务危机，并使其从沉重的债务中解脱出来，给予他们重生的希望。扩大适用个人破产制度的主体范围，原则上允许一切自然人破产，可以为开放的信贷市场提供必要的补充，减少个人过度信贷造成的负面影响。通常而言，一些鼓励信贷消费、超前消费以扩大内需的国家，都是采取一般个人破产模式，为信贷者提供一个社会安全网，以适应个人日益增长的信贷需要和负债压力。

---

① 参见刘冰《论我国个人破产制度的构建》，载《中国法学》2019 年第 4 期，第 223 - 243 页；孙兴杰、鲁宸、张璇《消费降级还是消费分层？——中国居民消费变动趋势动态特征研究》，载《商业研究》2019 年第 8 期，第 11 页。

（二）一般个人适用个人破产的其他现实依据

除了信贷消费膨胀外，还有其他一系列原因会导致一切自然人而不仅仅是商个人背负巨额的债务，此时，允许无力清偿债务的自然人适用个人破产制度有利于社会的稳定与和谐。

首先，难以预测的自然灾害或突如其来的意外事故往往会严重打击个人的偿债能力，导致个人过度负债却无力偿还。在现代社会中，并非只有商个人才可能遭遇天灾人祸，社会上的每一个人都有可能遭遇不幸。让每一个遭遇这样不幸的人通过求助个人破产制度摆脱债务负担，不仅体现了人道主义，更是展示了人性善良与社会治理良序的和谐观。[①]

其次，无处不在的社会网络为个人破产立法采取一般个人破产模式奠定了广泛的群众基础。如今，我们的社会网络高度发达，足以让与破产相关的信息成为每个人的常识，而非商个人“垄断”的知识。每个人都能通过发达的社会网络打破对“破产”的偏见，重构正确的个人破产认知体系。社会网络的协助能令一般个人破产模式具备充足的可操作性，令个人破产法真正地服务于每一个人。

最后，国家提供有限的社会福利保障需要个人破产制度为社会上的每个人筑造第二道社会安全屏障。改革开放至今，我国的社会福利保障事业有了质的飞跃，但总体上还有很大的发展空间。尽管中国经济快速发展，总量有很大的增长，但人均水平仍然较低，对于社会保障制度建设来说，个人缴费能力较弱[②]；尽管我国在社会福利供给多元化、社会福利对象普遍化、社会福利内容体系化三个方面全面拓展了社会福利范围，提高，社会福利项目水平，但是政府在社会福利方面的支出偏低；尽管我国社会福利供给资源在数量上得到了较大提升，但服务供给质量尚存不足，专业化的服务项目，如医疗、康复、心理咨询等服务提供较少。[③] 由此可见，我国的社会福利保障制度还不够完善，每个人都需要个人破产制度发挥补充作用，弥补社会福利保障的不足，甚至是将个人破产制度作为社会福利的一部分。我国采用一般个人破产模式制定个人破产法，明确个人破产不应当只对商个人开放，有利于与现行的社会福利保障制度共同发挥作用，为一切自然人合理地解除无力偿付的巨债危机，创造更好的社会环境。

四、我国采用一般个人破产模式之具体措施

（一）采用狭义的一般个人破产模式

我国个人破产立法应当采用一般个人破产模式，但由于我国个人破产制度尚

---

① 参见毕夫《个人破产制度：社会良序与信用扩展的基石》，载《中关村》2019 年第 8 期，第 28－29 页。

② 参见景天魁《探索适合中国的民生建设新路》，载《学习与探索》2019 年第 8 期，第 38－48 页。

③ 参见林闽钢、梁誉《我国社会福利 70 年发展历程与总体趋势》，载《行政管理改革》2019 第 7 期，第 4－12 页。

在探索阶段，面对着复杂多变的现实情况，我们不宜操之过急，直接让所有自然人均可申请个人破产。合理的做法应当是：原则上允许一切自然人适用个人破产制度，但暂时将特定类型的自然人排除在个人破产主体范围之外。

《中华人民共和国民法典》第二章规定的自然人，包括一般自然人和两类特殊自然人，两类特殊自然人分别指个体工商户和农村承包经营户。一般自然人适用个人破产制度是毋庸置疑的，这是因为在现代社会，每个一般自然人都可能陷入债务危机，需要个人破产制度改善其已恶化的财务状况。特殊自然人之一的个体工商户是指经依法登记注册后，从事工商业经营的自然人个体或家庭。个体工商户在从事工商业经营时同样会面临经营失败，陷入债务危机且无法清偿债务的状况，此时，他们也应当通过个人破产制度有序地退出市场。至于另一种特殊自然人，即农村承包经营户，他们既可能是单身的农民以个人名义承包经营土地，也可能是家庭以家庭名义承包经营土地。农村承包经营户能否适用个人破产制度向来多有争议。反对者认为，农村承包经营户难以适用个人破产制度中的失权和复权制度，农村承包经营户适用个人破产程序与现有立法及政策存在重大冲突，以土地承包经营权偿付债务极易违反相关法律法规，也欠缺有效、权威的定价标准等。[①] 因此，农村承包经营户暂时不可适用个人破产。但支持者则认为，农村承包经营户所享有的土地承包经营权对个人破产制度的构建没有实质的影响。[②] 我国土地政策允许农户自愿成立农民专业合作社或以土地出资入股企业，随着农村承包经营户的经营方式增多，经济活动范围扩大，他们在与市场接轨的同时也会面临很多经营风险，需要个人破产制度对其救济。[③]

由此可见，农村承包经营户适用个人破产制度的情况复杂，如果单纯地主张农村承包经营户可适用或不可适用个人破产，难免会陷入“一刀切”所造成的窘境之中。因此，我们应当具体问题具体分析，分类讨论农村承包经营户适用个人破产的具体情形，以期完善个人破产立法。

（二）农村承包户和农村家庭经营户被排除适用个人破产

农村土地承包经营权并非一项权利，而是包含了承包权和经营权两项权利。根据我国法律规定，承包权属于一项独立的法定权利。[④] 以对承包土地的经营、收益为内容的经营权也是一项独立的民事权利，承包权是经营权的基础。[⑤] 因此，农

---

① 参见赵万一、高达《论我国个人破产制度的构建》，载《法商研究》2014 年第 3 期，第 81 – 89 页。

② 参见王雪丹《关于二元经济体制对个人破产制度影响的思考——兼与朱涛博士商榷》，载《前沿》2010 年第 12 期，第 50 – 52 页。

③ 参见刘冰《〈民法总则〉视角下破产法的革新》，载《法商研究》2018 年第 5 期，第 47 – 57 页。

④ 《中华人民共和国农村土地承包经营法》第五条规定：农村集体经济组织成员有权依法承包有本集体经济组织发包的农村土地。任何组织和个人不得剥夺和非法限制农村集体经济组织成员承包土地的权利。《中华人民共和国农村土地承包法》第十八条规定：本集体经济组织成员依法平等地行使承包土地的权利，也可以自愿放弃承包土地的权利。

⑤ 参见李永安《中国农户土地权利研究》，中国政法大学出版社 2013 年版，第 79 – 80 页。

村承包经营实际上包含了承包关系与经营关系，可以将农村承包经营户拆分为农村承包户和农村经营户。其中，农村承包户就是农业耕作者，他们在承包的土地上耕作，销售自己土地产出的物品，属于自产自销的行为。农村经营户则是以营利为目的利用其承包的土地从事经营活动，他们会出售农业、林业产品或进行从属于农林业的特定经营，如经营酿酒业、售卖木器制造等加工产品。[①]

1. 农村承包户应当暂时被排除适用个人破产

（1）个人破产制度的产生与发展根植于市场经济，其目的在于为市场主体积极参加社会经济活动提供制度支撑、风险控制和社会保障。[②] 个人破产作为市场主体退出市场的机制，能使市场主体摆脱无法偿付的债务，并以新的姿态重新加入市场竞争。然而，农村承包户自产自销，只有留足了自身所需并有剩余产品的情况下才会进行出售，这决定了农村承包户对市场经济的作用以及受市场经济影响都有限，无法成为市场主体。由此可见，农村承包户暂时无须适用个人破产制度。

（2）农村承包户的生活和生产资料相对匮乏，他们主要发生琐碎的、金额较小的且以现金的形式收支的日常生活债务，在没有建立规范账目的情况下，这些债务难以统计。倘若农村承包户适用个人破产，势必会大大增加个人破产案件的审理难度，不利于个人破产制度的运行。

（3）因为现代个人破产制度内容多，操作难，且与“欠债还钱”“父债子还”等传统观念势不两立，所以，该制度要求破产者具备良好的法律意识与法律观念。[③] 但现实是农村承包户常年辛苦农作，受教育程度低且较少接触法律，这导致他们的法律意识与法律观念相对落后。我国目前又没有类似于美国信用咨询基金会、英国公民咨询局等债务咨询组织专门为农村承包户提供个人破产服务。于是，一方面，农村承包户可能并不懂得何为“个人破产”以及不知应当如何运用个人破产制度为自己解除债务危机；另一方面，农村承包户可能会基于传统观念的束缚而抵触个人破产制度，认为个人破产不过是无赖逃避债务的手段。基于以上理由，在探索个人破产制度的初期，或可暂时不考虑农村承包户适用个人破产，可待条件成熟时再将农村承包户纳入个人破产的适用主体中。

2. 农村家庭经营户暂时被排除在个人破产主体范围外

农村经营户可以根据经营的方式分为个人经营和家庭经营，其中个人经营表现为一人（自然人）一户，家庭经营则表现为家庭全体成员为一户或家庭部分成员为一户。[④] 个人经营的农村经营户可以适用个人破产，但是家庭经营的农村经营

---

① 参见施天涛《商人概念的继受与商主体的二元结构》，载《政法论坛》2018 年第 3 期，第 82 – 96 页。

② 参见王欣新《用市场经济的理念评价和指引个人破产法立法》，载《法律适用》2019 年第 11 期，第 61 – 68 页。

③ 参见贺志姣《破产法的适用范围：商人破产主义还是一般破产主义》，载《中南财经政法大学学报》2002 年第 6 期，第 129 – 132 页。

④ 参见施天涛《商人概念的继受与商主体的二元结构》，载《政法论坛》2018 年第 3 期，第 82 – 96 页。

户就暂时不宜适用个人破产。

(1) 农村家庭经营户是以家庭为单位生产经营的，全体或部分家庭成员共同承包土地，以营利为目的从事营业活动。如果农村家庭经营户可以适用个人破产，那么，破产家庭就要面对土地承包经营权失权的后果。农村家庭经营户人口多，收入来源单一，他们共同依赖土地生产生活，土地承包经营权失权无疑会让破产的农民家庭失去安身立命之本，不仅会对社会造成负面影响，还会引发社会矛盾与危机。

(2) 农村家庭经营户的成员可能多达数十人，各人各项收支琐碎，他们又极少建立规范的财务会计账目，导致难以统计家庭经营户的出入账状况。此外，农业生产经营所得受自然环境、市场变化和生产周期等外在因素影响较大，该类收入不稳定且难以预测，如果想查明农村家庭经营户的财产状况真是难上加难。[①] 更重要的是，目前缺乏可操作性标准判断农村家庭经营户“能否清偿到期债务”。[②]由此看来，农村家庭经营户适用个人破产制度的想法难免会因为种种困难而成为一种空想。

(3) 根据《中华人民共和国民法典》第五十六条关于“农村承包经营户的债务，事实上由农户部分成员经营的，以该部分成员的财产承担”的规定表明，如果是部分家庭成员经营的农村家庭经营户，他们在适用个人破产程序清算和分配财产时，必定要将参与经营成员的财产与不参与经营成员的财产区分开来，仅对前者进行个人破产清算和分配。然而，家庭成员共同生活，难免会互相使用对方的各种生活、生产资料，彼此之间的财产将会被混淆，且不易区分开来。在实际操作过程中，反而会产生负面效果。因此，在目前，农村家庭经营户适用个人破产总是弊大于利的，其不宜过早地适用个人破产制度。但我们可以在各种条件成熟后再考虑将农村家庭经营户纳入个人破产主体范围内，这样做有利于个人破产法最大限度地发挥积极作用。

农村个人经营户可适用个人破产是因为：首先，农村个人经营户以营利为目的从事经营或特定经营，是农村个人经营户作为市场主体参与市场经济的一种表现。这意味着农村个人经营户很有可能经营失败，投资失利，进而过度负债却无力偿付。既然如此，农村个人经营户就应当获得个人破产的资格，使他们和其他市场主体一样平等地受到破产法律的保护，并能够按照法定程序退出市场，获得重新开始的机会。这也是贯彻落实市场主体公平竞争原则，维护市场经济秩序的表现。其次，在知识经济蓬勃发展的今天，相较于文化水平较高的城市居民投资者和管理者，农村个人经营户明显处于下风，他们更可能会因错过绝佳的投资机会而营业失败。尽管在“强农惠农富农”政策背景下，农村个人经营户享有很多

---

① 参见张阳《个人破产何以可能：溯源、证立与展望》，载《税务与经济》2019 年第 4 期。

② 参见张阳《个人破产何以可能：溯源、证立与展望》，载《税务与经济》2019 年第 4 期。

优惠政策，但农村个人经营户获得的社会福利保障有限，仍然很需要个人破产制度作为第二重安全网保障利益，为他们创新创业保驾护航，并保证他们经营失败后能够重新开始。虽然农村个人经营户在申请个人破产时可能会面临土地承包经营权失权、复权的适用困境，但由于他们是单身的农民以个人名义承包土地，这决定了其与农村家庭经营户相比，在适用个人破产失权、复权制度时，难度和负面影响均更小。我们可以将农村个人经营户适用个人破产视为一种尝试和突破，为日后农村承包经营户普遍适用个人破产积累经验，总结教训。

五、结语

根据我国目前的发展状况，在我国制定颁布个人破产法的条件已成熟。近十几年来，多位学者提出构建个人破产制度的设想，现可参考这些构想，将个人破产立法落到实处，通过实施个人破产法对所有不幸自然人的债务进行清理。但是，制定个人破产法是一个系统工程，需要统筹兼顾。除了讨论个人破产立法主体模式以外，我们还要进一步探索如何建立符合我国国情的个人破产程序，明确个人破产债务豁免范围、债务免除考验期等。此外，我国的个人破产法还应与其他现行有效的法律法规、国家政策等相适应，配合个人信用体系、财产登记制度等共同运作。我们甚至可以通过比较法研究，借鉴他国成熟的个人破产立法经验，创建符合中国国情的农村承包经营户破产制度等。这样，个人破产法可与现有的企业破产法共同组成完备的破产法体系，促进社会经济的发展。

粤港澳大湾区背景下的家族信托：困境与出路

刘　荟*

【摘要】 随着我国高净值财富人士的增多，家族信托成为其实现家族传承与财富管理的重要方式。由于我国家族信托仍处于萌芽阶段，且信托的运作存在忽视民事信托的地位、当事人权利义务失衡、不合理的登记制度以及缺乏配套税收制度等问题，因而，近年不少内地富豪在其控股公司赴港上市时选择离岸家族信托的方式，以避开在岸家族信托所带来的不便。在粤港澳大湾区“先试先行”背景下，要回答发展离岸家族信托是否是破解我国制度困境的最优解，需要监管机构正视和思考离岸家族信托可能带来的风险和如何进行规范的问题，以期促进我国家族信托制度的发展及建设我国法治化的营商环境。

【关键词】 家族信托　离岸家族信托　制度困境　粤港澳大湾区

一、大陆地区发展家族信托的需求与桎梏

供给源于巨大的市场需求。改革开放以来，我国经济发展越来越迅速，随着大量财富的不断积累，高净值人群的规模也逐渐扩大。2019 年 6 月 5 日，贝恩公司和招商银行在深圳联合发布《2019 中国私人财富报告》显示，截至 2018 年，中国个人可投资资产 1000 万人民币以上的高净值人群规模达到 197 万人。另外，胡润研究院与建信信托联合发布的《2019 中国家族财富可持续发展报告——聚焦家族信托》显示，广东省的高净值人数量群位于全国前列，且以较快的速度增长。对于高净值人群而言，如何维持财富的稳定增长和顺利传承成为现实需求。因此，家族信托作为一种家庭生活领域的有效的财富管理模式，是高净值人群首选的一种管理家族资产的载体。可以说，目前家族信托在中国特别是在广东地区有着巨大的市场需求。

委托人基于信任将财产委托给受托人，由受托人进行经营管理从而受益人得以收益。这种“受人之托、代人理财”的信托制度具有相当大的优势。然而，中国内地家族信托市场处于呼声高于需求的状态，不少信托机构和潜在客户仍处于观望态度。究其原因，除了客户对信托业务不熟悉、对信托管理机构不信任等因素外，根本还在于我国信托法未能给予家族信托足够的制度支撑。

（一）强行法特征浓厚，丢失民事信托的本质

根据学界通说，信托最早的形式是家族信托，中世纪人们运用用益制来处分

---

* 刘荟，广东财经大学民商法学硕士研究生。

家庭土地财产，在衡平法与普通法的博弈对抗中，最终以家庭信托为载体所确立的衡平法上的信托规则被承认，成为家庭财产协议中运用最广泛的财产处分方式。[①] 因此，尽管家族信托有一部分涉及家族企业的经营问题，看似属于商业信托的一部分，但是对家族信托属于以当事人意思自治为核心的民事信托，认为应该以民法的视角来考量和设计家族信托，似乎更符合信托的本源。[②] 那么，国内所移植的家族信托制度，是否很好地传承了意思自治的精髓？是否有相应的法律法规给予家族信托一定的空间进行发展？

从《中华人民共和国信托法》（以下简称《信托法》）的立法进程来看，2001年我国加入 WTO（世界贸易组织）后，内部金融体制的改革推动了《信托法》的出台。起初，政府在恢复信托业时对其的定位是：充分利用各种渠道的社会闲散资金，以弥补银行信贷之不足。可以看出，信托最初的定位是金融领域之工具性运用。而我国金融市场处在严格的政府监管之下，因此，我国的信托从立法之初就带有自上而下的监管限制，带有浓厚的强行法色彩，且偏重于发展商事信托。这也体现在我国后续出台的《信托公司管理办法》《信托公司集合资金信托计划管理办法》和《信托公司净资本管理办法》等规章制度都偏重于规范商业信托方面。我国《信托法》立法初始所偏重发展的商事信托与国外信托以民事信托为起源的发展历程相悖。

问题在于，家族信托本质上属于民事信托，比商事信托更强调对委托人意愿的尊重。自由是实现资源优化配置的最佳方式，家族信托囿于现行《信托法》框架而不能良好地运行，反而会阻碍家族信托本土化的发展。

（二）信托当事人权利义务的设置失衡

从梅艳芳母亲挑战信托安排而不断控告信托公司，无力支付诉讼费致个人被宣告破产，最终使梅艳芳家族信托资产大大缩水的案例可以看出，家族信托中受益人与受托人的权利义务问题也常常是家族信托成功与否的关键因素之一。但是，我国《信托法》似乎对家族信托当事人之间的权利博弈没有进行很好的平衡设置。在信托受托人的管理上，《信托法》第三十条规定了受托人可以自由地处理信托事务，但是又规定了转委托中受托人需承担的连带责任。对比其他国家或地区仅要求受托人的选任与监督责任[③]，我国对受托人的规定未免过于苛刻：转委托中受托人已加重了管理信托事务的成本，再要求其对转委托的结果承担责任，这反而会打击受托人管理信托财产的积极性。

另外，我国对于信托委托人与受益人的权利博弈也在一定程度上阻碍受托人

---

① 参见李有星、杨得兵《论家庭信托的历史发展及其当代价值》，载《浙江大学学报（人文社会科学版）》2016 年第 1 期，第 174 页。

② 参见李智、吴湖军《家族信托中的权益博弈与法律救济》，载《法学》2018 年第 4 期，第 76 页。

③ 参见刘正峰《信托制度基础之比较与受托人义务立法》，载《比较法研究》2004 年第 3 期，第 63 页。

对财产的管理。《信托法》第四十九条规定了受益人也享有对受托人的撤销权，该条立法目的在于避免委托人丧失民事行为能力时，受益人得以行使撤销权来督促受托人谨慎忠实地履行职责。在实际操作中，委托人与受益人利益并非始终一致，立法者认为，在二者意见不一致时可由法院裁定的方式打破僵局。然而，家族信托的内部治理特点使得公权力的介入可能会加剧家族内部的矛盾，不利于信托目的的实现。

（三）配套制度的冲突和缺失

1. 信托登记制度与隐私保护的冲突

基于信托财产独立性的特点，必须予以一定的公示手段，否则可能会使第三人对受托人的财产范围产生误解。我国《信托法》第十条规定了信托财产的登记制度，但是该规定过于模糊，并没有释明何种财产需要公示、公示登记程序如何操作、登记的效力等问题，使得这个决定信托效力生效与否的登记制度落实陷入有名无实的尴尬境地①。在2017年，银监会发布《信托登记管理办法》（下称《办法》），就《信托法》第十条的具体操作进行规定，规定了登记申请及办理程序中的要求。家族信托相较于商事信托，有着极强的私密性和伦理性。对于信托登记制度而言，理应比一般商事信托有更高的隐私保密功能。事实上，在《办法》实施之初，中国政法大学教授赵廉慧曾公开表示《办法》不应适用于家族信托，认为虽然家族信托兼具融资和理财的需求，但是本质上并没有将信托受益权转移给家族以外的人的需求。家族信托的私密性要求多以契约的方式对各方当事人的权利义务进行规制，信托登记制度对于家族信托而言既不合理，也无必要。换言之，即便《办法》规定了对信托公司的保密义务，但其仍无法忽视登记制度的本质内涵是公示公信的特点。如果无法平衡信托登记制度的公示公信本质与家族信托的私密性特点的矛盾，信托登记制度则无法在维护第三人交易安全中发挥应有的价值。

2. 对应税收制度的缺失

英美法系中广泛应用的以“双重所有权”为特点的传统信托制度与大陆法系的“一物一权”的法律体系相去甚远，上述差异导致的后果就是重复征税的问题，这也是我国移植传统信托制度后带来的制度困境之一。英美法系的信托制度分割了信托财产的权利主体和利益主体，受托人是普通法上的所有者，其为信托财产管理所获得的收益是归受益人所有，受益人是衡平法上的所有者，这是英美法系的“双重所有权”。我国“一物一权”“绝对的所有权”的理念使其在信托制度的规定上只关注受托人持有信托财产的问题，而忽略了受益人受益权的性质界定。然而，我国税收制度对于无论是“实质转让”还是“形式转让”的财产，都一律

---

① 参见于海涌《中国信托业陷入低迷的法律分析——写在〈信托法〉实施以后》，载《政法论丛》2011年第5期，第208页。

征税，这导致了在信托领域出现重复纳税的问题。[①] 例如，在家族信托管理时，对家族财产的收益所得所缴纳的所得税可能会与收益分配给受益人时所产生的所得税所重复，这将阻碍我国高净值人群通过家族信托方式进行财富管理的热情。放眼当今信托市场，许多客户宁愿通过离岸家族信托的方式进行家族财富管理，也不愿在内地市场上设立家族信托，这与我国信托税收制度规定的不合理存在一定的关系。

由上可知，重拾民事信托的地位，厘清家族信托的制度困境，或许这也是我国家族信托获得新发展的一个契机。

二、离岸家族信托的市场选择与运用

（一）离岸家族信托的市场选择

我国家族信托制度存在的困境与高净值人群家族财富管理市场需求相冲突，使内地信托业开始大力发展离岸家族信托市场。离岸家族信托其实是家族信托与离岸信托中重合的部分，据数据显示，在香港设立家族信托的客户中有70%来自内地，委托人往往通过家族信托的设立与家族企业治理相结合，利用“离岸信托+VIE（可变利益实体）”等架构，加大对上市公司的控制力。世界上著名的离岸金融中心包括香港地区、英属维尔京群岛、开曼群岛等，家族信托一般适用离岸地法律并由当地管辖。中国高净值人群的资产在境外占据1/3的比例，他们为了家族企业的延续和财富的传承，往往会选择不同的离岸地以寻求最佳家族信托方案。而我国成功的家族信托，大多都是采用离岸信托的模式进行，离岸家族信托的出现实际上是应对市场需求所设计出的信托模式。

（二）离岸家族信托是否是破解我国制度困境的最优解

我国资产管理方式与信托制度的缺陷使得高净值人士采取离岸信托的方式进行全球化资产管理。为何内地高净值人士纷纷赴香港设立家族信托？在市场选择下的离岸家族信托是否是破解我国家族信托制度困境的最优渠道？笔者将以粤港澳大湾区背景下的家族信托为视角，试图厘清内地高净值人士在香港等离岸地设立家族信托的目的，进而在大湾区“先试先行”的背景下，在粤港地区为家族信托寻找一个合理的落脚点，以便更好地促进家族信托业的发展。

1. 赴港设立家族信托的优势

第一，自由稳定的立法保障。香港的信托法律体系完美地吸收了英国的信托法律传统，因此，在实现信托的财产转移和管理功能时，具有设立方式多样化、信托财产多元化和应用领域广泛化的特点。[②] 2013年12月1日，香港发布了《信托法律（修订）条例草案》，集中修订了《受托人条例》和《财产恒继及收益累计条例》。在信托当事人权利义务的设置方面，在赋予受托人更大的财产管理权利

---

① 参见刘继虎《论形式转移的不课税原则》，载《法学家》2008年第2期，第82页。

② 参见马铮《香港与内地信托制度的比较研究》，载《五邑大学学报》2004年第2期，第72页。

的同时也规定了受托人的受信义务和审慎义务。《受托人条例》第24条关于复归权益、估价及审计的规定，明确“受托人以本条做出任何行为或事情时，有履行法定谨慎责任，则该等受托人均无须为该等作为或事情所导致的损失负责”。相较于内地偏重发展商事信托而无视民事信托的做法，香港的家族信托法律制度发展比内地更充分，也给予民事信托更多的操作空间。赴港设立的家族信托更好地符合了以自由为核心内涵的民事信托特征，并且香港离岸家族信托发展历程长，法律制度完善，能给内地高净值人士更稳定的法律保障。

第二，合理的税收安排。上文也论述到，我国在大陆法系下“一物一权”的原则跟英美法系“双重所有权”原则的冲突带来的后果之一是繁重的税负问题。而作为离岸地的香港地区，本身就是避税天堂。香港的征税办法根据《税务条例》基本上延续了英国税法的模式，低税负是其税制结构的主要特点。根据香港税务局公示的信息显示，香港近10年来的宏观税负水平最高时也并没有超过14%。[①]在无“反永续原则”下的离岸地进行家族信托的设计，能够很好地避免遗产税的征收，实现税务筹划的目的。虽然香港地区自2014年起与多个司法管辖区签订税务资料交换协定，在一定程度上会影响离岸家族信托的节税功能[②]，但不可否认的是香港地区相较于内地，拥有着税负低、税制简明、弹性的税收政策的优势。

第三，较强的保密性。家族信托的设立是灵活自由的，在国外设立的家族信托严格遵循保密性原则，如开曼群岛的《保密关系法》即规定对不当公开资料的方式处以刑事处罚。[③] 而国内信托的保密性得到一定的限制，如果是司法需要，受托人必须配合公开相关的信托计划。对我国而言，信托当事人合意签订信托合同即成立，但信托合同成立不意味着信托成立，还需办理信托登记手续后才生效，这可能会破坏信托的私密性，使得内地高净值人士纷纷选择离岸家族信托的方式以保护自己的隐私权。

2. 离岸家族信托的运用

理性的经济人总是会寻求一切途径来降低风险，实现利益的最大化。内地家族信托存在的制度缺陷使得高净值人士纷纷通过离岸家族信托的方式来实现家族财产的传承和管理，其中不乏龙湖地产吴亚军与蔡奎、SOHO中国潘石屹、玖龙纸业张茵、“海底捞”张军夫妇等。

在“龙湖地产吴亚军”案件中，二人通过离岸家族信托的设立，成功地避免了因为离婚所带来的对上市公司市值的影响。早在2008年龙湖地产上市之前，吴

---

① 参见香港特别行政区税务局（https://www.ird.gov.hk/chi/ppr/are17_18.htm），访问日期：2019年10月1日。

② 截至2018年9月，包括英属维尔京群岛、开曼群岛及中国香港在内的80多个国家和地区已经确认将向中国交换金融账户涉税信息（CRS）。

③ 转引自孙宜府《离岸信托资料处理的法律分析与建构》，中国政法大学2000年博士学位论文，第109页。

亚军与蔡奎分别在开曼群岛注册了龙湖地产公司，该公司不经营任何实体性业务，只作为空壳公司存在。随后二人在BVI维京群岛分别注册了Charm Talent以及Precious Full，将手中的股权转让给这两家公司。之后，又注册了一个名为Longfor Investment的公司，该公司由龙湖地产100%控股。Longfor Investment公司收购龙湖地产用于上市的资产——嘉逊发展的全部已发行股本，随后将该股权分别以19.2亿港币和12.8亿港币的价格转让给Charm Talent和Precious Full。同时，吴亚军和蔡奎二人选择汇丰国际信托作为受托人，将手中所有的Charm Talent和Precious Full的股份以赠予的方式转让给汇丰国际信托在英属维尔京群岛注册的全资子公司Silver Sea和Silverland。至此，家族信托成功设立，吴亚军和蔡奎都不再直接控制龙湖集团的股权（见图1）。

从实际效益来看，这是一个成功的离岸家族信托。在该案中二人通过两个家族信托将龙湖地产股权从夫妻共有财产中独立出来，避免了在离婚分配共有财产时对上市公司持股结构和经营结构的影响，进而维持公司市值的稳定。

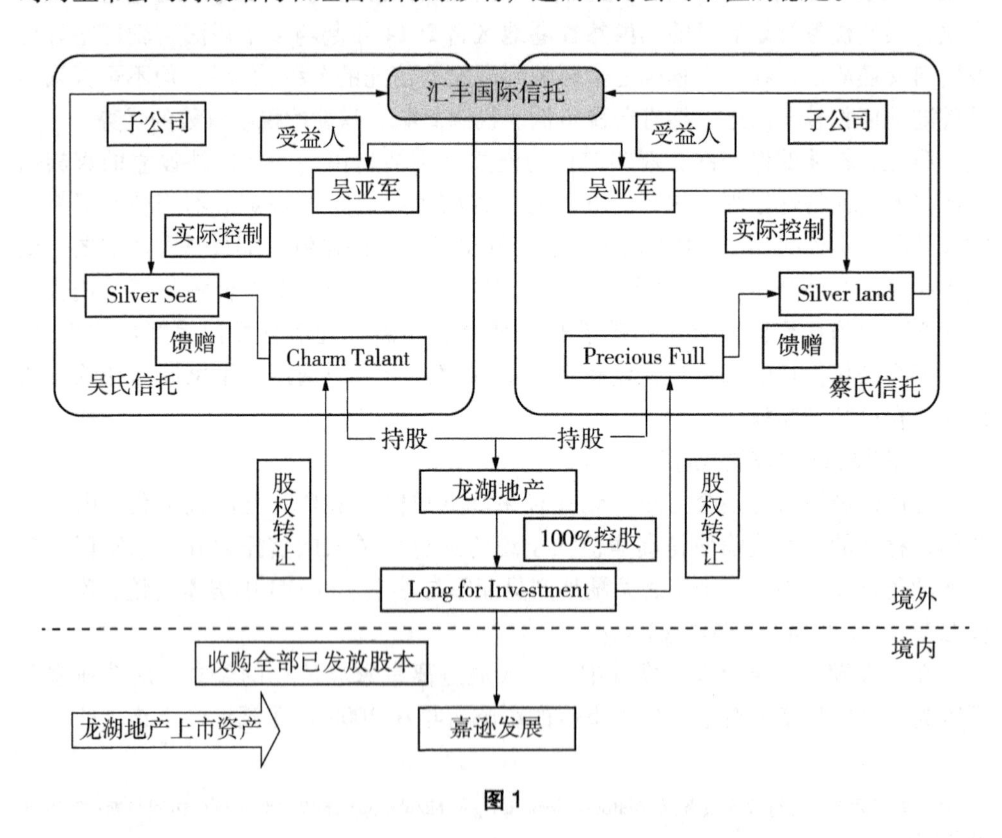

图1

三、离岸家族信托可能存在的风险

（一）法律适用冲突的风险

在复杂的离岸家族信托中，涉外信托涉及地包括委托人的居住地、信托财产所在地、受益人居住地等。从司法层面上来说，离岸家族信托的信托纠纷可能涉及法院管辖问题、法律适用的问题、离岸信托的外国法院判决承认与执行等问题。1985 年，海牙国际私法会议为了解决信托法律适用问题通过了《关于信托的法律适用及其承认公约》，试图采用“分割法”将信托法律关系进行精细分割进而解决法律适用冲突问题。① 但由于各国对此存在不同理解，对于不同缔约国在审理信托纠纷案件中采取的司法态度也不一致。在这种情况下，离岸家族信托就存在法律适用冲突的风险。

（二）资金外逃的风险

离岸家族信托往往与公司境外红筹上市相关联，这就可能涉及资本外逃的风险。然而，我国的金融市场处于未完全放开的状态，国家对外汇管制进行严格把控。在离岸家族信托中的离岸公司只是一个“空壳公司”，其若要对境内企业实现控股，则需要注入外汇资金。为了规避国内的外汇管制，离岸家族信托通常采取境内居民与境外第三方签订信托协议的方式，以境外居民的身份，收购境内居民所控制的资金，进而将境内资金注入空壳公司，以实现境外上市的目的。有专家曾指出，“没有一个国家的政府会允许自己国内的企业大规模地有秩序的变成境外企业，没有一个国家会允许本国企业大规模地向其他国家通过更改注册地址完成法律上的迁徙”。对于国家而言，企业本质上还是在境内经营，但存在大量资金在体制外流动而无法监管，一定程度上影响我国外资产业政策的落实，进而阻碍我国优化营商环境的目的实现。

四、出路：家族信托在粤港澳大湾区背景下的“先试先行”

2019 年 2 月，国务院出台的《粤港澳大湾区发展规划纲要》指出，粤港澳大湾区金融发展与融合是粤港澳大湾区建设的核心课题，在依法合规的前提下有序推动大湾区内信托、基金、保险等金融产品跨境交易。在同年 8 月 9 日发布的《中共中央国务院关于支持深圳建设中国特色社会主义先行示范区的意见》进一步明确“促进与港澳金融市场的互联互通和金融产品互认，探索创新跨境金融监管”，方便大湾区内企业灵活运用境内外两个市场。笔者认为，粤港澳大湾区融合发展对珠三角地区与港澳开展金融合作提供了新机遇，信托作为一种具有多元化多层

---

① 参见戴庆康《国际信托的法律冲突与法律适用》，东南大学出版社 2009 年版，第 144 页。

次资源配置优势的金融产品，在大湾区发展背景下迎来了发展新机遇。进一步而言，在政策扶持和市场需求的双重作用下，家族信托或许能在粤港澳大湾区“先试先行”的背景下寻求困境的破解渠道。

（一）追本溯源，重视民事信托的地位和价值

前文已论述了我国信托业主要服务于投融资方面，偏重发展商事信托的原因。在2013年平安信托推出中国第一单家族信托业务时，家族信托才逐渐被人们所熟悉。家族信托业务的兴起其实在一定程度上倒逼立法机关和学界对民事信托的理论研究和立法思考。回归信托本源，需要我国不仅发展商事信托，同时要重视和厘清民事信托的地位与价值。笔者认为，基于我国目前的信托法律体系，在很长一段时间内离岸家族信托都会是家族信托客户的首选模式。但我们必须意识到离岸家族信托并不是完美的。这种模式是市场需求所带来的结果，仍存在资金外流、隐蔽财产等金融风险。[①] 在现行法律存在不足的前提下，对粤港澳大湾区的家族信托而言，如何通过正确地设立离岸家族信托来实现合法的财产传承和管理目的，正确运用家族信托结构才是问题的关键。因此，需要相关监管机构给予更多规章制度上的可操作空间，完善大湾区范围内的信托监管体系，对在粤高净值人士赴港设立信托、转移境内资产的行为进行合规监管，以避免资金外流等问题的出现。

（二）粤港澳大湾区背景下对家族信托的探索

法治是最好的营商环境，粤港澳大湾区背景下如何打破三法域之间的壁垒成为关键。在认识到家族信托制度有着其他制度无法代替的优势后，我们必须认识到作为一种舶来品，家族信托的运行要考虑实际国情，要在中国目前的法治环境和营商环境下进行充分论证。

1. 明确信托税制原则

税收是影响信托业进一步发展的重要因素，信托导管理论是信托税制的基本原理，认为信托在收益的流转上充当一个“导管作用”，当事人之间的收益转移通常不具有实际的经济意义，因此，也不应该遵循普通所得税的课税原则。在粤港澳大湾区建设中可以针对信托进行税制改革的试点，采用具有针对性的信托税制改革，规定信托财产的形式转移中不对形式所有人而对实质所有人进行纳税，具体在家族信托中明确信托终止时实质受益人作为纳税主体，明确形式转移不课税原则，避免重复征税带来的税负过重问题。[②]

2. 区际法律适用上的协调

内地富豪赴港设立家族信托还可能会带来法律冲突适用的问题。立法者在制定冲突法时，无法忽视的一个重要因素就是法律适用结果的一致性。针对离岸纠纷当事人在我国提起的关于离岸信托诉讼，最直接的风险在于本土司法机关因离

---

① 参见张天民《失去衡平法的信托》，中国政法大学2002年博士学位论文。

② 参见刘继虎《论形式转移的不课税原则》，载《法学家》2008年第2期，第6页。

岸家族信托条款与本土公共利益或公序良俗等抽象性规则相悖或冲突，进而对信托条款的效力进行否定性的评价。《中华人民共和国涉外民事法律关系适用法》第十七条[①]规定了信托的法律适用规范，但是没有对充满弹性的信托进行规则的分割适用，在选择准据法上始终处于不确定的状态。因此，在涉及粤港地区的离岸家族信托问题时，可以大湾区为试点进行相关区际法律判决的互认，在涉及信托纠纷中的法律适用问题上进行类型化规定。离岸家族信托业务可以依托粤港澳大湾区的发展优势，以深圳前海为试点区，作为粤港澳大湾区和深圳先行示范区的自贸区，金融资本的一体化带来的是区际政治法律的协作愈加普通，因此，在内地与香港信托法律纠纷上的司法协助也应该更加完善。

① 《涉外民事关系法律适用法》第十七条："当事人可以协议选择信托适用的法律。当事人没有选择的，适用信托财产所在地法律或者信托关系发生地法律。"

粤港澳大湾区营商环境优化中跨境金融协同监管法律机制探析

袁　卿　陈瑶欣*

【摘要】粤港澳大湾区金融法治化营商环境的优化，是大资管时代下三地“理财通”项目落地的必然之举，是经济新增长的刚性保障。然而，由于三地不同的金融监管体制，跨境资金规模的扩大为大量套利活动提供可乘之机，同时，跨境金融企业的创新项目亦因三地政策相左而告终。本文从商法视角分析三地间法律机制的异处与衔接之处，对三地短期跨境资本流动进行实证分析，就健全三地法规政策与如何推动粤港澳三地金融监管沙盒“试点”工作提出建议，为进一步优化粤港澳大湾区金融法治化营商环境提供思路。

【关键词】粤港澳大湾区　跨境金融　实证分析　法治化营商环境　金融监管沙盒

一、引言

粤港澳大湾区战略部署已两次被写入政府工作报告，标志着粤港澳大湾区建设上升为国家战略，其重要性不言而喻。根据2019年《粤港澳大湾区发展规划纲要》指引与大资管时代来临①，广东省近40%的投资者曾通过沪港通、深港通及相关的跨境投资渠道进行跨境投资。一项调查显示，有54%的受访者表示有意在未来12个月使用港股通，26%的受访者希望透过基金互认计划购买基金。② 然而，随着跨境资金规模扩张，三地间特殊的法律监管体制为套利活动提供了可乘之机，会对大湾区的政策形成一定反冲，严重时将会对市场造成较大冲击，进而引发湾区内系统性风险。

因此，从商法视角分析三地间法律机制的异处与衔接，对三地套利现状与协同监管进行实证分析，具有一定的现实意义。鉴于此，本文通过阐述粤港澳大湾区金融法治方面所存在之不足，剖析问题，研究大湾区相关的应对策略，为优化

---

* 袁卿，暨南大学法学院硕士研究生；陈瑶欣，暨南大学法学院硕士研究生。

① 2019年《粤港澳大湾区发展规划纲要》明确了粤港澳“建设国际金融枢纽”的国际定位，并就聚焦金融市场互联互通，实现大湾区“理财通”以及金融服务“一带一路”举措务实，进一步细化对外开放举措，“扩大香港与内地居民和机构进行跨境投资的空间，稳步扩大两地居民投资对方金融产品的渠道。在依法合规的前提下，有序推动大湾区内基金、保险等金融产品跨境交易，不断丰富投资产品类别和投资渠道，建立资金和产品互通机制”。

② 数据来源：香港投资基金工会（http://www.sohu.com/a/297359381_22225），访问日期：2019年11月5日。

粤港澳大湾区金融法治化营商环境，保护金融消费者合法权益提供理论支持。

二、短期跨境资本流动与监管不协同导致的套利空间关系实证分析

香港作为国际最大的人民币离岸市场，是短期跨境资本流入和流出中国的桥头堡。研究短期跨境资本与在岸人民币和离岸人民币的汇差、香港与内地的利率差（代表人民币离岸套利空间）的关系，有利于辨识粤港澳大湾区的跨境资金流动影响因素。

本节将运用境内、香港离岸人民币市场的有关时间序列数据与金融指标，建立向量自回归模型（VAR 模型）与结构向量自回归模型（SVAR 模型），随后用脉冲响应分析和格兰杰因果检验方法对境内与香港两地间存在套利空间的情况下短期跨境资本的流动进行实证分析。本节有关计量软件为 EViews 9、SPSS 25 与 R。①

1. 变量选择与数据概况

当人民币在跨境流动中存在套利空间时，资本的逐利性会使短期跨境资本流动异常活跃，而大量流动的短期资本可能导致境内与香港两地部分金融指标的变动。因此，本节将选择相关的经济变量进行分析。②

变量说明：

（1）短期跨境资本（short-term capital movements，SCM）。

计算公式使用的短期跨境资本流量等于中国的外汇储备减去上一期间的直接投资差额（FDI）减去外贸差额。其中：直接投资差额等于外国投资减去中国的外国投资额；对外贸易差额等于中国进出口数据的差异；都是月度数据，单位是亿美元。

（2）汇率差（Exchange-Rate Differentials，ERD）。

计算公式为两地汇价差等于与在岸人民币兑美元即期汇率的月末收盘价减去离岸人民币兑美元即期汇率的月末收盘价，数据均采用直接标价法。

（3）利率差（Interest-Rate Differentials，IRD）。

假设内地与香港两地资本的兑换极快且无手续费。计算公式为上海银行同业拆借市场人民币每个交易日的 1 月即期利率的平均数减去香港银行同业拆借市场港币每个交易日 1 月即期汇率的平均数，单位为百分数。

2. 模型建立与数据处理

考虑到本文研究的各变量为时间序列且分别存在着一定程度的自相关，故本文应使用时间序列模型。此外，此前已有对以上变量间相互影响的研究，发现它

---

① R 是一套完整的数据处理、计算和制图软件系统，名称为 R 计量软件。

② 数据选自 2010 年 1 月至 2018 年 9 月。参见国家统计局网站、中国人民银行网站、国家外汇管理局网站、东方财富网、wind 信息金融终端。

们在经济理论上分别具有一定的相关性，故本文的实证分析部分将采用 VAR 模型。

为了避免时间序列出现伪回归现象且符合 VAR 模型前提假设，先对有关变量序列（SCM、ERD、IRD）进行平稳性检验，采用单位根的 ADF 检验，选择 AIC 准则检验，三变量通过平稳性检验。可建立 VAR（p）模型如下：

$$y_t = A_1 y_{t-1} + A_2 y_{t-2} + \cdots + A_p y_{t-p} + \varepsilon_t$$

其中，y_t 是三维内生变量向量；p 代表内生变量有 p 阶滞后；A_p 为待估计的系数矩阵；ε_t 是三维扰动列向量。根据 AIC（Akaike Information Criterion）信息准则的计算确定模型滞后阶数 p 为 2。对模型用 AR 特征根检验法进行稳定性检验，显示通过检验。

3. 格兰杰因果关系检验结果及分析

从表 1 可以看出，从统计学的角度能认同利率差（IRD）与汇率差（ERD）的过去信息可以影响短期跨境资本（SCM）的当期水平这一说法。境内外利差是衡量监管不协同导致的人民币离岸套利空间的重要考量，进而从宏观层面影响资本与金融项下跨境资金流动的方向和规模。这一结果反映了境内外利差、汇差（监管不协同导致的人民币离岸套利空间）对跨境资本的流动有影响。

表 1　模型一格兰杰因果关系检验结果

Sample：2010M01 2018M09

Lags：2

Null Hypothesis：	Obs	F-Statistic	Prob.
IRD does not Granger Cause SCM	103	6. 31186	0. 0026
SCM does not Granger Cause IRD		7. 71939	0. 0008
ERD does not Granger Cause SCM	103	0. 16260	0. 8502
SCM does not Granger Cause ERD		2. 43138	0. 0932
ERD does not Granger Cause IRD	103	0. 90263	0. 4088
IRD does not Granger Cause ERD		0. 42742	0. 6534

再有，从统计学的角度可认同短期跨境资本（SCM）的过去信息可影响利率差（IRD）的当期水平。随着跨境资金的变动，境内资金供给也发生变化，在需求不变的情况下，利率的变化会导致境内外利差的变化。

4. 脉冲响应分析结果及分析

图 1 表示在三变量各自产生一个标准差的信息冲击后，对短期跨境资本（SCM）的动态影响过程。上图表明两地汇率差（ERD）某时刻的变动对短期跨境资本（SCM）的影响较大，两地利率差（IRD）某时刻的变动对短期跨境资本（SCM）同样有影响但影响较小，并且它们的变动对短期跨境资本（SCM）的影响会随着时间的推移减弱。这表明缺乏协同监管引起的套利活动会显著地影响短期

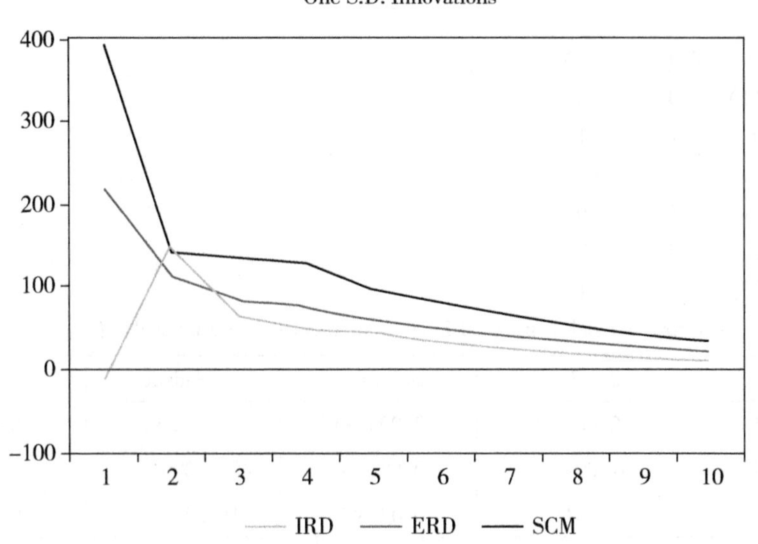

图 1　模型各变量对 SCM 的脉冲响应函数

跨境资本的走向与流量。

5. SVAR 模型结果及分析

VAR 模型的残差同期相关矩阵显示短期跨境资本（SCM）和两地汇率差（ERD）、利率差（IRD）的同期相关系数较高，进一步表明其间存在着同期的影响关系，但在 VAR 模型中并未展现出来。故本节将在 VAR 模型基础上建立 AB 型 SVAR 模型：

$$A\,\varepsilon_t = B\,u_t$$

其中，A、B 均为 3×3 的参数矩阵；A 对角线上元素的元素均为 1；B 为单位矩阵。根据 SVAR 模型的识别条件，需对 3 个内生变量的 SVAR 模型施加 $3\times(3-1)\div2=3$ 个约束条件。为此做出如下假设：

当期汇率差（ERD）不受当期利率差（IRD）的影响，即 $a_{23}=0$；

当期利率差（IRD）不受当期汇率差（ERD）与短期跨境资本（SCM）的影响，即 $a_{31}=0, a_{32}=0$.

估计结果如表 2 所示：

从结果来看三个参数的估计量在 5% 的显著性水平下均为显著的。当期汇率差（ERD）与当期利率差（IRD）均对当期短期跨境资本（SCM）产生显著的正向影响，当期短期跨境资本（SCM）对当期汇率差（ERD）也有显著的影响。这表明在更短的时间段内（小于 1 个月），套利空间的存在显著地影响着短期跨境资本的流动。

表 2　SVAR 模型估计结果

A =

1	C (2)	C (3)
C (1)	1	0
0	0	1

B =

1	0	0
0	1	0
0	0	1

WARNING：B matrix is fixed (structural innovation variances not estimated)!!!

	Coefficient	Std. Error	z-Satistic	Prob.
C (1)	0.002336	0.000146	15.95596	0.0000
C (2)	4261.009	0.882124	4830.396	0.0000
C (3)	18.68418	0.098627	189.4434	0.0000

6. 实证分析结论

利率差、汇率差都反映了人民币离岸套利空间，而这种离岸套利空间的形成很大程度上是因为中国内地实行资本管制，但港澳地区资本可以自由流动，三方缺乏一个协同监管机制，从而导致境内外人民币资产存在价格差异。由于中国目前资本项目仍然存在管制，且境内外市场的交易机制及监管机制存在着较大差异，两个市场存在一定程度上的分割，使得人民币在境内外两个市场间长期存在明显的汇差和利差（也即人民币资产收益率存在差异），这就为人民币离岸套利活动的进行提供了市场和套利空间。当在岸人民币与离岸人民币汇价差扩大时，短期跨境资本波动加剧，对短期跨境资金的监管将会造成压力。短期跨境资本的波动主要是由于汇价差扩大导致的套利空间扩大引起，投机者加杠杆套利会进一步放大这种波动。同时，利率差的缩小也能解释短期跨境资本的流动，同为人民币资产间的资产收益率不同导致跨境资金频繁流动。

实证分析结论反映了短期跨境资本的监管不协同引发的人民币离岸套利对短期跨境资本的流动有较为明显的影响。作为短期跨境资本流动主要形式，短期跨境资金的监管尤为必要。粤港澳大湾区资金跨境进出频繁，是我国短期跨境资金主要流动区域。在此背景之下，在粤港澳区域内建成一套完善的对短期跨境资本的协同监管机制，解决当前监管不协同的问题，进而抑制人民币离岸套利空间。

三、粤港澳大湾区跨境资金流动监管的法律分析

2019 年《粤港澳大湾区发展规划纲要（大湾区蓝图）》发布，为实现三地更紧密的合作，需要具体分析三地不同的制度、跨境资金流动、法律监管、人员现

状，进而提出三地跨境合作、倡议方案，对推动三地成为全球金融科技的“动车室”至关重要。而今，三地跨境资金流动监管机制虽不断完善，但仍未实现有效对接，更未与国际相应制度无缝接轨。

（一）粤港澳大湾区跨境资金流动法律监管措施现状

1. 监管主体现状

我国跨境资金流动监管主体可分为中央监管主体[①]、粤港澳大湾区地方监管机构[②]、金融监管创新主体[③]三个层次。中央一系列金融监管制度的设计，体现出了对跨境资金流动监管过程中，亟待出现一个能承担“超级监管者”责任的主体。

2. 粤港澳大湾区跨境资金监管的现行法律措施

根据我国跨境资金流动的不同阶段，笔者从四个层面对粤港澳大湾区内跨境资金流动监管的法律法规进行划分。

第一层，跨境资本流动的监测和预警视角。主要包括国际收支监测系统，跨境资金收付监控系统和跨境资金结算与销售系统。[④] 首先，《国际收支统计申报办法》对全国国际收支数据的收集、国际收支监测、国际收支报告作出了明确规定。其次，《中国人民银行关于扩大全口径跨境融资宏观审慎管理试点的通知》规定应“及时准确完整”向“人民币跨境收付信息管理系统”报送人民币跨境资金信息。以上规定完善了各监管主体之间就跨境资金流动信息的互联互通。

第二层，外汇监管视角。大湾区在外汇监管方面已经形成较完善的跨境资金流动监测系统。首先，针对外商投资企业外汇资本金结汇管理方式作出了规定。银行结售汇是应承担审核企业上一笔结汇资金使用的真实性与合规性义务，此款可以达到明确银行责任、控制虚假报汇目的。其次，外汇局负有事后监管与违规查处义务，将跨境资金流动监管从事前审查向事中事后监管过渡，这一规定不仅有利于刺激跨境资金自由发展，从而打造粤港澳大湾区成为国际化人民币离岸中心，还有利于在不断创新跨境资金流动形式的同时减少许多企业利用漏洞，例如，

---

① 第一层：中央监管主体，以中国人民银行、中国证券监督管理委员会、中国银行业监督管理委员会为代表。各个主体自2013年以来设定各种相互协作制度，以期各监管主体紧密配合，完善跨境资金流动监管体系。2013年，以人民银行牵头建立金融监管协调部际联席会议制度。2016年，建立国务院办公厅金融事务局，为“一行三会”及中央与地方金融监管机构之间的沟通建立协调机制，2017年，设立国务院金融稳定发展委员会以加强金融协调监管、补齐监管短板，推进构建现代金融监管框架。参见贺辉《我国跨境资金监管制度完善研究》，载《郑州大学学报（哲学社会科学版）》2017年第6期，第6页。

② 第二层：粤港澳大湾区地方监管机构。以国家外汇管理局（广东省局），香港金融管理局和澳门金融管理局为代表。香港作为国际金融中心，在跨境资金流动监管方面主要有以下机构：祥光证券及期货实务监察委员会、香港金融管理局、监管金钱服务经营者（即汇款代理人和货币兑换商）、香港海关、香港保险业监管局监管和监督保险业。

③ 第三层：金融监管创新主体。香港为创新金融监管模式，试用沙盒监管，主体为：香港特别行政区金融科技促进办事处、SFC金融科技咨询小组、SFC监管沙盒、香港金管局金融科技监管沙盒、保监局保险科技沙盒。

④ 参见蒋圆媛《跨境资金流动的法律监管研究》，复旦大学2014年硕士学位论文。

汇差套利从而损害我国利益的情况。最后，中国人民银行对广东金融支持的相关文件中提出：在扩大人民币跨境使用方面，支持自贸试验区内金融机构和企业在宏观审慎管理框架下，从境外借入人民币资金并按规定适用、融资租赁机构开展跨境人民币业务创新、推动跨境交易以人民币结算、拓展跨境电子商务人民币结算业务等具体举措。将跨境资金流动监管纳入审慎管理框架，并同互联网监管接轨，有利于各监管机构实现跨境资金信息共享、协同合作，从而减轻监管难度，加强监管力度与提高效率。

第三层，对短期跨境资金事后监控视角。跨境资金结售汇监测体系主要监测银行结售汇数据以及银行代客结售汇数据，加强事后监控力度。[①]

第四层，金融机构内部处理机制的作用尚未完全发挥。首先，目前中国内地金融机构内部的投诉受理部门地位不高、责任不明、服务意识不强。[②] 其次，我国未建立统一的金融保护局，现金融消费者保护局分别由“一行三会”设立，保护组织设立分散，难以对金融消费者起到全面保护作用。

综上，粤港澳大湾区在不断开放金融市场的同时，也在通过不断创新制定各种措施监管跨境资金流动，从而抑制投机性质等短期资金流动。

（二）粤港澳大湾区跨境资金协同监管不足

1. 本外币监管主体分散，缺乏主体协作和统一性

从上文可知，本外币监管主体分为中央管控和湾区管控两个层级。每个层级又细分为众多具体监管部门。虽然我国正不断完善制度和政策以期达到对跨境资金流动监管措施协同合作与信息互联互通，但是现有制度及政策规定都只停留于初步规划、实施阶段，并未就具体举措进行详细规定。例如，前文提到国务院在2017年为了统一金融监管进一步设立了金融稳定发展委员会。《内地与香港关于建立紧密经贸关系的安排》（*Closer Economic Partnership Arrangement*，CEPA）及其补充协议以及2017年三地签署的框架协议，对于扩大货币市场以及加强跨境资金监管做出了方向性的规定。二者都未对湾区跨境资金流动系统监管设立统一监管机构，也未作出监管信息实时共享、政策互换、协作监管等具体操作细则。由此可得，在本外币一体化的大趋势下，监管主体分散且缺乏协作、统一性，将滋生短期性跨境资金投机行为。

2. 跨境资金流动监管法律法规效力较低且分散

最能为法律规则强制约束力提供保障的，莫过于创制一套完备的司法制度。在粤港澳大湾区内跨境资金流动监管方面正是缺乏一套完备的司法制度。

一方面，粤港澳大湾区内针对跨境资金管理的规定层级较低，多为外汇管理局等部门颁布的规范性文件。这些规范性文件效力等级相同，无具体上位法进行

---

① 参见蒋圆媛《跨境资金流动的法律监管研究》，复旦大学2014年硕士学位论文。

② 参见邢会强《金融消费纠纷的多元化解决机制研究》，中国金融出版社2012年版，第166页。

协调、限制，致使各法律、法规出现冲突时，易造成监管漏洞。另一方面，针对大湾区跨境资金流动监管的法律法规规定内容笼统、模糊，可操作性不强。例如，合作协议中针对“金融合作”方面只规定了内地将修订完善境外上市的相关规定，支持符合香港上市条件的内地企业赴香港上市，为内地企业特别是中小企业到境外市场直接上市融资创造便利条件；在实现服务贸易自由化的相关规定中，规定了“金融审慎原则”，但是只对审慎原因作了大致描述，并没有就金融审慎原则的落实做出具体规定；针对投资便利化，规定了公司设立及变更的合同、章程审批改为备案管理，备案后按内地有关规定办理相关手续；等等，相关法条中“有关规定”以及“相关手续”两词含义模糊。从上述规定可以看出，对跨境资金流动监管规定亟须进一步细化。

3. 本外币监管政策相对独立且存在一定差异，跨境资金流动风险增大

首先，本外币监管存在差异，容易使企业在资本项目跨境收支方面利用人民币逃避监管。其一，在对企业主体监管方面，国家外汇管理局发布对于企业主体进行外汇贸易管理时实行“贸易外汇收支企业名录”，但是实际上对于企业主体进行人民币交易时并未要求进行名录登记管理。这就容易出现对以人民币结算的非名录企业的监管漏洞。其二，在外商投资方面，以本币进行的外商投资无须进行相关登记，以外币进行的外商投资需要进行外汇登记。这就使得外商趋于利用人民币进行投资从而规避外汇监管。其三，外汇和人民币分类管理政策存在差别。对外汇分类管理中，对于B、C类企业的贸易外汇收支管理中实施严格的审慎管理，而以人民币结算的B、C类企业不受严格的外汇监管限制。这就会导致外汇分类监管期限之内，B、C类企业通过利用人民币进行结算来逃避分类监管。①

其次，本外币监管差异容易影响监管数据的准确性，弱化监管效果。一是，外汇局非现场总量核查结果，导致外管局非现场监测的准确性降低。在对企业报告管理方面，企业需要通过货物贸易监测系统或者到当地外汇管理局对可能造成外汇贸易收支与进出口不匹配的交易进行报告。但是以人民币进行跨境结算的贸易无须进行贸易信贷与贸易融资的报告。二是，在现场核查管理中，对人民币管理缺乏明确的法规依据以及处罚条例，使得难以追究异常主体及其行为。部分政策缺失造成企业贸易项下本外币跨境收支业务的分类与处罚不一。

最后，除上述政策差异风险外，在本外币政策不协调的背景下，利率汇率市场化变动引发的跨境人民币替代效应，也加剧了跨境资金的波动性。因境内外利差、人民币离岸与在岸价差的存在，经济主体利用两个市场、两种价格操作跨境资金。一方面，进行资产负债本外币交叉配置，人民币贬值时倾向于“资产外币化、负债去杠杆”；另一方面，利用本外币组合创新产品、跨境人民币关联交易实

---

① 参见金梅、叶欢、黄玲畅等《跨境资金流动本外币一体化监管框架研究》，载《北京金融评论》2018年第1期，第181－193页。

现提升资金效率、套利套汇等目的，从而形成跨境资金的较大波动，甚至出现由外币延伸到本币的跨境资金异常流动。[①]

从以上三个方面可以看出粤港澳大湾区在不断推进资本项目自由化的进程中，在跨境资金流动法律监管方面还存在一些需要继续完善的地方。

四、粤港澳大湾区跨境金融协同监管法律机制完善建议

（一）健全相关法律法规和政策，为粤港澳大湾区跨境资金协同监管提供稳定法制保障

其一，根据上文所述，针对法律效力层级低的问题，建议全国人大统筹制定高层级效力的法律、法规，如《中国粤港澳大湾区经济管理办法》，以划分粤港澳大湾区内各行政主体在监管过程中的权利义务为主要内容。其二，针对粤港澳金融建立一个专门管理委员会，由该委员会统筹规划跨境资金流动监管政策，在发现不同部门颁布的针对跨境资金流动监管的法律、法规衔接有误时，上报全国人民代表大会及其常务委员会或者有关文件制定机关，及时对其进行修改或者作出相关解释，以增强各规定之间的协调性，解决法规制定主体混杂而造成的法规难以完全衔接导致的投机问题。其三，建议有关行政主体在进行充分市场调查之后，进一步具体化条文规定、标准，增强法律、法规规定的可操作性及可执行性。

（二）推动粤港澳三地金融监管沙盒“试点”工作，优化金融法治化营商环境

从实证分析结果来看，内地与香港之间的利差以及汇率的波动都会对跨境资本流动产生影响。“香港路径”的跨境资金流动一定程度上突破了中国内地资本管制的“防火墙”。2019 年《粤港澳大湾区发展规划纲要》颁布以来，两地跨境资金规则激增，一定程度上突破了“防火墙”，为人民币离岸套利活动提供了机会。对此，首先应当构建跨境资金流动分析框架，通过数据监测分析影响三地资金流动的因素和渠道，明确监测指标，加强区域内系统性风险评估。将国家货币政策对利差和汇率差的影响纳入监测指标范围。其次，构建本土化金融创新产品监管模式，为三地实现“理财通”创造契机。例如，建立金融科技监管沙盒[②]试点。通过上述举措，构建协调三地监管规范的投资平台，推动大湾区金融业务发展，更

---

① 参见金梅、叶欢、黄玲畅、徐珊、刘瑾《跨境资金流动本外币一体化监管框架研究》，载《北京金融评论》2018 年第 1 期，第 181－193 页。

② 监管沙盒率先由英国金融行为监管局提出，是指于特定的期间，政府对特定数量之金融企业创造监管之外的安全领域，使得该创新试点企业能够运行，而无需承担违反相关金融监管法规之责任。参见（https://mp.weixin.qq.com/s?src=11×tamp=1572961811&ver=1956&signature=24DFnOKkglGKC35og0AdoZSGs1P*1ARXfEERw6NKtzP2rBth3F8L9J9Vcsq6LrBOqwdHOUsHbtcMkn8MOexiZL1zuBXrRJbCvqNQB5wAfOY*52u*mMZidLV*VxYOoJPO&new=1），访问时间：2019 年 11 月 1 日。

有力地保障金融消费者权益。

基于上文，监管沙盒允许适格的金融创新企业进行测试，其实为官方政府所创造的安全空间，在其内的企业无须承担相应的金融监管法规责任。英国和新加坡均通过制定行政法规的方式将监管沙盒予以落实。新加坡金融监管局为鼓励金融创新的同时防控金融风险，有计划地推行监管沙盒机制。经由申请人向新加坡金融监管局（MAS）提出金融科技创新计划，而后由当局决定适用何法规进行放宽。例如，对于金融消费者信息进行保密相关规范、消费者保护基金设立、反洗钱规范等；反之，对于最低注册资本要求、公司组织结构、最低流动资产等规范可视情况不予适用。就监管沙盒退出机制而言，于实验期限届满后，新加坡金融监管局所给予的法律规范宽松政策亦随之终止，申请人可于1个月前将相关合理理由及相关材料申请展期，如客户对于金融计划书反馈意见后企业需长时间的调整，或修正相关技术漏洞；若申请人选择与监管测试后离开沙盒，应当符合以下条件始得将该项目大规模推广：监管局与申请企业均对于监管沙盒测试达到预期效果且申请人能够在完全遵守现有法律法规的规定下实行。[1]

我国可以借鉴英国金融行为监管局（FCA）和新加坡金融监管局（MAS）的相关规定，建立符合大湾区发展实际的监管沙盒。其一，应当建立粤港澳大湾区金融监管沙盒内部协作工作小组，与大湾区内高校合作，为跨境一体化金融监管沙盒建设提供政策建议。[2] 其二，应当根据三地之实际情况，明确金融创新企业之定义与范围，例如普惠金融、理财通领域。其三，应当明确监管沙盒申请人资格、申请资料、申请项目、申请期间，以及相关粤港澳大湾区统筹与发展委员会审议决定的程序、沙盒监管实验的期间与完善的退出机制。其四，就沙盒实验项目的结果进行评估与反思，同时检视、协调三地的金融法规，为粤港澳三地金融法治化融合提供借鉴。其五，就金融消费者权益之保障，可通过中小投资者保护基金进行背书，明确实验申请企业的责任，明确申请投资者相关责任，并就民事争议的解决提供预期方案。笔者就粤港澳大湾区金融监管沙盒“试点”之构想如图2所示。

为优化法治化金融营商环境，提高金融发展之可及性与发展品质，粤港澳大湾区金融监管内部协作工作小组能够以三地签署合作协议的方式，试点性协调三地监管规范，将金融监管沙盒付诸实施，以排除适用相关的法律监管规范的规制，给予金融创新企业以安全的环境并兼顾普惠金融领域的投资者保护。与英国和新加坡不同，粤港澳大湾区在跨境大资管时代背景下，金融创新发展若能够释放活力，必更具优势。因此，大湾区金融监管内部协作小组理应尽快推动具有中国特色的金融监管沙盒试点工程，集聚丰富的金融智慧资源，着重对试点金融企业的

---

① 参见 MAS REGULATORY SANDBOX。（MAS 监管沙盒）

② 参见《大湾区金融科技报告》2019 年第 7 页。

准入标准、企业融资额度限制、消费者保护措施、赔偿安排与争议解决等方面进行详尽评估，以探讨拟定粤港澳大湾区金融创新合作协议之可行性与实证支撑，亦为我国法治化营商环境建设助力前行。

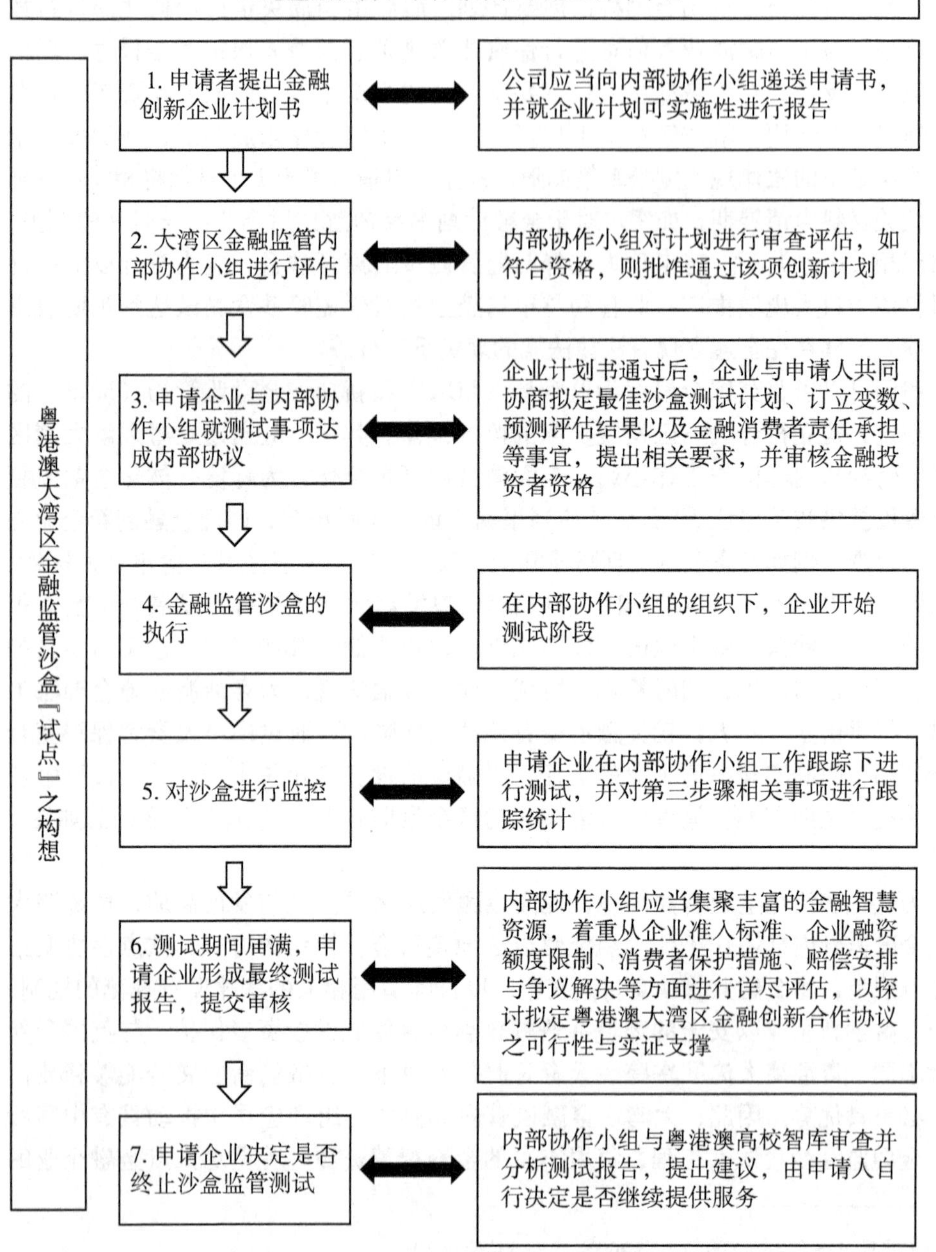

图2　粤港澳大湾区金融监管沙盒“试点”之构想

粤港澳大湾区法治化营商环境建设的底层设计
——以“顺德经验”为例

郑俐萌　姜　浩　阳化芳*

【摘要】建设粤港澳大湾区法治化营商环境，既需要法治化营商环境的顶层设计，也需要底层设计。底层设计所依循的基本模式，要在总结本地经验的基础上进行构建的尝试。佛山市顺德区在改革开放后的发展中形成了“顺德经验”，其具有构建底层设计的基本元素，但在“被动型”法治向“主动型”法治过渡的时代背景下，为“顺德经验”注入法治化基本面向，形成新的“顺德模式”，可以作为探索粤港澳大湾区法治化营商环境底层设计的一次有益尝试。

【关键词】粤港澳大湾区　法治化营商环境　顺德模式

一、问题的提出

法治化营商环境的建设与优化，是党和政府实施全面深化改革和全面依法治国战略布局的题中之义，是实现新时代中国经济高质量发展的重要推动力。推动粤港澳大湾区建设，法治化营商环境的建设便是其要义之一。粤港澳大湾区的法治化营商环境的建设不只是需要顶层设计，还需要底层设计，即能够为粤港澳大湾区法治化营商环境设计一套得以推广适用的基本模式，在整体上实现粤港澳大湾区法治化营商环境的建设与优化。

自改革开放以来，作为粤港澳大湾区中县域经济的典型代表，佛山市顺德区在营商环境的建设与优化方面，逐渐形成了一套“顺德经验”，对于粤港澳大湾区法治化营商环境的建设与优化具有重要的参考意义。研究“顺德经验”，可以为粤港澳大湾区法治化营商环境建设的底层设计总结出一套基本的适用模式。

二、法治化营商环境的建设路径与基本结构

（一）法治化营商环境的建设路径

关于营商环境的建设路径，存在着两重进路。第一重进路是将“法治”作为营商环境建设中的一个要素来评价。例如，中央广播电视总台推出的《中国城市营商环境报告 2018》，其包含政务环境、法制环境、创新环境、社会环境、基础设

---

* 郑俐萌，中山大学法学院硕士研究生；姜浩，中山大学法学院硕士研究生；阳化芳，广州市新时代影音有限公司执行董事。

施、人力资源和金融服务七个方面，其中法制环境之下的具体指标包括司法效率、经营者合法权益保障、经营者的人身安全性和财产安全性等。第二重进路是将法治化作为营商环境建设的基本面向。在营商环境建设中，将“法治化”作为基本面向即搭建法治的框架，在法治框架内，以特定措施理顺政府、企业与社会三者之间的关系，优化营商环境建设的基本元素。[①] 总体来看，国内的营商环境建设的这两种路径存在着本质区别，其区别关键就在于如何考量“法治”因素的地位和作用。

本文在探讨营商环境建设的过程中，采纳的是第二种建设路径，即法治化营商环境建设。纵观改革开放以来，中国经济发展形成了不同于西方主流理论（保护私有产权、严格遵守契约、司法独立等）的“中国经验”，即在未建立起健全的法律框架体系的情况下，主要以政策代替法律等促进经济发展，再以法律来巩固经济发展成果的“被动型”法治。[②] 在这个过程中，政府始终发挥着较强的引导和推动作用。因此，这种法治化营商环境的建设路径对于粤港澳大湾区来讲，有其历史渊源及现实意义。

（二）法治化营商环境的基本结构

1. 法治的基本面向

本文所论述的法治的基本面向，强调的是一种“主动型”法治，即未来在建设营商环境时，优先为商业发展设置法治框架，区别于过去政策先行、而后再由法律固定经济发展成果的“被动型”法治。“主动型”法治的重点，在于为市场交易制度的构建、政企关系的调整以及争议纠纷解决方面提供法律保障，建立商业发展的基本秩序。

2. 基本原则的适用

法治化营商环境的建设，并非单纯地强调经济发展要有法律依据。《优化营商环境条例》第四条规定：“优化营商环境应当坚持市场化、法治化、国际化原则，以市场主体需求为导向，以深刻转变政府职能为核心……为各类市场主体投资兴业营造稳定、公平、透明、可预期的良好环境。”[③] 归根结底，建设法治化营商环境，就是要在坚持以市场为导向构建制度的同时，能够保障交易安全，提升交易效率，降低交易成本。

3. 具体层面的设计

（1）正确处理好政府、市场与社会三者之间的关系。

建设法治化营商环境是一个系统性工程，要正确处理好政府、市场与社会三

---

① 参见谢红星《法治化营商环境的证成、评价与进路——从理论逻辑到制度展开》，载《学习与实践》2019 年第 11 期，第 36 – 46 页。

② 参见周林彬、王睿《法律与经济发展的“中国经验”的再思考》，载《中山大学学报》2018 年第 6 期，第 19 – 28 页。

③ 《优化营商环境条例》，载《双鸭山日报》2020 年 12 月 23 日，第 7 版。

者之间的关系，需要立法、行政与司法等各个部门之间协同合作，形成良好的联动效应。

首先，政府要发挥行政立法职能，根据本地区经济社会发展的实际情况制定相应条例。地方立法权是各级政府针对本地区经济社会发展的实际需要制定相应条例的必然产物。各级政府应当要在区域发展中的立法方面发挥好引领和推动作用，在建设法治化营商环境时，要以加强地方立法作为实现营商环境适应市场与兼顾法治的重要平衡点。

其次，政府在涉企机构的设置方面要坚持以服务市场为导向。深化“放管服”改革，在简政放权的基础上填补权力下放的真空，注重事后监管，并且在机构设置上以提升服务效能、创造低成本高效率的市场环境为核心。另外，要加强行政执法队伍建设，提高行政执法能力和水平，严格公正执法，减少权力寻租的空间，提高治理体系和治理能力现代化水平。

最后，要正确处理好政府、市场与社会三者之间的关系。建设法治化营商环境，需要建立健全多元化的商事争议纠纷解决机制，建立牢固的法治化营商环境司法保障体系。例如，在司法审判环节，可以着重将不同的案件类型进行整理与归纳，统一本地区的司法裁判观点和标准，给市场主体提供良好预期。建立涉企案件繁简分流审判机制、速裁速判程序等，提高当地司法效率。例如，广州仲裁委专门规定服务于金额相对较小的商事仲裁案件的简易程序，就为如何高效处理纠纷提供了一个良好示范。在执行环节，案件款项是否执行到位直接关系企业现金流问题，对于相关市场主体进一步从事商事活动而言影响甚大，因此需要强化执行，切实解决执行难的问题，为鼓励市场交易、维护交易安全、保障市场交易主体的合法权益提供坚强的司法保障。

（2）建立健全符合本地区发展实际的市场交易制度。

其一，要明确市场主体资格。所谓市场主体，即能够以自己的名义独立参与市场交易的民事主体，包括自然人、法人和非法人组织。《中华人民共和国民法典》（以下简称《民法典》）丰富了法人的类型，进一步明确了市场主体参与地方市场交易的范围，如农村集体经济组织在涉农产品中的参与等。[①] 因此，建设法治化营商环境需要先行制定相应的规范，划分与本地经济形态相适应的市场主体和其参与市场交易的领域，促进不同市场领域中市场主体的多元化。

其二，要平等保护产权。保护产权是改革开放以来的“中国经验”与西方主流理论的共通之处所在。参与我国市场活动的主体，既有公有制主体，也有非公有制主体。从我国经济发展过程中得到的经验教训来看，在市场主体产权保护方面，既不能过分偏向于保护公有制主体，也不能忽视对非公有制主体的保护。因而，在法治化营商环境的建设过程中，不仅要赋予市场主体各种财产权利，而且

---

① 参见江必新《〈民法典〉的颁行与营商环境的优化改善》，载《求索》2020年第6期，第5－17页。

要为市场主体的合法权益提供平等保障。我国《民法典》将各类市场主体受到法律平等保障作为基本原则之一，更是为此提供了明确导向。

其三，要建立公平竞争的市场环境。例如，相对于非公有制主体来说，公有制主体在获取银行贷款等方面要比非公有制主体更为便利，这就会造成主体之间竞争的不公平。又如，在市场反垄断的环节中，如果市场占有份额大的市场主体滥用其支配地位，不仅会导致其他市场占有份额小的市场主体利益受损，同时也会损害消费者的利益，最终对市场整体环境造成不良影响。因而，建设公平的市场竞争环境是法治化营商环境建设的一个重要环节。

其四，要创设安全稳定的市场交易前景。世界银行将合同执行作为营商环境评估的指标之一，考虑的正是商事活动中的交易安全。合同执行取决于合同的效力及其履行是否能够得到法律的有效规制。各地区只有根据我国《民法典》中的合同编为合同的有效履行设置必要的条款，并结合本地区的实际情况制定相应的政策规定，才能为本地区创设安全稳定的市场交易，激发市场主体的积极性，提高交易效率。

三、改革开放以来的“顺德经验”

为了建设良好的营商环境，更好地服务于中国特色社会主义市场经济的发展需要，顺德先后进行了两次意义重大的综合性改革，并且都将改革行政管理体制、转变政府职能、建设更高效率的服务型政府作为重点。这两次历史上的综合性改革为顺德建设法治化营商环境奠定了坚实基础，同时也是顺德发展的关键历史转折点。通过改革先行，顺德迅速实现了经济腾飞。

在1992年的综合性改革中，顺德首先从政府机构改革开始，在健全完善宏观调控体系，为企业产权制度改革创设良好基础条件的同时，将企业产权制度改革作为核心，配套以农村体制改革和社会保障体系改革等。在2009年的综合性改革中，顺德坚持以科学发展观为核心，推出大部制改革、行政审批制度改革、基层治理体制改革、社会体制综合性改革等多项改革。总体而言，这两次改革形成了“行政体制改革”“经济体制改革”“社会体制改革”三位一体的“顺德经验”，“顺德经验”也助推了当前佛山市顺德区的法治化营商环境建设。

（一）以提高行政效率为目标的行政体制改革

顺德区对于大部制改革的探索，既是出于顺德区自身发展实际的需要，也是国家体制改革的要求。改革的成功促进了政府职能转变，极大提高了行政管理和服务效率，有效衔接了经济体制和社会管理体制改革，是建立健全营商环境保障机制体制的首要环节。

1. 1992年的第一次大部制改革

1992年3月，国务院正式批准顺德撤县设市，使顺德获得了更大的自主权，为其改革和发展提供了有利条件。此次行政体制改革的目标是“建立一个适应市

场经济的行政体制”。实现行政体制能够为“为经济建设服务，为基层服务，为群众服务”，其关键是减少商业发展的制度壁垒，以切实为社会主义市场经济发展服务的态度实现自身职能的转变。

为此，顺德按照不分党委或政府部门，一律按照工作性质、职能考虑撤并的方针，在“同类合并”① “另起炉灶”② “保留强化”③ 和“转性分离”④ 四个原则的指导下开展改革，进行精兵简政，将党政机构的数量由56个缩减至28个；同时，按照领导统一分工的原则建立了“一个决策中心，五位一体”的党政领导体制，承担全市的决策中心职能，有效避免了行政领导分工的交叉重叠，切实提高政府工作机制运转的高效性；另外，还对工作联系紧密的行政部门实行合署办公，加强各部门之间的分工与合作，确保政府工作的协调性。⑤

2. 2009年的第二次大部制改革

经济社会的快速发展以及市民思想意识层次的不断提高，对顺德深化行政管理体制改革提出了新的要求，以化解经济社会的深层次矛盾和问题。此次大部制改革延续了1992年改革的强度和力度，在此基础上又突出了党政联动的特点，在优化整理政府职能、发展规划、市场监管、城乡建设等领域实行综合设置的同时，充分利用广东省委省政府赋予的地级市管理权限和省市两级政府创造的宽松条件，率先突破垂直管理部门和地方管理部门的严格界限，将原先由省、市垂直管理的公安、工商、地税、国土、社保基金管理等部门改为属地管理。

此次改革的特点还体现在简政强镇事权改革方面。镇（街道）作为顺德的有机组成部分，一直是顺德经济社会发展的主战场，镇（街道）营商环境的建设发展状况，直接决定着顺德整体营商环境的好坏与否。只有通过简政强镇改革，扩大镇一级的管理职权，激发基层活力，才能从根本上破除优化营商环境的难题。

（二）以放权市场为导向的经济体制改革

从20世纪80年代起，顺德确立“工业立县”战略，“以港为师”，以“村村点火、户户冒烟”的方式，孕育出庞大的乡镇企业，积极转变农村经营体制、发展农村商品经济，从一个农业县迅速转变成为新兴的工业城市，跻身广东“四小虎”之列。

---

① “同类合并”的具体做法是：撤掉多个部、办、委、局、临时机构和归口机构，将多个职能事务同类化的政府机构合并成立新的机构，如将原外经贸、财办、口岸办和旅游局合并成立贸易发展局等。

② “另起炉灶”的具体做法是：在被撤销的机构中，确定需要转换新职能的，独立成立新的机构，如撤销经委和乡镇企业局以及外经贸委、财办、口岸办等，成立顺德市经济贸易局负责主管工业经济和内外贸易等。

③ “保留强化”的具体做法是：如改劳动局为劳动和社会保障局，壮大领导和工作队伍力量，为后续的产权改革和社会保障体系的建立打好基础。

④ “转性分离”的具体做法是：采取分离原则，将原先政企不分的部门明确划分为行政部门、企业和事业单位，如将商业局和粮食局转化为企业性质的商业总公司、粮食总公司等。

⑤ 参见郑永年、张培发《顺德实践》，中信出版集团2019年版，第61－63页。

20世纪90年代，顺德率先开始构建社会主义市场经济的基本框架，开展企业产权制度改革。1993年6月，顺德市委市政府下发《关于转换机制，发展混合型经济的试行办法》（即“28条”），提出了要“建立以股份制为主要形式的多种经济成分并存的混合型经济格局”，创建一个“产权明晰、贴身经营、利益共享、风险共担”的充满活力的企业发展模式。1998年，顺德已经顺利完成了企业产权制度改革，大部分企业实行了股份制和股份合作制，建立了政企分开、政资分离的公有资产营运和监管体系，建立起产权清晰、权责明确、政企分开、管理科学的现代企业制度，为初步建立社会主义市场经济体制框架和营商环境建设提供了制度支撑。此后，顺德出台《关于促进民营经济发展的暂行规定》，开始加大对民营经济的扶持力度，破除传统所有制观念的束缚，同等对待各类市场主体，创建可以让各种所有制经济主体平等参与市场竞争的良好营商环境。

从21世纪开始，顺德率先开展产业结构调整，在2006年就已经成为全国首个GDP超千亿元的县级经济体。在顺德超百亿元级企业和十亿元级企业中，民营企业占大多数。顺德营商环境的良好基础，得益于能够正确处理好政府与市场之间的关系，政府放权市场，让利于民，在让市场充分发挥资源配置决定性作用的同时，政府能够起到良好的引导和推动作用。在2018年中国营商环境百强区县评选中，顺德位列全国第七名。

（三）以赋权社会为要旨的社会体制改革

2009年，顺德开始启动社会体制综合改革，改革进入一个从向市场放权到向社会放权转变的全新阶段。将体制改革向社会领域延伸，可以在社会管理和公共服务方面更大范围地引进社会力量，形成党领导下的全社会协同共治的新格局，最大限度地激发市场活力。对此，顺德的主要做法是在行政审批的过程中引入具备一定资质的社会组织参与，在推动社会组织有序参与政府行政管理的同时，加快政府职能转变。通过扶持社会组织的发展、培育不同类型的社会组织在各自领域内的管理能力以及推动法定机构试点和事业单位改革，将审批和管理事项外移或者直接由法定机构和社会组织承接，建立政府与社会组织之间的契约化管理模式，这是对提高社会力量参与度、更好地满足公共服务需求，进而使营商环境得到进一步改善和优化的有益探索。

总而言之，“顺德经验”是以服务社会主义市场经济发展为导向，以行政体制改革、经济体制改革、社会体制改革为倚重，以优化区域经济发展要素为核心的结构性改革经验，为新时期建设和优化法治化营商环境，正确处理好政府、市场与社会三者之间的关系，建立健全符合本地区实际情况的市场交易制度，实现经济的高质量发展，奠定了良好基础。

四、由“顺德经验”到“顺德模式”

要建构粤港澳大湾区法治化营商环境的底层设计，在吸收“顺德经验”的基

础上，还要结合法治的基本面向，过渡到新时期的“顺德模式”，为粤港澳大湾区法治化营商环境的底层设计贡献一种基本模式。

（一）“顺德经验”的优势与不足

“顺德经验”的优势在于形成了行政体制改革、经济体制改革、社会体制改革三位一体的改革发展格局；在改革的过程中，以市场化为导向，以服务市场为核心；在行政体制改革方面，建设一支服务于市场发展的行政队伍，并且着重打破商业发展的制度壁垒，提升市场主体的经营效率；在经济体制改革方面，以政策文件为先导，着重在拉动经济发展的同时保护产权，并且平等对待民营企业，保障市场中的平等竞争；在社会体制改革方面，为了实现更好的社会管理与公共服务，在行政审批中引入社会组织参与，充分发挥社会组织的作用，实现国家与社会的良好合作治理。

“顺德经验”的不足在于，其形成于“被动型法治”发展的时代，经济的发展往往是依靠政府的政策推动以及现实举措的实施。这样的发展模式虽然可以在较短时间内实现经济迅速增长，但也为经济的后续发展制造了阻碍。目前，顺德在建设法治化营商环境方面仍存在一些具体问题亟待解决。例如，部分改革缺乏法律法规依据；在行政执法方面，权责划分不明确、执法行为不规范；在维护市场公平竞争方面，审查标准和审查规则不统一、审查质量不高；产权保护制度体系不完善；在争议解决方面，缺乏区域间纠纷解决机制和程序的对标与衔接机制；等等。

（二）“顺德模式”与底层设计

通过“顺德经验”来进一步探索创立新时期的“顺德模式”，是为粤港澳大湾区法治化营商环境建设的底层设计所进行的一次重要尝试。回顾“顺德经验”能够发现，由“顺德经验”过渡到“顺德模式”，最关键的一点就是坚持法治的基本面向。目前，我国已经走过了以法律固定经济发展成果的“被动型法治”时期，即将进入以法律为引领的“主动型法治”时期。因此，为“顺德经验”注入法治面向则是实现顺德经验向顺德模式过渡，从被动法治逐渐变为主动法治的关键所在。

在“主动型法治”时期，顺德进入了探索法治化营商环境建设的“顺德模式”的新阶段。据统计，截至 2020 年 11 月底，顺德区实有市场主体数量已经达到 28. 34 万，其中，企业数量为 12. 78 万户，个体工商户数量有 15. 56 万户，企业和个体工商户的数量分别同比增长 8. 08% 和 15. 04% 。市场主体和规模的扩大以及市场环境和形势的变化，需要顺德在以往取得的经验基础之上，探索、适应新时期的发展并调整建设路径。

创立法治化营商环境建设的“顺德模式”，始终需要坚持法治的基本面向，以法治为基本框架，正确处理好政府、市场与社会三者之间的关系，进一步完善市场交易制度。在地方立法方面，顺德深入参与粤港澳大湾区的区域协同立法，积极学习和借鉴湾区内其他城市的立法经验，统一制定符合本地发展实际的规定，明确和完善行政监管和执法的标准及依据。在行政审批方面，顺德进一步推进审批服务便民化改革，最大限度简化企业开办的行政审批流程，深化商事登记改革，为解决“准入不准营”的问题，实施“证照审核合一”改革；率先开展“一照通”改革，发出了全省首张“一照通”营业执照，真正实现了申请者“只跑一次、只交一套材料、只填一张表格、只拿一个行政许可结果物”等便民化改革目标。在司法保障方面，为保护市场主体的合法权益，维护市场交易秩序、创造良好的市场预期，顺德区法院在执行和破产案件处理方面积极探索建立新模式，如推行“执行 110”工作机制，切实破解执行难问题；在破产管理人选任问题上，基于传统的“轮候＋摇号”复合随机方式，建立了包括竞争选任、协商选任、打包选任方式在内的更为丰富灵活的破产管理人选任制度等。通过进一步深入探索和创立法治化营商环境建设的“顺德模式”，可以为粤港湾大湾区法治化营商环境建设和优化的底层设计提供一个值得广泛借鉴和适用的基本模式。

附录

“2020年度《公司法》修改巡回论坛”（第十二场）

“公司解散、清算制度的发展完善与《公司法》修改”文献综述

何子君　吴劲文*

不同于公司法的其他制度板块，公司解散和清算制度服务的是公司“生命的终结”，其立法及其操作施行的科学性和精细化程度，看似并不直接对市场经济繁荣和市场主体活力贡献几分，这一领域也成为公司法研究中的“隐学”。但由于种种原因，我国公司的“生命线”都不乐观，《财富》杂志曾公布数据显示“中国中小企业的平均寿命仅2.5年，集团企业的平均寿命仅7到8年……中国（每年倒闭的企业）有100万家”，这凸显实践中对公司解散和清算制度供给的旺盛需求。

公司进入非自愿解散和非自愿清算阶段，即意味着该公司的人合性或资合性要素，或其工具性价值被法律所否定，此时公司往往面临人事动荡或财务困境，公司治理机制陷入僵局，或可描述为公司已“病入膏肓”，再一贯秉持公司法的传统私法属性而强调自治、“自愈”并非上策，因而公司解散和清算制度是公司法“公法”属性或“不自由”色彩尤为显现的内容，公权力、专业机构、外部人等的介入是公司解散和清算制度非自愿解散和非自愿清算内容的重要方面。在相关研究中，也可发现探讨此阶段中私法与“公法”、自治与“干预”的边界和限度是恒久恒新的话题。

在党中央、国务院提出了以畅通市场主体退出渠道、降低市场主体退出成本为目标的市场主体退出制度改革和完善方案后，公司解散和清算制度服务被赋予了在深化供给侧结构性改革政策背景下激发市场主体竞争活力、完善优胜劣汰的市场机制、推动经济高质量发展的时代任务，成为《中华人民共和国公司法》（以下简称《公司法》）与《中华人民共和国企业破产法》联动修改的制度枢纽，也让相关研究愈发聚焦于其启动和运行的便利与高效。但公司“生命的终结”，尤其是在非自愿解散和非自愿清算的情况下，“是一件不必急于求成的事”，公司的法人资格消灭即意味着大股东、中小股东、债权人、劳动者等众多主体的“连接点”消失，公司不再能够成为法律上的诉讼主体，人员将会离失，财产将被分配，账簿在法定期限经过后将难以觅得，因此，公司解散和清算制度也有保障谨慎和完备的价值目标。探讨公司解散和清算制度的程序运作快与慢、简与繁之间的张力甚至冲突，是相关研究的新方向。

本研究综述主要聚焦于公司解散和清算制度的五大热点与难点领域：第一，

---

* 本研究综述的主要负责人为中山大学法学院硕士研究生何子君、中山大学法学院博士研究生吴劲文。感谢中山大学法学院教授、博士研究生导师周林彬对本研究综述写作思路的点拨和工作的指导。

非破产情形下股东出资加速到期制度的发展与不足研究；第二，中小股东权益保护与公司司法解散制度研究；第三，僵尸企业濒临破产企业清理与公司行政解散制度研究；第四，公司强制清算制度研究；第五，公司清算义务的主体范围、内容与责任承担问题研究。在上述方面，学界的研究视角已遍布了公司解散和清算制度的制度构建、操作实践和广泛的域外经验，成果呈现出百花齐放的局面。下文主要选取了刊发于CSSCI期刊的相关文章若干篇，以飨读者，并期待未来理论研究者和实务工作者能对公司解散和清算制度提出更多基础理论指导和具体解决方法，最终服务于我国市场经济体制深化改革、公司法完善精进大局。

一、非破产情形下股东出资加速到期问题研究

（一）支持非破产情形下股东出资加速到期的理论研究

有学者认为，对于虽未届出资期限的未缴出资股东，按照现行法律规定，在公司处于解散清算、破产程序时，股东所未缴出资作为其向公司所负未到期债务，视为提前到期，需提前向公司履行，也即需向公司债权人代位清偿，但均以“公司不能清偿债务”为前提条件。执行程序完全可以参照上述规定，在公司已无财产可供执行的情形下，即使股东未届出资缴纳期限，但仍继续适用《最高人民法院关于人民法院执行工作若干问题的规定（试行）》（2020年）第80条，将“出资不实”理解为“未缴纳出资”，追加变更该股东为被执行人，要求其在已认缴但未实际缴纳的出资范围内承担公司债务。①

有学者认为，如果公司股东在公司经营中不合理或恶意延长出资期限，股东出资义务应加速到期，而且这事实上已经属于“股东滥用公司法人独立地位和股东有限责任的行为”，可直接就此否定公司独立人格并据此确定股东瑕疵出资责任的范围。同样，对于公司章程中原始规定的股东出资期限尚未届满的情形，如果公司资不抵债，公司债权人也有权要求出资期限尚未届满的股东承担出资补缴责任，但不应通过代位权制度来解决，因为代位权的基本构成要件即要求主债务与次债务均已届履行期限。债权人要求未尽出资义务股东承担出资责任乃是一项法定责任，应当对《公司法司法解释（三）》第十三条中“未履行出资义务或未全面履行出资义务”扩大解释为包含“出资期限尚未届满的股东”在内。②

有学者认为，现行公司法资本规则仍以实缴制为模型，无法适应认缴制后公司仅享有出资债权的资本结构。对于公司非破产条件下的出资加速到期，现行立法无明确规定，司法机关因缺乏明确法律规定而偏向保守和否定加速到期的态度。

---

① 参见张元《〈公司法〉资本制度修改对执行程序的影响》，载《法律适用》2014年第10期，第93－96页。

② 参见石冠彬《认缴登记制改革视野下的股东瑕疵出资责任：理论、规范与判例》，载《江汉论坛》2017年第12期，第117－125页。

虽然学术界已提出若干肯认债权人享有该请求权的依据，但笔者主张组织法方案和代位权方案均有根本缺陷，应采强制执行出资债权方案。强制执行出资债权方案，一方面找到了应当类推适用破产和解散中加速到期规定的法律漏洞所在，另一方面找出了代位权方案中真正起作用的强制执行因素，解决了组织法方案无法赋予债权人对股东直接请求权的问题，因此是现行法下最为合理的路径选择。①

有学者认为，肯定股东出资义务在公司未履行到期债务时加速到期的观点应得到赞同，但仍应从公司法宗旨、资本充实责任、权利义务对等、股东优先责任等方面做理论补充与拓展。股东认而未缴出资的行为使公司责任财产减少，当公司不能清偿到期债务时，股东就侵害了公司债权人利益。公司法应强制出资期限加速到期，股东应为公司债务承担补充赔偿责任。公司债权人相应请求权成立的要件为：公司未向公司债权人履行到期债务、股东未向公司缴纳全部出资、公司债务依法强制执行无效果。股东加速到期责任范围只限于未缴纳出资本金，不及于利息。股东加速到期责任可通过扩张适用我国《公司法》第三条第二款、扩张解释《公司法司法解释（三）》第十三条第二款，适用《中华人民共和国民法总则》（以下简称《民法总则》）的公平原则与诚实信用原则以及完善我国公司法及司法解释等四种法律路径实现。②

有学者认为，当公司存在不清偿到期债务之情形，应允许债权人主张加速股东出资义务之履行。从合同法的角度分析，首先，按照合同的相对性原理，契约严守不能约束债权人；其次，合同权利不得滥用。在公司法上，“有限责任对价加速”“法人格否认加速”以及“非破产清算补资加速”等可作为理论依据。“非破产加速”可填补“破产加速”衍生的规制漏洞——通过给股东施加清偿压力，解决“主观清偿不能”的公司赖债问题。而且，“非破产加速”的弊端也完全可以通过破产撤销权的运用控制在合理范围内，不必担心不合理的“偏颇给付”所衍生的公平清偿问题。③

有学者认为，对于实践中经过强制执行暂时不能清偿债务，但有无法变现的资产或者将来仍然具有营利能力，法院以“尚有存续价值”为由不适用破产程序的公司，未出资股东也应当对公司债权人承担补充责任。根据商事诚信原则、债权人利益保护要求、资本维持原则以及公平原则的要求，在公司经过强制执行不能清偿债务时，确认未出资股东对公司债权人承担补充责任是合理且必要的。承担该种补充责任的实质要件为：公司不能清偿债务、债权人在给公司借款时对股东出资情况的不知情，形式要件为穷尽财产调查与执行手段。其中，不能清偿债

---

① 参见丁勇《认缴制后公司法资本规则的革新》，载《法学研究》2018 年第 2 期，第 155－174 页。

② 参见张磊《认缴制下公司存续中股东出资加速到期责任研究》，载《政治与法律》2018 年第 5 期，第 122－133 页。

③ 参见蒋大兴《论股东出资义务之“加速到期”——认可“非破产加速”之功能价值》，载《社会科学》2019 年第 2 期，第 98－113 页。

务包括具备破产原因的永久不能清偿与不具备破产原因的暂时不能清偿。①

有学者认为，公司法实行注册资本认缴制后，股东在出资期限届满前可不实际缴纳出资。股东出资期限利益兼具法定性、自治性和契约性，应以受保护为原则。然而，鉴于其获取具有无对价性及负外部性，对其保护不应被绝对化。具体而言，当公司经营发生重大变化时，公司可以解除权对抗股东出资期限利益，向股东主张出资债权，未出资股东应向公司履行出资义务；公司债权人可以代位权、请求权、撤销权对抗股东出资期限利益，未出资股东应对公司债权人承担出资责任。股东应该预见认缴即可能在出资期限前向公司履行出资义务，向债权人承担出资责任，此为从事商事活动的股东应负有的商业诚信与善意。②

（二）反对非破产情形下股东出资加速到期的理论研究

有实务工作者认为，公司资本登记制度改革后，除“章程”对此有明确约定外，通常情况下债权人无权要求股东出资“加速到期”。鉴于股东受期限利益的保护，《公司法》第三条难以成为股东出资“加速到期”的依据。企业破产制度和公司法人人格否认制度是出资“加速到期”的可选路径，但也面临新的问题，应慎用、善用。为规制股东出资义务，建议建立企业信息公示制度、董事高管催收资本机制，规制恶意规避出资义务的行为，并引入深石原则。③

有实务工作者认为，出于对出资期限自由约定的尊重，且没有法律依据要求股东提前出资，公司资不抵债时不适用股东出资加速到期机制。公司债权人为维护自身合法权益，可以申请公司破产，在破产清算中要求股东缴付出资用以清偿公司债务。但是，由于出资期限可自由约定，股东在债权产生后延长出资期限致使到期债权不能实现的，属于《公司法》第二十条规定关于滥用股东有限责任的情形，损害了公司债权人的利益，应对公司债务承担连带责任。④

有学者认为，尽管以加速到期作为未届期股东出资义务履行责任问题的解决方案有强烈的现实需求，但因出资未届期股东拥有受法律保护的期限利益，故除非修改法律，否则不应通过学理解释剥夺股东的合法权利。意图基于公司资本显著不足实现法人格否认的方式很难达到证明标准，因而难以成为有效的法律依据。因此，在我国现行法律框架下，破产程序是解决出资未届期情形下唯一具有法律依据的债权人救济手段。⑤

---

① 参见王莹莹《论未出资股东对公司债权人的补充责任》，载《法律科学（西北政法大学学报）》2020年第6期，第156－164页。

② 参见陈妮《非破产下股东出资期限利益保护限度实证研究》，载《法学评论》2020年第6期，第183－193页。

③ 参见俞巍、陈克《公司资本登记制度改革后股东责任适法思路的变与不变》，载《法律适用》2014年第11期，第18－23页。

④ 参见林晓镍、韩天岚、何伟《公司资本制度改革下股东出资义务的司法认定》，载《法律适用》2014年第12期，第65－69页。

⑤ 参见王建文《再论股东未届期出资义务的履行》，载《法学》2017年第9期，第80－88页。

（三）引入其他制度的理论研究

有学者认为，2013年完成的公司资本制度变革，在不设最低资本额要求、允许股东自行约定出资期限、设立登记不要求提交验资证明等方面颇为激进，对债权人保护则考虑不周。对于认缴登记制之下的股东出资责任是否可加速到期，在学理上存在诸多争议，在实践中也遭遇很多困扰，亟须在分析我国制度积弊的基础上，借鉴国外的立法例加以完善。建议借鉴英、美等国家的做法，增设资本催缴制度安排，创建以债权人同意为基础的法院确认减资机制，引入标注“减资”的安排以及时提示交易风险；确立股东的后减资义务，弱化公司的机会主义动机；引入封闭公司的偿债能力声明机制，并以高管的信用担保作为法院确认减资程序的替代性安排。①

有学者认为，公司资本缴纳制度的主要类型分为全额缴纳制和分期缴纳制。在比较法上，无论采用何种类型，公司对资本的催缴制度都体现为各国制度的共性。我国《公司法》资本缴纳制度，从严格的一次性实缴资本制到分期缴纳资本制，再从有限制的分期缴纳制到完全的认缴制。认缴制下股东出资义务能否加速到期的问题成为学理和实践中的重大争议性问题，当前也遭遇到了法律解释和适用上的困境，需要在立法论上寻找出路。我国《公司法》亟须借鉴欧美国家的立法例，引入公司董事会对股东出资的催缴制度，保障股东、公司和债权人的利益平衡。②

有学者认为现有立法上认缴出资的期限利益专属于股东，除法律明确规定的破产加速到期情形外，股东认缴的期限利益具有对抗第三人的广泛效力。但当前的司法实务中已经大量涌现关于债权人起诉公司股东，要求其认缴出资加速到期用以及时清偿债务的案例。化解出路在于构建认缴出资担保制度，由出资人或第三人为公司对出资人认而未缴的未到期出资债权设立担保，以便有效兼顾出资自由价值，同时克服完全认缴制带来的过度自由化的信用风险。③

有学者认为为应对我国公司法实行“认缴资本制”后引发的利益冲突问题，在修订公司法时需要进一步正确衡平社会本位与个人本位的关系，需要深刻思考资本与资产的关系，需要准确处理“宽进”与“严管”的关系。同时，还必须补强相关的法律制度与法律规则，重视对人格否认制度的适用，适时引入“资本充实原则”“衡平居次原则”，确立股东出资责任加速到期规则，以及实缴资本优先

---

① 参见罗培新《论资本制度变革背景下股东出资法律制度之完善》，载《法学评论》2016年第4期，第139－147页。

② 参见卢宁《公司资本缴纳制度评析——兼议认缴制下股东出资义务加速到期的困境与出路》，载《中国政法大学学报》2017年第6期，第75－86、第160页。

③ 参见刘敏、温长庆《论认缴出资担保制度的构建》，载《社会科学家》2018年第11期，第115－122页。

的效力规则等，以切实维护市场秩序与交易安全。①

二、公司司法解散问题研究

（一）制度完善问题研究

有学者认为我国司法解散公司之诉规则架构上尚有许多不足，我国可以在借鉴相关国家和地区的立法、司法经验基础上加以完善：首先，现行司法解散公司的事由定位不准，在造成经营管理困难的诸多原因中，只有公司僵局是股东提起该诉讼的正当事由，且公司压迫也应当成为事由之一；其次，司法解散公司的判决不宜设置再审程序；再次，司法解散公司之诉的原告持股时间应受限制；最后，作为变更之诉的司法解散公司之诉不宜与作为给付之诉的组织公司清算之诉合并受理。②

有学者认为我国《公司法》公司解散请求权诉讼制度作为股东派生诉讼和个人诉讼制度的补充，尽管对小股东权益的保护和救济有着重要与积极的现实意义，但该制度依然存在着适用范围窄以及启动困难的缺陷，受尽压迫的小股东常被拒之门外。相较之下，英国不公平妨碍诉讼制度更强调公司运作的方式以及股东所遭受的待遇，在该制度框架下，只要公司中支配股东处理公司事务的方式对其他股东的利益产生了“不公平妨碍”的效果，小股东都有权向法院提起相应诉讼，以寻求相应的救济。该制度具有灵活性和广泛性，更有利于实现保护小股东利益的目的，值得我国《公司法》予以借鉴。③

有学者认为中外合资企业治理结构的独特之处使得其公司僵局的特点及解决机制有别于普通的公司制企业：首先，中外合资企业的公司僵局以董事会僵局与股东会僵局合二为一为特征；其次，中外合资经营企业治理结构缺乏缓冲机制，一旦形成僵局便会直接导致公司的正常运转受到严重影响。公司司法解散是破解中外合资企业公司僵局的主要路径之一，但强制公司解散有可能会导致合资双方两败俱伤的结果，构建强制公司分立制度是更优出路。④

有学者通过比较法研究发现司法命令强制解散公司是否认瑕疵严重公司的设立效力的普遍做法，但当前我国并未构建该制度。在司法命令强制解散公司制度下，若公司是基于非法目的设立或者出现其他有违公共利益的情况，无法允许公

---

① 参见石少侠、卢政宜《认缴制下公司资本制度的补救与完善》，载《国家检察官学院学报》2019 年第 5 期，第 129 – 143 页。

② 参见张国平、汪亚菲《论我国股东直接诉讼规则的不足与完善》，载《政治与法律》2012 年第 9 期，第 90 – 97 页。

③ 参见赵渊《我国公司解散请求权与英国“不公平妨碍”诉讼之比较》，载《法学评论》2012 年第 4 期，第 100 – 107 页。

④ 参见王永《中外合资企业“公司僵局”问题之破解路径》，载《财会月刊》2011 年第 14 期，第 20 – 21 页。

司存在时，法院可依公权力机构、股东、债权人及其他利害关系人的申请或者依职权命令解散瑕疵设立公司。笔者认为，我国有必要完善公司瑕疵设立制度，其中，对不容补正的严重瑕疵应区分瑕疵原因并由法院或者行政机构否定登记效力。①

有学者认为《公司法》关于公司司法解散制度的规定仍存在起诉条件过于严格、法定解散事由语焉不详、恶意诉讼防御机制缺失等问题。通过参考与比较日本、德国、美国、英国等国有关公司司法解散的立法规定、体系构建和程序设置，学者以此揭示了法治发达国家经验对我国有益的启示：应当引入公法意义上的司法解散；规定公司自愿解散与司法解散的衔接；协调公司法定代表人提起解散之诉的双重身份冲突；引入恶意诉讼防御、惩戒制度；程序上放宽起诉条件，实体上严格解散事由。②

有学者认为股东压制应当作为司法解散的事由之一，立法、司法解释及主流司法实践并未予以支持。借鉴英国的不公平损害制度经验，为使股东压制作为司法解散事由具有更强的合理性，需实现司法解散和股份收买的有机结合。在不公平损害制度之下，法院最常颁布的股东压制救济是股份收买法令而非解散清算公司。我国司法解散程序也有必要引入股份收购这一程序设计，以维护公司本身仍具有的存续价值，同时有效解决严重的股东压制纷争。将股东压制列为司法解散的事由，并非为鼓励股东解散公司，而是在一定程度上发挥其威吓功能，实际上赋予争议股东以选择权。③

（二）制度适用问题研究

有学者认为我国《公司法》规定的司法解散制度是公司公法性质的体现，但此规定没有充分顾及公司的私法属性，易被滥用。因此，适用司法解散制度解决纠纷时应注意以下几个问题：第一，在公司僵局纠纷案件审理中应遵循自力救济优先原则、慎重作出解散的判决结果原则、利益衡量原则；第二，不宜将公司及公司其他股东列为共同被告，后者应作为无独立请求权的第三人；第三，应将调解设置为必经程序；第四，审理时应适时行使自由裁量权和释明权，积极采取诸如告知当事人变更诉讼请求、促成当事人自行救济、提供中间救济等措施；第五，参照适用公司整顿制度；第六，着重审查公司僵局是否确实存在、是否滥用公司僵局条款、公司解散是否确实必要。④

---

① 参见汪世虎、蒙瑞华《我国公司瑕疵设立法律制度建构》，载《河南财经政法大学学报》2014 年第 5 期，第 37 – 46 页。

② 参见周健宇《公司司法解散的迷途与进路——基于比较法视野的考察》，载《财会月刊》2015 年第 15 期，第 111 – 115 页。

③ 参见李建伟《股东压制的公司法救济：英国经验与中国实践》，载《环球法律评论》2019 年第 3 期，第 148 – 165 页。

④ 参见罗任权、索光举《破解公司僵局中公权利使用之限定》，载《经济体制改革》2010 年第 4 期，第 65 – 69 页。

有学者认为司法机关在作出司法解散的裁决时，应该一并作出特别清算的裁决和安排。因为考虑到此类被强制解散的公司，股东之间的矛盾尖锐且公司管理机构瘫痪，在通常情况下是无法自行组织清算的，如果听任当事人的自行安排，势必又是一场漫长的争讼，徒增当事人更多的诉讼成本，并极有可能发生公司财产流失，损及债权人的利益。在立法上，参考外国立法例，我国还应该增设司法命令解散制度，使司法机关有权在无人提起诉讼的情况下为了社会公共利益而干预经济活动，保持社会科学地、可持续地发展。①

有学者认为司法实践对司法解散标准中的“经营管理困难”与“股东利益受损”之间的逻辑关系存在不同理解，相应案件的处理结果也不尽相同。通过对美国司法解散标准的考察，结合我国《公司法》立法和司法的实际情况，我国的司法解散除了需满足“持有公司全部股东表决权百分之十以上的股东”这一条件外，还应采用以下标准：司法解散应有利于股东利益；司法解散不能损害公共利益；公司有效管理困难；坚持净手原则；其他途径不是司法解散的前置程序，仅仅是当事人挽救公司的一种合意性尝试。②

有学者认为我国现有公司司法解散制度“投资时间”这一概念过于狭隘，搁置了股东期待改变或股份转让带来的争议。为更全面地保护各类小股东的合理期待权，在合理期待理论下，需要对合理期待进行更大范围的解释，以强化对受压迫股东的救济。对不论是已投资的原股东，还是通过受赠、继承等方式获得股份的新股东，都应将股东的合理预期视为大小股东之间就股东投资回报所达成的合意，从而对他们的合理期待权加以平等的保护。③

有学者通过实证研究发现法院在审理公司解散纠纷案件时，存在明显的自制倾向，不会轻易解散具有持续营业价值的公司，而是致力于促成当事人协商解决纠纷。即使法院判决解散仍具有持续营业价值的公司，股东通常还是会通过谈判避免公司最终被清算。公司裁判解散制度在多数情况下并不能直接解决股东之间的纠纷，其更大意义在于对公司和多数股东的威吓作用。法律更应该关注的是，少数股东是否有更为多样化、低成本的替代性救济措施可供选择，使其能够有效地从公司退出。④

有学者认为从解散之诉裁判书样本的实证分析可知，被解散公司的“经营管理困难”实质指向管理困难而非盈利困境，管理困难的根源在于封闭型中小公司的股东人合性导致的治理失灵。据此，将解散之诉的本质定位于治理失灵后的司

---

① 参见何丹《我国公司强制解散法定原因辨析》，载《湖北社会科学》2010 年第 6 期，第 153 – 155 页。

② 参见杨奕《公司司法解散的适用标准》，载《人民司法》2010 年第 17 期，第 103 – 106 页。

③ 参见周涵婷《论合理期待理论在公司司法解散制度中的实践运用》，载《上海金融》2011 年第 3 期，第 97 – 101 页。

④ 参见张学文《市场理性与法院自制——公司裁判解散的实证研究》，载《法学评论》2012 年第 1 期，第 29 – 37 页。

法权介入，给予部分少数股东退出公司的低成本路径更具立法论上的解释力，也得到了裁判实务的经验支持。而公司治理失灵的具体表象，包括对立股东控制权势均力敌下的公司僵局与对立股东控制权势力悬殊下的股东压制，司法解散公司的事由也应呈现二元格局。①

三、公司行政解散问题研究

有学者认为在公司行政解散下，吊销营业执照的后果应是取消企业的营业资格，而不应同时对其法人资格一并取消，法人资格的取消必须以公司清算完结并办理注销登记为条件。因此，应当改造营业执照的双重证明功能，建立公司设立登记和营业登记两种证明体系，将法人的经营资格证明与法人资格证明相分离。我国《公司法》及《公司登记管理条例》中，对责令公司关闭或被撤销的法定情形规定很少，执法机关难以施行，应当进一步明确相关规定。②

有学者认为我国现行立法缺乏对善意休眠公司的司法保护机制。《公司法》第二百一十一条规定，对于那些想“金蝉脱壳”、逃避债务而恶意休眠的公司的确起到抑制作用，但也给那些在市场萎缩期蛰伏起来休养生息或停业整顿的善意休眠公司的“复活”带来障碍。现行规定既不利于活化市场经济、提高企业竞争力和市场适应能力，也不利于债权人的利益保护。从完善立法的角度出发，应该设计善意休眠公司的继续存续制度，借鉴深圳市和河南省的企业“休眠”措施，准许符合条件的公司根据经营需要主动申请停业和恢复营业。③

有学者认为我国公司立法存在泛行政解散权的制度设置问题。相较于域外公司法普遍倾向于不承认行政解散权，我国立法将过多的“违法事由”一揽子托付给行政机关解决，这主要是对计划经济体制的承继与强大的行政干预的路径依赖。为深化经济体制改革与行政许可制度改革，消解泛行政解散权势在必行。泛行政解散权的消解的主要方向是向公司自治、司法解散的回归，但这并非国家公权力的全面退出，而是要合理配置行政权与司法权，实现公司自治、行政监管与司法干预在公司解散事务上的和谐共生。④

有学者认为公司解散是与公司经营资格和法人资格相关的术语。公司解散意味着公司丧失经营资格，其未失去法人资格。但是，《公司法》第一百八十条第（四）项规定的责令关闭和被撤销，充其量只导致公司停止全部或部分经营活动，或者使得公司失去部分或某些经营资格，却无法导致公司失去全部经营资格，也无法导致公司失去法人资格。在现有法律法规中，有关责令关闭和被撤销的术语太过混乱，已严重危及企业的经营自主权。在行政处罚法的角度，应将责令关闭

---

① 参见李建伟《司法解散公司事由的实证研究》，载《法学研究》2017 年第 4 期，第 117－137 页。

② 参见何丹《我国公司强制解散法定原因辨析》，载《湖北社会科学》2010 年第 6 期，第 153－155 页。

③ 参见肖文荣《论休眠公司债权人利益保护制度构建》，载《求索》2013 年第 1 期，第 180－182 页。

④ 参见李建伟《论公司行政解散权的存废》，载《环球法律评论》2013 年第 5 期，第 59－70 页。

和被撤销作为行政处罚手段，但须明确其含义；在公司法的角度，可继续将吊销营业执照作为公司解散的法定事由，但应将责令关闭和被撤销从公司解散的法定事由中排除。①

有学者提出为向僵尸企业出清提供更多制度供给，引入强制注销制度具有理论和实践价值。强制注销是行政确认行为，因为其不增加企业义务负担，不以保障各方权益为立足点，不创设新的实体权利与义务，只是将企业“名存实亡”状态公示，产生公信力。部分市场化国家和地区存在丰富的强制注销立法例，我国各地在试点实践中存在审查流于形式、程序烦琐拖沓、缺乏相应的容错机制等弊端，其良性实施须在市场失灵与政府失灵之间找到平衡。应采用民商事权利二分模式引入强制注销制度，明确程序发生事由和启动程序，为利益相关者及错误注销的企业提供救济途径。②

四、公司强制清算问题研究

有学者认为企业被吊销营业执照后不清算从而逃避债务的现象频现，对经济秩序造成巨大威胁，为保护债权人利益，强制清算程序成了必然的结论。在强制清算的框架下，应当关注以下问题：厘清清算与企业法人资格消灭的关系；关于拒绝清算的法律责任，应取消侵权损害赔偿而统一适用法人人格否认的连带清偿责任；拓宽承担拒绝清算责任的主体范围和适用情形；确立自然人破产制度。③

有实务工作者认为目前我国公司法关于强制清算制度的规定较不完善，有的条文缺乏刚性和可操作性，也缺乏有效的监督和制约机制。法院在强制清算实践中要注意把握以下要点：其一，清算组的人员结构应科学、合理，预防清算组成员的不当行为；其二，灵活调整出资不到位的股东的出资方式，但仍应以协调为主，慎用司法裁判权；其三，建议预收清算费用及清算组报酬，避免清算组直接处置公司财产引发问题，防止清算终止后产生经济纠纷。④

有学者认为我国公司解散清算制度不利于保护解散后不自行清算的公司的债权人利益。现行公司强制清算制度过于原则化，缺乏可操作性，既导致公司债权人无法寻求合适的司法救济渠道，又导致了司法审判实践中的混乱。在制度完善上有必要建立公司解散登记公示制度，以强化监督；应明确公司自行清算的期限，赋予相关利益人以清算超过法定时限为由申请人民法院指定清算组接管清算工作

---

① 参见叶林、徐佩菱《关于我国公司清算制度的评述》，载《法律适用》2015年第1期，第50－55页。

② 参见张钦昱《僵尸企业出清新解：强制注销的制度安排》，载《法学杂志》2019年第12期，第32－45页。

③ 参见王雪丹、莫缕滨《企业被吊照债权人利益如何保护——兼评〈公司法司法解释（二）〉相关规定》，载《人民论坛》2010年第14期，第98－99页。

④ 参见王丽芳《公司强制清算中的法律问题处理》，载《人民司法》2011年第18期，第93－96页。

的权利。[①]

有学者认为已被解散但未清算的"植物人公司"数量剧增的原因有：司法资源的局限性导致进入强制清算程序的案件非常少，清算责任制度的缺陷和自行清算程序的复杂、低效又导致清算义务人不愿自行清算。清算制度调整的基本思路是实现从强制清算到强制自行清算的转变，逐步健全清算义务人的责任体系，迫使清算义务人自行清算。应设立繁简分流的灵活的自行清算程序，增强自行清算的积极性。同时要充分发挥司法能动性，使强制清算成为自行清算的补充和最终保障。[②]

有学者认为现行强制清算的规定仍存在一些漏洞，导致当事人在寻求司法救济时出现求助无门或滥用权利这两种极端情形，损害了清算效率与清算公平：首先，在公司僵局时，关于股东提起申请的时间、对申请人股权比例的要求，强制清算与司法解散的规则存在不协调之处，增加了股东利益实现的难度；其次，强制清算书面审查制度不利于保障被申请人的异议权；最后，关于强制清算与破产清算衔接的规则不甚明确，在司法实践中难以形成统一的处理做法。[③]

五、公司清算义务问题研究

（一）清算义务人的界定问题研究

有学者认为公司清算义务人主体范围的界定因未有效区分公司法律形态、未厘清公司控制权本质，导致主体范围的界定出现"相同情形被恣意区别对待，不同情形被恣意同等对待"的缺憾。以《民法总则》第七十条为基础，公司清算义务人主体范围应通过区分公司类型、厘清公司控制权本质，予以区分界定。具体而言，有限责任公司、发起设立的股份有限公司具有封闭公司特性，法定清算义务人应为全体股东和董事；上市公司、非上市公众公司具有公众公司特性，法定清算义务人应为公司控制股东和董事。[④]

有学者认为，我国《民法总则》和《公司法司法解释（二）》共同确立了我国法上清算义务人与清算人双轨制的清算制度。对于公司自愿解散、行政解散、司法解散三种不同情形，应作分类处理。统一的清算义务人规则忽视了被行政解散的公司往往处于人去楼空、违法、犯罪的状况，忽视了部分控股股东、董事不愿意也不适合承担清算义务的客观实际，忽视了中小股东、债权人珍惜清算权利但难以及时获得解散信息的现实，以致部分清算义务人难以履行清算义务，清算

---

① 参见肖文荣《论休眠公司债权人利益保护制度构建》，载《求索》2013年第1期，第180－182页。

② 参见国鹏《"植物人公司"的清理对策研究——从强制清算到强制自行清算》，载《企业经济》2013第9期，第189－192页。

③ 参见李曙光《论我国市场退出法律制度的市场化改革——写于〈企业破产法〉实施十周年之际》，载《中国政法大学学报》2017年第3期，第6－22页。

④ 参见郑银《公司清算义务人主体范围再界定》，载《西南政法大学学报》2017年第6期，第110－120页。

责任体系混乱，实践效果堪忧。化解出路在于健全公司解散的商事登记规则，排除不适格的清算人，将清算职权配置给最珍惜、最适格的人，废止公司清算义务人规则，回归并重建清算人中心主义。[①]

有学者认为《民法总则》第七十条实施后，《公司法司法解释（二）》第十八条和最高人民法院第9号指导案例仍然有效。在解释论上，《民法总则》实施后，公司清算义务人的界定规则没有变化，有限责任公司的清算义务人仍然是全体股东。但在实践中，将股东作为清算义务人存在诸多问题。从立法论的角度而言，我国公司法应将董事作为有限责任公司的清算义务人。基于公司自治原则，公司章程或股东会可以另定他人作为清算义务人。公司解散后，清算义务人应在法定期限内及时组织成立清算组，以便启动清算程序，促使公司顺利进入清算阶段，进而科学妥善地解决市场退出问题。[②]

有学者认为我国关于有限公司股东作为清算义务人责任主体的规定是违背公司正义原则的。从有限公司、股东与债权人三者之间的关系看，有限公司与债权人之间存在债权债务关系，有限公司与股东之间存在投资关系，但股东与债权人之间并不存在法律关系，股东无须对债权人承担法律责任。不过，股东与债权人之间存在利益关系，当股东利用其隐身于公司背后的特殊地位损害债权人利益时，股东与债权人之间就产生了利益冲突，债权人的利益理应获得优先保护，这是符合公司正义原则的。但如果股东并没有利用其地位损害债权人利益，或者根本无法利用其地位而损害债权人利益，法律强制性赋予其责任就有失公允。[③] 该学者随后在另一篇文章提出，经分析比较股东、董事、监事、直接责任人等在公司治理结构中的地位、职权等，得出结论：只有董事才是妥当的有限公司清算义务人，而非股东。现行制度根源于对公司解散效力等一系列制度的误解，已造成债权人从破产清算向非破产清算逃逸，损害了股东利益。保护债权人利益的正确方式是继续保留清算义务人制度，同时增设董事的破产申请义务。[④]

（二）清算义务人的责任问题研究

有实务工作者认为鉴于公司清算制度的目的是保护公司债权人、公司股东利益和维持社会经济秩序，公司清算义务人在实施清算时的诚实信用义务显得很重要。司法实践重点应在以下方面，以把握公司清算损害赔偿责任认定标准：其一，对于未经清算已被注销的公司，以清算义务人担责为原则，免责为例外；其二，合理分配举证责任，当公司股东以财务账丢失或其他借口为由拒不履行清算责任

---

① 参见肖雄《论公司清算人中心主义的回归与重建》，载《政治与法律》2017 年第 11 期，第 141－151 页。

② 参见王长华《论有限责任公司清算义务人的界定——以我国〈民法总则〉第 70 条的适用为分析视角》，载《法学杂志》2018 年第 8 期，第 89－97 页。

③ 参见梁上上《论公司正义》，载《现代法学》2017 年第 1 期，第 56－75 页。

④ 参见梁上上《有限公司股东清算义务人地位质疑》，载《中国法学》2019 年第 2 期，第 260－278 页。

时，应当从证据推定的角度推定公司的有关财产及权利义务转由公司股东承担。分析认为，未经清算恶意注销公司行为与“揭开公司面纱”情形存在显著区别，故未经清算恶意注销公司不能简单适用“揭开公司面纱”规则。①

有学者认为股东不履行或不适当履行清算义务，致使债权人的利益受到损失，应承担的赔偿责任属于侵权责任。关于不尽清算之责的股东所应承担的责任范围，实践中有全额赔偿说和部分赔偿说，其中后者与法人独立责任原则相吻合，更显公平，也符合侵权责任的构成要件。在办理注销登记时，股东承诺公司的债权债务已经清理完毕而实际上又未予清理的，公司财产已进行分配，则股东应在获分配的财产范围内承担偿债责任。在实践中应区别清算义务人失责的不同情况，结合清算义务的法律性质之界定，分别加以处理。②

有实务工作者认为在有限责任公司未经清算而被注销的情况下，全体股东作为清算义务人因不履行清算义务而需要对原公司债务承担责任，个别股东不能以无过错为抗辩理由要求免除对外责任。全体股东对原公司债权人承担责任的形式是公司法人人格否认后的清偿责任，其在承担程度及方式上应为无限、连带清偿责任。③

有实务工作者认为清算组成员在公司非破产清算中承担着积极的注意义务和消极的忠实义务。根据《公司法》第一百八十九条第三款，如果清算组成员不履行清算义务，自然可以认定为以不作为的方式侵犯债权人的利益，即债权侵权，应承担赔偿责任。这种侵权责任与一般的侵害物权、人身权等绝对权的侵权责任不同，是一种侵害作为相对权的债权的侵权责任。清算组成员在未依法履行清算义务时对债权人应承担连带赔偿责任，侵权损害赔偿的范围应以公司债权人的债权受到的实际损失为限。《公司法》第一百一十二条第三款的规定应准用于公司清算组成员，以鼓励清算组成员在表决时对违法决议事项及时提出异议。④

有学者认为清算义务人仅怠于履行清算义务而没有其他损害公司债权人合法权利的行为，不能适用公司法人格否认制度科以有限公司股东对公司债务承担连带清偿责任，以维护其既定的权利配置格局。公司法人格否认制度与清算义务人的损害赔偿责任制度性质迥异，两者的理论基础并不相同，只有在清算义务人怠于履行清算义务并具有法人格否认情节时，权利人方可择一适用。最高人民法院第9号指导案例出现法律适用错误的根源，在于忽略了《公司法》第二十条第三款与《公司法司法解释（二）》第十八条第二款所蕴含的不同法理逻辑。因后者没

---

① 参见柳龙超《公司注销中清算赔偿责任的司法审查》，载《人民司法》2010年第2期，第24－27页。

② 参见巫文勇《民事强制执行中有关股东权益处置问题研究》，载《河北法学》2010年第3期，第83－88页。

③ 参见高长久、钟可慰、朱颖琦《公司注销后股东未履行清算义务的责任承担》，载《人民司法》2010年12期，第38－41页。

④ 参见彭辉《非破产清算中清算组成员的损害赔偿责任研究——以〈公司法〉第一百九十条的法律适用为视角》，载《法律适用》2012年第3期，第81－85页。

有考虑复数股东间权利配置及债权人的权利限制，在实践中可能导致逆向选择以及规避该款的结果。①

有学者认为我国公司法及相关司法解释尚未明确公司清算义务人的清算责任、清算赔偿责任及清偿责任的诉讼时效问题。清算责任在性质上属于法定责任、行为责任，故不适用诉讼时效；清算赔偿责任和清偿责任属于侵权责任，应适用诉讼时效。在诉讼时效起算点的确定问题上，应当以侧重保护债权人利益为价值取向，以“知道或应当知道权利受侵害”时为起算点计算原则，同时结合清算赔偿责任和清偿责任的构成要件，准确认定不同案件中“知道或应当知道权利受侵害”的具体内容及举证责任分配。为完善公司清算制度，建议建立公司解散登记公告制度、设定清算终结的期限、明确清算义务人民事责任的诉讼时效期间等。②

有学者认为在清算义务人未履行清算义务的情况下，因公司已经出现解散事由，在配合清算义务人组织清算组成立的合理留守期间之后，其妥善保管并向清算组移交公司财产、账册、重要文件等资料的义务，在向清算义务人办理移交手续后转由清算义务人承担。债务人破产原因的出现并不是公司的解散事由，对未出现解散原因的债务人，清算义务人没有申请破产清算的义务。在破产清算程序中，负有妥善保管并向管理人移交公司财产、账册、重要文件等资料义务者，是破产法规定的公司法定代表人以及财务管理人员和其他经营管理人员。不能认为只要在破产程序中因债务人财产、印章和账簿、文书下落不明等无法清算就可以追究清算义务人的连带责任或相应责任。③

（三）公司清算义务的其他问题研究

有学者认为我国目前的清算制度存在以下问题：一是公司解散后尤其是公司基于违法事由被吊销营业执照、责令关闭或者被撤销后，在股东不主动清算，又无人提起强制清算申请时，可能出现长期无人清算而致大量“空壳公司”存在的问题；二是公司清算过程中，由于清算组成员意见相左等原因出现清算僵局而导致清算拖延时缺少解决机制；三是相关责任人之民事责任应进一步强化。我国公司清算制度的设计应当坚持清算效率原则，确立利益平衡理念，进行体系化设置，并完善“清算僵局”的解决机制，完善强制解散时迫使公司退出市场的机制，引入公司法人格否认制度，进一步强化清算义务人及清算人的民事责任。④

---

① 参见高永周《清算义务人承担连带清偿责任的法理逻辑——评最高人民法院指导案例 9 号案》，载《中南大学学报（社会科学版）》2014 年第 5 期，第 126－132 页。

② 参见姚蔚薇《公司清算义务人民事责任诉讼时效问题探析》，载《法律适用》2015 年第 4 期，第 103－107 页。

③ 参见王欣新《论清算义务人的义务及其与破产程序的关系》，载《法学杂志》2019 年第 12 期，第 24－31 页。

④ 参见焦红静《进一步完善我国公司清算制度的构想》，载《河北师范大学学报（哲学社会科学版）》2010 年第 4 期，第 50－52 页。

有学者认为我国关于一人公司在清理阶段对债权人利益的保护存在制度空白，应遵循以下路径完善相关制度：首先，强化股东的清算责任，以防一人股东滥用其强大的自主权；其次，对一人公司的股东在公司解散清算阶段（包括开始前的一段合理期间）处分财产的行为进行严格限制；再次，引入深石原则，阻挡控制公司使自己的债务首先得到清偿，从而更好地保护子公司普通债权人的利益，使破产法的公平分配原则得到最大程度的维护；复次，增加对公司清算中的欺诈性交易追究股东和交易人责任法律规定；最后，从公司债权人角度出发，建立公司解散清算的登记备案制度、公司解散清算期间债权人自治制度等。①

有学者认为保护公司债权人利益是确立公司清算制度的价值取向，是公司清算中的核心问题，也是稳定市场交易秩序和维护市场信誉的前提。目前，我国关于公司清算的立法都未为债权人利益的保护建立相应的监督机制有欠妥当。因此，该学者提出具体监督机关应当明确为人民法院和债权人（会议），其理由在于：人民法院是私法领域中所有纠纷的最终裁判者，其作为监督机关具有权威性和公正性，其更能站在超脱的位置对公司清算的过程和环节进行监控监督。同时，在私法领域，每一个理性的人都是自身利益的最好维护者，而公司清算的目的主要在于保障债权人的利益不受侵害。因此，债权人本身是其利益是否受到侵害的最佳判断者，也是其自身利益的最好维护者，其最有动力对清算过程的违法行为进行监督。②

有学者认为，在我国建立市场经济体制历史过程中以及现实经济发展过程中，出现了大量实际已被解散但是并未启动清算程序的公司，有学者将这类公司建议仿照、借用其他国家公司法的有关规定，称为“休眠公司”。该类公司的出现不仅扰乱正常社会经济秩序，还有可能损害各方利害关系人利益。同时，这类长期休眠的公司其实在某种程度上也会侵害部分股东的合法权益。在结合现实经济发展和法律规定的基础上，应采取具体类型化区分观点，以周延“休眠公司”之概念界定。关于“休眠公司”的法律地位，学者认为“休眠公司”仍然具有法人资格，但其公司性质和法律地位具有特殊性，需要区分类型和具体情况进行认定分析。③

六、公司解散与清算的其他问题研究

（一）制度建立问题研究

有学者认为我国公司法有必要建立非讼程序，部分的公司解散纠纷与清算纠

---

① 参见卢艳宁《一人公司清理中强化对债权人利益的保护》，载《生产力研究》2010 年第 9 期，第 127 - 128、第 152 页。

② 参见白莉《我国公司清算中债权人保护监督机制研究》，载《新疆社会科学》2011 年第 3 期，第 97 - 102、第 164 页。

③ 参见蔡秉坤《类型化视域下休眠公司界定及其法律地位探析》，载《甘肃社会科学》2013 年第 2 期，第 162 - 165 页。

纷案正亟待适用。在公司普通清算纠纷范畴中，清算人不能选任、清算人不适格又无法解任、清算人可否就清算事件申请展期、财务报表财产目录是否需要报备法院等事件，司法权需要介入，此种事件涉及公益，鲜有实体权利争议，且对时效要求很高，需要赋予法官较大的自由裁量权，非讼程序的司法介入方式最为适宜。而且这些事件的纠纷多数属于程序不能正常推进，或需要法院就某一程序事项进行判定，或仅报备法院而已，法院处理的事项以程序居多，法院依职权作出合目的性与妥当性的裁量显得尤为重要。①

有学者认为，随着风险社会所带来的现代风险的步步紧逼，现代法律义务扩张的总体趋势的不断加强，以注销切断公司和股东对债权人的法律责任制度受到质疑，“后公司义务”得到关注。履行“后公司义务”，可采取合理限制公司股东的有限责任、让其他主体承继公司遗留债务、将公司债务转移给其他公司或基金等方式，以保障利害关系人的合法权益。“后公司义务”实质是公司投资者和债权人的利益博弈，是刺激经济发展和维护社会公平的权衡，是投资者有限责任的逐渐萎缩和公民生存权的日益扩张。②

有学者认为依据我国公司法理论，公司终止后其法律人格丧失，其法律责任免除，公司违法犯罪行为的责任后果转由他人或社会承担，这显然有悖法律的公平和正义精神。而西方国家公司法立法例，公司终止后责任主体保留制度具有强大的生命力。为了使公司终止后，债权人主张债权、环境侵权的补救和公司犯罪刑事责任的承担如同公司终止前的状态，有必要在今后我国公司法中引进公司终止后责任主体保留制度。在入法设计的选择上，可以分为规范公司终止后法律责任的基本模型设计和运用公司法人人格否认制度在公司终止后追究股东责任的补充模型的设计。③

有学者认为根据我国司法解释的规定，在清算程序进行时和清算完毕，股东可向清算组成员提起代表诉讼。但法律并没有规定在清算程序中，股东可否以公司外部自然人或法人为被告提起代表诉讼。在实践中，已经开启的股东代表诉讼不应因为清算程序而终止。在立法论上，应当同时赋予股东以公司外部第三人为对象提起派生之诉的权利，弥补权利救济的缺失。④

有学者认为在公司解散清算阶段做出预先的制度安排，对于保障公司终止后预期环境侵权受害者的权益起着极为关键的作用。关于完善该制度，目前我国学

---

① 参见李建伟《公司非讼程序之适用研究——公司纠纷解决的民事行政路径分析》，载《中国法学》2010 年第 5 期，第 41 – 45 页。

② 参见王雪丹《“后公司义务”的法律建构》，载《华南师范大学学报（社会科学版）》2013 年第 2 期，第 116 – 121 页。

③ 参见赵峰《论西方国家公司终止后责任主体保留制度及启示》，载《现代经济探讨》2013 年第 6 期，第 83 – 87 页。

④ 参见张瀚文《我国股东代表诉讼的法律实证研究》，载《南方金融》2013 年第 7 期，第 85 – 91 页。

者多提出应借鉴《特拉华州普通公司法》第278条的规定建立“公司终止后法人资格延续制度”，但这存在对法条规定的误读，且无法保障经清算的公司仍然有清偿实力，进而无法从根本上使受害者的损失得到有效的补偿。该学者借鉴《特拉华州普通公司法》第280条至第282条中真正旨在保障预期债权人权益之内容，提出我国应确定适当的预期环境侵权救济范围，建立环境高风险公司解散强制清算制度，明确清算人对预期环境侵权受害者权益保障的职责，组建债权人会议，建立预期环境侵权受害者代理人制度，并在清算程序中为清偿预期环境侵权受害者做出合理的资产安排。①

有学者认为中小微企业在资产、负债、所有权、控制权等方面与大企业存在很大差别，导致其与大企业遵循不同的危机救助制度逻辑。应该单独为中小微企业的危机救助予以立法，以保护营运价值为基本原则，按照债务人与债权人谈判博弈的逻辑，建构起从庭外重组、重整到破产清算的完整制度体系。如庭外重组不成功，债务人可以选择申请破产清算；如重整不成功，程序自动转换成破产清算。中小微企业的破产清算以企业所有人为债务人，适用个人破产法。②

（二）制度修改问题研究

有学者认为，我国立法规定公司清算等重大决策必须经股东大会特别决议通过的制度设计有所不妥。危机企业股东决策动机中的利己主义倾向比较明显，债权人利益受损的可能性加大，现行立法没有考虑到有效的公司治理结构应该确保所有市场参与者在建立他们私人的契约关系时都是可信赖的。因此，应将公司的更多决策权如企业合并、分立、解散、破产或者变更公司形式等决定权赋予董事会，以保证公司的决议、决策动机中立和客观。同时，引入经营判断规则，充分发挥董事在危机企业治理中的积极作用。此外，需要完善重整制度，实现企业破产法由清算主导型的破产程序制度向再建主导型的破产程序制度转变。③

有学者认为当前我国的“僵尸企业”并未得到有效清理，法律机制也不够完善，针对“僵尸企业”的政策性破产是行政权力对司法领域的侵占，是对市场经济及其规律的违背，其本身也已经造成了对经济改革的极大阻滞。只有以市场化机制清理“僵尸企业”，在法治的轨道上坚持市场行为，才能促进企业的新陈代谢。该学者对此提出了一系列完善治理“僵尸企业”机制的建议：首先，政府应在“僵尸企业”治理中发挥积极、有效的职能作用，同时减少在“僵尸企业”治理中的行政干预；其次，完善市场退出机制，对“僵尸企业”依法进行破产清算或破产重组是必然途径；最后，为保障清理“僵尸企业”工作的顺利实施，必须

---

① 参见何佩佩、邹雄《公司解散清算阶段预期环境侵权之救济》，载《中国地质大学学报（社会科学版）》2014年第6期，第82－88页。

② 参见王佐发《中小微企业危机救助的制度逻辑与法律建构》，载《中国政法大学学报》2020年第6期，第114－128页。

③ 参见崔文玉《危机企业治理的法律对策研究》，载《政治与法律》2014年第2期，第123－133页。

充分配置人民法院的审判力量。[①]

（三）制度适用问题研究

有学者认为我国现行法律对公司解散、清算中股东权益保护问题尚缺乏直接、体系化的规定。笔者以《公司法》、《企业破产法》、《公司法司法解释（二）》以及外商投资企业相关法律法规等规范性文件的具体条文为例，重点分析、评述了现行公司法规范体系中与公司解散、清算中股东权益有关的规定，为进一步研究公司解散、清算中股东权益保护问题提供了规范性分析基础。[②]

有实务工作者认为各级法院要通过依法审理企业破产案件为供给侧结构性改革提供司法保护，并抓住机遇建立完善破产审判工作机制和相关配套机制，切实保障经济社会持续健康发展。首先要充分发挥破产清算程序在淘汰落后企业方面的积极作用，其次要建立完善破产案件审判组织。[③]

有学者认为妥善处置“僵尸企业”是供给侧结构性改革的重要任务之一，以破产法为核心的法治化手段是处置“僵尸企业”的重要途径。在破产法的应对路径中，要注意以下要点：政府应减少对企业的行政干预，避免干扰市场机制的运行；处置“僵尸企业”要精准甄别、因类施策，“重组救活为主、破产退出为辅”；多渠道化解破产案件“启动难”，避免代表落后产能、经营前景黯淡、救助无望且丧失市场竞争力的企业迟迟不进入退出程序。[④]

有学者认为不同于普通民法贯彻合同自由，“合同不自由”是公司法中的契约特性，而公司解散过程中的契约不自由是最为强烈的：首先，在公司解散过程中与外部订立契约处于不自由状态，只有在特殊情况下才能订立外部契约；其次，对公司内部关于清算及剩余财产分配的契约，公司也几乎处于被动状态，完全欠缺自由度；最后，在非自愿性解散程序中，公司的自由更是进一步受限。其根源在于公司法中的契约多为“组织性契约”，属“私法中的公共契约”或“私法中的团体性契约”，其意思自由及自己决定受到更多拘束。[⑤]

---

① 参见陈倩《在法治轨道上治理“僵尸企业”》，载《人民论坛》2017 年第 33 期，第 114 – 115 页。

② 参见刘镇《公司解散、清算中股东权益的有关规定解读》，载《财会月刊》2016 年第 1 期，第 189 – 192 页。

③ 参见杜万华《当前民事商事审判工作的九个重点问题》，载《法律适用》2016 年第 7 期，第 5 – 14 页。

④ 参见申来津、张中强《供给侧结构性改革背景下“僵尸企业”的破产法应对》，载《学术论坛》2017 年第 4 期，第 100 – 105 页。

⑤ 参见蒋大兴《公司法中的合同空间——从契约法到组织法的逻辑》，载《法学》2017 年第 4 期，第 135 – 148 页。

“公司解散、清算制度的发展完善与《公司法》修改”论坛实录

2020 年 12 月 26 日，《公司法》修改巡回论坛第十二场——“公司解散、清算制度的发展完善与《公司法》修改”，在广东省深圳市顺利召开。本次论坛聚焦于非破产情形下股东出资加速到期、公司司法解散、公司行政解散、公司强制清算、公司清算义务等问题，探讨相关制度的实践现状和立法完善。本书收录此次论坛实录，以飨读者。

【论坛第一阶段研讨】

第一阶段研讨由中国法学会商法学研究会常务理事、西南政法大学民商法学院侯东德教授和深圳大学法学院钟明霞教授主持。

李建伟教授发表的演讲主题是《中小股东权益保护与公司司法解散制度的修改》。李建伟教授指出，《中华人民共和国公司法》（以下简称《公司法》）改革未完待续，2005 年进行的《公司法》第一次大修是《公司法》的首次现代化，并将其形塑为普通公司法；2021 年即将进行的《公司法》第二次大修的深度、厚度、广度是空前的，《公司法》将与《中华人民共和国民法典》一同作为我国市场经济法律体系的支柱。

李建伟教授提出，如各位公司法学者担忧的那样，少数股东的保护依然是我国《公司法》的重点课题：首先，一个市场经济国家的基本法律体系一定是投资者友好型的，也就是要打造一个法治化、国家化、便捷化的营商环境。营商环境的本质是保护投资者权益而不是劳动者利益的整体制度设置。其中，投资者主要是指中小投资者。其次，营商环境相关制度的核心是商事法律制度，商事法律制度的核心则是投资者权益保护法律制度。我国在这方面的进步很大，在世界银行发布的《营商环境报告》中，我国在 190 个经济体中由 146 位进步至 78 名（2017 年）、46 名（2018 年），再到 31 名（2019 年，首次进入前 20%）。我国在中小股东权益保护单项排名的进步更显著，甚至带动了综合排名的进步。但其中也存在只是“书面”制度进步的问题。再次，《公司法司法解释（五）》点对点地解决股东保护尤其中小股东保护的剩余立法问题。控制股东、实际控制人作为实际的公司控制人，如果他们被管理好了，那么我国投资者的投资环境则会更加好。实际上，我国公司相比于英美等国的封闭公司，大股东欺压中小股东的现象没有本质的差别，但英美等国针对大股东侵害中小股东权益的情况提供了更完备的救济。如果一个国家的公平制度设计本身做得比较好，不允许寡头出现，那么，社会整个公平环境会比较好，公司的管制环境也相对较好。最后，我国《公司法》的核

心关注问题是控股股东和少数股东之间的利益冲突与治理，因此，《公司法》的重大任务是厘清股东间利益冲突及其治理的基本思路，其中一个关键是如何治理大股东侵害小股东权益的现象。

李建伟教授认为解散公司是股东最激烈、最后的“抗争”方式。公司司法解散制度的原意是应对公司僵局，现实中公司僵局更多地发生在股东势均力敌的情况下，在有大小股东的情况下，一般难以形成僵局。现在公司司法解散制度的最大问题是只能解决公司僵局，而无法解决股东压制。如何让受压制的股东提起公司解散诉讼，是研究的关键点。

通过实证研究，李建伟教授发现我国法官判决解散公司的比例相对较高，占比大概有四成，这个比例甚至可能比我国一审判决夫妻离婚的概率还高，这一统计结果令人吃惊。过往司法实践明确了“可以杀死一只下金蛋的鹅”的裁判规则，最典型的案例是最高人民法院第8号指导性案例——常熟凯莱实业公司案。在逻辑上，并不是公司盈利就不能解散，盈利不代表公司就一定正常运营。不过，《公司法》的司法解释“柔化”了司法解散的力度，引入的商事调解可避免过多的公司解散判决出现。《公司法司法解释（五）》第五条增加了无害条款、指导性条款和任意性条款，提供了多方的调解替代方案；增加了股东之间和解的手段和少数股东的救济手段。但实践中，调解的余地是很小的，这个司法解释看着很理想，但在现实中难以被适用。

李建伟教授进而提出，在公司解散、清算过程中也应注意保护中小股东权益，除了在大小股东的矛盾中要保护小股东权益，在中小股东和债权人之间也要维护一个微妙的权益平衡。虽然《公司法》规则更多是准入阶段的规则，但公司解散的时候也要好好地清算，不能不经清算就“人去楼空”，破坏经济秩序。《公司法》的应对方式是引入清算义务人概念：首先，《公司法》第一百八十三条规定了有限公司的清算义务人是全体股东。虽然有学者批评清算义务人应该指向董事而不是全体股东。其次，不履行清算义务最严重的后果就是全体股东对公司债务承担连带责任，这是比法人人格否认更严重的责任。如此操作可能会“冤枉”了小股东，因为他们往往不知情、不参与公司的运营，这时让他们和大股东一起承担无限连带责任可能并不公平。2019 年 3 月，最高人民法院在起草《公司法司法解释（五）》时，给出的是 9 个条文的草案，后来只通过了 6 个条文，其中未通过的 3 个条文是关于免除小股东清算义务的规则，但仅限于消极要件的情形。随后，虽然《全国法院民商事审判工作会议纪要（征求意见稿）》吸纳了相关规则，但它不仅规定了消极标准，还规定了积极要件，即小股东至少要做到“呐喊过”才可以免责，可以说免责的要件更加严格了。但在同年 10 月份定稿的时候，《全国法院民商事审判工作会议纪要》最终采用的是积极要件或消极标准，且增加了因果关系抗辩的免责通道，从要件论变成了情形论。

随后，李建伟教授针对前述问题指出了《公司法》的进一步修改方向：第一，公司解散事由不应仅有公司僵局，还应包括股东压制；第二，完善未依法解散的少数股东免责机制，并协调公司股东与债权人的利益矛盾。首先，完善控股股东、实际控制人的规制机制；其次，根据“两权分离”的程度，区分公司类型，进一步完善公司清算义务人规则。在有限责任公司中，清算义务人是全体股东，但要区分控股股东和少数股东，少数股东可直接免责；如股东与管理层不重合，则追究董事责任。对于公开的股份有限公司，比如上市公司，就应直接把股东的责任免除，由董事（会）承担责任。在国有公司中，一定要树立以董事为中心的思想。我国表面采取的是美式的董事义务和责任制度，但又没有赋予董事相应的权利（如美国公司法中赋予的权利），导致权责不统一。

兰才明律师发表的演讲题目是《破产程序中公司清算义务的主体范围、内容与责任承担》。兰才明律师指出，《公司法》规定的公司清算义务主体范围，与《中华人民共和国企业破产法》（以下简称《企业破产法》）、《中华人民共和国民法典》（以下简称《民法典》）和《全国法院民商事审判工作会议纪要》的规定存在一定出入，导致法律适用存在一定混乱。例如，在过往破产司法实践中，法院一般在破产程序结束后不再追究相关主体清算责任，而《全国法院民商事审判工作会议纪要》则规定破产程序结束后仍可追究公司清算义务主体责任，二者在司法实践中的原理和操作差异有待进一步研究。

韩长印教授发表的演讲题目是《公司清算义务的主体范围、内容与责任承担问题》。韩长印教授首先向与会嘉宾抛出了若干关于公司清算义务的疑问：公司清算义务主体的范围是什么？各个具体类型的清算义务主体的义务范围有多大？清算义务人的主要义务是组织清算，清算人是清算组的组成人员，主体范围的界定涉及义务的内容和责任承担。公司清算分为正常解散清算和破产清算，前者的义务主体主要是董事或部分股东或全部股东，后者的义务主体则主要指向全部债权人。而现行法律制度强化清算的集体义务，将来能否落实成个人义务？在非破产情形下，能否把义务加之于公司这个主体？在破产情况下，法定义务主体的范围是否应当扩大，而非破产情况下义务主体范围则相对限缩？

韩长印教授强调，不应当笼统地规定由全体股东承担清算义务，即便要承担，承担义务的方式可否交由股东会集体承担也值得进一步研究。韩长印教授特别指出，可排除于清算义务人之外的股东仅限于非实际控制人或非控股股东。而在其他清算义务主体中，公司董事的破产信义义务也应局限于清算过程中发生资不抵债之时，而非普遍适用。他还指出，违反清算义务所产生的法律责任是侵权责任、法人人格责任，还是董、监、高、勤勉义务违反而产生的责任这一问题需要予以明确，因为不同的责任基础所对应的责任性质也不相同。

主持人侯东德教授对三位演讲嘉宾报告的理论研究意义与实践启发价值予以高度评价，并提出了三个见解。

第一，非破产程序和破产程序确实有很大区别，但也涉及衔接问题，在公司

解散、清算过程中出现资不抵债就会转为破产程序。在破产程序中，将公司清算义务人定为股东和董事意义不大，此情形下公司财产都会交由法院或管理人管理，股东和董事一般话语权有限。对于股东而言，如果要其把出资的资产拿出来用以清偿债务，还要其承担清算义务，不太公平。股东和董事应当仅需在破产程序中履行协助法院或管理人管理的义务，而不是直接承担清算义务。清算义务应该由管理人来承担，或许用管理人的诚信义务替代它。建议全国范围内的破产管理人制度、破产法律法规对此应当加以明确，否则实践中将产生严重的问题。

第二，清算义务人在非破产情形的解散中应当如何确定的问题。现在法律是从形式上确定由股东和董事承担清算义务，清算义务人甚至还可能包括总经理，但未来能不能加入一个“受益人”的概念？即实际、最终从公司获取红利的人，就应当被认定为清算义务人。特别是考虑在企业集团、交叉持股等复杂情况下，通过层层穿透要求实际控制人担责，这样更有利于保护债权人利益。

第三，是否所有要关闭的公司都要经过严格的解散清算程序，比如说“僵尸企业”的清理是否必须开展解散和清算，这个答案是否定的。事实上，有些公司的解散就是为了出清“僵尸企业”，这些公司已经没有实际经营，在财务上也没有盈余。如果是公司财务和财产分配方面没有争议的企业，应当允许网上快速注销，减少程序负担，因为如果需要“僵尸企业”恢复正常的公司治理状态（比如恢复股东会、董事会等的正常运行）才能清算，存在浪费资源的问题。

深圳大学法学院蔡元庆教授、西南政法大学人工智能法律研究院王首杰副教授、深圳市高新投集团有限公司首席合规官兼法规部部长董立群、加利福尼亚大学伯克利分校法律科学博士候选人黄志成对三位演讲嘉宾的发言作出了点评。

蔡元庆教授对李建伟教授有关中小股东权益保护制度的研究思路予以高度评价。

首先，股东压制作为公司司法解散事由具有必要性，但在制度设计上，其应当与现行《公司法》第一百八十二条规定公司僵局导致司法解散的事由区别对待，因为它们的立法目的存在差异。

其次，应当完善职业经理人制度。蔡元庆教授赞同强化公司治理的思想，并认为对于刚才提到的解散清算问题，如果有职业经理人，在公司清算义务人究竟是谁的问题上纠纷就会少很多。但关于这个话题还有很多研究空间。

最后，对于清算义务的问题，公司法所谈到的清算义务和成立清算组的义务，应该是不同的义务。因此，没有成立清算组的后果和没有清算的后果，是有所不同的。

王首杰副教授认为，李建伟教授谈论的话题非常具有研究价值。从社会事实上看，上述问题是常见的；从制度事实上看，这方面的制度确实欠缺。至于规制所需达成的目标，总体应该围绕保护弱者的制度逻辑展开。在司法解散的时候，公司主体性消灭的时候，应该保护谁？怎样保护？如果出现保护冲突的时候，应该怎么平衡？这些问题都值得深思。随着司法判决公司解散的比例提升，强调在公司解散中保护中小股东权益的话题便愈发有意义。同时，在公司司法解散场景中还涉及破产重整。以上逻辑都论证了在司法解散场景中，中小股东利益保护的正当性和重要性，但相应的制度细节还需要进一步思考。至于清算义务主体违背义务的责任内容、顺序、范围以及清偿顺位等程序性细节应如何设计，仍有待进一步研究。

董立群女士针对三位嘉宾的发言提出了她的几点思考：第一，现实中，中小股东推动清算程序是十分困难的。就其公司的例子而言，近年来他们总共生成了16家“僵尸企业”，但只有一家是通过清算方式退出的，而且原因很偶然。中小股东在公司清算程序中能够发挥的作用更是少之又少。第二，中小股东在现在的立法体例下，很可能被所投公司债权人追索，这是不能容忍的。这最终会导致经营受很大影响，甚至要股东出售自己名下的物业偿还债务，这对创投行业是很大的伤害。第三，创投行业已进行了很大创新，希望立法和司法界对创投领域的创新条款进行更多的保护，这样才能促进股权投资的发展，降低社会负债，目标是像英美法领域的商事法律制度一样，促进资本市场快速发展。最后，董立群女士希望大家能共同研究和制定适应性更强、前瞻性更高的法律规则，以解决社会实践中出现的问题。

黄志成博士提出两个新观点：第一，世界银行公布的营商环境指数不一定具有参考价值。首先，这个评估方式很有可能是“测不准”的，因为评估者对各国法律的理解存在偏差。其次，即便假定测得准，测试的对象本身是会变动的，进而也将影响结果。比如，稳定的资本市场和不稳定的资本市场，资本市场（投资者）和整体经济（劳动者）。第二，股东压制问题是否必须专门立法解决，仍值得商榷。比如被学者奉为“圭臬”的美国特拉华州公司法就没有对股东压制作出特殊的规制，而是统一采用商业判断规则。股东要想得到特别保护就应事前明确，而不是让司法事后调整。从经济的角度考虑，有限责任公司的信任度很高，由此带来更低的交易成本。面对股东压制的方案大致可遵循两种思路：其一，认为大股东对小股东存在一个高强度义务，置少数投资者的利益先于大股东的利益甚至公司的利益，这能否保证效率是存在疑问的。由此引发的思考是：如果小股东想要选择高强度的信义义务，就不应该选择公司形式，而应选择合伙。其二，一个新的标准——合理期待标准。所谓合理期待，可以分为合理与不合理的两类：一类是可以明确合理期待的内容，比如罚款；另一类是不明确合理期待的内容，比如解雇小股东、拒绝股东分红。但在某种程度上，合理期待标准在实践中不是很有效，最终还是会回到或为强度保护或为有限度保护的路径。

【论坛第二阶段研讨】

第二阶段研讨由华南理工大学法学院张瀚副教授和广州市越秀区人民法院原

院长叶三方主持。

朱慈蕴教授发表的演讲题目为《非破产情形下股东出资加速到期制度的发展与不足》，她指出，实践中股东在非破产情形下“实质”逃避出资义务的现象较为常见，因此有必要讨论该情形下股东的出资加速到期问题。

第一，加速到期的适用场景有两个条件：一是用于封闭公司，二是认缴情况下该封闭公司无法清偿到期债务。《全国法院民商事审判工作会议纪要》规定了两种适用股东出资加速到期的情形，其中一种情形为“公司作为被执行人的案件，人民法院穷尽执行措施无财产可供执行，已具备破产原因，但不申请破产的”。但这与前面提到的公司无法清偿到期债务情形下适用加速到期的规定不同。此外，公司的债权人一般会权衡用何种方式进行追债，考虑到单个追债的方式不涉及他人，执行成本也比较低，因此会倾向于选择单个追债方式。尽管存在着可能会被撤销的风险，但债权人很少提前考虑到该风险因素，也缺少启动破产程序的激励。若按《全国法院民商事审判工作会议纪要》之规定，具备破产原因但未申请破产的公司适用股东出资加速到期，将不利于其他债权人的追偿。此时，正确的做法应当是启动破产程序，使全体债权人公平受偿，若是能通过个别财产执行使债权人受偿，那也没有适用加速到期的必要了。可见《全国法院民商事审判工作会议纪要》对公司偿债的理解存有偏差。

第二，股东出资加速到期制度必须和认缴制关联，因此，我们要重新认识认缴制。2005 年时《公司法》规定可以有 50% 的注册资本认缴，一般认缴时长最长为两年。正是因为有两年认缴期的限制，逃债现象还比较少。但现在的《公司法》不规定期限，逃债情况随之增加。然而，认缴制没有改变股东的出资义务，这种出资义务是法定的，因为股东必须以出资为前提得到股权。这虽然是合同约定，但该约定一旦发出是不可以随意撤销的。在《公司法》的制度中，认缴出资额的改变依然需要通过公司减资程序和债权人公告程序。

第三，在破产过程中，所有未到期的出资债务加速到期，且不可以与其他债务相抵消。在此过程中，当然还存在合同的约定，比如认缴就是出资人与公司的合同约定，但这种对价关系只能约束到公司，不能影响到债权人。

针对上述存在的问题，朱慈蕴教授建议在未来修改《公司法》时需修改出资认缴制，直接引入股东出资加速到期规则。此外，还强调需关注认缴制情形下的股权转让，既然股权转让也包括了债务转移，股权转让应当征得公司的同意。

陈向科法官发表的演讲主题为《僵尸企业/濒临破产企业清理与解散制度的司法适用问题》。结合司法实践，陈向科法官梳理并简析了近年来“僵尸企业”清算程序中几个法律适用的争议问题。

首先是僵尸企业清理路径的选择问题。存在强制清算原因及破产原因竞合时，僵尸企业清理路径的选择，主要涉及关于《全国法院民商事审判工作会议纪要》第 117 条的理解与适用。但有部分问题并未明确，例如，在企业法人解散但未清算，破产原因和强制清算原因存在竞合的情况下，债权人是否具备选择权。再如，同时具备强制清算原因和破产原因的国有“僵尸企业”，其清算路径的选择。

其次是自行清算程序与破产清算程序的衔接问题。自行清算成立的清算组是否都具有向人民法院申请破产清算的主体资格？实务中有两种情况：一种是自行清算成立的清算组，其成员并不是股东，也不是公司的员工，在这种情况下能否以清算组的身份申请公司破产？另一种是清算组的成立符合《公司法》规定，由股东组成，但成立后马上向人民法院申请债务人资不抵债，要进行清算。

再次是自行清算的清算组组成经法院审查后符合法律规定且债务人具备破产条件，自行清算程序转破产程序时，清算组如何与破产管理人衔接的问题。若经审查，自行清算转破产清算符合受理条件的，进入破产程序后能否对自行清算阶段的债权申报、财产调查等清算工作结果予以吸收？陈向科法官认为，上述问题的解决应当向市场化和专业化的方向努力，规定由社会中介机构来担任清算组或管理人，以实现统一化与规范化。

最后是强制清算程序与破产程序的衔接问题。《公司法》第一百八十七条中“申请宣告破产”是否意味着在强制清算程序转入破产程序时，破产程序对强制清算程序的清算成果予以认可后即可直接吸收？在前述破产程序可以对强制清算程序的清算成果予以吸收的基础上，强制清算程序转入破产程序，其转入的节点是否必然为“宣告破产”？对此，陈向科法官认为，只有在清算的程序符合法律规定之时法院才予以认可。

王莺翘科长发表的演讲题目为《僵尸企业/濒临破产企业清理与公司行政解散制度的修改》。王莺翘科长回顾了深圳在企业退出和公司解散、清算方面的实践情况：第一，近年来，深圳率先实施了简易注销程序，主要特点在减材料、时间、成本，免清算组备案、清算报告，企业的公告时间由45天改为20天，直接在企业信用信息公示平台公告即可，提高了办事效率。第二，以往破产企业在注销时会遇到的一些难题，例如，工商执照缺失、对外投资和分支机构不能清理完毕。面对上述情况，法院可能会启动简易清算程序，免于做清算报告，也允许对外投资和机构存在股权质押的情况下允许办理注销登记。第三，特殊情形下代位注销，允许股东投资人或技术主体代替子公司股东行使权利。第四，部分企业是好企业，但下属子公司可能有较多的“僵尸企业”，这些失联/僵尸商事主体占用字号资源，降低政府治疗效能，在银行的信用惩戒连累了母公司，令这些企业重组遇到困难。但是当下并没有完善的制度能够解决这些问题。王莺翘科长介绍了深圳市为解决上述难题所推出的创新，即商事主体除名和依职权注销制度。结合深圳经验，王莺翘科长对公司解散和清算制度提出修改完善建议：一是增加依法除名为公司解散情形；二是对公司清算情形进行分类，如简易清算、一般清算、破产清算、强制清算，按类别进行细致规定；三是对公司注销情形进行分类，如简易注销、一般注销、依职权注销等。

主持人张瀚副教授对上述三位演讲嘉宾的报告作了总结：朱慈蕴教授关于非破产情形下股东出资加速到期的观点较之《全国法院民商事审判工作会议纪要》的相关规定，规制力度更为宽松；陈向科法官关注了自行清算与破产制度的衔接、强制清算与破产制度的衔接等问题，并从法律适用角度分析，值得对法院持有态度的深层次原因进行研究；王莺翘科长从行政法的角度介绍并分析了具有开放性、创新性的“深圳经验”，观点令人印象深刻。

广东外语外贸大学法学院刘洪华副教授、广东邦德尔律师事务所副主任彭学武律师、东莞理工学院城市学院丛珊讲师、惠州学院政法学院危兆宾副教授对三位演讲嘉宾的发言作出了点评。

刘洪华副教授认为，股东出资加速到期问题涉及公司利益相关者利益的平衡与交融，而基于价值平衡构建股东出资加速到期制度也符合《公司法》调整市场秩序的本义。

彭学武律师则对此持相反意见。彭学武律师认为，非破产情形下的股东出资加速到期是内部协商问题，法律不应要求股东出资加速到期。也正是因为暂时的资金短缺或积极的未来预期，股东才会在公司最初设立时选择认缴出资，因此应尊重股东的意定选择。

丛珊讲师认为朱慈蕴教授所提到的股东出资加速到期制度的适用场景和具体规则设计具有很强的启发性，并提出进一步思考：第一，还需考虑有关股东出资加速到期的制度建设路径，是从硬法角度来明确股东出资加速到期规则，还是从软法角度把侧重点放在加强公司的信息公开方面。第二，关于是否要取消认缴制，以及是否对认缴出资设置最长期限的问题。丛珊讲师指出《公司法》创设认缴制的经济效果已经彰显，促进了市场的投资热情。关于认缴期限问题，如果公司经营得较好，期限长也不是问题，因此不能简单地通过设置最长期限来解决问题。丛珊讲师提出其个人偏好加强公司资本变动中的信息公开制度建设，让债权人有更全面的判断。第三，关于股东出资加速到期是否应该以硬法制度来实现的问题。丛珊讲师主张更应从软法角度构建引导性规则，而非侧重于硬性规定非破产情形下的股东出资加速到期制度，否则可能违背公司自治原则。第四，关于公司的信息公开制度问题。如果不设置最长期限，仅是讨论设置最长期限能否与公司人格否认规则进行对接的话，那么，值得进一步探讨的问题则是“何种情形下股东约定的过长认缴期限可以作为适用公司人格否认规则，从而实现股东出资加速到期的规制目的”。

危兆宾副教授从公司法的价值判断角度提炼了三位演讲嘉宾的发言内容：首先，股东出资加速到期、“僵尸企业”清理等具体规则设计最终都要回归到价值判断问题，即《公司法》规则设计应当基于什么价值考量？是股东价值保障，还是保护债权人利益？从内部股东的角度还是外部债权人的角度出发？如果强调从内部股东的角度出发，那么就涉及了股东出资的约定和法定义务，仅当损害到外部债权人时才是法定义务，否则仅涉及股东之间的内部契约。很多时候《公司法》对保护外部债权人利益给予了更多的制度安排，而公司内部股东和外部债权人之间的张力关系值得更深入研究。而对于“僵尸企业”清理问题，自行清算、强制清算与破产清算的衔接，同样涉及利益的平衡问题。“僵尸企业”的认定标准为何？清理的利益取向为何？是“为清理而清理”还是保护中小股东或债权人权益，还是维护社会整体利益？这些问题都需要继续探讨。未来《公司法》的修订中也要有系统理念，不能只是关注制度设计的某个点，或维护某一方利益而修订。尤其是在僵尸企业的清理中，应当考虑各方利益，体现系统思维。

朱慈蕴教授对上述与谈人的点评予以了回应。朱慈蕴教授认为引入非破产情形下的股东出资加速到期制度，关键不在于利益如何平衡，而在于回答：是通过破产抑或是股东出资加速到期制度解决问题？商法中有企业维持的理念，企业达到了申请破产的条件就可以申请破产重整，使企业在不受到债权人“个别干扰”的情况下重生。但 2005 年《公司法》已经把破产程序推延至事后阶段，让企业可以在不用进入破产程序的情况下处理认缴出资未实缴的资本不足问题。而且破产程序成本太高，此时股东出资加速到期制度的优势就更为突出。至于最长认缴期限规定设置为五年还是更长的问题，考虑到公司正常运转的情况下可以通过股东会决议继续延长期限，这个制度的关键也不在于股东和债权人的利益平衡，除非涉及滥用公司人格之情形。

【论坛第三阶段研讨】

第三阶段研讨由中山大学法学院于海涌教授和暨南大学法学院廖焕国教授主持。

蔡伟副教授发表的演讲题目为《解散、破产、清算间衔接与公司强制清算制度的修改》。蔡伟副教授通过梳理司法实践的观点，提出了公司清算所需经费如何保障、中小股东能否申请公司清算、公司清算义务的具体内容和范围限制等诸多实务疑难问题，主张相关问题的解决需要关注市场自主与政府强制之间、公平与效率之间、不同市场主体之间的关系，并重视清算相关实践的统一程序问题。

第一，对于企业开展清算程序的经费来源问题。截至 2020 年 7 月底，全国登记注册的市场主体已经达到了 1.32 亿户，其中，企业数量 4110.9 万户，规模以上企业 36.81 万家，99% 的企业为产值 2000 万以下的中小微企业。法律要求已经经营不下去的企业还要承担这笔清算费用，经费能从哪里来？在必要性和可行性方面存在多少问题？而深圳推行的企业简易注销程序可能是一个不错的制度选择。此外，行政监管机关可以适用除名、直接吊销的方式实现市场主体的退出，但此时债权人等向股东或高管追偿的权利如何实现？是否一定要清算？预收清算费用和清算组报酬的法律基础又在哪里？如果企业完全没有资产，该怎么办？上述理论和实践问题值得进一步研究。

第二，申请主体的问题。《公司法》仅规定债权人可以申请清算，申请清算的法定主体没有涵盖股东。《公司法司法解释（二)》则规定债权人未提起清算申请，公司股东申请人民法院指定清算组对公司进行清算的，人民法院应予受理。由此产生了一系列问题：小股东是否可以申请清算？对于申请清算的股东的持股比例是否应当设立门槛要求？是否需要参照股东会决议的要求？对提起的时间是否有限制？上述理论和实践问题值得进一步研究。

第三，清算义务人的问题。《民法典》规定了清算义务人未及时履行清算义务，造成损害的，应当承担民事责任；主管机关或者利害关系人可以申请人民法院指定有关人员组成清算组进行清算。问题是：公司章程是否可以自主确定？违反义务需承担什么样的责任？义务和责任的基础是什么？针对以上问题法律目前尚未明确规定。此外，董事会是集体决策机制，类似施加了连带责任，但连带责任是不公平、不合理的。董事也会出现和股东一样的问题。公司人去楼空、无法清算的现象非常普遍，属于根本无法清算的情形。而不清算就注销公司的行为，具体产生了多大的经济和社会危害，目前也尚无实证研究。

第四，统一清算领域的立法问题。法律上更清晰的规定在定分止争方面可能可以起到更大作用，公司自行清算时的法律程序，包括清算组的选任、就任、更换，以及股东或债权人对财产评估报告有异议时的处理方式等，在实践中的操作千差万别。法院依职权调查的范围、方式等，在司法资源有限的情况下，如何统一程序也是个问题。

第五，是否需要区分企业的规模、类型或者区分不同类型的清算的问题，以及如何实现繁简分流、兼顾效率和公平等问题。

第六，关于公司清算的税收征缴问题，应当充分发挥电子政务和信息网络等技术在这过程中的助力作用。

杨洲律师发表的演讲题目为《公司解散与清算制度的“深圳试验”与“深圳示范”》。杨洲律师重点介绍了深圳市人大及其常委会、法院、行会协会商会等在公司解散与清算领域的各类先行先试经验，并结合《深圳经济特区个人破产条例》的颁布和实施，对未来政府破产管理局和公职管理人的功能作出了展望。

杨洲律师以2005年《公司法》修订前与2007年《破产法》实施前为分水岭，划分了“深圳经验”的两个阶段。

在第一阶段，1995年7月26日，深圳市第二届人大常委会第一次会议通过《深圳经济特区企业清算条例》，开创了市场化选任清算组成员的先河。自行清算是由董事担任清算组成员，由有权机关解散，由相应机构进行清算。配合第一轮企业出清，成立了大量国有清算公司。1994年，深圳成立破产庭，深圳至今没有由政府主导的清算组成员，属于完全市场化的操作，早在清算法律法规不发达的年代就清理过三个大型证券公司。可以说，深圳是破产审判和清算人才培养的“黄埔军校”，培养了大量清算人才走向全国。在第二阶段，深圳市中级人民法院实施了大量先行先试的工作。2008 年《深圳市中级人民法院公司强制清算案件审理规程（试行）》、2010 年《深圳市中级人民法院关于审理强制清算案件若干问题的指导意见》、2015 年《深圳市中级人民法院公司强制清算案件审理规程》的出台与实施，把公司清算的相关法律落到实处。2020 年破产庭成立和深圳管理人协会成立以来，更是有大量新制度推出。另外，管理人协会积极进行行业自治，制定了如《深圳破产案件财产网络拍卖公约》《深圳破产管理人银行账户管理公约》等公约。

杨洲律师提到，2021 年《深圳经济特区个人破产条例》即将施行。破产事务管理部门设立的局级单位能够解决破产主体退出的资金问题，或许可以为法院或管理人提供相应的经费支持，希望未来政府的破产事务管理部门可以协力解决破产经费的保障难题。此外，《深圳经济特区个人破产条例》草案里规定了公职管理人，虽然最终通过的条例里并没有该规定，但仍可考虑对类似公职律师一样进行赋职赋能。

王芳法官先是简短地分享了她对于论坛其他演讲嘉宾的发言中关于清算义务人问题的一些观点。王芳法官认为，前面报告的嘉宾在列举清算法律法规，如《民法典》《公司法》时，遗漏了《企业破产法》；对于有学者提到了“法律管了企业的出生，但没有管企业的死亡”，认为其中可能存在个别误解。《企业破产法》所规范的破产制度不仅包括企业破产清算，还包括有利于实现公司继续经营的破产和解以及拯救公司、激发活力的破产重整。因此，《企业破产法》存在多元制度和多元价值。

随后，王芳法官发表了题为《公司高管的法律职责与清算义务———以公司法与破产法衔接为视角》的演讲。王芳法官首先总结了深圳法院所受理的破产案件类型。深圳法院在审理破产案件方面是国内的先行者，大家普遍关注的是问题是“有产可破”。但结合实践来看，深圳市中级人民法院自 2017 年以来，受理了大量“执转破”案件，其中最大的问题却是“无产可破”。王芳法官通过梳理分析发现，造成无法全面清算的原因大部分都是股东下落不明，以至于股东无法监管到公司财物和账册；另一个原因是只联系到不参与经营的小股东，而其亦声称无法协助清算；还有一个原因是虽然股东配合清算，但是资料不全，或者只能提供三年内的资料，但企业实际上已经经营了十年，历史资料严重缺失的问题较为棘手。王芳法官认为，之前的“执转破”案件有相当一部分无法注销的企业，自从 2020 年开始，很多案件可以实现简易注销。但是普遍存在一个问题：公司财务出问题之后通过简易注销或者行政机关的行政注销，便退出了市场，这是否意味着破产清算成为逃债的可能途径？以前《公司法》的修改没有考虑到与《企业破产法》的衔接，以至于《企业破产法》只有一条规定了公司有关人员需要配合清算，至于清算配合的程度、基本内容等都没有明确。《公司法》和《民法总则》中给清算义务人设定的职责是组织清算、提起清算，但相关规定的实践效果不佳，因为

法律没有规定清算配合义务。即使法律规定特定主体应当配合清算义务人开展清算工作，清算也难以最终完成，因为难以强制这些主体配合清算工作。王欣新教授曾指出清算义务人要分成启动清算义务人、实施清算义务人以及协助配合清算义务人。《公司法》目前没有明确规定清算义务人的具体类型和义务范围，清算义务人中哪些人员有提起清算的义务、哪些有配合清算的义务。目前来看，公司出现破产原因直到债权人申请破产这个中间阶段，各个主体的权利义务是不明确的。破产阶段管理人接管后，再去追究协助清算义务人不履行义务的赔偿责任，也是没有法律依据的。在过往深圳市中级人民法院处理的案件中，就有公司在被申请破产清算的时候，早已触及破产原因多年，但这段时间内高管、股东全都不再参与公司经营活动。王芳法官认为，我国法律在现行条件下不能将股东排除在清算义务人的范围之外。《民法总则》规定清算义务人就是决策机构和执行机构，《公司法》在修改过程中不应矫枉过正，而应当考虑将控股股东、实际控制人认定构成配合清算义务人。

王芳法官指出，公司清算制度的另一个问题是，大量公司没有正常退出程序。究其原因，“执转破”案件最早有一个援助基金制度，但近年援助基金的资金已大幅减少。这个基金池由政府和拿到报酬的管理人出资，目前来看远远不够，而且这种制度相当于政府和其他管理人“帮”债务人还债，存在法理缺陷，造成这种现象的原因主要是法律不完善。“深圳经验”中的行政清理程序是很好的探索路径，但是缺少设立一个明确的清算义务人。如果企业在工商信息网站上已经注销了，那么就应当明确说明哪些主体是清算义务人，确定并公示承担清算义务的主体可方便受损债权人进行追偿，这才是完整的法律体系。王芳法官建议，在《公司法》修改之时，从事企业破产法和公司法研究的专家学者们可以共同探讨一下清算义务谁来承担，以何种方式承担，承担什么责任才能督促其履行这个职责等问题。必要的时候，可与刑法等部门法的规范内容形成联动。

中山大学法学院廖艳嫔副教授、广东神朗律师事务所主任汪道伟律师、广东金融学院法学院高菲讲师、广东君厚律师事务所合伙人孙琳玲律师、中山大学法律经济学研究中心副研究员余斌博士、深圳大学法学院薛波助理教授对上述三位演讲嘉宾的发言作出了点评。

廖艳嫔副教授认为，蔡伟副教授从不同利益分配的视角分析了公司清算的问题，涉及多市场主体的利益，之后的两位演讲嘉宾则强调了政府在此过程的角色作用，其中回应了市场主体的一个重要考量，即费用承担和社会发展的问题。有学者提到了深圳实施的简易注销制度，其实是没有追究到相关股东的连带责任的。那么，能否推出一个简易清算？此时如何平衡效率与公平价值？这些问题仍有待探讨。另一个问题是，刚刚提到《民法典》中清算人的民事责任能否通过章程约定，是连带责任还是过错责任的问题。任何清算人当然都要承担过错责任，在此情况下清算人举证证明不具有过错的要求很高。而相关责任在《民法典》实施之后，肯定要法定化、规范化。廖艳嫔副教授认为，深圳市的优势一个在于高度市场化，另一个是习惯作为法律渊源，商法实践中有商业自治规范，应当继续推广，将习惯作为一个法律渊源，可用以明确清算人的过错标准。

廖艳嫔副教授对王芳法官的报告点评道：针对清算义务人问题，是否可以在立法中确立穿透原则。《公司法》和《企业破产法》两者要联动，如何联动是一个难题。最后就是通过穿透，包括《企业破产法》中规定董、监、高造成破产也有责任，虽然没有明确规定是违反注意义务产生的责任，但这和《公司法》的义务是什么关系？廖艳嫔副教授还补充了清算义务人的具体情况，一种是股东，一种是实际控制人但不是股东，二者的明确对《企业破产法》相关规则的准确实施也有着较大影响，廖艳嫔副教授认为应当明确二者各自的具体情况。

汪道伟律师认为，在清算纠纷的典型场景中，往往存有一方强势和一方弱势，但也有可能中小股东和债权人同样都是受害者和弱势群体。以往《公司法》重视债权人利益的保护，但是近几年的理论实践表明，公司股东的利益也可能受到不当损害。此时，法律如果要求一个受害者补偿另一个受害者的损失，存在合理性问题。在《民法典》颁布实施以后，按照习近平总书记的指示，以后的司法活动、行政行为都要尊重私权利。因此，双方弱者都应当获得补偿，但如何实现仍然是一个问题。公司制度是社会科学领域最重要的发明，其中最重要的是股东有限责任制度。在此基础上，股东的责任就是出资，《公司法》没有规定股东的清算义务，司法解释则施以股东更多的义务，要求股东关注公司的日常运作和财务账簿。这个义务的增加是否与《公司法》的立法本意相违背？是否公平？最后便是法律冲突和适用的问题。《民法总则》和《公司法》的法律适用关系是如何？这些问题也值得进一步探讨。

高菲讲师对上述演讲嘉宾提出了若干追问：第一，深圳市先行先试推出了简易注销制度，只是要求签订股东承诺书，而没有履行清算程序。如果遗漏了债权人，其可以要求股东承担连带责任，那么，此时股东应当在什么范围内承担责任？未实缴出资的股东在出资期限未届满时，应当在什么范围内承担责任？如果公司存在盈余分配，是否在财产分配的范围内承担责任？第二，在穿透监管之后，区分的应该是控制人和非控制人的问题。第三，实务中破产人的持股公司发生流派，就要转入清算程序。然而，清算过程存在很多的困难，如果强行清算会影响破产期限，那么能不能简易清算？如果按照简易注销的规定，股东已经破产，还承担什么责任？有没有推出简易清算制度的可能性？简易清算的适用条件是什么？

孙琳玲律师提出应当关注实践中公司最终实际控制人分别为国资委和自然人的不同情形下，公司清算义务的制度设计异同问题：第一，从实务来看，非诉项目中的实际控制人只会有两个，一个是国资委，一个是自然人。孙琳玲律师提出，对于国有企业里董、监、高清算义务和个人连带责任，包括职工董事和职工监事的相关义务与责任问题是否应当一概适用《公司法》的一般规则？目前，国资管

理系统、国有股东的股东会决议、任命规则和《公司法》的一般规则不一样，因此可能需要特别考虑国有企业的清算义务规则设计。第二，私募基金的形式包括公司型、有限合伙型，还有一种是契约型，其实务中所涉及《合伙企业法》的内容比较多。其中，有限合伙企业的清算将会带来一大批投资项目的清算。公司型基金的清算按照公司法组织架构，基金管理人需要承担很大的责任，现在可能通过委托代理规则解决这个问题，即适用自行清算规则。然而，不属于公司章程和《公司法》规定的其他清算规则或情形，在未来可能也会是一个问题。

余斌博士指出，公司清算和解散的衔接不仅是程序的衔接，还是实体权利的衔接。股东提起清算、解散，只是诉由，要求取回投资款、获得赔偿这才是诉讼的实质内容。各类公司出现僵局，比如股东要求取回投资款、股份回赎、异议股东请求公司回购股权这类诉讼，目前《公司法》规定并不完备。当股东要求退股的诉讼请求没有获得支持，股东能否提出清算或解散之诉呢？以公司拒绝协议回赎股份为例，尤其对赌协议当中，可回赎股份具有股债双重属性。当股份回赎条件触及的时候，公司以无合法可用资金或者以其他理由拒绝回赎股份的时候，股东提起股份回赎履行之诉不被支持，能否提起清算的诉讼？因为公司僵局和股份回赎诉讼在如澳大利亚公司法等境外公司法有相关规定，因此，在相关国家的诉讼当中确认立法依据不是问题，而更应关注的是如何通过判决既给予股东获得权利救济的期望，也给予公司监督的压力。

薛波助理教授赞成王芳法官的观点，提出《公司法》与《企业破产法》要有效衔接。早在2013年，王保树教授就提道《公司法》和《证券法》应当进行联动修改，因此，薛波助理教授提议《公司法》与《企业破产法》应当一揽子修改，以形成紧密联系的整体。

王芳法官对上述与谈人的提问进行了回应。王芳法官提到南京法院对于破产企业对外出资的纠纷解决问题曾颁布了一个复杂的司法文件，而深圳法院处理类似纠纷的重要思路，是如何通过债权人会议决定这一问题的处理方案。按照《企业破产法》的有关规定，如果企业确实有价值，比如还在经营，管理人会要求公司人员配合审计评估。但实践中管理人往往会遭遇公司人员不配合的情况，此时需由法院出具协助函，要求提供审计资料，倘若仍然不配合，可以采取民事诉讼强制措施。《公司法》修改中对股东、高管的权利义务应当是相当的和公平的，清算义务应该分为提起清算义务和配合清算义务。

【闭 幕 仪 式】

论坛闭幕仪式由中山大学法学院于海涌教授主持，中山大学法学院董淳锷副教授对本届论坛进行了总结。

本次论坛的主题选择了“公司解散、清算制度的发展完善与公司法修改”，不同于公司法的其他制度板块，公司解散和清算制度服务的是公司“生命的终结”，其立法及其操作施行的科学性和精细化程度，看似并不直接对市场经济繁荣和市场主体活力贡献几分，这一领域也成为公司法研究中的“隐学”。但由于种种原因，我国公司的“生命线”都不乐观。《财富》杂志曾公布数据显示“中国中小企业的平均寿命仅2.5年，集团企业的平均寿命仅7到8年……中国（每年倒闭的企业）有100万家”，凸显实践中对公司解散和清算制度供给的旺盛需求。

公司进入非自愿解散和非自愿清算阶段，即意味着该公司的人合性或资合性要素，或其工具性价值被法律所否定，此时，公司往往面临人事动荡或财务困境，公司治理机制陷入僵局，或可描述为公司已“病入膏肓”，再一贯秉持公司法的传统私法属性而强调自治、“自愈”并非上策，因而公司解散和清算制度是公司法“公法”属性或“不自由”色彩尤为显现的内容，公权力、专业机构、外部人等的介入是公司解散和清算制度非自愿解散和非自愿清算内容的重要方面。在相关研究中，也可发现探讨此阶段中私法与“公法”、自治与“干预”的边界和限度是恒久恒新的话题。

在党中央、国务院提出了以畅通市场主体退出渠道、降低市场主体退出成本为目标的市场主体退出制度改革和完善方案后，公司解散和清算制度服务被赋予了在深化供给侧结构性改革政策背景下激发市场主体竞争活力、完善优胜劣汰的市场机制、推动经济高质量发展的时代任务，成为《公司法》与《企业破产法》联动修改的制度枢纽，也让相关研究愈发聚焦于其启动和运行的便利与高效。但公司“生命的终结”，尤其是在非自愿解散和非自愿清算的情况下，“是一件不必急于求成的事”，公司的法人资格消灭即意味着大股东、中小股东、债权人、劳动者等众多主体的“连接点”消失，公司不再能够成为法律上的诉讼主体，人员将会离失，财产将被分配，账簿在法定期限经过后将难以觅得，因此，公司解散和清算制度也有保障谨慎和完备的价值目标。探讨公司解散和清算制度的程序运作快与慢、简与繁之间的张力甚至冲突，是相关研究的新方向。

本次论坛的议题覆盖了公司解散和清算制度的五大热点和难点领域：非破产情形下股东出资加速到期制度的发展与不足研究，中小股东权益保护与公司司法解散制度研究，“僵尸企业”/濒临破产企业清理与公司行政解散制度研究，公司强制清算制度研究，以及公司清算义务的主体范围、内容与责任承担问题研究，研讨内容翔实，成果丰硕。